**COUVERTURE SUPERIEURE ET INFERIEURE
EN COULEUR**

LE KANTISME
ET LE
POSITIVISME

ÉTUDE

SUR

LES FONDEMENTS DE LA CONNAISSANCE HUMAINE

PAR

P. VALLET

PRÊTRE DE SAINT-SULPICE
PROFESSEUR DE PHILOSOPHIE AU SÉMINAIRE D'ISSY

« Illa scientia est maxime intellectualis
quæ circa principia maxime universalia
versatur. »
(S. THOMAS, *in Metaph. prolog.*)

PARIS

MAISON JOUBY ET ROGER

A. ROGER ET F. CHERNOVIZ, ÉDITEURS

Libraires de la Faculté de Théologie de Paris

7, RUE DES GRANDS-AUGUSTINS, 7

1887

(Droits réservés)

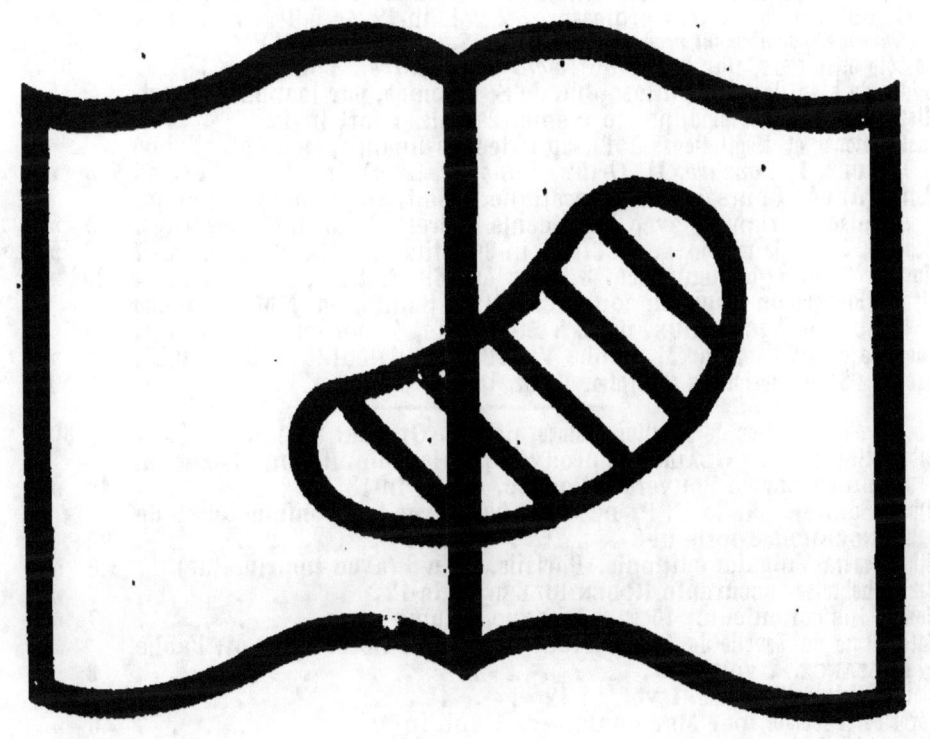

Illisibilité partielle

EXTRAIT DES PUBLICATIONS CLASSIQUES DE ROGER ET CHERNOVIZ, ÉDITEURS.

DERNIÈRES PUBLICATIONS.

Acta Leonis Papæ XIII ad annum usque 1886. 1 in-32 diamant . . .	1 40
Histoire et littérature de l'Eglise, par M. l'abbé BRUGÈRE, 4 cahiers in-4°.	15 »
Casus conscientiæ, auctore P. V., soc. Jes., 1° *De Liberalismo*. 1 in-8.	6 »
2° *De Consectariis liberalismi*. 1 in-8	6 »
Theologia dogmatica et moralis ad mentem S. Thomæ et S. Ligorii, auctore VINCENT, 4° editio penitus recognita et retractata, curantibus prof. sem. Claromontensis S. S., 6 forts in-12	18 »
Prælectiones philosophicæ ad mentem S. Thomæ, auctore VALLET in S. Sulpitii seminario professore. 2 vol. in-12. 4° édit. . . .	7 »
(*Ouvrage spécialement recommandé par Sa Sainteté Léon XIII.*)	
La tête et le cœur, par le même (*vient de paraître*). 1 in-12 . . .	2 50
L'Idée du beau dans la philosophie de S. Thomas, par le même. 1 vol.	2 50
Histoire de la Philosophie, par le même. 2° édit. 1 fort in-12 . . .	4 »
Instructions et Méditations à l'usage des ordinands, par M. l'abbé BACUEZ. I. *Tonsure*. II. *Ordres mineurs*. 2 vol. in-32 . . .	3 »
Falise (Abbé). Cours de liturgie pratique. 6° édit. Augmentée de 2 suppl. et mise en rapport avec les récents décrets de la S. C. des rites.	5 »
Scavini, Theologia moralis, 10° édit. 4 in-8°. Milan	30 »
Hurter, Theologia dogmatica. 3 in-8°, 4° édit. Net	20 »
Manuel Biblique ou nouveau cours d'Ecriture Sainte, par MM. les abbés BACUEZ et VIGOUROUX, prof. à St-Sulpice, 4° édition . . .	14 »
Carte de la Palestine, par M. l'abbé VIGOUROUX, 1 feuille 0,32 sur 0,45.	1 »
Preces e Sacris Scripturis excerptæ. 1 vol. in-18, 1885 . . .	2 50
Abrégé d'introduction de l'Ecriture sainte, par M. GLAIRE. 6° édit.	5 50
Bible (Sainte), de GLAIRE, approuvée par la Commission d'examen nommée par le Souverain-Pontife. 4 vol. in-18.	10 »
Bible (Sainte), par le R. P. DE CARRIÈRE, avec les Commentaires de MENOCHIUS. 8 forts in-8	24 »
Biblia sacra Vulgatæ editionis. Parisiis. 1 in-8 (avec imprimatur). .	6 »
Biblia hebraica, accurante ROSENMULLER, 1 in-12.	9 »
Bouix, Jus canonicum, 15 in-8, chaque volume	7 »
Catéchisme du Concile de Trente. Traduction avec notes, par M. l'abbé DASSANCE. 2 vol. in-8	8 »
Cærémoniale Episcoporum. 1 vol. in-12	2 25
Cérémonial romain, par Mgr de CONNY. 1 vol. in-8	6 »
Cérémonies de la messe basse, par M. CARON In-12	1 30
Compendium rubricarum Brev. et Miss. rom. 1 vol. in-12 . . .	» 80
— De Matrimonio, auct. CARRIÈRE. 1 in-12 . . .	2 50
— De Justitia et Jure, — 1 in-12 . . .	2 50
— De Contractibus. — 1 in-12 . . .	2 50
Concordance des Épîtres de saint Paul, par l'abbé DE LA HOUSSAYE 1 in-12.	3 »
De Ecclesia Christi, auct. BRUGÈRE. 1 vol. in-12. 2° édit. . . .	2 50
De Vera Religione, auct. BRUGÈRE. In-12. 2° édit.	2 50
Decreta authentica, auctore J.-B. FALISE. 1 vol. in-8	4 50
Directeur spirituel, par le R. P. PINAMONTI. 1 in-12	1 50
Dissertatio in sextum, auctore J.-B. BOUVIER. In-12.	1 50
Ecriture Sainte (Questions sur l'), par M. l'abbé BACUEZ. 2 in-8. .	8 »
Elementa juris canonici, auctore CRAISSON. 2 in-12. 6° édit. App. à Rome.	5 50
Epistolarum B. Pauli triplex expositio, auctore R. P. PICONIO. 3 vol. in-8 .	10 »
Etudes bibliques, par M. l'abbé LEHIR. Job. 1 beau vol. in-8 .	6 »
Examens particuliers, par TRONSON. 1 vol. in-12 Seule édit. complète.	2 75
Franzelin (J.-B.) s. J., *Opera*. 7 in-8, Rome	62 75
Gardellini, Decreta authentica. 4 vol. in-4. Avec suppl. jusqu'à 1878.	64 »
Gonzalez, Philosophia elementaria. Madrid, 3 in-8. 3° édit. 1881. Net .	15 »
Gury cum notis Ballerini, Theologia. 2 gros in-8. Net	20 »
Herdt (de), Sac. praxis liturgiæ. 3 vol. in-8	11 »
Herdt (de), Praxis pontificalis. 3 vol. in-8	15 »
Hermeneutica sacra, auctore J.-H. JANSENS. In 8	4 »
Institutions liturgiques, par M. Jean FORNICI. 1 in-12	2 »

LE KANTISME

ET

LE POSITIVISME

ÉTUDE

SUR LES FONDEMENTS DE LA CONNAISSANCE HUMAINE

DU MÊME AUTEUR

PRÆLECTIONES PHILOSOPHICÆ, ad mentem sancti Thomæ in Sancti Sulpitii seminario habitæ. 2 volumes in-12, beau papier, 4° édition. Prix : **7 fr.**

Ouvrage spécialement recommandé par S. S. Léon XIII.

HISTOIRE DE LA PHILOSOPHIE. Un volume in-12, 3° édition. Prix : **4 fr.**

DU BEAU DANS LA PHILOSOPHIE DE S. THOMAS. Un volume in-12, papier glacé. Prix : **2 fr. 50.**

LA TÊTE ET LE COEUR, étude physiologique, psychologique et morale. Un volume in-12. Prix : **2 fr. 50.**

Besançon. — Imp. Outhenin-Chalandre fils et Cie.

LE KANTISME
ET LE
POSITIVISME

ÉTUDE

SUR

LES FONDEMENTS DE LA CONNAISSANCE HUMAINE

PAR

P. VALLET

PRÊTRE DE SAINT-SULPICE
PROFESSEUR DE PHILOSOPHIE AU SÉMINAIRE D'ISSY

> « Illa scientia est maxime intellectualis quæ circa principia maxime universalia versatur. »
> (S. Thomas, *in Metaph. prolog.*)

PARIS

MAISON JOUBY ET ROGER

A. ROGER ET F. CHERNOVIZ, ÉDITEURS

Libraires de la Faculté de Théologie de Paris

7, RUE DES GRANDS-AUGUSTINS, 7

1887

(Droits réservés)

PRÉFACE

Un fait s'accuse de plus en plus au regard de l'observateur comme la marque propre et distinctive de ce temps : c'est la diminution rapide des fortes convictions, entraînant à sa suite l'affaiblissement des caractères. La négation se fait tous les jours plus radicale, plus audacieuse, et l'affirmation plus hésitante et plus timide. Dans l'ordre naturel, aussi bien que dans l'ordre surnaturel, la foi a beaucoup perdu de sa vivacité et de son assurance ; on recule devant les propositions franches et absolues, et la raison se prend à douter d'elle-même.

Cette décadence intellectuelle amène à son tour une dépression morale : la volonté manque d'énergie, les courages chancellent. Se plier aux circonstances devient l'art suprême, la seule règle à suivre non seulement dans les hasards de la vie politique et sociale, mais jusque dans le cours mieux ordonné de la vie privée : *Tempori aptari decet*. Les faits tiennent lieu de principes.

D'où vient cet affaissement de la pensée, ce désolant scepticisme qui, de proche en proche, gagne tous les jours un plus grand nombre d'intelligences ? Faut-il en chercher la cause dans l'esprit d'indépendance illimitée qui démeure l'esprit du siècle? Est-ce là l'ouvrage du vent de révolte et d'anarchie qui souffla de toutes parts avec tant de violence? Devons-nous y reconnaître un effet de la mobilité des institutions qui ne durent plus guère au delà de quelques années, et des régimes contraires qui se succèdent avec une rapidité effrayante? Peut-être. Car, dans l'homme, tout se tient et s'enchaîne; l'individu ne peut manquer de subir le contre-coup des bouleversements publics.

Toutefois, selon nous, la cause principale doit être cherchée ailleurs : « Le mal moderne, c'est le mal des esprits, » disait naguère une voix éloquente, il a sa source dans la pensée, dans la pensée la plus élevée : nous voulons dire la pensée philosophique.

Plusieurs se représentent la spéculation comme un passe-temps assez inoffensif, qui ne regarde que la partie contemplative de l'âme et ne saurait avoir de suite pour la vie pratique. Erreur funeste, cruellement démentie par les faits! Non, la théorie n'est pas chose indifférente; non, l'esprit humain ne se joue pas impunément avec les principes. D'ordinaire, il est vrai qu'on n'en découvre pas dès le commencement toutes les conséquences; mais c'est affaire au temps, cet inflexible logicien, de les dérouler une à une. Dans l'ordre intellectuel comme dans l'ordre physique rien ne s'anéantit, rien ne se perd.

Le germe du subjectivisme, qu'on pourrait appeler sans exagération le ver rongeur de la philosophie contemporaine, se trouve déjà dans la doctrine de Descartes. C'est lui qui commence à faire du *moi* le point de départ et comme le pivot de la philosophie. En même temps qu'il jette une sorte de discrédit sur la connaissance sensible en ne voulant reconnaître en elle qu'une forme de l'instinct, il fraie de toutes parts les voies à l'idéalisme, isole l'âme du corps, la pensée de la sensation, les idées de la réalité extérieure.

Mais il était réservé à Kant de systématiser les théories nouvelles, et aux positivistes d'en faire l'application à tous les ordres de la pensée. Kant professa que dans l'ordre de la spéculation, l'homme ne peut saisir que des phénomènes et qu'il ignore absolument ce que les choses sont en elles-mêmes. Par une heureuse inconséquence, il reconnut à la raison pratique le droit d'affirmer l'existence objective du suprasensible, mais il lui refusa tout moyen de rien savoir sur sa mystérieuse nature. De nouveaux disciples sont allés plus loin, aussi loin que le permettaient les principes du Maître. De concert avec les positivistes, ils ont soutenu que l'homme ne saurait sortir du moi, ni se mêler de dogmatiser sur la nature des choses.

La croyance à l'absolu était la foi de nos pères. Illusion naïve, tout au plus excusable chez des esprits que n'avait pas éclairés le flambeau de la critique ! La science a pour toujours fait justice de l'antique chimère, décorée du nom d'*absolu*. « Le grand progrès de la critique, dit le docteur le plus en vue de la nouvelle école, a été de substituer la catégorie du *devenir* à la catégorie de l'*être*, la conception du *relatif* à la conception de l'*absolu*, le mouvement à l'immobilité. Autrefois tout était considéré comme étant, on parlait de philosophie, de droit, de politique, d'art, de poésie d'une manière absolue ; maintenant tout est considéré comme en voie de se faire (1). »

On se tromperait à ne vouloir trouver dans ces paroles que l'expression d'une théorie personnelle et bizarre. Elles révèlent un état, une manière de penser, si commune

---

(1) Renan, *Averroës et l'Averrhoïsme*, préf., p. 6 et 7, 2º édit.

et si répandue, qu'un observateur très attentif des choses de ce temps a pu écrire ces lignes : « La marque la plus générale par où je reconnais l'esprit nouveau, c'est cette opinion partout répandue, que la vérité a un caractère essentiellement relatif (1). »

Aux yeux de ces penseurs, on peut tenir les propositions suivantes pour le résumé fidèle de toute philosophie : Nous ne connaissons qu'à l'aide de nos facultés, et celles-ci sont essentiellement subjectives et relatives ; tant qu'il se borne à exprimer ce qu'il sent et ce qu'il pense, l'homme ne se trompe pas, mais s'il veut sortir de lui-même et discourir sur le monde extérieur, il abandonne la science pour objectiver les rêves de son imagination. L'ancienne philosophie croyait pouvoir lire dans l'intérieur des choses, sous les phénomènes elle mettait la substance, sous les propriétés la nature ou l'essence, et derrière les effets la cause. Mais il n'y a ni substance, ni effets, ni causes. Pour l'homme positif et vraiment critique, il n'y a que des faits et des lois, c'est-à-dire des mouvements et des groupes de mouvements.

Voilà pour la spéculation. Ne croyez pas que la morale soit mieux partagée que le dogme, ni que le bien repose sur un fondement plus sûr que le vrai. D'après les uns, l'idée du bien est le fruit de la conscience, du sentiment, c'est-à-dire de la foi aveugle. D'après les autres, le devoir se présente en effet sous la forme d'une conception absolue, mais il ne relève pas de Dieu, la raison humaine est autonome et la volonté ne reconnaît d'autres lois que celles qu'elle s'impose à elle-même.

Ainsi, pendant que la nouvelle école secouait le joug de toute autorité et n'admettait d'autre critérium que la

---

(1) Caro, *L'idée de Dieu*, p. 10.

raison, elle dépouillait cette même raison de toute valeur réelle et l'enfermait dans l'étroite prison du subjectivisme et du relativisme universel. Singulière ironie! ou plutôt admirable dessein de la Providence! Cette superbe raison, qui ne voulait se fier qu'à ses propres lumières, en est venue à ne plus croire à elle-même. De désordre en désordre, elle a fini par tomber dans l'anarchie et la ruine la plus complète. S. Thomas l'avait dit avec son bon sens ordinaire : « *Humana sapientia tamdiu est sapientia quamdiu est subjecta sapientiæ divinæ; sed quando recedit a Deo tunc vertitur in insipientiam* (1). »

Nous croyons donc faire une œuvre d'actualité et répondre à un impérieux besoin de certaines âmes en abordant ces graves problèmes et en soumettant à une analyse rigoureuse certaines assertions de la nouvelle école.

Pour suivre nos adversaires sur leur propre terrain, il faudra successivement faire appel à la logique, à la psychologie, à la métaphysique et à la morale. Par là nous serons conduits à passer en revue les questions les plus vitales de la philosophie et à relever ces grands principes qui sont de tous les temps et servent de base à toute science.

Dès le début de notre étude, il nous semble à propos d'interroger la conscience du genre humain et de lui demander ce qu'elle pense du grand problème de la certitude. Sa réponse nous fournira un point d'appui provisoire, en attendant que la raison et la science soient venues dissiper les nuages accumulés par les docteurs de la philosophie critique et positive.

Pour nous conformer à la méthode aujourd'hui parti-

---

(1) *Comment. in* I^{am} *Epist. S. Pauli ad Corinth.*, c. x, lect. 5.

culièrement en faveur, nous passerons ensuite du subjectif à l'objectif, et nous montrerons successivement qu'au dessous du relatif il y a l'absolu, qu'au dessous des phénomènes il y a des substances, que derrière les propriétés on découvre l'essence, et que les faits conduisent aux causes.

La valeur de la raison spéculative une fois établie, nous mettrons pareillement dans son plein jour la force de la raison pratique, en montrant que l'idée du bien n'est ni moins scientifique ni moins absolue que l'idée du vrai, et qu'en dernière analyse elle repose sur l'idée de Dieu.

Deux chapitres d'une importance capitale couronneront notre étude sur les *fondements de la connaissance humaine* : le premier sur le progrès, et le second sur le surnaturel. On verra que le progrès, considéré dans sa véritable loi, n'aboutit pas par une sorte d'évolution fatale au transformisme universel, et que le surnaturel non seulement ne présente rien à l'esprit d'antiscientifique, mais élève au contraire la raison et la volonté, comme la nature tout entière, à des hauteurs sublimes.

Voici la marche que nous suivons d'ordinaire dans l'examen des diverses questions qui font le sujet de ce livre : notions générales sur le point à éclaircir; opinions de nos adversaires ; leurs conséquences avouées ou inévitables; preuve directe de la vérité à établir ; discussion des objections.

On nous reprochera peut-être d'avoir multiplié les citations. Nous l'avons fait à dessein. Il nous a semblé préférable de rapporter la doctrine de nos adversaires d'après leurs propres écrits. Que si, malgré nos efforts, un tel procédé de composition devait faire perdre en apparence à cet ouvrage un peu de son unité, nous nous en consolerions aisément en nous souvenant que, dans toute controverse loyale, l'écrivain a le devoir de sacrifier certains avantages littéraires de moindre importance à des qualités plus réelles, plus solides et qui doivent primer toutes les autres. Au nombre de ces qualités, nous mettons au premier rang la sincérité dans l'exposition de la doctrine et des erreurs de ceux que nous combattons; or, pour être certain de reproduire sans altération leur pensée autant que pour nous prémunir contre le péril de tomber involontairement dans de fâcheuses inexactitudes, nous n'avons pas trouvé de moyen plus sûr que de leur donner à eux-mêmes la parole dans les pages de ce livre.

À la vérité nous ne nous sommes point borné à citer nos adversaires. Sans rien retrancher de la démonstration directe, ne nous était-il pas permis de leur opposer le témoignage des savants ou des philosophes célèbres, quand il venait jeter un jour nouveau sur notre thèse ou même la confirmer d'une manière décisive? Si c'est là un défaut, on avouera qu'il est bien fait pour séduire. Dans le désir où nous sommes de vulgariser et de répandre autant que nous le pouvons une doctrine qui nous est chère, qui pourrait nous blâmer de céder parfois à la préoccupation de montrer qu'en dehors des preuves intrinsèques de sa vérité, elle a encore pour elle le suffrage des esprits les plus éclairés de tous les temps?

LE KANTISME
ET
LE POSITIVISME

ÉTUDE

SUR LES FONDEMENTS DE LA CONNAISSANCE HUMAINE

―――――

CHAPITRE PREMIER

LA CERTITUDE ET LE SENS COMMUN

―――

I.

L'homme de tous les temps et de tous les pays croit à la vérité. Il estime qu'on peut l'atteindre. Il l'aime passionnément et se met à sa poursuite avec une infatigable ardeur. La vérité est comme le pain quotidien de l'âme.

L'homme sait d'une foi non moins certaine qu'il ne lui appartient pas de la créer ni de la tirer toute faite de son cerveau, mais qu'il doit sortir de lui-même afin de l'acquérir par la contemplation de la réalité. Voilà pourquoi il promène ses regards autour de lui, porte sa vue aussi loin qu'elle peut s'étendre,

lui prêter, il n'aura pas de peine à se sentir imparfait, borné dans ses vues, faible devant ses passions, irrésolu et mobile dans ses desseins : il aura bientôt reconnu que les jours de son pèlerinage ici-bas sont comptés et que le temps lui est mesuré avec parcimonie. Sa course est commencée; bientôt il en verra le terme. Où va-t-il donc? Et quel est ce grand mystère? Quand il fait le bien, qu'il résiste à la violence de ses penchants, qu'il souffre pour le devoir et l'honneur, n'a-t-il pas droit à quelque récompense? Et le mal, le mal qui triomphe insolemment et demeure si souvent impuni, n'en verra-t-il pas la défaite absolue et définitive? La justice enfin n'aura-t-elle jamais le dernier mot?

Ainsi pense, ainsi raisonne le genre humain. On ne réussira jamais à lui enlever sa croyance à un certain nombre d'idées primitives et absolues, telles par exemple que l'existence des choses extérieures et d'une cause première qui gouverne le monde. Il a une foi vive et inébranlable à la légitimité de sa raison; il est assuré qu'il est libre, qu'il a des devoirs à remplir, que la vertu et le vice sont séparés par une barrière infranchissable et, enfin, qu'après cette vie il y en aura une autre, heureuse pour les bons et malheureuse pour les méchants. Le scepticisme, sous quelque forme qu'il se présente, n'aura jamais aucune prise sur ce petit domaine de vérités universellement reçues.

Et d'ailleurs, au point de vue de la confiance que l'on doit accorder aux diverses facultés, le commun des hommes ne fait aucune différence. Les sens et la conscience, la raison et la mémoire, l'autorité divine et l'autorité humaine obtiennent également leur adhésion pour les divers enseignements qu'ils en reçoivent. Ne dites pas que le monde des corps pourrait bien n'être qu'une sorte d'illusion ou de rêve trompeur, que rien ne prouve que les choses soient en elles-mêmes telles qu'il nous semble les apercevoir; que l'ordre universel est sorti du hasard et de la matière aveugle; que de la plante à l'animal et de l'animal à l'homme la distance est facile à franchir; que peut-être l'homme vertueux ne mérite pas tant d'éloges ni le méchant tant de reproches, ou qu'en fin de compte la vertu comme le vice n'est qu'un phénomène purement organique ou tout au moins que le résultat fatal de la combinaison de certaines circonstances extérieures. Vos objections piqueraient à peine la curiosité du petit nombre; mais elles scandaliseraient à coup sûr l'honnêteté naturelle de la plupart des hommes sans ébranler le moins du monde les fortes assises de leurs convictions intimes.

II.

Quoi qu'on en dise, le genre humain se croit donc en possession d'un grand nombre de vérités auxquelles il attache une importance souveraine, et dont la négation lui semble folle. C'est ce fond de croyances fixes et placées en dehors de la controverse qui permet aux hommes de tous les pays de s'entendre entre eux sur beaucoup de points et qui constitue proprement l'apanage direct du *sens commun*.

Fénelon en a défini le caractère et démontré la force avec autant de justesse que d'éloquence : « Qu'est-ce que le sens commun? N'est-ce pas les premières notions que tous les hommes ont également des mêmes choses? Ce sens commun qui est toujours et partout le même, qui prévient tout examen, qui rend l'examen même de certaines questions ridicule, qui fait que malgré soi on rit au lieu d'examiner, qui réduit l'homme à ne pouvoir douter, quelque effort qu'il fît pour se mettre dans un doute, ce sens qui est celui de tout homme, ce sens qui n'attend que d'être consulté, mais qui se montre du premier coup d'œil et qui découvre aussitôt l'évidence ou l'absurdité de la question, n'est-ce pas ce que j'appelle mes idées? Les voilà donc ces idées ou notions générales que je ne puis ni contredire ni examiner, suivant lesquelles au contraire j'examine et je décide de tout, en sorte que je ris au lieu de répondre, toutes les fois qu'on me propose ce qui est clairement opposé à ce que ces idées immuables me représentent (1). »

Nous voilà donc en présence de ce témoignage de la nature dont parle Tertullien, « témoignage d'autant plus simple qu'il est plus vrai, d'autant plus commun qu'il est plus simple, d'autant plus naturel qu'il est plus commun, et d'autant plus divin qu'il est plus naturel. Ce témoignage ne saurait paraître léger ni

(1) *Exist. et attributs de Dieu*, 2º part., ch. 2, n. 33. — Edit. Napoléon Chaix.

insignifiant à qui considérera la noblesse de la nature d'où l'âme tire son autorité. Autant vous accorderez au maître, autant vous devrez accorder au disciple ; ici, le maître, c'est la nature, et le disciple, c'est l'âme. D'un autre côté, tout ce qu'enseigne la nature, et tout ce qu'apprend l'âme à son école, tout cela vient de Dieu, auteur et maître de la nature (1). »

III.

Pour avoir le droit de s'inscrire en faux contre la croyance du genre humain, il faudrait établir ou qu'elle n'est point *unanime*, ou bien qu'elle procède d'un *instinct irrationnel*, d'une crédulité irréfléchie et aveugle. Mais l'une et l'autre de ces démonstrations est impossible.

Sans doute on remarque des divergences et parfois même des contradictions dans les doctrines comme dans les mœurs et les institutions des races diverses. Mais l'objection qu'on en pourrait tirer, loin d'ébranler notre thèse, sert plutôt, nous semble-t-il, à lui donner

---

(1) « Hæc testimonia animæ quanto vera, tanto simpliciora; quanto simplicia, tanto vulgaria; quanto vulgaria, tanto communia; quanto communia, tanto naturalia; quanto naturalia, tanto divina. Non putem cuiquam frivolum aut frigidum videri posse, si recogitet naturæ majestatem, ex quâ censetur auctoritas animæ. Quantum dederis magistræ, tantum adjudicabis discipulæ : magistra natura, anima discipula. Quidquid aut illa docuit, aut ista perdidicit, a Deo traditum est, magistro scilicet ipsius magistræ. » (*Apolog. De Testim. animæ*, c. 6.)

Cicéron avait dit dans le même sens : « Omni in re consensio omnium gentium lex naturæ putanda est. » (*Tuscul.*, I, 13). — Voir encore Sénèque, *Epist.* 117.

une nouvelle force. Car si le désaccord des peuples prouve contre l'autorité de leur témoignage, leur accord doit prouver en sa faveur. Faibles quand ils se séparent, ils deviennent forts quand ils s'unissent.

S'ils se divisent sur un assez grand nombre de points relatifs au dogme ou à la morale, cette opposition peut tenir à la différence des temps, des lieux, de l'éducation et des intérêts. Dans ce cas ce n'est plus la nature qui parle en eux; leur opinion se fonde sur des préjugés particuliers, sur des considérations toutes personnelles et, comme telles, très variables. — Ajoutez que cette division se manifeste seulement en des problèmes d'une importance secondaire, qu'elle respecte les premiers principes et se garde bien de porter atteinte aux fondements de la pensée. Et si, malgré tant de points sur lesquels l'union n'a pu se faire, tous les peuples s'entendent encore au sujet des vérités qui servent de base à la vie physique, intellectuelle et morale, il faut reconnaître dans cette unanimité la preuve manifeste que la raison humaine conserve dans tous les lieux et dans tous les temps la plus admirable unité, et que tout en usant des langues les plus variées, elle n'en exprime pas moins des pensées et des sentiments identiques (1).

Aussi Jouffroy avait-il parfaitement le droit de ré-

---

(1) « Suspectam habeo conventuum prædicationis in tantâ disconvenientia conversationis... Non latinis nec argivis solis anima de cœlo cadit. Omnium gentium unus homo nomen est, una anima, varia vox, unus spiritus, varius sonus; propria cuique genti lingua, sed loquelæ materia communis. » (Tertullien, *De Testim. anim.*, c. 6.)

pondre à ceux qui niaient l'autorité du consentement des peuples : « Une première chose est à remarquer, c'est que cette diversité des opinions humaines est loin de s'étendre à tout, et qu'elle ne porte que sur certaines choses. Si l'on voulait essayer la contre partie du tableau présenté par les sceptiques, je m'assure que le catalogue des opinions communes à tous les hommes fournirait un plus gros et meilleur livre que la liste si souvent recommencée par les sceptiques des opinions qui les divisent.... En tout ce qu'il y a de capital, à savoir sur les choses extérieures et sur l'homme, sur les lois des unes et sur celles de l'autre, l'opinion humaine n'a jamais hésité, jamais varié... C'est avec ces idées communes à tous que les hommes s'entendent et de ces idées qu'ils vivent; c'est par elles qu'ils sont hommes et c'est pourquoi, encore une fois, nous ne les remarquons pas (1). »

(1) *Cours de droit naturel*, t. 1, IX° leçon.
M. Caro montre fort bien l'existence, le caractère, l'origine et la valeur de cette « grande tradition de l'humanité pensante. »
« Cet ensemble de croyances, que j'appellerai, si l'on veut, une métaphysique spontanée, est vraiment, quoi qu'on dise et quoi qu'on fasse, la grande tradition de l'humanité pensante, parce qu'elle est dans une sorte d'harmonie préétablie avec notre nature raisonnable. Elle contient un certain nombre de réponses élémentaires aux questions inévitables que se pose tout homme venant en ce monde, aussitôt que le souci de sa vie matérielle laisse à sa pensée un instant de loisir, et qu'il peut relever sa tête courbée sur l'atelier ou le sillon. Elle s'est formée successivement des instincts les plus nobles de notre nature, de ce qu'il y a de plus pur et de plus exquis dans les croyances religieuses, de ce qu'il y a de plus simple et de plus élevé dans les spéculations philosophiques. Ainsi s'est composé ce milieu immatériel, cette atmosphère idéale, qui enveloppe et pénètre nos intelligences, et dans laquelle chacune de nos âmes vit, respire et

Soutenir avec certains écrivains de l'école moderne que le témoignage populaire doit être rejeté, parce qu'il n'a d'autre fondement qu'un instinct inconscient, c'est se mettre en contradiction avec l'expérience. Sans doute la certitude du sens commun n'est pas absolument la même que la certitude du philosophe; pourquoi en serait-elle moins légitime? L'homme du peuple ignore les procédés employés par le savant, il pratique peu aisément l'analyse et la synthèse; les déductions syllogistiques lui sont à peu près inconnues; mais il pense, il juge, il raisonne à propos. Demandez-lui pourquoi il admet ceci et rejette cela, en vertu de quel motif il demeure convaincu qu'il y a dans le monde des corps et des esprits, des effets, des causes, un ordre qui régit tout et qui n'est pas le fruit du hasard, il vous répondra : je le vois, je le comprends, ne le voyez-vous pas, ne le comprenez-vous pas comme moi? Peut-on émettre un doute sur

se meut. C'est comme l'air ambiant où nous puisons notre vie intellectuelle et morale, et dont la force est si résistante et si subtile que tous les efforts de la critique ne parviennent pas à le dissoudre. Là s'alimente et s'entretient le spiritualisme naturel de l'humanité, cet ensemble d'affirmations que porte spontanément l'humanité sur un petit nombre de problèmes essentiels à son existence morale. »

Et après avoir rappelé quelques-unes de ces vérités traditionnelles, M. Caro conclut ainsi : « Voilà ce que l'on peut appeler la métaphysique éternelle de l'humanité, qu'une force invincible conserve dans le monde, malgré les efforts tentés en tout sens pour l'obscurcir ou la détruire, malgré l'ironie délicate de la critique, malgré les fortunes diverses ou la chute des systèmes philosophiques qui aspirent à la représenter et qui échouent successivement dans cette tâche. » (*Problèmes de morale sociale*, ch. II, n. 2.)

1.

des vérités si éclatantes ? Les savants sont vraiment étranges dans leurs questions !..

Au surplus, pourquoi vouloir condamner le genre humain tout entier à l'erreur et à une ignorance éternelle en des matières importantes qui ne réclament pas d'études spéciales, qui tombent sous le sens ou qu'à tout prendre un raisonnement facile peut atteindre ? Ne soyons pas si sévères. L'homme du peuple n'a-t-il pas les mêmes facultés, les mêmes organes, la même intelligence que le savant ? Ne suffit-il pas d'avoir des yeux pour voir qu'il y a des corps à nos côtés ? des oreilles pour entendre la parole de nos semblables ? un esprit, même borné, pour comprendre que le plus ne saurait sortir du moins, ni l'ordre du chaos ? Le cri de la nature n'est-il pas une preuve aussi convaincante qu'un syllogisme ? Et l'évidence intuitive aurait-elle moins de prix que celle qu'on obtient à force de travail et de recherches (1) ?

IV.

S'il faut dire ici toute notre pensée, il est des cas où le témoignage du simple bon sens, fût-il un peu grossier, nous paraîtrait plus sûr que celui de tel penseur subtil, épris de nouveauté, entraîné par une

---

(1) « Qui ejusmodi *eruptiones* animæ non putavit doctrinam esse naturæ, et congenitæ et ingenitæ conscientiæ tacita commissa, dicet potius divinitatis in vulgum opinionibus... Certe prior anima quam littera; et prior sermo quam liber, et prior sensus quam stylus, et prior homo quam philosophus vel poeta. » (Tertullien, *De Testimonio anim*, c. 5.)

imagination trop vive, enclin d'ailleurs à prendre ses
rêves pour des réalités, ses abstractions pour des
vérités acquises; qui se fierait entièrement au témoignage d'un esprit systématique, prêt à tirer toutes les
conclusions possibles d'un seul principe, résolu sur
toutes choses à n'employer qu'une seule méthode
dans toutes les sciences, et à se fier beaucoup à lui
même sans faire grand cas de l'opinion des autres.
Un homme qui oublie d'interroger la nature, de
prendre conseil d'autrui, et qui, retiré en lui-même,
uniquement attentif au cours solitaire de ses pensées,
entreprend avec audace de construire à neuf l'édifice
de la science, cet homme, s'appelât-il Descartes ou
Malebranche, Kant ou Darwin ou Spencer, ne laisserait pas de nous inspirer certaines craintes et de vives
inquiétudes; pour tout dire, nous hésiterions à le
prendre pour le guide universel et absolu de nos
pensées. Les idées du sens commun sont peut-être
moins brillantes et moins profondes, nous les croirions plus justes et plus sûres (1).

V.

Toutefois, il ne faut rien exagérer. Le simple bon
sens ne donne pas, ne peut pas donner la raison der-

(1) En ce sens, on pourrait encore accepter ces paroles de Tertullien : « Non eam te advoco (anima), quæ scholis formata, bibliothecis exercita, academiis et porticibus atticî partam sapientiam ructas. Te simplicem et rudem et impolitam et idioticam compello, qualem habent qui te solam habent... Imperitiâ tuâ mihi opus est, quoniam aliquantulæ peritiæ tuæ nemo credit. » (Ibid., c. 1.)

nière des choses ; il les voit d'une manière confuse, et trop souvent superficielle et approximative. Son regard n'a point assez de pénétration pour aller au fond des vérités, assez de netteté pour distinguer ce qui est vague ou multiple, assez de finesse pour saisir les nuances, assez d'étendue pour découvrir toutes les suites d'un principe. La connaissance vulgaire a encore besoin d'être complétée, agrandie, parfois même rectifiée, surtout dans les points où elle juge trop vite et qui ne sont pas de sa compétence ordinaire. C'est le rôle de la science et de la philosophie de dire ce que le sens commun ne dit pas, de dévoiler ce qui lui échappe, d'expliquer les causes qu'il ne perçoit que d'une manière implicite et indéterminée.

Mais, sous prétexte de penser par nous-mêmes (puisque telle est la vanité du temps), n'allons pas nous retrancher dans un moi égoïste et exclusif, ne faisons pas table rase du passé, ne croyons pas trop vite et trop facilement que la critique est née d'aujourd'hui. A la rigueur, édifions des systèmes nouveaux, si les anciens ne suffisent pas et si nous avons la conscience d'en trouver de meilleurs, mais prenons garde que nos systèmes ne soient pas en désaccord avec la raison universelle. Je ne sais de qui est la réflexion : il y a quelqu'un qui a plus d'esprit que personne, c'est tout le monde.

CHAPITRE II

LE MOI

I.

L'ancienne philosophie enseignait que la connaissance s'exerce d'abord en vertu d'une énergie naturelle et spontanée de l'âme humaine, qu'elle débute par le monde extérieur, que la première idée est l'idée d'être et le premier principe, le principe d'identité ou de contradiction (1). Suivant cette doctrine, ce n'est que par suite de ce premier acte que le sujet pensant se replie sur lui-même et prend conscience du moi en s'appliquant successivement à l'étude de ses opérations, de ses facultés et de sa nature intime. « *Primo actus ab ipsâ animâ exiens, terminatur ad objectum, deinde reflectitur super actum, et deinde super potentiam et essentiam* (2). »

---

(1) « Illud quod primo cadit in apprehensione est ens, cujus intellectus (notio) includitur in omnibus quæcumque quis apprehendit. Et ideo primum principium indemonstrabile est quod non est *simul affirmare et negare*, quod fundatur supra rationem entis et non entis; et super hoc principio omnia alia fundantur. » (S. Th., 1ª 2ᵃᵉ, q. 94, a. 2, c.)

(2) S. Th., *qq. disp. De Verit.*, q. 2, a. 2.

La raison, l'expérience et aussi le langage peuvent être également invoqués à l'appui de la thèse de S. Thomas. Ne faut-il pas en effet que la connaissance directe précède la connaissance réflexe, et notre âme peut-elle se rencontrer elle-même avant d'agir et de s'appliquer à son acte? Quand nous voulons nous étudier à fond, on nous recommande de fermer les yeux à toutes les choses qui nous pourraient distraire et de concentrer au moins pour un temps vers un but unique l'effort de nos facultés, dispersé ordinairement sur d'autres objets. Et il paraît bien que c'est chose moins facile de regarder au dedans que de regarder au dehors, puisque la réflexion est si rare parmi les hommes et que la psychologie est une science si peu cultivée.

Descartes en avait jugé autrement. Au point de départ de la pensée, il mit la connaissance du *moi* et au principe objectif de *l'être*, il substitua le principe subjectif de la *réflexion : Cogito, ergo sum.* La philosophie moderne a cru devoir se ranger à l'opinion de Descartes, et peu à peu elle en est venue à présenter les *choses* comme une sorte de *production* ou au moins de *dépendance* du *moi*. Un tel système favorise singulièrement le subjectivisme, s'il ne se confond pas avec lui; par suite, il ne saurait à aucun titre nous compter parmi ses partisans.

Toutefois, ainsi que nous en avons déjà manifesté l'intention, désirant nous placer sur le terrain même de nos adversaires, nous commencerons avec eux par l'étude du moi. Cette méthode aura pour nous un autre avantage très appréciable, car elle nous permettra de nous appuyer dans la suite sur le témoignage de la conscience et de lui demander la confirmation de la plupart de nos thèses.

Entrons donc sans retard en rapport avec le moi et tâchons de nous en faire une juste idée.

II.

Au premier abord, il semble qu'il ne devrait guère y avoir de chose plus facile que de s'observer et de se connaître exactement. Toujours en acte et toujours présent à soi-même, l'homme n'est-il pas l'objet le plus à la portée de son regard; et le connu et le connaissant ne font-ils pas, ici, par une heureuse exception, une seule et unique chose (1)?

Et pourtant nous croyons qu'il est peu de questions où la philosophie moderne se soit plus écartée de la vérité. Tout le monde sait que Descartes fit consister l'homme dans l'âme seule et celle-ci dans la seule pensée. « Partant de cela même que je connais avec certitude que j'existe, et que cependant je ne remarque point qu'il appartienne nécessairement aucune autre chose à ma nature ou à mon essence, sinon que je suis une chose qui pense, je conclus fort

---

(1) « Mens, quum seipsam cognoscit, non se superat notitiâ suâ, quia ipsa cognoscit, ipsa cognoscitur. Cùm ergo se totam cognoscit, neque secum quidquam aliud, par illi est cognitio sua, quia neque ex aliâ naturâ est ejus cognitio, cùm seipsam cognoscit. » (S. Augustin, *De Trinitate*, l. IX, n. 4.)

bien que mon essence consiste en cela seul que je suis une chose qui pense, ou une substance dont toute la nature ou l'essence n'est que la pensée (1). »

Descartes estimait que l'âme a d'elle-même une connaissance parfaitement claire, et qu'à ce titre la psychologie pouvait à bon droit être donnée comme la base de la philosophie tout entière.

Malebranche soutint sur ce dernier point une opinion qui contredisait celle de son guide ordinaire. « Faute d'avoir une idée *claire* de l'âme, nous n'en connaissons rien, car le sentiment intérieur n'est pas proprement une connaissance... Nous n'avons pas l'idée ou l'archétype de l'esprit,... nous ne connaissons rien de ce que nous sentons en nous... L'âme même ne se connaît nullement; elle n'a que le sentiment intérieur d'elle-même et de ses modifications (2). »

Dans sa théorie sur l'homme, Kant devait ensuite reproduire à peu de chose près certaines parties de la doctrine de Descartes et de Malebranche, et, ce qui semble plus difficile, renchérir à la fois sur les deux philosophes français.

D'une façon générale, Kant suppose que nous ne connaissons pas les choses telles qu'elles sont en elles-mêmes, dans leur être *nouménique* et absolu, mais seulement telles qu'elles nous *apparaissent* sous l'enveloppe mobile des phénomènes. La substance se dérobe à la vue de l'esprit aussi bien qu'à celle du

---

(1) *Méditation* 6ᵉ.
(2) Lettre du 12 juin 1714 et du 6 septembre de la même année. Dans Cousin, *Hist. génér. de la philos.*, 8ᵉ leçon, p. 455, 9ᵉ édit.

corps. Il en est du sujet pensant comme des objets extérieurs; au dedans comme au dehors, son regard ne découvre partout que de pures apparences. « Je ne me connais pas autrement que les autres phénomènes (1). » — « Nous ne connaissons notre propre sujet que comme phénomène et non dans ce qu'il est en soi (2). » — « Je ne me connais nullement comme je suis, mais seulement comme je m'apparais à moi-même. La conscience de soi-même est donc bien loin d'être une connaissance de soi-même (3). » — « La psychologie *rationnelle* (celle qui prétend connaître l'âme elle-même) tire son origine d'une pure confusion. L'unité de la conscience, qui sert de fondement aux catégories, est prise ici pour une intuition du sujet en tant qu'objet et la catégorie de la substance y est appliquée. Mais cette unité n'est autre que celle de la pensée, qui à elle seule ne donne point d'objet (4). » — « Par ce moi, ou cette chose qui pense, on ne se représente rien de plus qu'un sujet transcendental des pensées $= x$ (5). »

Si donc il y a dans le vrai plus qu'un simple phénomène, si derrière les apparences et les actes se cache quelque entité mystérieuse, l'intuition interne ne saurait l'apercevoir et par suite le sujet transcendental de la pensée $= x$.

---

(1) *Crit. de la raison pure*, trad. Barni, t. 1, p. 181.
(2) Ibid., p. 182.
(3) Ibid., p. 183.
(4) Op. cit., t. 2, p. 21.
(5) Ibid., p. 7.

D'un autre côté, est-il bien logique d'admettre une entité que la science ni la conscience ne peuvent atteindre et dont l'esprit ne se fait aucune idée précise ? Des principes ainsi posés par le Philosophe allemand, une seule conséquence restait à déduire : la négation pure et simple du sujet pensant, du moi-substance. Cette conséquence si naturelle, les positivistes l'ont tirée. Donc il doit être bien entendu que le sujet pensant n'est qu'une chétive abstraction et qu'il n'y a rien de réel en dehors de la collection des propriétés ou des phénomènes internes.

Voici, d'après M. Taine, le résumé exact de la science psychologique. « Il n'y a rien de réel dans le moi sauf la file de ses événements ; ces événements, divers d'aspect, se ramènent tous à la sensation ; la sensation elle-même, considérée du dehors et par ce moyen indirect qu'on appelle la perception extérieure, se réduit à un groupe de mouvements moléculaires. Un flux et un faisceau de sensations et d'impulsions qui, vus par une autre face, sont aussi un flux et un faisceau de vibrations nerveuses, voilà l'esprit (1). »

Le même auteur retranche les facultés ou puissances de l'âme comme aussi inutiles que la substance elle-même. « Les mots *faculté, capacité, pouvoir*, qui ont joué un si grand rôle en psychologie, ne sont que des noms commodes au moyen desquels nous mettons ensemble, dans un compartiment dis-

---

(1) Taine, *de l'Intelligence*, p. 9.

tinct, tous les faits d'une espèce distincte ; ces noms désignent un caractère commun aux faits qu'on a logés sous une même étiquette; ils ne désignent pas une essence mystérieuse et profonde, qui dure et se cache sous les faits passagers... Si je me suis occupé des facultés, c'est pour montrer qu'en soi et à titre d'entités distinctes, elles ne sont pas (1). »

III.

Ces assertions faciles et ces négations radicales s'accordent-elles bien avec les faits de l'âme ? Car enfin, si l'on récuse la métaphysique, sous le prétexte qu'elle parle au nom des principes et que les principes ont fait leur temps, il faut au moins ne pas rompre tout à fait avec le témoignage du sens intime, quand on s'occupe d'établir la science du moi et qu'on veut faire reposer sur cette science tout l'édifice de la connaissance humaine.

Appliquons donc ce critérium éminemment expérimental aux diverses théories de nos adversaires. Et d'abord, sommes-nous autorisés à soutenir avec Descartes que « le moi est une substance dont toute la nature ou l'essence n'est que de penser? » Evidemment non : car nul ne peut dire avec lui : « Je ne remarque point qu'il appartienne nécessairement autre chose à ma nature ou à mon essence sinon que je suis une chose qui pense. La conscience n'autori-

---

(1) Taine, *de l'Intelligence*, préf. p. 1.

sera jamais un tel langage. Quand je parle de moi, j'ai l'idée d'un être extrêmement complexe, qui se meut, qui vit, qui sent, pense, veut, jouit et souffre. Toutes ces affections si diverses, si opposées entre elles, c'est en moi que je les observe et que je les éprouve, et je sais fort bien qu'elles sont *miennes*; sans doute, je ne puis manquer de les trouver très différentes en noblesse et en importance, mais je ne saurais dire, sans aller contre mon sentiment intérieur, que les unes m'appartiennent en propre et que les autres ne font point partie de mon être.

C'est un point acquis : la première idée que j'ai de moi-même, c'est que je suis un être doué d'attributs multiples et contraires, dont les uns m'abaissent jusqu'à l'animal et les autres m'élèvent jusqu'à l'ange, pour faire de moi un composé de matière et d'esprit qui n'est précisément ni l'un ni l'autre. « *Ex corpore et anima dicitur esse homo, sicut ex duabus rebus tertia res constituta, quæ neutra illarum est* (1). »

S'il n'y avait en moi que l'organisme, je ne saurais expliquer ces pensées qui le dépassent visiblement et par lesquelles je plane au-dessus du temps et de l'espace, toutes ces notions qui saisissent l'immuable, l'absolu, l'idéal, l'infini, tandis que, livrée à elle seule, la matière partout et toujours se voit circonscrite dans d'étroites limites, sans pouvoir s'affranchir du mouvement ni atteindre autre chose que le concret et le sensible. Je ne m'expliquerais pas davan-

---

(1) S. Thomas, *De Ente et essentia*, c. 3.

tage la faim des biens immatériels qui me tourmente sans cesse, l'amour du devoir plus fort que l'amour du plaisir, le sentiment plus puissant que la passion, la liberté maîtresse enfin de tous mes instincts. « Non, dirons-nous avec S. Thomas, l'âme n'est pas la complexion, puisqu'au contraire elle y résiste ainsi qu'aux passions qui la suivent. Car il y en a que leur complexion porte davantage aux passions sensuelles ou à la colère et que l'on voit néanmoins plus chastes et plus doux, grâce au frein qu'ils savent imposer à la partie inférieure. Mais ce n'est pas la complexion qui oppose cette généreuse résistance. L'âme est donc tout autre chose (1). »

Au contraire, si la seule pensée formait toute mon essence, je n'éprouverais ni les atteintes de la maladie, ni l'amour des jouissances physiques, ni les poursuites incessantes de la passion, ni le besoin des images sensibles.

IV.

J'observe en moi un autre phénomène bien remarquable : c'est que les impressions et les affections contraires ne se trouvent point isolées les unes des autres. Ces diverses actions s'unissent au contraire,

---

(1) Anima regit corpus et repugnat passionibus quæ complexionem sequuntur; ex complexione enim aliqui sunt magis aliis ad concupiscentias vel iras apti, qui tamen magis ab eis abstinent, propter aliquid refrænans, ut patet in continentibus. Hoc autem non facit complexio. Non est igitur anima complexio. » (*Summa cont. Gent.*, l. II, c. 63.)

et se combinent si bien ensemble qu'il m'est impossible de les séparer, et souvent difficile de les distinguer. Je ne veux pas sans comprendre, je ne comprends pas sans imaginer, je n'imagine pas sans sentir, et je ne sens pas sans vivre. En d'autres termes, mon être se mêle à ma vie, ma vie à ma sensibilité, ma sensibilité à mon entendement, mon entendement à ma volonté, mes passions à mes sentiments. Je suis donc tout ensemble infiniment *composé* et merveilleusement *un*. « L'homme, dit Maine de Biran, n'est pour lui-même ni une âme à part le corps vivant, ni un certain corps vivant à part l'âme qui s'y unit sans s'y confondre... Le sentiment qu'il a de son existence n'est autre que l'union ineffable des deux termes qui la constituent (1). »

Enfin, j'éprouve avec une égale évidence que mon être n'est pas tout entier renfermé dans le moment présent. J'étais hier, l'année passée et auparavant; tel jour, à telle heure et dans telles circonstances j'ai ressenti cette émotion, j'ai pensé à cette chose, j'ai voulu cet objet. Si je remonte aussi loin que possible dans mes souvenirs, que d'événements se sont succédés à côté de moi et en moi-même! Que de révolutions se sont accomplies dans mes pensées ou dans mes sentiments! Et néanmoins, si j'écarte toutes les différences et que je pénètre dans mon intérieur, j'y retrouve le même moi, la même personne. Il y a donc en mon être un certain fond im-

(1) Opp. t. III, p. 198.

muable, qui persévère et demeure identique à lui-même, tandis que mille impressions venues du dehors m'agitent sans cesse à la surface, et que mes sensations, mes pensées et mes volitions se poussent tour à tour et se renversent les unes les autres comme les vagues de la mer.

En faut-il davantage pour réfuter la doctrine kantiste et positiviste, qui ne voit dans le moi autre chose que des phénomènes, qu' « une file d'événements, divers d'aspects, un flux perpétuel, un faisceau coordonné de sensations et d'impulsions qui correspondent par certains côtés à un flux et à un faisceau de vibrations nerveuses? »

Je dis qu'une telle opinion ne s'accorde ni avec la mémoire, ni avec la conscience.

« Lors même, observe très justement M. Rabier, que je me souviens de mon passé, le moi ne m'apparaît pas davantage comme constitué par la série de mes événements passés, mais comme le sujet *constant* et toujours *entier* auquel s'attribue successivement chaque terme de cette série. Si je dis, par exemple : J'ai fait tel chose il y a dix ans, la série de mes événements écoulés depuis dix ans n'est nullement présente à ma pensée; je songe seulement à l'action faite il y a dix ans, et j'attribue cette action à un moi représenté dans ma conscience par un groupe d'images sensiblement identiques à celui qui représente mon moi actuel (1). »

(1) *Leçons de Psychol.*, ch. XXXIII, § 2.

De même, dans le moment présent, je remarque bien en moi un certain nombre de phénomènes, sensations, pensées, sentiments, volitions, etc..., mais il s'en faut de beaucoup que je les confonde avec *moi-même;* sans doute, ils m'appartiennent et me touchent diversement, d'une manière déterminée ou indéterminée, agréable ou pénible, mais je les distingue nettement de mon être ; je me regarde seulement comme leur cause ou leur sujet, comme le suppôt et le centre d'attribution qui les réunit. De bonne foi, peut-on ne pas faire de différence entre l'agent producteur, la propriété qui affecte un sujet et le sujet qui en est affecté ? Peut-on mêler ce qui demeure avec ce qui change, l'un avec le multiple, les faits ou mouvements groupés ensemble avec le lien qui les rattache ? Et comment serait-il en mon pouvoir de rassembler en moi, dans une série continue, les événements qui se suivent comme des flots pressés, s'ils ne venaient d'une même source, s'ils n'étaient reliés à un centre d'attribution unique et permanent ? D'après l'opinion des positivistes, il devrait y avoir en nous autant de consciences qu'il y a d'impressions, autant de *moi* successifs qu'il y a de phénomènes différents.

Ainsi, que je consulte la raison ou que j'interroge le sens intime, tout me ramène à cette inévitable conclusion : Il y a en moi un sujet tour à tour actif et passif, sans cesse agité et changeant et toutefois immuable dans son fond. Ce sujet, je l'appelle *substance.* Je n'en ai point encore pénétré la nature, mais j'affirme son existence, malgré toutes les négations et tous les sophismes.

V.

Et maintenant, quelle est en chacun de nous la *genèse* de l'idée du moi ? Cette idée est-elle toujours en acte ? La conscience que nous en avons est-elle persistante ou intermittente ? Nous éclaire-t-elle enfin d'une lumière continue et distincte, ou bien seulement par de faibles et vagues lueurs et à des intervalles plus ou moins longs ?

Par là même que l'individu humain est toujours vivant, qu'il exerce sans cesse son activité ou qu'il reçoit à chaque instant quelque impression plus ou moins vive, il ne peut manquer, dans l'état de veille, d'avoir de soi une connaissance *habituelle*. Toute sensation, toute pensée ou modification le révèle lui-même à lui-même, puisqu'elle l'affecte, puisqu'il en est, pour le dire une fois de plus, le sujet, sinon le principe. En ce sens, l'idée du moi est presque aussi ancienne que notre existence, elle est contemporaine de la première pensée et de la première sensation. Mais on conçoit ce qu'une telle idée renferme d'indécis et de flottant. Pour que le sujet pensant acquière une claire vue de lui-même, il faudra encore qu'il s'applique à l'étude de ses propres opérations, qu'il s'observe avec soin et surtout se distingue nettement des choses extérieures ou du non-moi.

Au reste, ce travail ne demande pas de longs raisonnements, l'homme illettré aussi bien que le philosophe est capable de cette réflexion initielle et presque instinctive. Chacun peut remarquer ce qu'il fait ou ce qu'il éprouve, et voir qu'il est lui-même et non pas un autre.

Mais ici une distinction devient nécessaire, si nous ne voulons point exagérer le rôle de la conscience dans le domaine psychologique. Il y a trois éléments bien différents dans la science du *moi*. Le premier de ces éléments comprend la connaissance des actes ou impressions du sujet; le second, celle du sujet qui les produit ou les reçoit, et le troisième, celle de la *nature intime* de ce sujet. Ainsi, par exemple, pour remarquer qu'on sent, il faut sentir, pour comprendre qu'on comprend, il faut saisir quelque vérité. L'homme n'arrivera donc à savoir qu'il a une intelligence qu'en observant des opérations qui réclament en lui une puissance correspondante. « *Intellectum nos habere non percipimus*, dit S. Thomas, *nisi in quantum percipimus nos intelligere, ut patet per Philosophum, IX Ethic. Nullus autem intelligit se aliquid intelligere, nisi in quantum intelligit aliquod intelligibile. Ex quo patet quod cognitio alicujus intelligibilis præcedit cognitionem quâ quis cognoscit se habere intellectum* (1). »

Voilà, certes, décrite en excellents termes la vraie méthode psychologique, basée tout entière sur l'observation, et l'on voit que les modernes n'en sont pas

---

(1) Opusc. 69, *De Trinit.*, circa initium.

les inventeurs, comme on l'a supposé avec trop de complaisance ou de légèreté.

Cependant, le Docteur angélique pousse plus loin encore son analyse de l'âme. Il enseigne que le moi connaît immédiatement ses propres actes, par une vue directe, et que du même coup il se saisit lui-même comme le principe et le sujet de ses opérations : « *In hoc aliquis percipit se animam habere, et vivere, et esse, quod percipit se sentire, et intelligere, et alia hujusmodi vitæ opera exercere* (1). » Il se garde bien de dire, comme fera plus tard Descartes, que l'âme se connaît en vertu d'un syllogisme : *Cogito, ergo sum*. Non, personne n'a jamais fait un syllogisme pour croire à son existence. Ne le sait-on pas d'ailleurs, un tel raisonnnement entraîne manifestement une pétition de principe. Car dire : *Cogito*, revient à dire : *Ego sum cogitans*. Et le moyen de dire *je pense*, de dire *moi*, sans supposer par là même le moi ou le sujet pensant !

Ainsi l'âme se connaît à l'occasion de ses actes, parce qu'elle se connaît dans ses actes, et cela, disons-nous, sans le moindre raisonnement, par une apperception immédiate : « *In hoc aliquis percipit se animam habere, et vivere, et esse, quod percipit se sentire, et intelligere, et alia hujusmodi vitæ opera exercere.* » Une telle connaissance se trouve à la portée de tout le monde, parce qu'elle s'arrête à la simple existence du sujet et que le sujet demeure toujours enveloppé

---

(1) QQ. disp. *de Mente*, a. 8.

dans ses phénomènes, toujours présent à lui-même comme principe de ses actes.

Mais c'est trop peu à l'homme de savoir qu'il est, il a besoin de savoir ce qu'il est : il ne lui suffit pas de sentir que sa substance persévère dans l'unité au sein de la multiplicité des phénomènes ; il veut encore apprendre quelle est la nature de cette mystérieuse substance.

Ici commence une étude nouvelle, très différente de la première et bien autrement difficile. Dans la première, il suffisait d'observer ou plutôt de voir et de sentir non pas même quelque être étranger au moi, mais le moi lui-même, transparent sous ses actes, sans rechercher aucunement la nature de ces derniers. Un tel objet tombe directement sous le regard intérieur de l'âme.

Il n'en est plus de même quand il s'agit de déterminer l'essence du sujet pensant. Les essences ne se touchent pas ; ni les sens, ni la conscience ne sauraient les atteindre. Le rôle de l'observation est épuisé, ou peu s'en faut, celui du raisonnement commence. Et ici nous ne sommes pas mieux partagés que dans la connaissance du monde extérieur, puisque la conscience est muette sur sa propre nature, comme sur la nature de tout être en général. Mais si le procédé est difficile, il n'est point impraticable ; il appartient à la science psychologique de le déterminer avec précision, la connaissance du moi est à ce prix (1).

(1) « Non per essentiam suam, sed per actum suum se cognoscit intellectus noster ; et hoc dupliciter : uno quidem modo *particula-*

Que fait le savant, quand il veut découvrir la nature ou la cause d'un phénomène, d'une propriété quelconque ? Il l'analyse avec soin, en recherche toutes les manifestations, en considère tous les éléments constitutifs. Ensuite, il écarte toute solution compliquée, dont il n'a pas besoin pour rendre compte du phénomène en question ; il écarte de même toute cause insuffisante qui ne contiendrait pas en soi la raison de ce phénomène ; car il voit d'instinct, sans raisonnement, qu'il doit y avoir une juste proportion entre le fait et sa cause, entre la propriété et son principe. Et quand il saisit clairement (s'il peut arriver à le saisir) que la cause proposée répond à toutes les exigences de l'effet, et que nulle autre n'en saurait donner une plus juste idée, il s'arrête avec bonheur et se tient pour assuré de posséder l'explication véritable du problème :
« *Cum causam ob quam res est, illius causam esse sci-*

---

riter, secundum quod Socrates vel Plato percipit se habere animam, ex hoc quod percipit se intelligere. Alio modo, in *universali*, secundum quod *naturam* humanæ mentis ex actu intellectûs consideramus.

Est autem differentia inter has duas cognitiones. Nam ad primam cognitionem de mente habendam sufficit ipsa mentis præsentia, quæ est principium actus, ex quo mens percipit seipsam ; et ideo dicitur se cognoscere per suam *præsentiam*. — Sed ad secundam cognitionem de mente habendam, non sufficit ejus præsentia, sed requiritur diligens et subtilis inquisitio. Unde et multi naturam animæ ignorant, et multi etiam circa naturam animæ erraverunt. Propter quod Augustinus dicit (*De Trinit.*, l. X, c. 9), de tali inquisitione mentis : « Non velut absentem se quærat mens cernere, sed præsentem se curet discernere ; » Id est, cognoscere differentiam suam ab aliis rebus ; quod est cognoscere quidditatem et naturam suam. » (S. Th., 1°, q. 87, a. 1, c.)

mus, et fieri non posse ut aliter se habeat, cognoscere arbitramur (1). »

Cette méthode n'est, croyons-nous, contestée par personne dans l'étude des sciences de la nature. Le psychologue a donc le droit de la faire servir à l'étude de l'âme. Dans l'un et l'autre cas, elle jouit d'une égale force et de la même autorité, et comme telle, elle peut conduire à des résultats également certains.

La conscience nous a révélé dans le moi des faits irréductibles et d'ordres absolument divers : sensations, pensées, passions, sentiments, volitions, etc... (2). Chacun de ces faits doit avoir sa raison d'être. Nous avons reconnu que les uns s'accomplissent dans l'organisme et par l'organisme, tandis que les autres se dégagent de la matière, et réclament un sujet spirituel (3). Il faut donc, en vertu du principe de causalité — admis par le sens commun et consacré par la pratique unanime des savants — (on montrera plus loin la valeur objective de ce principe), il faut, disons-nous, placer dans le moi des puissances de nature différente, et par suite reconnaître en lui une nature complexe, une certaine dualité substantielle. Mais, d'autre part, les faits nous ont encore appris que le moi a conscience de son unité, qu'il attribue à un même principe les phénomènes si divers dont il est le théâtre, qu'il sent que c'est

---

(1) Aristote, *Poster. analyt.*, I, 4.
(2) Supra, p. 10-21.
(3) Ibid., p. 20-21.

en lui le même sujet qui vit, connaît, s'émeut, réfléchit, délibère, entre en mouvement, etc... (1).

VI.

Si, toujours appuyés sur le témoignage des faits internes, nous voulions pousser plus loin nos recherches métaphysiques, nous arriverions à cette belle conclusion de S. Thomas, qu'il y a dans l'homme deux parties distinctes, l'une inférieure, animale, passive, corruptible, — le corps, — l'autre supérieure, immatérielle, essentiellement active, incorruptible, — l'âme, — la première subordonnée à la seconde, recevant d'elle l'être, la vie, la sensation et le mouvement, la seconde individualisée par la première et trouvant en elle un concours précieux pour l'exercice de son activité intellectuelle et morale. Nous arriverions ainsi à la célèbre théorie du saint docteur : *L'âme est la forme du corps*, théorie qui résout d'une façon si heureuse la dualité dans l'unité, et qui montre avec tant d'évidence l'harmonie du sensible et de l'intelligible.

Mais nous en avons assez dit pour réaliser l'objet de cette étude. Notre but n'est point d'écrire un traité de l'âme, mais de proposer une marche à suivre pour réfuter le kantisme et le positivisme, qui, en nous enfermant dans le phénoménisme subjectif, réduisent à néant la connaissance du moi.

---

(1) Supra, p. 21-23.

On l'a vu, la psychologie est une science régulière, rigoureuse, féconde. Comme toutes les sciences de la nature, elle s'appuie avant tout sur l'observation; mais sous ce rapport, on peut trouver qu'elle leur est supérieure. Car nous ne voyons les êtres qui nous entourent que par le dehors, l'intérieur nous échappe. Pour le moi, au contraire, nous avons un sens interne, la conscience, qui nous révèle ce qu'il y a en nous de plus caché et dans le même acte saisit les phénomènes et la substance. Mais la vue des sens, externes ou internes, a des bornes trop étroites. Aux faits de l'âme il convient d'appliquer le raisonnement si l'on veut avoir une science proprement dite et connaître l'homme dans sa nature complexe, dans son origine et dans sa fin.

CHAPITRE III

LE NON-MOI OU LE MONDE EXTÉRIEUR

I.

Jusqu'ici nous avons essayé de prendre connaissance du moi et du monde subjectif. Il nous sera maintenant permis de satisfaire enfin la curiosité qui nous entraîne au dehors et nous porte à jeter les yeux sur les êtres qui nous entourent — si toutefois il y a réellement des êtres qui nous entourent. — Pouvons-nous savoir ce qui se passe dans le monde extérieur? Et d'abord, est-ce qu'il y a un monde extérieur?

Si nous ne consultions que le sens commun et notre propre conscience, la question serait bientôt résolue, ou plutôt il n'y aurait pas de question. Qui d'entre nous a jamais douté de l'existence d'un monde extérieur? Quel est l'homme assez séparé des autres hommes pour n'entretenir de relation avec personne, ou assez perdu dans la solitude de ses pensées pour ne lever jamais les yeux au ciel et ne jamais les abaisser vers la terre où il a été jeté?

Pourtant un disciple de Kant a pu écrire : « On ne saurait expliquer comment un penseur a pu sortir du du moi (1). » — Et un autre philosophe, visiblement attaché aux principes du criticisme, a cru longtemps que la raison humaine n'a aucun moyen de dépasser la sphère des *apparences* et de s'assurer que les choses sont en elles-mêmes telles qu'elles semblent se présenter à nos regards. « Nous croyons, c'est un fait ; mais ce que nous croyons, sommes-nous fondés à le croire ? Ce que nous regardons comme la vérité, est-ce vraiment la vérité ?... Ce problème, l'esprit se le pose en vertu de ses lois. La raison qui contrôle tout en nous se contrôle elle-même. Mais de ce que la raison élève ce doute sur elle-même, s'en suit-il que la raison qui peut l'élever, puisse le résoudre ? Nullement... Le cercle vicieux serait évident ; il suffit d'énoncer la question pour la prouver. Si la raison doute d'elle-même au point de sentir le besoin d'être contrôlée, elle ne peut se fier à elle-même, quand elle exerce ce contrôle (2). »

Le genre humain, c'est un fait à constater, ne se préoccupe pas de la difficulté soulevée par Fichte et Jouffroy. Après comme avant ces deux philosophes, il a cru à la possibilité de sortir du moi et à la réalité objective des choses extérieures.

Jouffroy lui-même l'a reconnu plus tard : en fait, personne n'a le moindre doute sur les vérités physiques et mathématiques. Il lui semble même qu'on

---

(1) Fichte, *Doctrine de la science*, 1º partie, § 3.
(2) Jouffroy, *Œuvres de Reid*, Préf. et *Mélanges philos.* 2º édit. Dans un ouvrage plus récent auquel nous nous reporterons plus loin, l'auteur désavoue ce désolant scepticisme.

ne saurait trouver aucun motif particulier de créer une exception pour celles de l'ordre métaphysique ou moral. « Je demande si, dans le siècle présent, il est quelqu'un qui refuse sa croyance aux nombreuses vérités auxquelles sont arrivées les sciences physiques et les sciences mathématiques. Si, pour personne, la certitude de ces vérités n'est douteuse, il s'ensuit que les facultés de l'intelligence humaine sont capables d'arriver à la vérité... Pour qui reconnaît l'autorité de nos facultés dans une de leurs applications, il y a nécessité de la reconnaître dans toutes, et pour qui les nie dans un cas, toute croyance est une contradiction. En d'autres termes, on ne saurait être sceptique ni dogmatique à demi (1). »

Au reste, il est aisé de montrer que, dans l'ordre subjectif comme dans l'ordre objectif, la croyance humaine repose sur des raisons identiques, et que le premier de ces ordres n'est pas, à nos yeux, entouré de plus de lumières que le second.

Vous ne sauriez, dites-vous, douter de ce qui est subjectif, de vos impressions et de vos pensées, mais vous n'avez pas le droit de sortir du moi, d'affirmer qu'il y ait correspondance entre vos pensées et les choses. Un pareil langage n'enferme-t-il pas une contradiction? Vous savez que vous sentez, que vous pensez, que les choses vous *apparaissent* sous telle ou telle forme? Le pouvez-vous prouver? Non. Vous cédez à la nécessité qui vous impose l'affirmation, à

---

(1) *Cours de droit naturel*, t. 1, 3ᵉ leçon.

l'évidence qui vous inonde de ses clartés. Mais dans le rapport de la sensation et de la pensée à l'objet, n'y a-t-il point de même évidence et nécessité? N'est-ce point en vertu d'une intuition lumineuse, irrésistible, que vous croyez que les choses sont réellement en elles-mêmes telles qu'elles apparaissent à vos regards? L'existence du monde est-elle moins claire pour vous que celle de votre propre pensée, et la valeur objective des premiers principes moins assurée que le fait de vos impressions les plus intimes?

La certitude objective n'a donc rien à envier à la certitude subjective : il faut admettre ou rejeter l'une et l'autre en même temps.

II.

Nous pourrions nous en tenir là et nous contenter d'un fait aussi absolument décisif pour notre thèse. Mais ce serait trop peu pour satisfaire aux exigences de la philosophie moderne; car, encore une fois, l'école critique de Kant a jeté dans l'esprit de plusieurs une sorte de discrédit sur la valeur objective de la connaissance humaine, soit sensible, soit intellectuelle.

D'un autre côté, le positivisme en révoquant en doute l'existence des idées générales et en obscurcissant leur notion s'est appliqué à écarter de la philosophie (tâche facile dans un siècle comme le nôtre) tout ce qui dépasse la sphère des faits observables ou des lois susceptibles de vérification expérimentale.

Il est donc utile (si non absolument nécessaire) de soumettre à une analyse sévère la double connaissance sensible (1) et intellectuelle, et de rétablir jusqu'à l'évidence l'objectivité de l'une et de l'autre, en la débarrassant des explications trop peu scientifiques apportées par l'école de Descartes et de Leibnitz.

III.

La connaissance est *représentative* : c'est là le caractère qui la distingue essentiellement des phénomènes affectifs. Ceux-ci, en effet, se passent tout entiers à l'intérieur du sujet et n'ont d'autre fin que de déterminer en lui une modification nouvelle.

Toute connaissance est encore *instructive*. Supposer une connaissance qui ne montre rien, une perception qui n'atteigne rien, ce serait chose contradictoire dans les termes.

Mais c'est surtout quand la perception nous révèle un objet extérieur que son caractère représentatif apparaît avec une incontestable évidence. Or tel est le domaine propre où s'exerce la sensibilité extérieure. Les sens internes ne font guère que centraliser, conserver, combiner diversement ses données précieuses et l'intelligence trouve en elles la plupart de ses matériaux.

La sensation externe est donc au point de départ de la connaissance humaine; et tout système tendant

---

(1) Cf. M. Farges, *L'objectivité de la perception des sens externes.*

à lui enlever sa valeur atteint du même coup les facultés supérieures qui reçoivent d'elle leurs indispensables approvisionnements. Pour n'avoir point su comprendre cette importante vérité, plusieurs philosophes, Descartes et Malebranche surtout, s'imaginèrent relever d'autant plus la raison qu'ils abaissaient davantage la sensibilité, et ils en vinrent à refuser de voir en elle une faculté perceptive.

Kant, en apparence du moins, lui donne beaucoup plus d'importance dans la formation de nos idées. Avec les scolastiques, il met la sensibilité à l'origine de tout notre savoir et il en fait la condition essentielle du développement de l'intelligence. Mais il ne tarde pas à revenir sur ses concessions et à reprendre presque tout ce qu'il semble accorder.

Il faut, dit-il, distinguer dans la connaissance sensible un double élément : l'élément *matériel* et l'élément *formel*. L'élément matériel est fourni par les choses extérieures. Il est l'objet, la matière même de l'intuition. Le rapport d'ordre, l'unité que nous mettons dans la nature, c'est ce qu'il nomme la *forme* de l'intuition.

Cette forme n'est point donnée par l'objet; elle appartient tout entière à la nature du sujet sentant; elle est une simple manière d'être de la sensibilité qui rend possible la vue des choses extérieures. Dans la connaissance, cette forme subjective représente l'élément *à priori*, élément antérieur et supérieur à l'objet; tandis que la matière fournie par l'expérience représente l'élément *à posteriori*.

Jusqu'ici rien peut-être qui ne soit à la rigueur susceptible d'une interprétation acceptable, rien du moins qui altère absolument *la substance des choses*.

Mais voici qui rend impossible toute explication accommodante du système kantiste et qui creuse un abîme infranchissable entre la doctrine du Philosophe allemand et celle des scolastiques. Ceux-ci surbordonnent le sujet connaissant à l'objet connaissable, celui-là au contraire subordonne l'objet connaissable au sujet connaissant. D'après l'Ecole, l'objet est antérieur au sujet, et en agissant sur lui, il imprime sur lui son image fidèle, car l'objet est le moteur, et le sujet le mobile. D'après Kant, le sujet imprime sa forme propre à l'objet au lieu de recevoir la sienne; ce dernier ne peut être perçu que sous des conditions *à priori*, à l'aide de lois subjectives qui lui font perdre le caractère intrinsèque qui le distingue. Les lois de la sensibilité sont au nombre de deux : *l'espace et le temps*; car tout ce que nous percevons au dehors nous apparaît dans un lieu déterminé, et nous ne pouvons l'atteindre que simultanément ou successivement. Toute sensation vient pour ainsi dire se couler dans ce double moule, et se voit contrainte de revêtir la forme du sujet. Ecoutons Kant lui-même :

« Pour que je puisse rapporter certaines sensations à quelque chose d'extérieur à moi, et de même pour que je puisse me représenter les choses comme en dehors et à côté les unes des autres, il faut que la représentation de l'espace existe déjà en moi; *cette représentation ne peut donc être tirée par l'expérience, des rapports des phénomènes extérieurs* (1). » — « Mais si nous sortons de la forme subjective, sans laquelle nous ne saurions recevoir d'intuitions extérieures, la représentation de l'espace ne signifie plus absolument rien (2). » — Et encore : « L'espace n'est pas une forme des choses considérées en elle-même ; les objets ne sont pas connus en eux-mêmes ; et ce que nous nommons objets extérieurs consiste dans de simples représentations de notre sensibilité, dont l'espace est la forme, mais dont le véritable corrélatif, c'est-à-dire la chose en soi, n'est pas et ne peut pas être connu par là (3). »

Au point de vue de l'objectivité, le temps partage absolument le sort de l'espace. « C'est une représentation nécessaire qui sert de fondement à toutes les intuitions. La simultanéité ou la succession ne tomberaient pas elles-mêmes sous notre perception, si la représentation du temps ne lui servait *à priori* de fondement. Mais le temps n'est pas quelque chose qui subsiste par soi-même ou qui soit inhérent aux choses. Si nous prenons les objets tels qu'ils peuvent être en eux-mêmes, alors le temps n'est rien (4)... Il n'a de valeur objective que relativement aux phénomènes, mais ne peut être attribué aux choses, soit à titre de substance, soit à titre de qualité (5). »

---

(1) *Crit. de la raison pure*, t. I, p. 77, trad. Barni.
(2) Ibid., p. 81.
(3) Ibid., p. 85.
(4) Ibid., p. 90.
(5) Ibid., p. 91.

Nous nous trompons beaucoup si ce n'est pas là une théorie singulièrement empreinte d'idéalisme, et si Kant n'est pas bien près sur ce point de s'entendre avec Berkeley.

IV.

Heureusement, l'analyse exacte des faits nous donnera de la sensibilité une idée plus sûre. Et à moins que la croyance commune et le témoignage de la conscience ne nous soient devenus suspects, rien de plus assuré que la valeur de la perception sensible.

L'objet de la sensation se présente à nous dans des conditions qui méritent de fixer un instant l'attention du physicien et du psychologue : il est extérieur, étendu, situé dans un lieu, soumis au mouvement, et en conséquence mesuré par le temps. Par exemple, lorsque je vois une rose, elle m'apparaît en dehors de moi, avec telle ou telle grandeur, à une certaine distance, et je l'embrasse tout entière d'un seul regard. Sauf quelques idéalistes exagérés, tels que Fichte et Berkeley, visiblement en désaccord avec le sens commun, tous admettent que l'objet perçu est extérieur au sujet. On ne saurait dire le contraire sans se mettre ouvertement en contradiction avec la conscience. Rien au monde ne serait capable de me faire croire que la rose dont je parlais tout à l'heure ne soit pas en dehors de moi et de ma vue. Il ne m'appartient pas uniquement d'apercevoir ou de ne pas apercevoir certaines choses ; une distance trop grande, un défaut de lumière, un milieu défavorable, voilà autant d'obstacles qui rendent impossible la perception externe.

Au reste, j'éprouve à tout instant une résistance extérieure plus ou moins vive : parfois je réussis à la vaincre, mais il m'en coûte des efforts prolongés; souvent aussi elle lasse ma patience et m'oblige à renoncer à mes plans les mieux combinés, à mes projets caressés avec le plus d'amour.

La réalité du monde extérieur est donc absolument certaine.

Kant l'accorde volontiers; mais il nie que l'objet senti représente une étendue réelle. Il ne voit au dehors que des forces à la fois *diffuses* et *concentriques,* propres à produire sur nos sens l'*apparence* ou le *phénomène* de l'étendue. Les partisans des *monades* soutiennent la même opinion.

Nous la croyons absolument contraire à la foi du genre humain et à la vérité des faits. Le sens commun accorde à la perception des objets matériels la plus entière confiance; cette table est sous ma main; elle est solide, cela n'est pas douteux, et je cite ce fait comme un exemple de complète évidence, et je pense avoir une connaissance parfaite d'un objet si facile à percevoir.

Le langage lui-même confirme les témoignages du sens commun. Veut-on présenter une chose comme certaine, d'une certitude absolue? On dit alors : mais *voyez* et *touchez*, cela se voit, cela se sent : voilà le plus haut degré de l'évidence.

On peut apporter à l'appui de notre thèse une autre

preuve non moins convaincante. Nous plaçons les objets externes *ici* ou *là*, *à droite* ou *à gauche*, *plus haut* ou *plus bas*. Mais ces locutions et d'autres semblables que tout le monde emploie avec la plus entière assurance n'ont plus aucun sens, si l'on supprime la réalité de l'étendue.

N'appelez point à votre aide le principe de causalité; car selon une très juste remarque de Cousin « ce principe tout seul ne peut pas donner la *continuité* de la résistance; il dit résistance, encore résistance, toujours résistance, mais il ne dit pas, il ne peut pas dire résistance ici, là, sur ce point, sur cet autre; car ici, là impliquent la notion de l'étendue, de telle ou telle portion de l'étendue (1). »

On répond qu'une monade toute seule ne peut, sans doute, nous donner l'étendue, mais que plusieurs monades placées à distance peuvent la produire ou du moins en donner l'illusion.

Cette réponse n'est pas acceptable. Car poursuit Cousin, « vingt mille monades inétendues ne peuvent composer un atome d'étendue, et il répugne absolument qu'autant de zéros d'étendue qu'on voudra supposer constituent une étendue quelconque. Or si des zéros d'étendue ne constituent pas l'étendue, comment la figureraient-ils? Ils ne le peuvent; car l'apparence est ici déjà le signe et comme une partie de la réalité (2). »

D'un autre côté, on affirme gratuitement que les

---

(1) *Premiers Essais, Analyse de la connaissance sensible*, p. 236.
(2) *Hist. gén. de la Philosophie*, 7º leçon.

monades sont placées à distance les unes des autres. En effet, la distance suppose l'espace, c'est-à-dire l'étendue réelle, et dans l'hypothèse nous avons de simples monades ou forces inétendues qui, par elles-mêmes et par leurs rapports, quels qu'ils puissent être, sont aussi incapables de constituer l'espace qui contient les corps, que les corps qui sont contenus dans l'espace.

Ainsi les monades ne sont point à distance, puisque rien ne les sépare. D'ailleurs, réussit-on à les placer à distance, on ne serait guère plus avancé; on tomberait dans un autre écueil aussi inévitable; car on admettrait la possibilité de l'action à distance, c'est-à-dire la possibilité pour les monades d'agir les unes sur les autres, bien que séparées les unes des autres et privées de tout moyen de se transmettre mutuellement leur action.

La force ne saurait donc remplacer l'étendue ni la figurer en aucune manière.

Bien plus, sans constituer l'essence des corps, comme l'a cru Descartes, l'étendue n'en doit pas moins être considérée comme la première *propriété* de la matière, comme le fondement de toutes les *propriétés* physiques. Sans étendue réelle, conçoit-on la divisibilité, l'impénétrabilité, la solidité, la figure, et toutes les autres qualités de la matière?

On prétend aujourd'hui réduire toutes les propriétés des corps à de simples mouvements. Mais se représente-t-on le mouvement sans un point de départ et un point d'arrivée, sans un point d'appui, une distance et une vitesse quelconque, et toutes ces choses, peut-on les conserver quand on a une fois supprimé l'étendue? Nous pouvons le dire avec assurance : ou l'étendue est réellement objective, ou il n'y a rien d'objectif au monde.

Or ce point est décisif pour la question qui nous occupe, à savoir l'objectivité de la connaissance sensible. Car, d'une part, le toucher saisit directement l'étendue, et, d'autre part, tous les autres sens reposent sur le toucher. — « *Omnes alii sensus fundantur supra tactum* » a dit S. Thomas (1) après Aristote : « *Omnes sensus quodam perfici tactu* (2). » Sans doute, des sons harmonieux, le parfum des fleurs ne représentent pas une *surface* ni un *volume* odorant ou sonore ; et cependant, impossible de con-

---

(1) S. Th., 1ª, q. 76, a. 5, c.
(2) *De anima*, c. 2.
Balmès résume en quatre propositions d'une haute importance la fécondité scientifique de l'idée de l'étendue :

« *Première proposition* : L'étendue est la base de la géométrie.

Deuxième proposition : Plus encore ; tout ce que nous savons des corps se réduit à des manifestations, à des applications, à des modifications de l'étendue, auxquelles s'ajoutent toujours les idées de nombre et de temps.

Troisième proposition : Tout ce que nous connaissons des sensations méritant le nom de science est compris dans les modifications de l'étendue.

Quatrième proposition : Impossible de nous former une idée d'un objet corporel, quel qu'il soit, le monde sensible échappe à notre observation, nous marchons en aveugles, si nous ne prenons pour règle et pour point de départ l'étendue.

Les propositions que je viens d'établir sont des faits. Il suffit de constater ces faits pour que les propositions restent démontrées. » (*Philos. fondam.*, t. II, l. 3, c. 3.)

cevoir une odeur, un son, une couleur, etc., en dehors d'un sujet étendu.

Venons enfin à la notion d'espace et de temps impliquée dans chacune de nos sensations. Avant le Philosophe de Kœnigsberg, S. Thomas avait remarqué que c'est cette double notion qui caractérise la connaissance sensible et la distingue essentiellement de la connaissance intellectuelle. « *Differt sensus ab intellectu et ratione, quia intellectus vel ratio est universalium, quæ sunt ubique et semper; sensus autem est singularium.* (1) »

Kant, on l'a vu, soutient le caractère subjectif de la sensation, parce que, suivant lui, toute sensation vient se couler dans le moule de l'espace et du temps, et que ce moule est de l'ordre subjectif.

Mais comment prouve-t-il ce dernier point? Le voici : Nous ne percevons rien au dehors sans le percevoir dans l'espace et le temps, la notion d'espace et de temps doit donc être conçue avant toute sensation, et, par suite, elle est une forme *à priori* du sujet sentant, elle ne relève pas de l'expérience.

Accordons que tout objet sensible est dans l'espace et le temps. S'ensuit-il qu'il doive toujours être explicitement perçu par nous avec ce double caractère? Percevoir un objet comme attaché au temps et à l'espace, c'est percevoir les rapports qui l'unissent aux choses qui l'entourent ou qui existent au même moment que lui. Or, ne peut-on percevoir un objet

---

(1) *De sensu et sensato*, lect. 1ª.

ou lui-même, avant de remarquer les rapports qui lui sont communs avec d'autres objets différents ou semblables?

Mais admettons que nous n'apercevons aucun objet matériel sans l'apercevoir dans *tel temps* et *tel lieu*. Il ne s'ensuit pas que la notion de l'espace et du temps doive être antérieure à la sensation; il suffit qu'elle soit simultanée. Rien ne nous oblige donc de supposer l'innéité de la notion d'espace et de temps, l'expérience pourra nous fournir cette notion aussi bien que les autres.

Parlons d'abord de l'espace.

Aristote s'exprime sur ce point avec une clarté remarquable. « Une preuve manifeste de l'existence de l'espace, c'est la succession des corps qui se remplacent mutuellement dans un même lieu. Là où il y a de l'eau maintenant, arrive de l'air quand l'eau sort de ce lieu, comme quand elle sort, par exemple, d'un vase, et c'est un autre corps qui vient occuper ce même lieu que le premier corps abandonne. L'espace se distingue donc de toutes les choses qui sont en lui et qui y changent, car là où actuellement il y a de l'air, l'eau se trouvait antérieurement. Par conséquent, l'espace ou le réceptacle qui contient successivement l'air et l'eau est différent de ces deux corps, espace où ils sont entrés et d'où ils sont sortis (1). »

Voilà une explication qui a le double avantage de s'accorder très bien avec l'opinion commune et avec

---

(1) *Phys.*, l. IV, c. 2, § 1, trad. Barthélemy St-Hilaire.

les données de l'expérience. Les corps se meuvent sous nos yeux ; rien de plus universel ni de plus sensible que le mouvement. Mais quand un corps change de place, nous le voyons toujours pousser devant lui un second corps, pendant qu'un troisième vient occuper le lieu même qu'il abandonne.

Ainsi l'espace est aussi réel, aussi objectif que les corps eux-mêmes, puisqu'il leur donne asile et leur sert de récipient. Tout corps a son espace ou son lieu particulier, qui lui est fourni par le corps voisin, qui lui sert de contenant. Que si maintenant vous faites abstraction du contenu pour ne considérer que le contenant, ou si vous aimez mieux, la capacité de contenir les corps, vous avez l'espace *abstrait*. Réunissez par la pensée tous les espaces particuliers, sans tenir compte des corps qu'ils contiennent, vous avez l'espace *général*, immense comme l'univers.

Au contraire, supprimez tous les corps ; il n'y a plus aucun espace réel, mais il reste l'espace *possible*; et celui-là, rien n'empêche de l'étendre à l'infini, et de le rendre capable de renfermer non seulement un monde, mais des milliers de mondes, aussi vastes qu'il plaira à l'imagination de se les représenter.

On arrive à concevoir l'espace comme immense et éternel, en se le représentant comme antérieur au monde et doué en quelque sorte d'une réceptivité indéfinie. Mais un tel espace n'a d'existence que dans la pensée ou l'imagination ; car dès qu'on veut rentrer dans le réel, on trouve aussitôt des limites et l'on se convainc aisément qu'il n'y a qu'un seul infini : Dieu, créateur de l'espace et du temps, et infiniment au dessus de l'un et de l'autre.

Kant a soulevé contre l'objectivité du temps la même difficulté que contre celle de l'espace ; nous la résoudrons de la même manière. — Il suppose que toutes choses nous apparaissent comme simultanées ou successives, et il en conclut que l'idée du temps doit être antérieure à toute sensation, indépendante de l'expérience, inhérente à la nature même du sujet sentant, dont elle est une des formes nécessaires et qu'il transporte ensuite par un irrésistible instinct dans le monde extérieur.

Mais en vérité est-il donc besoin d'avoir déjà dans son esprit l'idée de succession, pour remarquer celle dont la nature nous offre le tableau? Ne puis-je apercevoir le blanc sans avoir déjà l'idée du blanc? ni l'étendue, sans avoir l'idée d'étendue? Et n'est-ce pas au contraire la vue des choses blanches qui me donne l'idée du blanc, et celle des choses étendues qui me donne l'idée de l'étendue?

Il en est de même pour le temps. Au fond, il consiste dans une simple succession, ou pour parler avec plus de précision, aux termes de l'école, le temps n'est autre chose que la mesure ou le nombre du mouvement, selon la priorité et l'antériorité « *numerus et mensura motûs secundùm prius et posterius.* »

Qui donc aujourd'hui voudrait répéter l'affirmation de Zénon l'Éléate, nier la réalité du mouvement (1),

---

(1) Nous avons entendu soutenir sérieusement que la succession est dans notre esprit, car nous ne pouvons atteindre les choses

refuser à l'homme la faculté de voir les choses qui se meuvent ou de mesurer la durée et la rapidité de ce mouvement ? L'idée du temps peut s'acquérir par l'expérience plus aisément qu'aucune autre, car sans regarder au dehors, il nous suffirait de regarder au dedans de nous-mêmes ; nous portons en quelque sorte le mouvement et le temps avec nous.

Cependant, il faut le reconnaître, le temps lui-même est difficile à saisir, précisément à cause de ce que l'on pourrait appeler sa fluidité. On peut en réduire la notion à celle de trois éléments essentiels, dont le premier a été et n'est plus, dont le second sera mais n'est pas encore, dont le troisième enfin, bien que présent et actuel, nous échappe dès qu'on croit le saisir. « *Fugit tempus*, dit Sénèque, *et avidissimos sui deserit ; nec quod futurum est meum est, nec quod fuit : in momento fugientis temporis pendeo* (1). »

Cette pensée a suggéré à Vico cette réflexion de grande importance : La métaphysique est en repos, mais la physique est sans cesse en mouvement comme les choses qu'elle étudie : « *Metaphysica quieta, physica vero semper in motu* (2). »

S. Thomas, avec sa justesse de vue ordinaire, a distingué dans le temps un élément matériel et objectif, fourni par le mouvement des choses, et un élément formel et subjectif, donné par l'intelligence

d'un seul regard, mais qu'il n'est pas prouvé qu'elle soit aussi en dehors de nous, au sein de la réalité objective!
(1) *Nat.*, I, 6.
(2) *De Italor. sapientia*, c. 4, § 4.

qui relie entre elles les *parties successives* dont se compose le mouvement. Pour cette raison, l'âme trouve bien dans la nature le fondement de l'idée du temps, mais elle doit la perfectionner en comptant elle-même et en reliant ensemble les diverses parties de la série successive (1). — La même remarque s'applique d'ailleurs à toutes les idées générales : la nature a soin de nous fournir les indications nécessaires, mais elle laisse à l'esprit d'exploiter ces données et d'en tirer les concepts universels.

Voilà pourquoi, le fleuve du temps n'accélère ou ne retarde pas le mouvement de ses flots au gré de nos désirs ; son cours nous paraît tantôt lent, tantôt rapide. L'homme oisif et désœuvré trouve qu'il ne se hâte pas assez, l'homme occupé, l'homme heureux s'étonne au contraire de le voir couler si vite. C'est que les uns remarquent tous les mouvements des choses au dedans de leur âme, tandis que les autres, absorbés par leurs travaux ou leurs plaisirs, ne font guère attention à ce qui se passe autour d'eux, et laissent s'écouler le temps sans en prendre souci.

(1) « Quædam sunt quæ habent fundamentum in re, extra animam, sed complementum rationis earum, quantum ad id quod est formale, est per operationem animæ, ut patet in *universali*... Et similiter est de tempore, quod habet fundamentum in motu, scilicet prius et posterius ; sed quantum ad id quod est *formale* in tempore, scilicet numeratio, completur per operationem intellectus numerantis. » (*In I Sent.*, dist. 19, q. 5, a. 1.)

V.

Jusqu'ici nous nous sommes bornés à établir que la sensation est objective, et nous avons vu que l'objet senti est extérieur, étendu, placé dans une portion particulière de l'espace et du temps.

Maintenant il nous faut pénétrer plus avant dans notre sujet et tâcher de nous rendre compte des éléments divers dont se compose la perception sensitive. Le problème est complexe : il appartient en même temps à la physique et à la psychologie.

Dans une question qui demande tant de précision, nous devrons nous écarter moins que jamais du langage rigoureux et des procédés analytiques de la science.

Prenons encore le langage pour le point de départ de notre étude.

On dit tous les jours : ce corps résiste, cet instrument rend un son agréable, la chaleur de ce feu me réjouit, la couleur de la rose me charme.

On dit aussi : j'éprouve de la résistance, j'entends des accords harmonieux, je sens la chaleur, je vois du rouge.

Voilà nettement distingués le côté objectif et le côté subjectif de la sensation.

1° Qu'est-ce que la résistance dans le solide, le son dans l'instrument, la chaleur dans le corps chaud, la couleur dans la rose, le parfum dans la fleur, la saveur dans le fruit ? Problème de l'ordre *objectif*, et dont l'explication *prochaine* doit être demandée à la physique.

2° Qu'est-ce que l'impression même de résistance, l'audition du son, la sensation de chaleur, la vision de la couleur, etc.? Question de l'ordre *subjectif* et du domaine de la psychologie.

3° Comment s'établit la relation entre l'objet et le sujet sentant, entre le *dedans* et le *dehors*, et quel rapport y a-t-il entre la qualité de l'objet et la sensation du sujet? Question *mixte*, qui intéresse à la fois le psychologue et le physicien.

Ainsi, trois choses à distinguer avec soin, trois questions à résoudre à part, si l'on veut éviter les confusions fâcheuses dans lesquelles tombent trop souvent ceux qui parlent de la sensation et de son objet.

a) Interrogé sur la première question, le philosophe répondra : ce corps est dur, chaud, sonore, rouge, doux, etc., d'où autant de qualités qui appartiennent en propre à l'objet. Parmi ces qualités, quelques-unes, le son et la couleur, par exemple, peuvent être en puissance ou en acte ; la corde du violon tendue est en puissance de tel son ; pincée, elle donne le son en acte ; le rouge est en puissance la nuit, il passe en acte à la lumière du soleil. La saveur aussi peut être en puissance dans les parcelles non dissoutes.

Pour le physicien, un mot résume tout : ces qualités sont des formes d'*énergie* capables d'agir sur les sens.

La résistance est due à l'énergie de la matière ou à

l'élasticité du corps, — masse à ébranler et énergie potentielle des forces répulsives qui font obstacle.

Le son en puissance dans la corde de violon est une énergie potentielle de vibration sonore possédant telle ou telle vitesse, telle forme, etc., et réunissant tout un ensemble de conditions que l'*acoustique* déterminera, et qui feront de l'*ébranlement* (son en acte) *un* son ou *tel* son.

Pareillement pour la couleur, nous trouvons dans les molécules d'un corps aptitude à modifier les vibrations de l'éther de telle ou telle manière, chaque partie du corps coloré devenant centre vibratoire dans l'éther. Cette aptitude entre en acte en présence d'un corps lumineux (1).

La *chaleur* est un ébranlement très rapide des molécules du corps chaud.

La *saveur* est un état d'ébranlement des molécules dissoutes ou liquides des corps, état que les physiciens n'ont guère expliqué jusqu'à ce jour.

L'*odeur* est une vibration spécifique des particules disséminées dans l'air.

Voilà les qualités des corps envisagées *objectivement* et au point de vue des conditions *mécaniques* qui leur permettent d'agir sur nos organes.

b) Le *contact* médiat ou immédiat des corps leur permet encore d'agir les uns sur les autres, et de produire des communications ou transformations d'énergie.

(1) « Et lumen, colores qui sunt in potentia, actu colores quodam modo facit. » (Aristote, *De anima*, l. III, c. 5, § 1.)

Nos organes reçoivent leur action, et par suite éprouvent une modification particulière, physique et physiologique tout ensemble.

Mais il y a plus. L'organe n'est pas seulement vivant ; il est *sensible*. Il réagit sur l'impression reçue et cette réaction engendre une connaissance. Ainsi, grâce à la nature complexe de l'homme, un double phénomène s'accomplit en lui au même moment, phénomène physiologique dans le corps vivant, psychologique dans l'âme qui rend l'organe sensible, et qui au cerveau prend conscience de la connaissance acquise.

Le phénomène subjectif, envisagé dans sa totalité, comprend une double connaissance : connaissance de l'impression reçue, et par le moyen de celle-ci, connaissance de l'agent extérieur qui l'a produite.

c) Mais quel rapport peut-il s'établir entre l'objet senti et le sujet sentant ? c'est la question qui nous reste à résoudre.

Dans la sensation de résistance, on ne voit point de rapport intermédiaire ; chaque partie sensible de la main s'applique sur les points résistants ; il y a action et réaction du corps touché et de l'organe tactile.

Au contraire l'ébranlement du corps sonore ne se communique pas immédiatement à l'organe. Le son se produit dans le corps, se propage par un milieu pondérable, ordinairement l'air, jusqu'au tympan, puis aux osselets, et de là aux fibres *de Corti, par lesquelles il parvient aux nerfs où se fait la connaissance du son.*

Dans la chaleur perçue par contact, l'action est immédiate comme pour la résistance. Le mouvement calorifique des molécules se communique aux molécules de l'extrémité périphérique du nerf animé. Mais pour la chaleur rayonnante, l'éther est un intermédiaire comme l'air pour le son.

Chaque point du corps coloré est un centre d'ébranlement de l'éther. Un faisceau de section égale à celle de la pupille est concentré par l'œil sur l'écran vivant où il forme, pour ainsi dire, à l'aide de l'image du corps coloré, un centre pareil d'ébranlement. Cet ébranlement est senti par l'organe animé.

On connaît ainsi la couleur : l'ensemble des points images donne la forme de l'objet, comme la main celle du corps touché ; le déplacement de l'image sur la rétine ou de l'œil lui-même indique le mouvement du corps.

De même les saveurs et les odeurs sont perçues parce que les éléments dissous du corps sapide ou odorant agissent sur l'élément sensible.

Il nous sera maintenant facile de déterminer le rapport qui existe entre l'objet senti et la sensation éprouvée par le sujet.

1° Ce rapport est au moins un rapport de cause à effet mécanique. L'action de l'objet provoque une communication d'énergie qui modifie l'état du sujet. Cet état nouveau paraît tout d'abord consister en une réaction mécanique.

Les forces moléculaires et l'organe du tact éprouvent une pression, un choc absolument de même ordre. D'ordinaire on n'y voit pas cependant une transformation d'énergie comme il arrive par exemple pour la chaleur agissant sur une pile thermo-électrique ; pour l'électricité, se changeant en chaleur ou en force magnétique, dans le mouvement du manipulateur, qui, par l'intermédiaire du courant électrique, devient pour le récepteur, magnétisme, action chimique, puis enfin signe conventionnel.

2° Mais l'organe n'est pas une matière brute, il est *vivant* ; et par suite capable d'une réaction physiologique.

3° Cet organe tient encore de l'âme la vertu de sentir. Il connaît donc ce qu'il éprouve mécaniquement, et sa connaissance porte tout d'abord sur l'impression reçue, la saisit comme reçue, et par conséquent comme venant du corps qui l'a produite.

Le corps est senti, l'organe sent. L'impression est une résistance qui fait connaître une résistance, l'organe, étendu lui-même, fait apprécier l'étendue extérieure, objet de la connaissance. Sans doute il se fait au cerveau le transport d'un élément transformé et il pourra se produire dans cet organe central un simple *signe* de la chose connue, qui est au dehors ; ce *signe* produira ensuite les phénomènes de mémoire et d'imagination ; mais, encore une fois, la connaissance s'accomplissant là où l'organe est impressionné, nul besoin d'imaginer une transformation ; la sensation est une image, on pourrait dire une photographie de l'objet.

La même analyse peut être appliquée au son. Le

corps sonore, apte à vibrer de telle manière, est ébranlé par choc, frottement, pincement ou même par influence. Un mouvement vibratoire de même rapidité et de même forme se communique à l'air, de l'air à l'oreille, et finalement aux organes innervés.

Tout indique qu'il ne se produit aucune forme nouvelle d'énergie, mais bien une image mécanique dans l'organe animé, doué de la capacité de connaître.

Mais ici ce n'est plus un choc, c'est un mouvement si rapide que les chocs se soudent et que l'esprit seul peut en saisir les divers éléments. L'organe approprié, vibrant à l'unisson, éprouve une sorte de *chatouillement*, il ne peut percevoir les chocs, mais seulement le *son* qui en est la *résultante*. Ce qui est connu par l'ouïe est toutefois connu comme venant du dehors et comme produit par l'instrument d'où vient le son.

Une explication analogue pourrait être donnée pour chacun des sens.

L'analyse minutieuse et peut-être aride à laquelle nous avons dû nous livrer, nous était absolument nécessaire pour montrer l'objectivité de la sensation, contestée à tort par l'école critique. Nous croyons notre thèse établie. Elle tient tout entière dans l'explication suivante que nous empruntons à S. Thomas d'Aquin : Dans la sensation, l'objet et le sujet s'unissent de la façon la plus immédiate et la plus intime ; ils agissent simultanément et de concert, et confondent leur action propre en une action totale et commune. Avant d'entrer en relation, ils diffèrent absolument l'un de l'autre ; mais le mouvement parti de l'objet et reçu, puis transformé dans le sujet, les unit très étroitement ensemble dans un produit commun, si bien que, sous ce rapport, il ne résulte plus de l'un et de l'autre qu'un seul et même être, et que le sens en acte se confond avec le sensible en acte (1).

VI.

Ce qui met la pensée hors pair et à une distance infinie de la sensation, c'est la transcendance de son objet : l'une ne saisit que le matériel, le particulier, le fait, l'autre atteint l'immatériel, l'universel, la loi.

Mais prenons garde : si le fait est particulier, il est réel, s'il est matériel, il est tangible. Sans doute l'idée est générale, affranchie de l'espace et du temps, libre de tout contact avec la matière, mais ce qu'elle gagne en noblesse, ne va-t-elle pas le perdre dans sa réalité ? A force de la faire planer dans les hautes régions, ne l'exposez-vous pas à perdre pour ainsi dire toute consistance ? Pour parler sans figure : l'idée est-elle autre chose qu'une manière de concevoir, une forme purement subjective de notre esprit ?

Nous voilà parvenus au problème philosophique par excellence, à ce problème éternel, comme parle

---

(1) S. Thomas, dans son commentaire sur Aristote, a exprimé cette fusion de l'objet et du sujet avec une rare énergie de langage. « Sensus in actu est sensibile in actu, ut dicitur (De anima, l. 2) non ita quod ipsa vis sensitiva sit ipsa similitudo sensibilis quæ est in sensu, sed quia ex utroque fit unum, sicut ex actu et potentia. » (S. Th., 1ª, q. 55, a. 1, ad 2.) — « Patitur dissimile, facta vero passione, simile est. » (Arist., De anima, l. II, c. 5, § 3 et 7.)

Cousin, « duquel partent et auquel aboutissent toutes les recherches philosophiques. Il a l'air de n'être qu'un problème de psychologie et de logique, et, en réalité, il domine toutes les parties de la philosophie ; car il n'y a pas une seule question qui, dans son sein, ne contienne celle-ci : tout cela n'est-il qu'une combinaison de notre esprit, faite par nous, à notre usage, ou tout cela a-t-il, en effet, son fondement dans la nature des choses (1) ? »

Or, ne craignons pas de le dire, si la première réponse devait prévaloir, et si nos idées « n'étaient qu'une combinaison de notre esprit faite par nous, à notre usage, » la pensée nous paraîtrait bien inférieure à la sensation ; car nous l'avons prouvé, l'objet de la sensation est réel et solide, et, dans cette hypothèse, l'objet de la pensée, malgré de belles apparences, resterait vide et imaginaire.

VII.

Eh bien ! cette solution désespérante, kantistes et positivistes s'accordent à nous la présenter comme la seule qui soit conforme à la vérité.

Kant raisonne pour l'intelligence comme pour la sensibilité. Ni l'une ni l'autre ne peut commencer à s'exercer si elle ne possède *à priori* les formes qu'elle devra appliquer dans toutes ses perceptions. Les formes idéales, nécessaires pour produire ses divers

---

(1) Cousin, *Introduction aux ouvrages inéd. d'Abélard*, p. 63.

jugements, l'esprit les tient de sa nature même : elles lui appartiennent comme universelles et absolues, mais rien ne prouve qu'elles le soient en réalité, ni qu'elles puissent être admises sans conteste pour un esprit autrement organisé que l'esprit humain.

« Nous avons voulu dire que toutes nos intuitions ne sont que des représentations des phénomènes ; que les choses que nous percevons ne sont pas en elles-mêmes telles que nous les percevons ; que leurs rapports ne sont pas essentiellement non plus ce qu'ils nous paraissent être ; et que si nous faisons abstraction de notre sujet, ou même de la qualité subjective des sens en général, c'en serait fait de toute propriété, de tout rapport des objets dans l'espace et le temps, de l'espace et du temps eux-mêmes ; car rien de tout cela ne peut exister en soi comme phénomène, mais seulement en nous. Nous ignorons complètement ce que peut être la nature des choses en soi, indépendamment de toute notre capacité (réceptivité). *Nous ne connaissons que notre manière de les percevoir, qui est tout à fait notre esprit, et qui ne doit pas être nécessairement celle de tout autre être, quoique, à la vérité, elle soit celle de chacun de nous* (1). »

On ne saurait dire en termes plus formels que nos idées, bonnes tout au plus pour notre usage, ne peuvent avoir en aucun cas la moindre valeur objective.

(1) *Crit. de la raison pure*, t. 1, 1° part., sect. 2°.

L'école sensualiste ne fait pas plus de cas de l'universel. Sur ce point les plus modérés de ses partisans tiennent absolument le même langage que les plus téméraires.... « Ce que l'on appelle général et universel, dit le métaphysicien des sensualistes, Locke, n'appartient pas à l'existence réelle des choses, mais c'est un ouvrage de l'entendement qu'il fait pour son propre usage et qui se rapporte aux *signes*, soit que ce soient des mots ou des idées.... Les universaux ne sont que de simples productions de notre esprit, dont la nature générale n'est autre chose que la capacité que l'entendement leur communique, de signifier ou de représenter plusieurs particuliers (1). »

Sur cette question comme sur bien d'autres d'ailleurs, les positivistes n'ont donc pas le mérite de l'invention. On peut seulement s'étonner que M. Taine, après avoir assigné à l'abstraction une place des plus importantes dans la formation de nos connaissances, finisse, comme les autres positivistes, par concentrer toute la réalité dans les individus et les images qui les représentent. Les idées sont « des images plus saillantes, sur lesquelles s'étale l'attention (2). » « Ce que nous avons en nous-mêmes lorsque nous pensons les qualités et caractères généraux des choses, *ce sont des signes, et rien que des signes*, je veux dire certaines images ou résurrections de sensations visuelles ou acoustiques, tout à fait semblables aux autres images, sauf en ce qu'elles sont corres-

(1) *Essais sur l'entend. hum.*, l. III, c. 3, § 2.
(2) *De l'Intelligence*, t. I, l. 1, c. 3, § 4.

pondantes aux caractères et qualités générales des choses et qu'elles remplissent la perception absente ou impossible de ces caractères et qualités. — Ainsi lorsque, négligeant les sensations présentes, nous remarquons le peuple intérieur qui roule incessamment en nous, nous n'y trouvons que des images, les unes saillantes et sur lesquelles l'attention s'étale, les autres effacées et en apparence réduites à l'état d'ombres, parce que l'attention s'est détournée d'elles pour s'appliquer à leur emploi... Puisque nos idées se ramènent à des images, leurs lois se ramènent aux lois des images ; ce sont donc des images que nous allons étudier (1). » D'où cette définition originale de l'esprit : « De même que le corps vivant est un polypier de cellules mutuellement dépendantes, de même l'esprit agissant est un polypier d'images mutuellement dépendantes, et l'unité dans l'un comme dans l'autre n'est qu'une harmonie et un effet (2). »

On le voit, la question de l'objectivité de la pensée offre une difficulté spéciale, au premier abord assez embarrassante. Les sens trouvent leur objet tout fait dans la nature, le particulier est en acte dans toutes les choses que nous percevons, il n'y a qu'à le constater et à le recueillir. Mais la pensée a la prétention d'atteindre l'universel, et l'expérience ne nous montre de toutes parts que des individus. Vouloir faire jaillir l'idée du fait, n'est-ce pas tenter de tirer le plus du moins ?

(1) *De l'intellig.*, t. I, l. 1, c. 3, § 4.
(2) Op. cit., l. II, c. 1, § 6.

Une école célèbre a cru résoudre le problème de l'universel, en supposant *l'innéité* des idées générales. Descartes, Leibnitz, Rosmini et plusieurs autres philosophes mettent dans l'enfant qui vient de naître, au moins à l'état latent et confus, la connaissance des vérités premières.

Une telle hypothèse se place comme d'elle-même en dehors de la voie rigoureuse et scientifique. « Il est clair qu'admettre l'innéité, ce n'est pas donner une explication, mais plutôt reconnaître qu'on n'en peut pas donner. C'est pourquoi cette théorie est le *pis-aller* du psychologue; on ne devra s'y résigner qu'après épuisement de toutes les autres hypothèses possibles. La supposition de quelque chose d'inné, dit Maine de Biran, est la mort de l'analyse; c'est le coup de désespoir du philosophe (1). »

Ensuite, elle ouvre la porte toute grande au subjectivisme kantiste. En effet, « quelle valeur peut-on reconnaître aux principes, dans la théorie de l'innéité? Les principes, nous dit-on, sont absolument *à priori*; la raison les impose au monde sans même l'avoir regardé. — Fort bien; mais alors qui nous assure que ces principes que le monde ne nous a pas enseignés, soient en effet les lois du monde ? — Nous ne pouvons concevoir, dites-vous, les choses autrement. — Soit, mais qui vous dit que les nécessités de votre pensée soient aussi les nécessités des choses (2)? » Et du moment que les idées ne relèvent en aucune façon de

---

(1) Rabier, *Leçons de Philos.*, Psychol., c. 23, § 1.
(2) Rabier, op. cit., ibid., § 2.

l'expérience, qu'elles sont *à priori*, où sera le moyen de s'assurer qu'elles répondent à la réalité objective ?

VIII.

L'innéisme résout gratuitement le problème qui nous occupe.

S. Thomas a donné une solution qui s'adapte mieux aux procédés de la vraie science, qui ne suppose aucun élément *à priori*, et accorde toujours une place importante à la sensibilité, tout en sauvegardant à merveille les prérogatives et la dignité de la raison. La voici dans sa lumineuse simplicité : les sens externes, en contact immédiat avec le monde, contemplent à loisir le tableau si riche et si varié des formes de la nature ; la mémoire et l'imagination amassent et gardent avec fidélité ce trésor d'images et le présentent à la raison. Celle-ci, jusque-là passive et silencieuse, entre aussitôt en activité, elle reçoit les divers éléments qui lui sont offerts par la sensibilité, les discerne, les classe ; elle compare et généralise, dépouille l'objet de ses caractères accidentels, s'attache aux qualités communes et constitutives, et passe ainsi, par un travail spontané et naturel, du particulier à l'universel, du fait à la loi, de l'individualité à l'essence.

Que suppose la théorie du Docteur angélique ? Deux choses également révélées par l'expérience : l'existence à l'état latent, mais réel du général dans le particulier, et l'activité de la raison qui va droit à son objet pour le saisir sous sa forme abstraite, en le dégageant de toutes les propriétés accidentelles qui l'individualisent.

Mettons ces deux points dans tout leur jour.

« L'universel, dit Bossuet, est l'ouvrage de la précision, par laquelle l'esprit considère en quoi plusieurs choses conviennent, sans considérer ou sans savoir en quoi précisément elles diffèrent. Par là se comprend parfaitement la nature de l'universel. Il y faut considérer ce que donne la nature même et ce que fait notre esprit. La nature ne nous donne au fond que des êtres particuliers, mais elle nous les donne semblables. L'esprit venant là-dessus et les trouvant tellement semblables qu'il ne les distingue plus dans la raison dans laquelle ils sont semblables, ne se fait de tous qu'un seul objet et n'en a qu'une seule idée; ce qui a fait dire au commun de l'Ecole qu'il n'y a point d'universel dans les choses mêmes, et encore, que la nature donne bien, indépendamment de l'esprit, quelque fondement à l'universel, en tant qu'elle fournit des choses semblables, mais qu'elle ne donne pas l'universalité aux choses mêmes, puisqu'elle les fait toutes individuelles; et enfin, que l'universel se commence par la nature et s'achève par l'esprit : *Universale inchoatur a natura, perficitur ab intellectu* (1). »

Chaque être a une essence propre, c'est-à-dire appartient à une catégorie déterminée qui lui assigne

---

(1) *Logique*, l. I, c. 30, 31.

sa place dans la nature et le distingue de tous les individus d'une espèce différente. Sans doute, en lui, cette essence est individuelle, particulière, elle se trouve mêlée à plusieurs propriétés accessoires et mobiles, mais rien n'empêche de faire abstraction de l'élément concret qui lui sert d'enveloppe et de la concevoir à part, en elle-même et dans ses principes constitutifs. De particulière qu'elle était, elle se présentera au regard de l'intelligence sous une forme abstraite et générale.

Quelques exemples feront mieux comprendre notre pensée.

J'observe un rosier, un peuplier, un chêne : sous les différences qui frappent d'abord ma vue, j'aperçois bientôt des ressemblances, des analogies : Tous ces êtres ont pour origine un germe déposé dans la terre ; ils se sont développés en puisant aux mêmes sucs, en absorbant la chaleur et l'humidité de l'air. Tous un jour, le brin d'herbe quelques heures après sa naissance, le chêne après plusieurs siècles de vie, cessent de croître, se dessèchent et périssent. Je rassemble ces caractères communs, j'en forme une idée, l'idée de plante.

Que j'observe maintenant un chien, un chat, un agneau, je remarque aussi que ces êtres grandissent et meurent, qu'ils sentent, qu'ils marchent, qu'ils ont des impressions communes. Je rassemble encore ces caractères pour en former une idée, l'idée d'animal.

Cette idée est *générale,* parce qu'elle convient à un genre ou à un groupe d'objets semblables, l'idée de plante à toutes les plantes, rose, lis, peuplier, bouleau, chêne, etc.; l'idée d'animal à tous les animaux, chien, chat, agneau, lion, etc... Elle peut se trouver reproduite dans un nombre indéfini d'individus ayant tous des caractères analogues. — Elle est *abstraite*, parce qu'elle désigne un *extrait*, c'est-à-dire une portion d'individu laquelle se retrouve dans tous les individus du groupe; l'idée d'arbre exprime le caractère commun à tous les arbres, l'idée d'animal le caractère commun à tous les animaux. — Elle est *objective*, parce que, si la vie végétative et la sensibilité n'existent pas dans la nature sous leur forme abstraite, en dehors des êtres vivants et sentants, elles n'en possèdent pas moins une existence réelle dans toutes les plantes et tous les animaux.

Ainsi nul doute que le fondement de l'universel ne soit donné par la nature.

Dira-t-on que l'intelligence ne saurait faire le travail d'abstraction et de généralisation nécessaire pour concevoir l'universel *en acte?* Rien de plus contraire, je ne dis pas à la raison, mais à l'expérience elle-même.

S. Thomas, dans une fine analyse que ne désavouerait point un psychologue du XIX° siècle, a observé que chacune de nos facultés, chacun de nos sens possède, à sa manière, *la vertu abstractive*. Car dans tout être complexe, chaque faculté saisit ce qui constitue son objet et néglige tout le reste.

« La vue, par exemple, perçoit la couleur d'un fruit, sans percevoir son parfum. Or la couleur est bien réellement dans le fruit; mais que l'œil la saisisse sans le parfum, cela tient à la nature de l'organe visuel, fait pour recevoir l'image de la couleur et non pas celle des odeurs (1). »

Et ce qui est vrai des sens, facultés organiques, appliquées à la connaissance des qualités particulières et concrètes, doit l'être à plus forte raison de l'intelligence, puissance immatérielle, née pour l'universel, et par suite douée de la vertu abstractive dans son degré le plus éminent.

Ecoutons encore le Docteur angélique : « L'esprit, dit-il, est capable de s'élever à l'idée d'humanité. L'humanité abstraite ne se trouve nulle part dans la nature, elle existe seulement dans tel ou tel homme particulier ; mais si elle est conçue en dehors de toute condition individuelle, ce qui est une véritable abstraction destinée à produire l'universel, la raison n'en est pas dans l'humanité, mais dans l'esprit lui-même, en qui se trouve l'image représentative de l'espèce et non point celle des individus (2). »

Dira-t-on que l'abstraction, séparant ce qui est uni dans la nature, nous fait voir les choses autrement

---

(1) « Hoc possumus videre per simile in sensu. Visus enim videt colorem pomi, sine ejus odore. Si ergo quæratur ubi sit color qui videtur, non est nisi in pomo. Sed quod sit sine odore perceptus, hoc accidit ei ex parte visus, in quantum in visu est similitudo coloris, et non odoris. » (S. Th., 1ᵃ, q. 85, a. 2, ad 2.)

(2) « Similiter, humanitas quæ *intelligitur*, non est nisi in hoc vel illo homine ; sed quod humanitas apprehendatur sine individualibus conditionibus, quod est ipsam abstrahi, ad quod sequitur intentio universalitatis, accidit humanitati secundum quod percipitur ab intellectu, in quo est similitudo naturæ speciei, et non individualium principiorum. » (Ibid.)

qu'elles ne sont? Qu'on nous permette de rapporter ici la réponse de Bossuet, éloquent interprète de S. Thomas, dans la question qui nous occupe.

« La précision peut être définie : *L'action que fait notre esprit en séparant par la pensée, des choses en effet inséparables...* D'où il se voit manifestement que la précision n'enferme aucune erreur. C'est autre chose de considérer ou la chose sans son attribut, ou l'attribut sans la chose, ou un attribut sans un autre; autre chose est de nier ou l'attribut de la chose, ou la chose de l'attribut, ou un attribut d'un autre : par exemple, c'est autre chose de dire que le corps n'est pas long, ou que ce qui est long n'est pas un corps, ou que ce qui est long n'est pas large, ou que ce qui est large n'est pas long; autre chose de considérer le corps en lui-même, sans considérer qu'il est long, et de dire que c'est une certaine substance; ou bien de considérer précisément sa longueur sans jeter sur sa substance aucun regard direct; ou enfin de considérer précisément qu'il est long, sans songer en même temps qu'il est large, et au contraire... Considérer une chose comme longue sans la considérer comme large, n'est pas une erreur, c'est une simple considération d'une idée sans songer à une autre, de cette sorte qu'il n'y a rien de plus clair que cet axiome de l'Ecole : Qui fait une précision ne fait pas pour cela un mensonge : *Abstrahentium non est mendacium* (1). »

---

(1) *Logique*, 1, 1, c, 23. Cf. S. Th., 1ª, q. 85, a. 1, ad 1.

IX.

La doctrine thomiste, on le voit maintenant, se tient à égale distance de l'idéalisme et du positivisme, elle s'établit dans ce juste milieu si difficile à découvrir, où se fait l'accord du sensible et de l'intelligible. Presque tous les philosophes ont échoué dans cette recherche délicate. Les uns n'accordent presque rien à la sensibilité, les autres lui donnent presque tout et ne réservent rien à l'intelligence. Dans les systèmes platonicien, cartésien et kantiste, les sens sont une gêne plutôt qu'un secours pour l'esprit, ils se voient confinés dans la région mobile des ombres et des phénomènes, ils ne font briller aux yeux de l'âme aucune lumière, tout au plus peut-on les regarder comme une cause *occasionnelle* nécessaire à l'éveil de la pensée (1).

Le Docteur angélique leur reconnaît au contraire et dans une bonne mesure la faculté de connaître ; ensuite, il les associe à tous les actes de la pensée — sans eux la raison ne saurait avoir aucune idée ni se représenter aucun objet — et il les charge de venir déposer aux pieds de l'intelligence toutes les richesses

---

(1) « Secundum Platonis opinionem, dit S. Thomas (et il faut dire la même chose du système de Descartes), neque intellectualis cognitio a sensibili procedit, neque etiam sensibilis totaliter a sensibilibus rebus ; sed sensibilia excitant animam sensilem ad sentiendum, et similiter sensus excitant animam intellectivam ad intelligendum. » (1ª, q. 84, a. 6, c.)

qu'ils ont amassées dans leurs incessants rapports avec le monde extérieur.

Mais ne reste-t-il plus rien à faire à l'intelligence ? N'a-t-elle qu'à recueillir, classer et enregistrer les données de la sensation ? En un mot, ne faut-il plus la considérer autrement que comme une sorte de prolongement de la sensibilité, ainsi que l'avancent les positivistes ? Les sens ne saisissent que le particulier, tandis que l'objet propre de l'intelligence est l'universel : ils peuvent bien lui fournir des matériaux, mais des matériaux grossiers, bruts et qu'on ne saurait employer tant que l'artiste ne les aura pas soigneusement polis, dégagés de tout élément inférieur, idéalisés. Cet artiste, c'est l'esprit ; à lui de commencer où les sens s'arrêtent et d'achever, par son activité propre, l'édifice grandiose de la pensée. Jusque-là, l'édifice est encore en *puissance*, l'esprit seul peut lui donner l'*acte* (1).

La raison n'est donc pas « un polypier d'images mutuellement dépendantes, comme le corps vivant

---

(1) « Ad causandam intellectualem operationem, secundum Aristotelem, non sufficit sola impressio sensibilium corporum, sed requiritur aliquid nobilius, quia agens est honorabilius patiente... non tamen ita quod intellectualis operatio causetur in nobis ex sola impressione aliquarum rerum superiorum, ut Plato posuit; sed illud superius et nobilius agens, quod vocat *intellectum agentem*, facit phantasmata, a sensibus accepta, intelligibilia in actu, per modum abstractionis cujusdam. Secundum hoc ergo, ex parte phantasmatum, intellectualis operatio a sensu causatur... Sed oportet quod fiant intelligibilia in actu per intellectum agentem, nec potest dici quod sensibilis cognitio sit totalis et perfecta causa intellectualis cognitionis, sed magis quodam modo est *materia causæ*. » (S. Th., 1ª, q. 84, a. 6, c.)

est un polypier de cellules mutuellement dépendantes » : entre l'image des sens, voire même de l'imagination, si pure et si subtile qu'on la suppose, et l'image de l'intelligence, il peut y avoir plus d'une analogie, mais en réalité il y a un abîme (1). La première représente des corps, s'arrête à la surface, à la figure, aux linéaments de l'être mobile, la seconde fait connaître la nature, ou comme dit Bossuet, « la vérité des choses. »

C'est un fait attesté par la conscience que nous n'entendons jamais sans imaginer, mais nous distinguons sans peine entre imaginer et entendre. Je regarde un palais, un tableau, un homme ; leur image s'imprime dans mes yeux, et passe bientôt dans l'imagination et la mémoire, où je pourrai les contempler désormais à mon gré. C'est l'œuvre des sens, et

---

(1) S. François de Sales a merveilleusement commenté la doctrine de S. Thomas, et montré l'alliance intime de la sensibilité et de l'intelligence et ce que la seconde ajoute à la première.

« Quand nous regardons quelque chose, quoyqu'elle nous soit présente, elle ne s'unit pas à nos yeux elle-mesme, ains seulement leur envoye une certaine représentation ou image d'elle-mesme, que l'on appelle espèce sensible, par le moyen de laquelle nous voyons. Et quand nous contemplons ou entendons quelque chose, ce que nous entendons ne s'unit pas non plus à nostre entendement, sinon par le moyen d'une autre représentation et image très délicate et spirituelle, que l'on nomme espèce intelligible. Mais encore, ces espèces, par combien de destours et de changements viennent-elles à nostre entendement? Elles abordent au sens extérieur, et de là passent à l'intérieur, puis à la phantaysie, de là à l'entendement actif, et viennent enfin au passif, à ce que passant par tant d'estamines et sous tant de limes, elles soient par ce moyen purifiées, subtilisées et affinées, et que, de sensibles, elles soient rendues intelligibles » (*Traité de l'amour de Dieu*, l. III, c. XII.)

je n'ai point encore l'*idée* de ces objets. Que mon esprit travaille à son tour, et qu'il me présente, lui aussi, l'image des choses, je n'aurai plus devant mes yeux *ce* palais, *ce* tableau, *cet* homme, mais, ce qui vaut infiniment mieux, je saurai avec précision ce qui distingue en général un palais, un tableau, un homme, de tout ce qui n'est pas eux, ce qui fait leur raison d'être, leur nature intime (1).

Tel est le véritable rôle de l'intelligence humaine.

Mais à proprement parler, elle n'est pas le miroir universel des choses comme l'intelligence divine, et il ne lui suffit pas de se contempler elle-même pour avoir la vision de l'intelligible (2).

Elle ne crée pas son objet, ainsi que le prétendent Kant et Fichte; le pouvoir créateur est le propre de l'intellect divin, acte pur, être infini, qui contient en soi tout ce qui est et tout ce qui peut être, artiste suprême chez qui l'idéal existe de toute éternité, comme dans sa source. L'esprit humain est en *puissance* par rapport à la vérité, il doit la recevoir d'un principe extérieur; pour s'instruire il a besoin d'étudier, pour trouver il a besoin de chercher, et même il ne passe de l'ignorance à la science que lentement et graduellement (3).

(1) Cf. Bossuet, *Log.*, l. I, c. 2.
(2) « Hoc est proprium Dei, ut ejus essentia sit immaterialiter comprehensiva omnium, prout effectus virtute præexistunt in causa. Solus igitur Deus per essentiam omnia intelligit; non autem anima humana, neque etiam angelus. » (S. Th., 1ᵃ, q. 84, a. 2, c.)
(3) « Invenitur aliquis intellectus qui ad ens universale se habet sicut actus totius entis, et talis est intellectus divinus, qui est Dei

Mais cette imperfection originelle ajoute, en réalité, quelque chose à son excellence. Car si l'esprit humain n'apporte aucune idée en venant au monde, c'est qu'il est capable de composer lui-même le trésor de ses connaissances ; s'il n'est d'abord qu'en puissance, il aura plus tard assez d'énergie pour passer à l'acte, quand l'organisme auquel il est étroitement uni se sera développé, quand les sens auront fait une cueillette suffisante dans le monde extérieur et que la mémoire et l'imagination, unissant leurs efforts, lui auront offert les matériaux nécessaires à l'exercice de son activité.

C'est le dessein général de la Providence de soumettre tout ce qui a vie dans ce monde — corps et esprits — à la loi de la croissance et du progrès, d'enfermer le grand chêne dans un faible germe et le puissant génie dans un frêle organisme. Auriez-vous plus d'admiration pour le chêne, s'il naissait et s'épanouissait le même jour, pour le corps humain

---

essentia, in qua originaliter et virtualiter totum ens præexistit sicut in prima causa; et ideo intellectus divinus non est in potentia, sed est actus purus. Nullus autem intellectus creatus potest se habere ut actus respectu totius entis universalis... Sed comparatur ad ipsa intelligibilia sicut potentia ad actum... Intellectus angelicus semper est in actu suorum intelligibilium, propter propinquitatem ad primum intellectum qui est actus purus... Intellectus autem humanus qui est infimus in ordine intellectuum, et maxime remotus a perfectione divini intellectus, est in potentia respectu intelligibilium, et in principio est « sicut tabula rasa, in qua nihil est scriptum, ut Philosophus ipse dicit (*de Anima*, l. III, c. 14) quod *manifeste* apparet ex hoc quod in principio sumus intelligentes solum in potentia, postmodum autem efficimur intelligentes in actu. » (S. Th., 1ª, q. 79, a. 2, c.)

s'il ne connaissait point d'enfance, et pour l'esprit s'il n'avait aucun progrès à réaliser, s'il ne devait rien ajouter aux dons qu'il a reçus d'en haut?

La raison comme la volonté apporte en ce monde des germes féconds, mais des germes seulement : laissez à ces deux nobles puissances le mérite de développer ces germes, sous l'influence bienfaisante du temps, laissez-les s'élever, par leurs propres efforts, à la conquête de la science et de la vertu.

Ut quantum generi demas, tantum virtutibus addas.

L'intelligence humaine ne reçoit point, dès son berceau, la visite de l'idéal, comme le croient les partisans de l'innéisme, elle n'a point non plus à le tirer de son fond ou du néant, par une sorte de pouvoir créateur, comme le veulent les néo-kantistes, mais elle a assez de pénétration pour le découvrir sous le voile des choses sensibles, en interprétant la nature, comme l'artiste, en s'instruisant comme lui, à cette école du souverain Maître où les maîtres d'ici-bas trouvent toujours à apprendre.

X.

S. Thomas d'Aquin nous représente Dieu produisant au dehors son idéal sublime et l'exposant à tous les yeux dans le magnifique tableau de la nature, car tout être créé porte imprimée en lui une idée de l'auteur des choses. Une seule créature, si parfaite qu'on la supposât, eût été absolument impuissante à exprimer la pensée divine, à traduire l'idéal infini. Le Créateur a imité ces orateurs éloquents qui répandent leurs pensées dans un discours abondant, harmonieux et ordonné, où sont rendues les nuances les plus variées, les plus fines et les plus délicates. Chaque créature est sinon une phrase, du moins un mot du discours divin et toutes les créatures réunies dans leur bel ensemble, composent pour ainsi dire tout le discours du céleste orateur (1).

D'un autre côté, l'intelligence humaine s'allume au flambeau de l'intelligence divine, où brillent comme autant de rayons lumineux les idées des choses (2).

S'il nous était donné de regarder en face le soleil divin, nous verrions en lui, d'un seul regard, le type ou l'idéal de chaque chose ; mais une telle lumière est trop éblouissante pour notre faible vue. Et c'est pourquoi, afin de remédier à notre impuissance, Dieu a mis sous nos yeux non pas son essence infinie, mais les créatures sorties de ses mains, comme autant de copies de sa perfection immuable. Qui les

---

(1) « Distinctio rerum et multitudo est ex intentione primi agentis. Produxit enim res in esse propter suam bonitatem communicandam creaturis, et per eas repræsentandam. Et quia per unam creaturam sufficienter repræsentari non potest, produxit multas creaturas et diversas, ut *quod deest* uni ad repræsentandam divinam bonitatem, suppleatur ex alia. Nam bonitas quæ *in Deo* simpliciter est et uniformiter, in creaturis est multipliciter et divisim. Unde perfectius participat divinam bonitatem et repræsentat eam totum universum, quam alia quæcumque creatura. » (1ª, q. 47, a. 1, c.)

(2) « Lumen rationis naturalis nihil aliud est quam impressio *luminis divini in nobis*. » (S. Th., 1ª, 2æ, q. 91, a. 2, c. et Qq. *disp. de veritate*, q. XI, de *Magistro*, a. 1, ad 13.)

contemple toutes d'un regard profond, découvre en chacune d'elles au moins une partie de l'éternelle raison des choses et soulève ainsi un coin de l'idéal absolu. Il ne le voit pas directement et face à face, mais il en saisit quelques rayons dans le fidèle miroir de la nature.

N'est-ce pas assez pour assurer l'objectivité de l'idéal humain et relever la noblesse de notre esprit (1) ?

(1) « Cum quæritur utrum anima humana in rationibus æternis omnia cognoscat, dicendum est quod aliquid in aliquo dicitur cognosci dupliciter. Uno modo, sicut in objecto cognito, sicut aliquis videt in speculo ea quorum imagines in speculo resultant, et hoc modo anima, in statu præsentis vitæ, non potest videre omnia in rationibus æternis; sed sic, in rationibus æternis cognoscunt omnia beati, qui Deum vident et omnia in ipso. — Alio modo, dicitur aliquid cognosci in aliquo, sicut in cognitionis principio, sicut si dicamus quod in sole videntur ea quæ videntur per solem. Et sic necesse est dicere quod anima humana omnia cognoscat in rationibus æternis, per quarum participationem omnia cognoscimus. Ipsum enim lumen intellectuale quod est in nobis, nihil aliud est quam quædam participata similitudo luminis increati, *in quo continentur rationes æternæ.* Unde Psalm. IV, 6, dicitur : *Multi dicunt : quis ostendit nobis bona ?* cui quæstioni Psalmista respondet dicens : *Signatum est super nos lumen vultus tui, Domine :* quasi dicat : Per ipsam sigillationem divini luminis in nobis omnia demonstrantur. »

« Quia tamen præter lumen intellectuale in nobis exiguntur species intelligibiles a rebus acceptæ, ad scientiam de rebus materialibus habendam, ideo non per solam participationem rationum æternarum de rebus materialibus notitiam habemus, sicut platonici posuerunt quod sola idearum participatio sufficit ad scientiam habendam. Unde Augustinus dicit (*De Trinit.*, l. IV, c. 16) : Numquid quia philosophi documentis certissimis persuadent æternis rationibus omnia temporalia fieri, propterea potuerunt in ipsis rationibus perspicere, vel ex ipsis colligere, quot sint animalium genera, quæ semina singulorum ? Nonne ista omnia per locorum ac temporum historiam quæsierunt ? » (1ᵃ , q. 84, a. 5, c.)

CHAPITRE IV

L'ABSOLU

I.

Nous avons pu sortir du moi et pénétrer dans le monde extérieur. Nous y sommes entrés par deux portes qui se sont ouvertes toutes grandes devant nous : la porte des sens et la porte de l'esprit. La première nous a donné accès dans le vaste champ des faits et de la matière ; la seconde nous a permis d'entrevoir le domaine infini de l'intelligible et de l'universel.

Maintenant, il nous faut avancer davantage et passer de l'objectif à l'absolu. — Ce sera tout ensemble affermir dans notre esprit les données que nous avons acquises et pénétrer jusqu'au cœur même de la métaphysique.

Pour procéder avec ordre et ne rien laisser d'obscur, s'il est possible, dans une question de cette importance, et à propos de laquelle les partisans des doctrines nouvelles ont pour ainsi dire semé les objections sur leurs pas, nous étudierons successivement la notion de l'absolu, les systèmes des philosophes critiques et positivistes sur l'absolu, les conséquences nécessaires de ces systèmes. Enfin, nous établirons l'existence et la réalité de l'absolu, et nous résoudrons les objections.

II.

L'absolu, dans sa signification étymologique, *solutus ab,* désigne un être qui ne se rapporte nécessairement à aucun autre, qui est libre de toute attache avec ce qui n'est pas lui, en un mot, un être indépendant.

Pour bien comprendre l'absolu, examinons son contraire, le *relatif.* — Le relatif est un être si nécessairement lié à un autre, qu'il ne peut ni exister, ni même être conçu sans cet autre être. Par exemple, l'effet, comme tel, suppose essentiellement une cause, le fils, en tant que fils, ne peut être connu sans son père. Au contraire, l'absolu est l'être qui n'est pas soumis à cette sujétion. Je puis songer à Leibnitz sans penser à Platon, je puis supposer dans un être la sensibilité sans supposer l'intelligence. Donc Leibnitz, Platon, la sensibilité, l'intelligence sont des êtres absolus.

Cette indépendance, cette liberté sont susceptibles de degrés, et le mot absolu peut être pris dans des sens différents.

On peut d'abord appeler absolu tout être existant en soi-même, indépendamment du sujet connaissant ou affectif. Soit un objet quelconque placé en dehors de moi et ne dépendant de moi à aucun titre : que je le considère ou que je l'ignore, peu importe ; il existe, il garde son être contingent ou nécessaire. Par rapport à moi, il est donc libre ; dès lors, je puis lui donner le nom d'absolu.

Dans un sens plus élevé et plus complet, l'absolu, c'est l'*inconditionnel*, le *nécessaire*, ce qui ne dépend d'aucune hypothèse même imaginable, ce qui ne peut pas ne pas être ni être autrement. Il a pour contraire le *contingent*, qui est, par hypothèse, mais qui pourrait ne pas être, et qui ne serait pas ou qui serait autrement, s'il n'eût reçu d'un autre son existence ou s'il eût été produit dans des circonstances différentes.

Enfin, si on le considère dans sa signification la plus haute, l'absolu, c'est ce qui n'appartient à aucune catégorie, ce qui n'est ni dans une espèce ni dans un genre, ce qui repousse toute dépendance, toute restriction, toute limite, c'est le *parfait*, l'*infini*.

III.

Les philosophes critiques et positivistes s'accordent à prétendre que l'absolu, tel que nous venons de le définir, est une pure chimère ; il n'y a rien en dehors de l'homme, ou du moins rien qui ne dépende de lui ; au reste, si l'absolu existe, l'homme ne peut ni le connaître ni le concevoir. — Nous avons rapporté plus haut les paroles de Kant qui furent le point de départ du nouveau système : « Toutes nos intuitions ne sont que des représentations des phénomènes ; les choses que nous percevons ne sont pas en elles-mêmes telles que nous les percevons ; leurs rapports ne sont pas essentiellement non plus ce qu'ils nous paraissent être….. ; nous ne connaissons que notre manière de les percevoir, qui est tout à fait notre esprit, et qui ne doit pas être nécessairement celle de tout être (1). »

Nous avons dit aussi que Kant s'arrêta à moitié chemin, et qu'après avoir nié l'absolu dans la spéculation, il en affirma l'existence dans la morale.

Les néo-critiques furent plus audacieux. Ils nièrent l'absolu dans la pratique comme dans la spéculation, et le déclarèrent inintelligible.

Hamilton le dit en propres termes : « Si vraiment l'idée de l'absolu existe dans l'esprit, les métaphysiciens seront toujours tentés, en dépit de la critique de Kant, de passer de l'idée à l'être. Pour couper court à ces tentatives, il faudrait une bonne fois exorciser le fantôme de l'absolu, c'est-à-dire montrer que l'idée même de l'absolu n'existe pas. L'absolu n'est qu'une pseudo-idée ; si l'absolu n'est pas susceptible d'une démonstration objective, c'est qu'il ne contient subjectivement rien de concevable… — L'absolu n'est qu'une idée négative ; c'est le *non-relatif*, c'est-à-dire la négation même du relatif. Nous concevons le relatif, mais nous avons le pouvoir de nier ce que nous concevons ; cette négation du relatif,

---

(1) Supra, p. 61.

laquelle ne laisse après soi que le vide dans notre esprit, c'est ce que nous appelons l'absolu (1). »

M. Renouvier est aussi catégorique : « L'établissement d'un critérium de certitude est impossible. La certitude est un état de l'âme et non une conclusion de l'esprit; il n'y a pas de certitude, il n'y a que des gens certains (2). »

MM. Schérer et Renan déclarent que la croyance à l'absolu a fait son temps : elle représentait l'état des esprits au moyen âge, mais la critique est venue dissiper l'ignorance antique, comme le soleil chasse les ombres de la nuit. « Il est un principe qui s'est emparé avec force de l'esprit moderne et que nous devons à Hégel. Je veux parler du principe en vertu duquel une assertion n'est pas plus vraie que l'assertion opposée. La loi de la contradiction, tel est, dans ce système, le fond de cette dialectique qui est l'essence même des choses. *Cela veut dire que tout est relatif et que les jugements absolus sont faux. Cette découverte du caractère relatif des vérités est le fait capital de l'histoire de la pensée contemporaine.* Il n'y a pas d'idée dont la portée soit plus absolue, l'action plus irrésistible, les conséquences plus radicales. *Aujourd'hui, rien n'est plus parmi nous vérité ni erreur.* Il faut inventer d'autres mots. Nous ne voyons plus partout que degrés et que nuances, nous admettons jusqu'à l'identité des contraires. Nous ne connaissons plus la religion, mais des religions; la

---

(1) Fragm., cité par Rabier, *Psychologie*, ch. 34, § 2.
(2) *Essais de critique générale*, t. 2.

moralité, mais des mœurs ; les principes, mais des faits. Nous expliquons tout, et comme on l'a dit, l'esprit finit d'approuver ce qu'il explique. *Tout n'est que relatif. Bien plus, tout n'est que relation* (1). »

M. Renan dit la même chose, en meilleurs termes : « Le grand progrès de la critique a été de substituer la catégorie du *devenir* à la catégorie de *l'être*, la conception du *relatif* à la conception de *l'absolu*, le mouvement à l'immobilité. Autrefois tout était considéré comme *étant*, on parlait de philosophie, de droit, de politique, d'art, de poésie d'une manière absolue ; maintenant tout est considéré comme en voie de se faire (2). »

Interrogeons à leur tour les chefs de l'école positiviste. Bailey estime que le « mysticisme consiste à attribuer l'existence objective aux créations subjectives de l'esprit, aux pures idées de l'intelligence. »

Stuart-Mill, d'après M. Ravaisson, n'a fait que déduire hardiment les conséquences des principes du positivisme : « L'expérience ne nous montrant que des faits les uns auprès des autres, et rien n'étant connu que par la seule expérience, il n'y a aucune raison, par conséquent aucune nécessité de quelque genre que ce soit, ni absolue, ni relative, ni logique, ni morale. Il aurait pu se faire que les sciences fussent les unes avec les autres dans des rapports tout autres que ceux qu'Auguste Comte a exposés ; il aurait pu se faire qu'elles n'eussent les unes avec les

---

(1) *Revue des Deux-Mondes*, 15 février, 1861.
(2) *Averroès et l'averroïsme*, 2ᵉ édition, p. VI et VII.

autres aucun rapport. Il se peut que dans d'autres planètes ou dans des parties de la nôtre encore inconnues, il y ait une autre logique. Et dans les régions mêmes que nous connaissons de notre planète, ce que seront demain la physique, la géométrie, la logique, qui peut le dire? Et qui sait enfin si demain, si tout à l'heure il y aura une science, quelle qu'elle soit, s'il y aura deux choses semblables, s'il y aura quelque chose (1)? » — Enfin plusieurs auteurs contemporains, sans nier aussi résolument l'absolu, font au relativisme des concessions fâcheuses. M. Janet, par exemple, a écrit ces lignes : « Nous ne devons pas oublier que la philosophie est une science ; elle ne parle pas au nom d'une vérité *absolue une fois trouvée ;* elle cherche, elle tâtonne, elle propose, elle n'impose rien (2). »

Sans doute, la théorie relativiste n'est pas une découverte moderne. Elle compte des partisans dès les premiers temps de la philosophie. Héraclite, Protagoras, Cicéron l'avaient professée en termes formels. « Cratyle, de l'école d'Héraclite, n'osait même pas parler, de peur d'affirmer quelque chose. Il allait jusqu'à penser qu'il ne faut rien dire. Il se contentait de remuer le doigt; il faisait un crime à Héraclite d'avoir dit qu'on ne peut pas s'embarquer deux fois sur le même fleuve : selon lui, on ne peut pas même le faire une seule fois (3). » Protagoras a formulé le principe

---

(1) Ravaisson, *La Philosophie en France au XIXe siècle*, p. 65.
(2) *La crise philosophique.*
(3) Aristote, *Métaphysique*, IV, 5.

même du relativisme en disant que « l'homme est la mesure de toutes choses (1). »

Cicéron, de son côté, ne voyait entre le vrai et le faux qu'une nuance assez difficile à saisir : « *Ita enim finitima sunt falsa veris, eaque quæ percipi non possunt his quæ possunt, si modo ea sunt quædam, ut tam præcipitem in locum non debeat se sapiens committere* (2). »

Mais ce qui n'était autrefois qu'une opinion isolée, admise à peine par quelques esprits aventureux, est entré aujourd'hui dans le domaine de la philosophie courante. Voilà ce qui est propre à notre temps. « *La marque la plus générale par où je reconnais l'esprit nouveau, c'est cette opinion partout répandue que la vérité a un caractère essentiellement relatif* (3). »

IV.

Avant d'aller plus loin et d'établir contre nos adversaires l'existence et la réalité de l'absolu, examinons un instant les conséquences spéculatives et pratiques que l'on peut et que l'on doit tirer des principes relativistes. Peut-être la nature de ces conséquences nous éclairera-t-elle sur la valeur des principes qui les auront entraînées.

Au point de vue spéculatif, la théorie relativiste est la ruine de toute certitude ; au point de vue pratique,

---

(1) Παντων χρηματων μετρον ανθρωπος.
(2) Acad. I, l. XI, c. 21 et 29.
(3) Caro, *l'Idée de Dieu*, p. 10.

elle supprime toute différence réelle entre le bien et le mal, et conduit fatalement à l'égoïsme, à l'indifférentisme universel.

Le premier point est avoué de nos adversaires eux-mêmes. « L'établissement d'un critérium de certitude est impossible..., il n'y a pas de certitude, il n'y a que des gens certains » (Renouvier) (1). — « Aujourd'hui rien n'est plus parmi nous ni vérité ni erreur. Il faut inventer d'autres mots. Nous ne voyons plus partout que degrés et que nuances, nous admettons jusqu'à l'identité des contraires. » (Schérer) (2). — « Il se peut que dans d'autres planètes ou dans les parties de la nôtre encore inconnues, il y ait une autre logique... qui sait si demain, si tout à l'heure il y aura une science, quelle qu'elle soit, s'il y aura deux choses semblables, s'il y *aura quelque chose?* » (Stuart-Mill) (3).

Qu'on ne s'étonne point de ces assertions étranges : elles découlent par une suite nécessaire du relativisme universel ; car « entre la vérité relative et le scepticisme, il n'y a pas l'épaisseur d'un cheveu. » (J. Simon.)

S. Thomas rappelle quelque part une ancienne opinion, analogue à celle de Kant, et suivant laquelle l'homme ne connaîtrait que sa propre manière de sentir et de penser, et nullement les choses telles qu'elles sont en elles-mêmes. Il affirme qu'elle conduit à deux conséquences inévitables : la première, c'est que la

(1) Cité plus haut, p. 83.
(2) Supra, p. 83.
(3) Supra, p. 85.

science n'aura plus pour objet les choses, mais seulement nos idées ; la seconde, c'est que tout ce qui sera cru par quelqu'un deviendra par là-même véritable, et que les propositions contradictoires se trouveront vraies en même temps. Par exemple, celui qui a le goût sain, jugera que le miel est doux et il jugera bien ; celui au contraire dont le goût n'est pas sain trouvera le miel amer, et il jugera aussi bien que le premier, puisqu'ils jugent l'un et l'autre d'après leur goût, et qu'ils ne sentent point les choses elles-mêmes, mais seulement les impressions de leur palais. Il suivra de là, par une conséquence absolument rigoureuse, que toute opinion sera également vraie (1).

(1) « Quidam posuerunt quod vires quæ sunt in nobis cognoscitivæ, nihil cognoscunt nisi proprias passiones, puta quod sensus non sentit nisi passionem sui organi. Et secundum hoc, intellectus nihil intelligit nisi suam passionem, scilicet speciem intelligibilem in se receptam, et secundum hoc, species hujusmodi est idipsum quod intelligitur. Sed hæc opinio *manifeste* apparet falsa, ex duobus : primo quidem, quia eadem sunt quæ intelligimus, et de quibus sunt scientiæ. Si igitur ea quæ intelligimus, essent solum species quæ sunt in anima, sequeretur quod scientiæ omnes non essent de rebus quæ sunt extra animam, sed solum de speciebus intelligibilibus quæ sunt in anima... Secundo, quia sequeretur error antiquorum dicentium omne quod videtur esse verum ; et similiter, quod contradictoriæ essent simul veræ. Si enim potentia non cognoscit nisi propriam passionem, de ea solum judicat. Sic autem videtur aliquid, secundum quod potentia cognoscitiva afficitur. Semper ergo judicium potentiæ cognoscitivæ erit de eo quod judicat, scilicet de propria passione, secundum quod est ; et ita omne judicium erit verum ; puta si gustus non sentit nisi propriam passionem, cum aliquis habens sanum gustum judicabit mel esse dulce, vere judicabit ; et similiter, si ille qui habet gustum infectum, judicet mel esse amarum, vere judicabit ; uterque enim judicabit secundum quod gustus ejus afficitur. Et sic sequitur quod omnis opinio æqualiter erit vera, et universaliter omnis acceptio. » (S. Th., 1a, q. 85, a. 2, c.)

La *morale* et la *religion* doivent partager le sort de la métaphysique. « *Nous ne connaissons plus la religion, mais des religions; la moralité, mais des mœurs; les principes, mais des faits.* » (Schérer) (1). « L'homme fait la sainteté de ce qu'il croit, comme la beauté de ce qu'il aime. » (Renan) (2). Néanmoins, « elle ne se trompe pas (l'humanité) sur l'objet même de son culte; ce qu'elle adore est réellement adorable, car ce *qu'elle adore dans les caractères qu'elle a idéalisés, c'est la bonté et la beauté qu'elle y a mises.* » (Renan, *ibid.*)

La religion n'est plus une *science*, c'est un *art*, une poésie, poésie particulièrement attachante, mais sans aucun objet extérieur distinct de l'homme qui en est le créateur. « La religion est certainement la plus haute et la plus attachante des manifestations de la nature humaine; entre tous les genres de poésie, c'est celui qui atteint le mieux le but essentiel de l'art (3). »

Ainsi on réduit toute religion au culte de l'idéal, et l'on déclare en même temps que l'idéal est tel que chacun se le fait à soi-même.

Une parfaite indifférence, telle est la règle suprême pour bien apprécier les événements de l'*histoire.* L'historien critique est un artiste qui prend plaisir à tous les faits qu'il contemple; il s'élève à force d'impartialité à une sorte d'impersonnalité intellectuelle, il s'intéresse au jeu, mais sans y risquer sa mise. « Pour

---

(1) Supra, p. 83-84.
(2) *Etudes d'histoire religieuse.* (préf. et p. 334, 423).
(3) Renan, *Etudes d'hist. relig.,* dans Caro, *l'Idée de Dieu,* ch. 2.

ces spectateurs d'idées, observe M. Caro, pour ces amateurs empressés de spectacles métaphysiques, la vie, la philosophie, la religion ne sont qu'un vaste phénoménisme.

» Mais quel doit être le résultat de la philosophie critique, sinon de désintéresser l'homme des grands efforts et des grands travaux, du *devoir* qui ne se réalise que par une lutte constante de l'homme contre lui-même, aussi bien que de la science qui ne s'acquiert qu'au prix d'un renoncement héroïque aux intérêts vulgaires ou aux plaisirs faciles de la vie? à quoi bon ces fatigues et ces sacrifices, si nous ne travaillons pas pour le certain, pour l'absolu?

» S'il est vrai qu'il n'y ait que du relatif dans la pensée de l'homme, pourquoi y aurait-il de l'absolu dans son action? Le devoir, le dévouement n'ont dès lors qu'une beauté relative, humaine : ils ne représentent plus qu'une forme, une loi de notre raison; ils expriment à leur manière la catégorie de l'idéal; ils pourraient bien n'être comme les idées de substance et de cause, qu'une illusion d'optique.

» Qu'importe que ces notions s'appliquent à l'action, et non pas à la pensée? cela suffit-il pour en changer l'essence?... Formes de notre activité ou formes de notre entendement, n'est-ce pas toujours de l'homme, c'est-à-dire du variable et du relatif? La raison ne souffre pas ces choix arbitraires entre le vrai et le bien. S'il y a du bien absolu, il y a du vrai absolu. *Le vrai est le bien de la pensée, comme le bien est le vrai de l'action.* Si le devoir est autre chose qu'une fantaisie émue ou que la volupté délicate d'une conscience bien née, le sentiment et la notion de Dieu, aussi irrésistibles chez nous que le sentiment et la notion du devoir, ne seront autre chose qu'une manière d'imaginer et de sentir, qu'une catégorie de l'entendement ou qu'une forme de la sensibilité (1). »

Mais du moment qu'il n'y a rien d'objectivement vrai ou faux, rien de bon ou de mauvais, du moment qu'il n'y a dans les choses que ce que l'homme y met, et que chacun n'y met que ce qu'il sent et ce qu'il aime, la mesure du vrai et du bien est absolument subjective, et, en dogme comme en morale, l'égoïsme est la loi suprême.

V.

Nous voudrions maintenant établir par des arguments directs l'existence de l'absolu sous ses différentes formes.

S'il est un fait hors de toute contestation, c'est que l'homme croit à l'absolu, qu'il le poursuit de ses vœux les plus ardents, qu'il s'attache à lui de toutes ses forces. Il peut se tromper, il se trompe souvent sur l'objet de sa foi et de son culte, ce qu'il croit la vérité immuable n'est pas toujours la vérité, ce qui ravit son amour n'est pas toujours digne de ses enthousiasmes et de son dévouement, mais quand il donne son esprit ou son cœur, ce n'est pas au relatif, reconnu comme

---

(1) Caro, *l'Idée de Dieu*, ch. 2.

tel, qu'il le donne. Sans la foi à l'absolu, l'homme se sentirait dégradé et misérable, privé de tout point d'appui, inerte, sans flamme ni ressort.

Il a besoin de savoir, il a besoin de prendre un parti dans les grandes questions qui intéressent sa destinée présente et future. Or une certitude provisoire n'est pas la certitude et ne saurait le satisfaire à aucun prix. Cessez de lui offrir pour toute ressource des vérités flottantes et nuageuses, qui ne sont vraies que dans la mesure de l'heure présente, et qui cesseront de l'être demain pour une science plus avancée; de telles vérités ne sont que des apparences, des ombres qu'emporte le premier vent, et des ombres ne peuvent qu'irriter une créature raisonnable, avide de lumière et de réalité (1).

(1) Qu'on nous permette de transcrire ici une page éloquente de M. Vacherot. « Il est une chose que la philosophie critique semble ignorer : c'est que la science, elle aussi, la science pure, a besoin de foi, car elle a son héroïsme. Pour penser, comme pour agir, le philosophe a besoin de croire à autre chose qu'à lui-même, qu'à son esprit, qu'à son idée, qu'à ses sentiments et à ses sensations. L'étrange égoïsme dans lequel l'enferme cette philosophie le pétrifie et l'éteint... S'il est reconnu que la métaphysique n'est pas en mesure d'offrir à l'esprit moderne des garanties suffisantes de vérité, il vaut mieux alors renoncer à la poursuite des problèmes dont elle s'occupe et en décourager les bons esprits. Mais que l'on conserve la métaphysique non seulement dans le passé, mais encore dans l'avenir, uniquement pour ménager à la critique le plaisir d'étudier, de décrire, de classer les rêves, les observations, les vains systèmes de l'esprit, voilà ce que je ne puis admettre. Passe encore pour l'histoire, bien que ce soit en diminuer singulièrement l'intérêt. Mais *l'histoire d'une science sans objet n'est pas chose assez sérieuse pour se continuer indéfiniment.* Qu'on ne nous parle donc plus de Dieu, ou qu'on nous en parle comme d'une vérité absolue, non d'une simple idée. Je sais que la philosophie allemande a trouvé

Tout système est faux qui heurte une croyance universelle, tarit la source de la générosité, et fait à la fois le vide dans l'esprit et dans le cœur.

Mais nous ne saurions nous contenter de cette raison générale, et il nous faut prouver l'existence de l'absolu sous les trois formes qu'il peut revêtir : l'*objectif* indépendant de l'esprit humain, le *nécessaire*, et le *parfait* ou l'*infini*.

Le premier point a déjà été établi, quand nous avons démontré l'objectivité de la sensation et de la pensée. Nous avons dit que les sens aperçoivent un monde réel, extérieur, situé dans le temps et l'espace, ne relevant point de nos impressions, placé devant nous comme un spectacle permanent, destiné à nous fournir une série ininterrompue d'instructions précieuses. Nous avons aussi montré comment la pensée n'est point une pure forme du sujet connaissant ni une conception faite à priori, mais au contraire une image fidèle des choses, qui les représente dans ce qu'elles ont d'immatériel et de meilleur, avec leurs caractères les plus intimes et les plus généraux.

Inutile de revenir, autrement que pour la rappeler, sur une vérité désormais acquise ; passons sans plus de retard à notre seconde proposition : l'existence de vérités nécessaires, immuables, absolument indépen-

---

moyen d'identifier l'être des choses avec la pensée. Qu'on s'explique alors et qu'on nous montre clairement que le mystérieux noumène n'existe que dans notre esprit. » (La *Métaphysique et la science*, cité par Caro, l'*Idée de Dieu*, ch. 2.)

dantes de l'esprit humain et de tout esprit créé. C'est la seconde forme de l'*absolu*.

Nous étudierons plus loin l'absolu dans la *nature*, et nous montrerons d'abord, au dedans de nous, la permanence du moi sous la mobilité des phénomènes, l'identité de la conscience que n'altèrent aucunement les changements sans nombre qui s'accomplissent à la surface du sujet sentant et pensant, et ensuite, au dehors de nous, l'immutabilité de l'espèce à côté de la mobilité des individus, et l'éternelle durée des lois qui président à l'incessante évolution des choses à travers le temps et l'espace.

Voilà dans le particulier l'universel, dans le mouvement le repos, dans le progrès la fixité, et par suite voilà pleinement assurée la part de l'immuable, du nécessaire, en un mot de l'absolu.

Des sciences de la nature physique, où le mouvement semble avoir établi son empire, élevons-nous aux sciences de la matière pure et de l'esprit : les mathématiques, la métaphysique et la logique. Ici l'absolu règne et gouverne suivant des lois éternelles, inflexibles : dans ses immenses états, nulle déviation, nulle exception, ni recul ni progrès.

Prenons quelques exemples. Le tout est plus grand que chacune de ses parties; deux choses égales à une troisième sont égales entre elles ; si à deux quantités égales on ajoute une quantité égale, elles demeurent égales ; d'un point à un autre la ligne droite est la plus courte, dans le même plan, etc...; est-il un homme qui élève le moindre doute sur ces diverses propositions et leur trouve un caractère de vérité provisoire, qui ne s'impose pas à toute intelligence, et que le temps pourra modifier ?

Ce qui est vrai des mathématiques serait-il moins vrai de la métaphysique ? Ne trouverions-nous pas, là aussi, plusieurs principes d'une certitude parfaite, inébranlable ? La même chose ne peut pas être et n'être pas en même temps ; tout ce qui est doit avoir une raison d'être ; ce qui est produit ne se produit pas soi-même, mais doit son existence à un agent extérieur ; tout être est doué d'une activité quelconque ; tout corps est dans l'espace ; tout mouvement suppose un point d'appui immobile : voilà autant de théorèmes qui ne craignent pas la comparaison avec les théorèmes géométriques.

La logique peut à plus forte raison défier tous les sophistes et tous les sceptiques ensemble. Cette science, on le sait, a pour objet non pas de fournir des principes, mais de tirer des conclusions ; elle suppose des prémisses données, quelle qu'en soit d'ailleurs la matière, et elle en tire des conséquences absolument nécessaires. On a contesté que la méthode déductive fût un moyen de découvrir des vérités nouvelles : nous n'avons pas à nous occuper ici de cette difficulté. Mais on est allé plus loin : on a nié la force probante du syllogisme. Cependant, personne, sans se contredire soi-même, ne saurait contester la conclusion, quand il a une fois admis la majeure et la mineure.

Tout le monde connaît ces paroles de Leibnitz si

justes et si souvent répétées : « Je tiens que l'invention de la forme des syllogismes est une des plus belles de l'esprit humain et même des plus considérables; c'est une espèce de *mathématique universelle dont l'importance n'est pas assez reconnue, et l'on peut dire qu'un art d'infaillibilité y est renfermé* (1). »

Or toutes les vérités mathématiques, métaphysiques et logiques dont nous venons de parler et dont il serait facile d'augmenter la liste, ne relèvent en aucune façon de l'esprit humain. Il les découvre, mais il ne les fait pas, elles s'imposent à lui, le dominent tout en l'éclairant, mais il ne peut rien sur elles. Quand il vient en ce monde, il les trouve déjà existantes; quand il disparaît, il ne les emporte pas avec lui dans la tombe. Il va et vient, se remue et s'agite; mais elles, rien ne les ébranle, rien ne les touche, le temps même ne les effleure point.

Elles dépendent encore moins des êtres qui nous entourent, et dont les variations remplissent le temps et l'espace.

Ecoutons Bossuet : « Pour entendre la nature et les propriétés des choses que je connais, par exemple,

---

(1) *Nouveaux Essais*, l. IV, ch. 17, § 4.
Cousin a dit de même : « Amenées face à face, la majeure, la mineure et la conséquence manifestent d'elles-mêmes leur vrai rapport, et la seule vertu de leur énumération précise et de leur disposition régulière s'oppose à l'introduction de rapports chimériques, dissipe les à peu près et les fantômes dont l'imagination remplit les intervalles du raisonnement. » (*Hist. génér. de la Philos.*, 2e leçon.)

ou d'un triangle, ou d'un carré, ou d'un cercle, ou les proportions de ces figures, et de toutes autres figures entre elles, je n'ai pas besoin de savoir qu'il y en ait de telles dans la nature, et je suis assuré de n'en avoir jamais ni tracé ni vu de parfaites. Je n'ai pas besoin non plus de songer qu'il y ait quelques mouvements dans le monde, pour entendre la nature du mouvement même, ou celle des lignes que chaque mouvement décrit, les suites de ce mouvement et les proportions selon lesquelles il augmente ou diminue dans les graves et les choses jetées. Dès que l'idée de ces choses s'est une fois réveillée dans mon esprit, je connais que, soit qu'elles soient, ou qu'elles ne soient pas actuellement, c'est ainsi qu'elles doivent être, et qu'il est impossible qu'elles soient d'une autre nature, ou se fassent d'une autre façon... »

« Toutes ces vérités et toutes celles que j'en déduis par un raisonnement certain, subsistent indépendamment de tous les temps; en quelque temps que je mette un entendement humain, il les connaîtra; mais, en les connaissant, il les trouvera vérités, il ne les fera pas telles; car ce ne sont pas nos connaissances qui font leurs objets, elles les supposent. Ainsi ces vérités subsistent devant tous les siècles, et devant qu'il y ait eu un entendement humain : et quand tout ce qui se fait par les règles des proportions, c'est-à-dire tout ce que je vois dans la nature, serait détruit, excepté moi, ces règles se conserveraient dans ma pensée, et je verrais clairement qu'elles seraient toujours bonnes et toujours véritables, quand moi-même je serais détruit, et quand il n'y aurait personne qui fût capable de les comprendre (1). »

Et maintenant, pouvons-nous monter plus haut encore, et arriver jusqu'à l'absolu par excellence, jusqu'à l'être parfait, infini, que nous appelons Dieu ?

Oui, sans doute, nous le pouvons et nous le devons. La nature nous en fournit les moyens et la raison nous y pousse irrésistiblement. Pour cela, deux voies également sûres, également simples, s'ouvrent devant nous; que nous contemplions le mouvement que nous avons sous les yeux, ou que nous cherchions le fondement des vérités immuables dont nous venons de parler, Dieu s'impose à nous comme la raison dernière des choses.

L'expérience nous montre que le monde tout entier est plein de mouvements, et que tout ce qui se meut a besoin d'un point d'appui, que tout mouvement part de l'immuable. S'il n'y a pas quelque chose d'éternel, rien ne peut commencer; quelque chose qui dure, rien ne peut changer; quelque chose qui *est*, rien ne peut *devenir*. Supprimez la source, il n'y a plus de ruisseaux; le principe, il n'y a plus ni suite ni conséquence; le point de départ, il n'y a plus ni marche ni arrivée; le fondement, il n'y a plus d'édifice; le moteur, il n'y a plus de mouvement.

Au ciel et sur la terre tous les corps se meuvent, et jamais ils ne s'ébranlent sans l'aide d'un point d'appui

---

(1) *Connais. de Dieu et de soi-même,* ch. IV, § 5.

immobile (1). D'un autre côté, la matière est incapable de se donner à elle-même le mouvement, et à plus forte raison *telle* direction, *telle* vitesse dans ses mouvements ; car par nature elle est inerte, indifférente et aveugle. Qu'on la meuve, elle ne résiste pas, mais qu'on la laisse à elle-même, elle demeure dans son repos. Donc une force qui n'est point matérielle met la matière en mouvement.

Est-ce à dire que ce grand mouvement qui entraîne le monde se fait au hasard ? Non, les corps terrestres et les corps célestes sont gouvernés dans leurs évolutions par des lois précises, constantes, qui réclament un moteur intelligent. Grâce à la belle découverte de l'attraction universelle, on sait maintenant qu'ils gra-

---

(1) S. Augustin, dans un texte célèbre, s'est plu à multiplier les exemples autour de cette importante vérité.

« Quæ (anima) si possit diligenter inspicere, tanquam cardines membrorum corporis sui, quemadmodum articulatim dispositi sint, a quibus initia motionum nitantur, inveniet ea quæ per spatia locorum moventur, nisi ab eis quæ loco fixa sunt, non moveri. Non enim movetur solus digitus, nisi manus fixa sit, a cujus articulo velut cubiti, sic cubitus ab articulo humeri, humerus ab scapula cum movetur, stantibus utique cardinibus quibus motio nitatur, it per loci spatium quod movetur. Sic plantæ in talo est articulus, quo stante moveatur ; sic cruris in genu et totius pedis in coxa ; et nullius membri motus omnino est, quem voluntas movet, nisi ab aliquo articuli cardine quem nutus ejusdem voluntatis primitus figit, ut ab eo quod loci spatio non movetur, agi valeat quod movetur. — Denique nec in ambulando pes levatur, nisi alius fixus totum corpus ferat, donec ille qui motus est, a loco unde fertur, ad locum quo fertur, immoto articulo sui cardinis innitatur. » (*De Genes. ad litt.*, lib. VIII, c. XXI, 41). — Cf. S. Thom., 1ª, q. 2, a. 3, c. où le S. Docteur déclare que « la première voie comme la plus facile pour s'élever à Dieu est celle qui se tire du mouvement « *Prima autem et manifestior* via est quæ sumitur ex parte motus. »

vitent les uns vers les autres, et que soit qu'il s'attirent, soit qu'ils se repoussent, le mouvement de chacun est combiné avec le mouvement de l'ensemble, comme dans une savante harmonie, les voix les plus diverses s'unissent entre elles et produisent ces merveilleux accords qui font les délices de l'oreille et celles de l'esprit.

Le moteur du monde est donc un moteur non seulement intelligent, mais encore universel. — Mais le monde est immense et rempli de mouvements contraires : les uns, engendrés par une force *centrale*, portent tous les corps à s'unir entre eux, et il se produirait un choc épouvantable s'il n'y avait une force opposée, la force *tangentielle*, qui maintient chaque être à sa place distincte, à une distance raisonnable du centre qui l'attire.

Voilà bien le Dieu que nous cherchons : force unique, intelligente, universelle, impulsive et modératrice tout ensemble, commandant et équilibrant toutes les forces particulières et contraires de l'univers, immobile et tout entière en acte dans chacun de ses mouvements : « *Et hoc omnes intelligunt Deum* (1). »

L'argument prendra une force nouvelle si nous observons que le moteur universel du monde matériel est aussi le moteur suprême des esprits et des cœurs. Notre intelligence et notre volonté se meuvent, mais elles sont mues à leur tour, bien plus, elles ne se meuvent que parce qu'elles sont mues, en vertu

---

(1) S. Th., 1ª, q. 2, a. 3, c.

de ce principe d'expérience et de raison qui ne connaît aucune exception : *Omne quod movetur, oportet ab alio moveri.* Le moteur de la raison, c'est le vrai, et le moteur de la volonté, c'est le bien, non pas une vérité particulière ni des biens particuliers et imparfaits, mais le vrai et le bien universels, c'est-à-dire Dieu. En dehors de là, et tant que l'âme demeure dans l'étroite sphère du relatif, elle s'empresse, elle s'agite, elle va et vient d'un objet à un autre, elle les épuise tous successivement et s'épuise elle-même en stériles efforts ; c'est qu'elle a soif de l'absolu et que l'absolu seul peut lui donner le repos, comme seul il peut la mettre en mouvement.

Ainsi, de toutes parts, nous sommes ramenés au moteur immobile d'Aristote, « à cet être éternel, essence pure, acte pur, souverainement intelligible et désirable. Le désirable et l'intelligible meut sans être mû... il meut comme objet d'amour... le désirable et l'intelligible suprêmes sont même chose... Dès qu'il y a un être qui meut, quoique immobile, et qui est immobile, quoique en acte, cet être n'est pas soumis au changement. Ce moteur est donc un être nécessaire, et, en tant que nécessaire, il est le Bien, et il est le Principe. *Tel est le principe auquel sont suspendus le ciel et la nature* (1). »

S'il nous a été permis de nous élever à un être immuable en partant des choses qui se meuvent, à plus forte raison nous sera-t-il donné de nous élever à

---

(1) *Métaphys.*, XII, 7. — Traduct. du P. Gratry.

l'absolu parfait en partant des vérités nécessaires dont nous parlions tout-à-l'heure et qui ont avec lui beaucoup plus de rapports que les êtres contingents de la nature. Et d'abord, comme raisonne Bossuet, « si l'imparfait existe, pourquoi le parfait n'existerait-il pas ? Est-ce à cause qu'il est parfait ? et la perfection est-elle un obstacle à l'être ? Erreur insensée ; au contraire, la perfection est la raison de l'être... D'où vient que quelque chose est, et qu'il ne se peut pas faire que le rien soit, si ce n'est parce que l'être vaut mieux que le rien (1) ? »

En outre, les vérités nécessaires aussi bien que les vérités contingentes doivent avoir leur raison d'être. Or, elles ne sauraient la trouver ni dans notre esprit, imparfait et contingent, soumis à la vérité dont il n'est pas la cause, ni dans les choses elles-mêmes, puisque celles-ci sont changeantes et que les vérités dont nous cherchons l'origine sont immuables et peuvent être conçues antérieurement aux choses et indépendamment d'elles. Ces vérités ne portent point leur raison en elles-mêmes, autrement elles formeraient autant d'êtres subsistants et infinis, ce qui répugne ; elles ne sont point Dieu et nous ne les voyons point en Dieu, comme l'a cru à tort l'école ontologiste, mais elles supposent une intelligence éternelle, nécessaire, où elles subsistent, où elles sont entendues de toute éternité. L'intelligence divine est donc le lieu des idées éternelles, comme parle Leibnitz (2), et si on

---

(1) *Elév. sur les myst.*, 1° sem., 1° élév.
(2) « On demandera où seraient ces idées si aucun esprit n'exis-

la supprimait, on supprimerait par-là même non seulement toute réalité, mais encore toute possibilité.

En résumé, ce qui nous *oblige* de concevoir et d'admettre l'absolu, c'est la *nécessité* d'avoir la raison des choses, et l'*impossibilité* de nous arrêter tant que nous ne sommes point arrivés à la cause première ou à l'être premier, dont tout le reste dérive et qui ne dérive lui-même de rien autre, parce qu'il trouve en soi sa propre explication, c'est-à-dire sa raison d'être.

VI.

Les objections de nos adversaires sont de deux sortes. Les unes vont à combattre l'absolu ou l'objectif en général, les autres s'adressent plus directement à l'absolu parfait ou l'infini.

Voici la première difficulté : Tout ce que l'homme connaît, il le connaît au moyen de ses facultés ; mais comme ces facultés lui sont propres et font partie de son être, il s'ensuit que l'objectif ne peut que se mou-

tait, et que deviendrait alors le fondement réel de cette certitude des vérités éternelles. Cela nous mène enfin au dernier fondement des vérités, savoir, à cet esprit suprême et universel qui ne peut manquer d'exister, dont l'entendement, à dire vrai, est la région des vérités éternelles, comme S. Augustin l'a reconnu et l'exprime d'une manière assez vive ; et afin qu'on ne pense pas qu'il n'est point nécessaire d'y recourir, il faut considérer que ces vérités nécessaires contiennent la raison déterminante et le principe *régulateur* des existences mêmes, en un mot, les lois de l'univers. Ainsi, ces vérités nécessaires étant antérieures aux existences des êtres contingents, il faut bien qu'elles soient fondées dans l'existence d'une substance nécessaire. » (V. *Essais sur l'entend. hum. et princip. philos.*, § 43.)

ler sur le subjectif et prendre sa forme. Toute connaissance est donc essentiellement *relative* au sujet connaissant ; changez le sujet, vous changez l'objet du même coup. Or rien ne prouve que le sujet ne puisse être changé ; à la place de l'esprit humain, mettez un esprit différemment organisé, il pensera différemment ; ce que nous croyons la vérité lui paraîtra erreur, et réciproquement. Telle est l'objection de Kant dans toute sa force.

Son point d'appui paraît incontestable. Tout sujet connaissant, animal, homme, ange, Dieu lui-même connaît avec ses facultés individuelles, et ne peut connaître autrement, puisqu'il ne peut connaître qu'avec les moyens dont il dispose. Dans toute connaissance il y a donc et il ne peut pas ne pas y avoir un élément subjectif et individuel.

Il est encore indubitable que l'objet connu, en tant que connu, est dans le connaissant, dont il doit revêtir la forme, puisqu'en réalité, sous ce rapport, il fait avec lui une seule et même chose.

Mais s'en suit-il qu'il cesse d'être ce qu'il est en lui-même, qu'il perde sa nature et son individualité pour « *se teindre des couleurs* » du sujet ? Nullement.

Le vase n'ôte rien, n'ajoute rien à la vertu de la liqueur. Il en reçoit une quantité plus petite ou plus grande, suivant sa capacité et ses dimensions, mais la liqueur est la même (1).

(1) « Cum dicitur unumquodque esse in alio, secundum modum ejus in quo est, intelligitur quantum ad *capacitatis* ipsius modum, non quantum ad *naturam* ipsius. Non enim oportet ut id quod est

Cette métaphore correspond à une idée plus juste encore, s'il se peut, dans la théorie de la connaissance. Ce n'est point le sujet qui modifie l'objet, c'est l'objet au contraire qui modifie le sujet ; car le sujet est le mobile, et l'objet le moteur; le sujet est le patient, et l'objet est l'agent (1). C'est l'objet qui agit le premier sur le sujet, qui produit en lui une impression conforme à sa propre nature et grave en lui son image. Le sujet réagit ensuite, *s'assimile* l'impression ou l'image qu'il vient de recevoir et contracte par là même une sorte de ressemblance avec l'objet extérieur. De là cette parole profonde d'Aristote : *L'intelligence peut devenir toutes choses,* parce qu'elle peut recevoir l'image de toutes choses.

Mais, dit-on, il faudrait *prouver* que l'âme est le miroir fidèle des choses, que nos facultés ont une valeur intrinsèque, que leur exercice est légitime. Nous le reconnaissons volontiers, cette démonstration ne saurait être faite. On ne pourrait l'établir complètement sans raisonner, et par suite sans supposer déjà la valeur cherchée de la faculté raisonnante.

Heureusement cette démonstration est aussi inutile qu'impossible. On démontre ce qui est obscur, mais non pas ce qui est évident, ce qui tombe sous le sens, ce qui s'impose comme une nécessité absolue et en-

---

in aliquo, habeat naturam et proprietatem ejus in quo est, sed quod recipiatur in eo secundum capacitatem ipsius. Manifestum est enim quod aqua non habet naturam amphorae » (*Qq. dispp. q. un. de anima,* a. X, ad 14.)

(1) Cf. M. Farges, *Le moteur et le mobile,* ch. XII.

traîne l'adhésion de l'âme. Or tel est précisément le cas dans la question qui nous occupe. Je sais bien que je puis me tromper quand j'applique mes facultés à des objets qui les dépassent, quand j'agis avec précipitation, quand je suis sous l'empire d'une passion qui me trouble. Mais me tromper quand mes sens et ma raison sont dans leur état normal, quand l'objet est devant moi et que je le vois ou que je l'entends, je ne le puis, car je ne saurais fermer les yeux à la lumière ni résister au courant irrésistible qui m'entraîne. « *Ut enim necesse est*, disait Cicéron, *lancem in librâ, ponderibus impositis deprimi, sic animum perspicuis cedere* (1). »

Voyez aussi tout ce qu'a d'étrange l'hypothèse des anti-objectivistes : ils admettent en l'homme des facultés dont la mission est de le séparer des choses au lieu de le mettre en rapport avec elles. Que diriez-vous d'un instrument qui, en vertu même de sa nature ou de sa constitution et sans avoir reçu aucune altération, serait absolument impropre à son office? Or nos facultés sont des instruments qui ont aussi leur destination propre, et, jusqu'à preuve du contraire, il faut croire qu'elles sont faites pour atteindre leur objet, et qu'elles l'atteignent en effet, toutes les fois qu'on ne remarque en elles aucun vice particulier : « *Nulla po-*

---

(1) *Acad. I*, l. II, c. XII.

S. Thomas a dit de même : « Invenitur aliquando verum, in quo nulla falsitatis apparentia admisceri potest, ut patet in dignitatibus (axiomatibus); unde intellectus non potest subterfugere quin illis assentiat. » (*In lib.* 2, *Sent*, dist. 25, q. 1, a, 2, c.)

tentia cognoscitiva deficit a cognitione sui objecti, nisi propter aliquem defectum aut corruptionem (1). »

Les disciples de Kant allèguent, il est vrai, que l'esprit humain aurait pu être organisé autrement qu'il ne l'est en effet, et que, dans cette hypothèse, il aurait jugé différemment des choses.

Cette objection, quoique spécieuse, ne saurait soutenir longtemps une analyse attentive. Nos différents sens ont tous une organisation qui leur est propre, et cependant on ne voit pas qu'ils se contredisent dans leurs témoignages : l'ouïe m'apprend ce que les yeux ne m'apprennent pas, mais ne renverse point leur déposition, pas plus que le goût ne dément le toucher, ni le toucher l'odorat. Lamennais a donc fait une supposition chimérique en soutenant qu'un sixième sens, « par un témoignage contraire, troublerait l'accord des cinq sens (2). » Pourquoi un sixième sens troublerait-il l'accord des cinq autres, puisque ceux-ci, malgré leurs différences, agissent de concert?

Nous dirons la même chose de l'intelligence humaine. Pour quel motif un esprit supérieur lui infligerait-il un démenti? Sans doute cet esprit saurait bien des choses que nous ignorons, saisirait par intuition et d'un seul regard ce que nous ne pouvons atteindre qu'à l'aide du raisonnement et au prix de combinaisons souvent compliquées, il irait droit à l'essence des choses, tandis que nous devons débuter par la connaissance des phénomènes, il ferait d'admirables syn-

(1) S. Thomas, *contr. Gent.*, l. III, c. 107, ratio 8a.
(2) *Essai sur l'indif.*, t. II, ch. XIII.

thèses là où il nous faut recourir à de minutieuses analyses : en un mot, il verrait de plus haut et plus loin que nous. Mais il n'apercevrait pas le contraire de ce que nous voyons, pas plus que notre raison, si supérieure à tous nos sens, et qui découvre tout un monde fermé à ceux-ci, ne perçoit jamais le contraire de ce qu'ils perçoivent clairement. Le génie détruit-il le simple bon sens? Pourquoi donc l'esprit angélique ou quelque autre génie sublime viendrait-il renverser l'esprit humain, qui, après tout, est une étincelle de l'intelligence divine? On peut bien ajouter à ce qui est, mais on ne peut pas faire que ce qui est ne soit pas, ou soit autrement qu'il n'est (1).

On *insiste* au nom de l'*esthétique*. Une doctrine absolue, impersonnelle, ne saurait avoir aucun charme pour nous; seul, le mobile, l'individuel, le provisoire, l'incertain en un mot, a de quoi nous intéresser et

(1) S. Thomas a répondu d'avance à l'objection des relativistes : « Dicendum quod aliquem intelligere unam et eamdem rem magis quam alium, potest intelligi dupliciter : uno modo, sic quod ly magis determinet actum intelligendi, ex parte rei intellectæ : et sic non potest unus eamdem rem magis intelligere quam alius; quia si intelligeret eam aliter quam sit, vel melius, vel pejus, falleretur, et non intelligeret, ut arguit Augustinus. — Alio modo potest intelligi, ut determinet actum intelligendi, ex parte intelligentis; et sic unus alio potest eamdem rem melius intelligere, quia est melioris virtutis in intelligendo, sicut melius videt visione corporali rem aliquam qui est perfectioris virtutis, et in quo virtus visiva est perfectior. » (1a 2æ, q. 85, a. 7, c.) On peut faire la même réponse aux rationalistes modernes, qui craignent que la révélation ne contredise la raison; elle ne la contredit pas plus que l'intelligence ne contredit la sensibilité, elle la suppose et la perfectionne au contraire, comme chez l'homme l'intelligence suppose et perfectionne la sensibilité, en découvrant des horizons immenses fermés à celle-ci.

nous passionner. « Les solutions absolues, dit M. Renan, coupent court à tout mouvement de l'esprit, à toute recherche. L'ennui du ciel des scolastiques serait à peine comparable à celui des contemplateurs oisifs d'une vérité sans nuance, qui, n'étant pas trouvée, ne serait pas aimée, et à laquelle chacun n'aurait pas le droit de donner le cachet de son individualité (1). »

Une telle objection appelle bien des réflexions. Une première remarque, c'est qu'il n'est pas question ici d'intérêt, mais de vérité. A supposer, ce qui n'est pas établi, que l'absolu fût sans attrait, et que le provisoire eût toutes les qualités qu'on lui prête, il ne s'ensuivrait pas nécessairement que l'absolu repoussât le réel et que le provisoire fût le seul à l'admettre. L'attrait qui nous porte vers un être est chose trop mobile pour être érigé en critérium unique de la certitude.

Ensuite, est-ce bien tenir compte de la nature de la science, que de la vouloir personnelle, individuelle, originale ? « Le vrai philosophe, a dit Jules Simon, abhorre l'originalité ; il ne se résigne qu'en tremblant à être seul (2). »

Le but de la science n'est-il pas en effet d'entourer les vérités qu'elle enseigne de toute la lumière possible, de montrer qu'elles ne relèvent pas de la fantaisie d'un homme, si heureusement doué qu'on veuille le faire, mais qu'elles s'imposent à tout esprit

---

(1) *Avenir de la Métaphysique.*
(2) *Relig. naturelle*, 3ᵉ part., ch. 1.

en activité, qu'elles ont une valeur égale dans tous les temps et tous les lieux, et qu'en définitive elles reposent non pas sur la raison d'un seul, mais sur la raison ou la conscience universelle? A nos yeux, un homme est d'autant plus grand qu'il s'identifie davantage avec l'humanité. Et s'il s'agit d'un écrivain, d'un artiste ou d'un philosophe, nous préférons celui qui personnifie une théorie reçue à celui qui ne personnifie que sa pensée, celui qui personnifie une époque à celui qui personnifie une école éphémère. En fait de science comme en fait de morale, nous avons peu de goût pour l'individualisme, qui n'est après tout qu'une forme de l'égoïsme, et l'expérience a prouvé plus d'une fois que les méditatifs qui se complaisent le plus dans leur pensée, ne sont pas ceux qui s'écartent le moins des sentiers de la vérité. L'oubli de soi en toutes choses nous conseillera toujours mieux que l'amour de nous-mêmes.

Mais l'absolu ne dispense point l'homme de tout travail personnel pour acquérir la vérité: chacun est obligé de la chercher pour son compte, et de la rendre sienne. Elle est, dans une certaine mesure, l'œuvre propre de chacun, car tout homme la perçoit avec certaines nuances, fournies par son imagination et son esprit: tout homme peut donc aussi l'aimer avec son cœur et lui donner le cachet de son individualité.

Contre la notion de l'absolu par essence, nous voulons dire, du parfait, de l'infini, on a d'abord allégué qu'une raison contingente et relative, telle que la raison humaine, ne saurait concevoir que le contingent et le relatif. Quoi qu'elle fasse, elle n'atteindra jamais que des vérités indéfiniment graduées, suivant la plus ou moins grande culture intellectuelle et morale de chacun ; sa nature même détermine les limites de son horizon ; l'*au-delà* lui est interdit pour toujours.

La difficulté serait en effet insoluble si la connaissance devait produire l'objet auquel elle s'applique, car il est bien clair qu'une raison contingente ne saurait produire le nécessaire et l'absolu. — Elle garderait encore toute sa force, si la connaissance qu'on a d'une chose devait égaler la chose connue, la saisir, l'embrasser dans sa totalité. Mais nous n'admettons ni l'une ni l'autre de ces deux hypothèses. La connaissance humaine suppose son objet, mais elle ne le fait pas. Je puis toucher une montagne sans l'égaler, et contempler l'aigle qui plane dans les airs tout en demeurant moi-même attaché au sol. Une connaissance finie d'un objet infini ne demande point une vertu infinie ; l'effet n'est pas plus grand que la cause.

Hamilton croit nous enfermer par ce dilemme : ou l'absolu a quelques rapports avec nous, et alors il devient relatif, il n'est plus l'absolu, ou il n'entretient avec nous aucune espèce de relation, et alors il nous échappe tout à fait, nul moyen de le concevoir ni même d'en parler.

Entre l'absolu et le relatif nous admettons bien une relation, mais non pas une relation mutuelle ou réciproque. C'est-à-dire que le relatif dépend de l'absolu, sans lequel il ne peut exister, mais l'absolu ne dépend nullement du relatif. Tout être dépend de lui, et il ne dépend d'aucun autre. « L'absolu, dit M. Fouillée, n'est pas ce avec quoi rien ne peut entrer en relation, et qui rend toute relation impossible, mais ce qui est en soi-même exempt de relation, quoique tout le reste s'y rapporte. Le véritable absolu, loin de rendre le relatif impossible, le rend au contraire possible (1). » — Hamilton ajoute : on ne peut concevoir un objet sans le *déterminer*, sans le placer dans une certaine catégorie ; or tout être appartenant à une catégorie est, par là-même, particulier ou relatif. « L'absolu n'est donc qu'une idée négative : c'est le *non-relatif*, c'est-à-dire la négation même du relatif. Nous concevons le relatif, mais nous avons le pouvoir de nier ce que nous concevons ; cette négation du relatif, *laquelle ne laisse après soi que le vide dans notre esprit*, c'est ce que nous appelons l'absolu. » (2)

Nous le reconnaissons sans détour, tout objet réel est par lui-même *déterminé*, mais toute détermination n'est point essentiellement une négation, comme on l'a beaucoup trop répété depuis Spinoza. Bien plus, suivant nous, la formule doit être retournée et il faut dire : *Omnis negatio indeterminatio est*. En effet, la négation supprime le positif, mais elle ne met rien de réel à la place, elle laisse l'esprit dans le vague et l'*indéterminé*. La détermination, au contraire,

---

(1) *Philos. de Platon*, II, 499.
(2) *Supra*, p. 82-83.

dit quelque chose de précis, d'arrêté, d'accompli en son genre. Regardez de près les êtres divers que la nature expose à notre vue : l'échelle de la perfection et l'échelle de la détermination sont parallèles, elles descendent ou montent en même temps. L'être vivant est plus déterminé que l'être inanimé, l'animal plus déterminé que la plante, l'homme plus déterminé que l'animal, que les animaux inférieurs surtout, dont l'individualité a quelque chose de flottant et dont l'organisme uniforme et mal défini se prête facilement à la division. De même, dans chaque espèce, l'individu le plus imparfait est aussi le plus indéterminé, le plus difficile à saisir, tandis que l'individu le plus parfait est précisément celui dont les formes sont le mieux dessinées, dont le *caractère* est le plus tranché, le mieux défini.

S'il en est ainsi, la détermination n'emporte pas nécessairement les limites avec elle, elle les repousse au contraire à mesure qu'elle s'accuse davantage ; il ne faut donc pas dire que l'absolu ne saurait être déterminé parce qu'il est parfait, mais qu'il est au sommet de la détermination, parce qu'il est au sommet de la perfection. Il comprend en soi tous les degrés de l'être, dans ce qu'ils ont de positif, mais il rejette tout ce qu'ils peuvent avoir de négatif, parce qu'il est l'être sans restriction et sans bornes, placé par sa nature même au-dessus des espèces et des genres, l'être simplement dit, l'être subsistant.

Mais Hamilton a raison de dire que l'homme connaît le relatif avant l'absolu, par la même raison qu'il connaît le fini avant l'infini, car le relatif est bien plus à la portée de notre esprit que l'absolu. Seulement il n'en faut pas conclure que l'absolu (*non-relatif*) est une pure négation. L'absolu implique bien, il est vrai, une négation, à savoir celle des *conditions* qui rendent le relatif, relatif, comme l'infini (*non-fini*) implique la négation des bornes qui rendent le fini, fini. Mais cette négation est dans les mots, ou dans la manière dont nous concevons l'absolu, elle n'est pas dans la chose elle-même. Nier la restriction ou la condition qui limite l'être, n'est pas appauvrir l'être ou faire le vide dans l'esprit, comme le croit Hamilton, c'est au contraire étendre l'horizon au-delà de toutes les frontières assignables, pour se trouver face à face avec l'être sans conditions et sans limites, c'est-à-dire l'idée la plus positive et la plus affirmative de toutes.

« Notre conception du limité, dit fort bien Spencer, se compose : premièrement, de la conception d'une certaine espèce d'être ; secondement, d'une conception des limites sous lesquelles elle est connue. Dans son antithèse, dans la notion de l'illimité, la conception des limites est abolie, mais non celle de l'être lui-même qui demeure comme résidu (1). »

De tout ce qui précède, il résulte clairement que l'absolu n'a rien d'inintelligible, et qu'au contraire l'esprit humain s'en fait une idée précise, bien qu'imparfaite et incomplète. Car nous pouvons le dire avec M. Fouillée : « Si vous n'aviez réellement aucune

---

(1) *Premiers principes*, I° partie, ch. IV, trad. de M. Cazelles.

conception de l'absolu, vous ne pourriez pas même dire que vous ne le connaissez point ; vous ne pourriez pas, en parcourant tous les systèmes philosophiques, vous écrier comme vous le faites : ceci n'est pas l'absolu, il n'est point ici, il n'est point là, je ne le reconnais nulle part. Pour ne pas *reconnaître* comme pour *reconnaître*, il faut préalablement connaître en quelque manière (1). »

Mais nous pouvons aller plus loin et prouver, avec Spencer, peu suspect dans la question présente, « que notre conception du relatif disparaît dès que notre conception de l'absolu n'est plus qu'une pure négation. Les auteurs que j'ai déjà cités (Hamilton et Mansel) admettent ou plutôt soutiennent que les contradictoires ne peuvent être connues qu'en relation l'une avec l'autre ; que l'égalité, par exemple, est inconcevable, séparée de son corrélatif, l'inégalité ; et qu'ainsi le relatif même ne peut être conçu que par opposition au non-relatif. Ils admettent, ou plutôt ils soutiennent encore, que la conception de la relation implique la conception de ses deux termes. Nous demander de concevoir la relation entre le relatif et le non-relatif sans avoir conscience de chacun d'eux, c'est (pour citer les paroles de M. Mansel en leur donnant une application différente) comme si l'on demandait de comparer ce dont nous avons conscience avec ce dont nous n'avons pas conscience ; la comparaison étant elle-même un acte de conscience

---

(1) *Philos. de Platon*, II, 491.

n'est possible que par la conscience de ses deux objets. Que devient alors l'affirmation que « l'absolu n'est conçu que comme une pure négation de la concevabilité », ou comme l'absence des conditions sous lesquelles la conscience est possible? Si le non-relatif ou absolu n'est présent à la pensée qu'à titre de négation pure, la relation entre lui et le relatif devient inintelligile, parce qu'un des termes de la relation est absent de la conscience. *Si la relation est inintelligible, le relatif lui-même est inintelligible, faute de son antithèse; d'où résulte l'évanouissement de toute pensée* (1). »

(1) *Premiers principes*, Ire part., ch. IV.

CHAPITRE V

LA SUBSTANCE

I.

S'il est un mot contre lequel se soit particulièrement acharnée la philosophie moderne, depuis Kant, c'est bien celui de *substance* ou *d'essence*. Ou plus exactement, quoique par condescendance pour le langage commun, l'on ait pu quelquefois tolérer le mot, à tout prix on s'est efforcé d'abolir la *chose*, afin de renverser le dernier rempart qui s'offrait aux partisans de l'*absolu*.

Les néo-kantistes et les positivistes s'unissent pour attaquer l'idée de substance. Une simple nuance les sépare, les premiers ne *nient* pas absolument la substance, mais ils la rangent sans hésiter dans la catégorie de l'*inconnaissable*, les derniers font un pas de plus et rejettent tout à fait son existence : ils ne voient en elle qu'un pur mot, *flatus vocis*.

Tout le système kantiste repose sur une distinction célèbre, la distinction des *phénomènes* et des *noumènes*. L'entendement peut atteindre les phénomènes, parce qu'ils rentrent dans le domaine de l'expérience, mais il n'a aucun moyen scientifique d'arriver aux noumènes qui échappent à toute intuition. Seul le sensible est objet de *connaissance*, le supra-sensible ne relève que de la *foi*. « J'affirme que les idées transcendentales ne sont jamais d'un usage constitutif, de manière à ce qu'il en résulte des concepts de certains objets, et que, si on les entend ainsi, ce sont simplement des concepts sophistiques ou dialectiques. »

Ces idées peuvent servir à diriger l'entendement, mais « il en résulte une illusion telle qu'il nous semble que ces lignes partent d'un objet même qui serait en dehors du champ de la connaissance possible empiriquement (de la même manière que les objets sont aperçus derrière la surface d'un miroir). Cette illusion est inévitablement nécessaire, si, outre les objets qui frappent nos sens, nous voulons en même temps apercevoir ceux qui sont loin de nous en arrière ; c'est-à-dire, dans le cas qui nous occupe, quand nous voulons exercer l'entendement en dehors de tout objet donné de l'expérience (1). » — « Les

---

(1) « Nous concevons alors quelque chose, quoi que ce soit, dont nous n'avons aucun concept, mais dont nous concevons cependant un rapport à l'ensemble des phénomènes, rapport qui est analogue à celui que les phénomènes ont entre eux. » — « *Cet être n'est posé qu'en idée, et non en lui-même*, par conséquent seulement pour exprimer l'unité systématique qui doit nous servir de règle dans l'usage de la raison empirique, sans cependant qu'on veuille rien décider sur le fondement de cette unité, ou sur la propriété interne d'un être sur lequel elle repose comme sur sa cause. » *Critiq. de la raison pure*, Log. transcendent., appendice à la dialect. transcendent., trad. Tissot.

concepts de la *réalité,* de la *substance,* de la *causalité.....,* n'ont, en dehors de l'usage empirique, aucun sens qui détermine un objet, *puisqu'ils rendent possible la connaissance empirique d'un objet.* » — « Que la raison ne s'abandonne donc pas au-delà de ce terrain (l'expérience) à l'*incompréhensible* et à l'*ininvestigable,* à la hauteur duquel elle est nécessairement saisie d'éblouissement, parce qu'elle se voit, de ce point de station, entièrement privée de tout usage d'accord avec l'expérience (1). »

Les positivistes, dans les déclarations qu'ils ont émises sur la métaphysique en général et les essences en particulier, n'ont fait que copier le Philosophe de Kœnigsberg. Ecoutons Littré et Spencer, nous croirons entendre Kant lui-même : « Essence des choses, causes dernières, questions théologiques et métaphysiques, tout cela est en dehors de l'expérience ; l'esprit humain, de quelque manière qu'il s'ingénie, n'a aucun moyen d'y atteindre (2). »

« La science progresse en groupant des relations particulières de phénomènes sous des lois ; puis en groupant ces lois spéciales sous des lois de plus en plus générales, et son progrès consiste nécessairement à découvrir des causes de plus en plus abstraites. Or des causes de plus en plus abstraites sont des causes de plus en plus inconcevables, puisque la formation d'une conception abstraite suppose la suppression de

---

(1) *Critiq. de la rais. pure, Log. transcendent.,* appendice à la *dialect. transcendent.,* trad. Tissot.
(2) Littré, *Conservation, révolution, positivisme,* p. 537.

certains éléments concrets de la pensée. Il résulte de là que la conception la plus abstraite, vers laquelle la science s'avance graduellement, est celle qui se confond avec *l'inconcevable* et *l'inintelligible* par suite de la suppression de tous les éléments concrets de la pensée (1). » « Nous avons rejeté, comme impossible, la philosophie qui a la prétention de formuler l'être en le distinguant de l'apparence (2). »

Voici maintenant M. Taine, le plus logicien des positivistes, qui nie formellement, au nom de la science, qu'il y ait autre chose dans la nature qu'une série *d'événements* enchaînés. Facultés, forces, énergies, âme, matière, essence, substance, tous ces mots ne représentent pas l'inconnaissable, ce serait encore trop dire; ce ne sont que des étiquettes chimériques. « Nous pensons qu'il n'y a ni esprits ni corps, mais seulement des groupes de mouvements présents ou possibles, et des groupes de pensées présentes ou possibles (3). » — « Jusqu'ici, les plus fidèles sectateurs de l'expérience ont admis, au fond de tous les

---

(1) Spencer, *Premiers principes*, Ire part., ch. III.
(2) Ibid, IIe part., c. I, et supra, Ire part., c. III. « Si l'homme de science peut, en dernière analyse, ramener les actions mentales à des sensations, comme aux matériaux primitifs dont sont construites toutes les pensées, il n'en est pas plus avancé; car il ne peut donner aucune explication soit des sensations elles-mêmes, soit de ce quelque chose qui a conscience de ses sensations. Il constate ainsi que la *substance* et l'origine des choses *objectives* comme celle des choses *subjectives* sont impénétrables... Il apprend à la fin à connaître la grandeur et la petitesse de l'intelligence humaine, sa puissance dans le domaine de l'expérience, son impuissance dans le domaine où l'expérience ne pénètre pas. » Op. cit., Ire part., c. III.
(3) *Le positivisme anglais*, p. 114.

événements corporels, une substance primitive, la matière douée de force. *Les positivistes eux-mêmes subissent l'illusion;* en vain ils réduisent toute connaissance à la découverte des faits et de leurs lois. Par delà la région accessible des faits et de leurs lois, ils posent une région inaccessible, celle des substances, choses réelles et dont la science serait certainement très précieuse, mais vers lesquelles nulle recherche ne doit s'égarer, parce que l'expérience atteste la vanité de toute recherche à cet endroit.

« Or l'analyse qui montre dans la substance et dans la force des entités verbales s'applique à la *matière* aussi bien qu'à l'esprit. Dans le monde physique comme dans le monde moral, la force est cette particularité que possède un fait d'être suivi constamment par un autre fait. Isolée par abstraction et désignée par un nom substantif, elle devient un être permanent, subsistant, c'est-à-dire une substance. Mais elle n'est telle que pour la commodité du discours, et, si l'on veut en faire quelque chose de plus, c'est par une illusion métaphysique semblable à celle qui pose à part le moi et ses facultés... Ainsi, dans le monde physique comme dans le monde moral, il ne reste rien de ce qu'on entend communément par substance et force ; *tout ce qui subsiste, ce sont les événements, leurs conditions et leurs dépendances,* les uns moraux ou conçus sur le type de la *sensation,* les autres physiques ou conçus sur le type du *mouvement* (1). »

---

(1) *De l'Intelligence,* t. I, l. IV, ch. 3, § 3.

II.

Il est inutile de poursuivre nos citations et d'entendre d'autres témoignages. Sauf la nuance que nous avons signalée plus haut, les adversaires de la substance tiennent tous le même langage et reproduisent les mêmes arguments. Nous aurons bientôt à répondre à leurs objections et à faire valoir les preuves directes et décisives qu'une saine philosophie leur oppose.

Pour être fidèle à notre méthode, mettons d'abord en regard la croyance du genre humain et la thèse de nos adversaires.

Spencer l'a reconnu après Locke, l'idée de substance est une des plus profondément enracinées dans l'esprit humain. *Essentiel, substantiel, le fond, l'intérieur, la substance* des choses, voilà des mots qu'on retrouve dans toute langue, et sur le sens desquels personne ne se méprend. Puisque tout le monde parle de la substance, couramment et sans hésitation, c'est que tout le monde en a l'idée, une idée certaine et positive.

Ce n'est donc point une invention de la métaphysique, une hypothèse destinée à étayer un système.

Aux yeux de tous, aux yeux de l'homme du peuple comme à ceux du philosophe, la substance exprime quelque chose qui se cache derrière l'enveloppe extérieure, quelque chose de profond, de solide et de stable, une réalité supérieure à toutes les réalités mobiles, accessibles aux sens, quelque chose qui ne se voit pas, mais qui est le ressort, l'âme ou du moins le soutien de ce qui se voit.

L'existence de cette idée, à la bien entendre, est une preuve indiscutable en faveur de l'invisible et de l'immatériel, et voilà pourquoi elle a été combattue avec tant de vivacité par l'école sensualiste. En effet, s'il n'y pas de substance, il n'y pas d'esprit, il n'y a pas d'être qui puisse subsister en lui-même par sa propre vertu et indépendamment de la matière.

Cette première conséquence devrait donner à réfléchir aux spiritualistes qui s'aventurent imprudemment dans les rangs des kantistes, au risque de s'égarer.

En voici une autre plus grave encore. La certitude suppose dans les choses un fond immuable et résistant, que l'esprit puisse atteindre et sur lequel il puisse faire reposer l'édifice de la connaissance. Car si tout change et s'écoule, il n'y a plus moyen de rien embrasser, de rien saisir et partant de rien affirmer. Voilà pourquoi le principal argument des sceptiques, depuis Héraclite jusqu'à Montaigne, — sans omettre de nos jours les partisans de l'évolution continue — est précisément tiré de l'instabilité des choses.

Rejeter la substance ou refuser à l'homme le moyen de l'atteindre, c'est retirer tout point d'appui à la nature et à l'esprit, renverser l'absolu et ramener forcément la théorie du relativisme universel (1).

(1) Leibnitz a même remarqué que le panthéisme trouverait aussi son avantage dans le système qui nous occupe. « Si les accidents

III.

Si nous examinons de près les arguments du kantisme et du positivisme, formulés dans les textes cités plus haut, ils se réduisent aux suivants :

1° Il n'y a qu'un seul critérium scientifique, *l'expérience*, qu'une seule méthode rigoureuse, la méthode positive.

2° On peut bien expliquer les faits composés en les ramenant à des faits plus simples, à des lois plus abstraites ; mais arrivé là, on se trouve en face de l'inexplicable, de l'inconcevable (Spencer).

3° La science moderne a fait justice des entités scolastiques, des qualités occultes, propriétés secrètes, facultés et substances ; elle n'a trouvé de réel que des faits et leurs lois ou conditions.

4° S'aventurer dans le domaine de la métaphysique, c'est tomber aussitôt dans une forêt de systèmes contradictoires ; la doctrine positiviste fait cesser toute controverse, rend toute dispute impossible.

ne sont point distingués des substances, si la substance créée est un être successif, comme le mouvement, si elle ne dure pas au-delà d'un moment et ne se trouve pas la même durant quelque partie assignable du temps, non plus que ses accidents... pourquoi ne dira-t-on pas, comme Spinoza, que Dieu est la seule substance et que les créatures ne sont que des accidents ou des modifications ? Jusqu'ici on a cru que la substance demeure et que les accidents changent, et je crois qu'on doit se tenir encore à cette ancienne doctrine, les arguments que je me souviens d'avoir lus ne prouvant pas le contraire et prouvant plus qu'il ne faut. » (*Essai de Théodic.* part. III, n. 393.)

Cf. Cousin, *Philos. de Locke*, vi° leçon, p. 157.

Voyons si ces quatre arguments sont de nature à donner tout ce qu'ils promettent.

Et d'abord, nous sommes entièrement avec nos adversaires, pour apprécier et recommander la méthode expérimentale. La philosophie thomiste ne relève-t-elle pas d'Aristote, l'observateur par excellence et l'un des esprits les plus positifs qui se soient rencontrés, suivant la juste remarque de M. Vacherot : « Le positivisme n'a plus beau jeu contre Aristote, c'est son école surtout qui est une école de science et de philosophie positive, s'il est permis d'appliquer un mot si moderne à une antique doctrine. Rien de moins spéculatif que sa philosophie, si l'on entend par ce mot toute conception *à priori*, même en y comprenant cette philosophie première à laquelle un incident bibliographique a fait donner le nom de métaphysique. Toute la doctrine d'Aristote repose sur une formule qui n'est que l'expression la plus abstraite et la plus haute de l'expérience (1). »

Or la théorie de la substance, telle que nous l'exposerons plus loin, a précisément pour auteur le Philosophe de Stagyre.

Mais l'amour exagéré qu'on voue à une théorie, à un système, à une méthode, ne demeure jamais à vrai dire sans de réels dangers. Sans doute l'expérience est instructive, très instructive même, surtout pour un esprit imparfait comme l'esprit humain qui ne débute point par la connaissance des principes,

---

(1) *Le nouveau Spiritualisme*, p. 103.

qui n'apporte, en venant en ce monde, aucune idée innée, et qui doit en conséquence demander à la nature ses premières notions.

Mais l'expérience elle-même, pour être bien faite, demande de la réflexion, de la sagacité, de la pénétration, toutes qualités qui ne viennent pas de l'expérience, mais qu'il faut supposer dans l'esprit. Aussi combien d'hommes chez qui les données de l'expérience demeurent stériles, et qui se bornent à entasser des faits dans leur mémoire, sans savoir les expliquer et dégager la leçon qu'ils renferment !

D'ailleurs, il est presque impossible d'énoncer un fait sans en donner une interprétation quelconque (1), et cette interprétation peut être inexacte; que de faits n'ont pas le même sens pour le savant et pour le vulgaire !

C'est pourquoi Leibnitz a corrigé avec autant de bonheur que de justesse le fameux axiome de Locke qui fait de la connaissance intellectuelle une sorte de répétition, de reproduction de la connaissance sensible : *Nihil est in intellectu nisi prius fuerit in sensu; excipe : ipse intellectus.*

Le positivisme n'a du reste pas échappé à cette loi innée de l'esprit humain; il ne s'est pas borné à observer, il a généralisé aussi, et de la vérité observée à ses généralisations la distance est grande.

---

(1) « Ce qu'on rapporte vulgairement à l'observation n'est d'ordinaire qu'un résultat composé dans lequel cette opération peut n'entrer que pour un dixième, les neuf autres dixièmes provenant d'inférences. » (Stuart Mill., *Log.*, t. II, p. 183.)

« Le positivisme, dit avec beaucoup de raison M. Paul Janet, en se livrant à de telles généralisations, n'a donc rien qui le distingue des autres doctrines de philosophie : il n'est ni plus ni moins positif qu'elles. Il induit, il déduit, il analyse, il généralise, il applique tous les procédés de la méthode discursive, dont aucun n'est l'expérimentation rigoureuse. Il n'a donc rien de positif que le nom (1). »

Un savant contemporain, dont la France s'honore, a reproché au positivisme d'avoir confondu l'observation vulgaire avec l'expérimentation, d'avoir malheureusement fort peu usé de cette dernière, et, pour cette raison, d'être resté sans produire aucun fruit dans l'ordre scientifique.

Laissons parler M. Pasteur : « L'expérimentateur, homme de conquêtes sur la nature, se trouve sans cesse aux prises avec des faits qui ne se sont point encore manifestés et n'existent, pour la plupart, qu'en puissance de devenir dans les lois naturelles. L'inconnu dans le possible et non dans ce qui a été, voilà son domaine, et pour l'explorer, il a le secours de cette merveilleuse méthode expérimentale dont on peut dire avec vérité *non qu'elle suffit à tout,* mais qu'elle trompe rarement et ceux-là seulement qui s'en servent mal. Elle élimine certains faits, en provoque d'autres, interroge la nature, la force à répondre et ne s'arrête que quand l'esprit est pleinement satisfait. Le charme de nos études, l'enchante-

---

(1) *Philos. française*, XVII.

ment de la science, si l'on peut ainsi parler, consiste en ce que, partout et toujours, nous pouvons donner la justification de nos principes et la preuve de nos découvertes.

« L'erreur d'Auguste Comte et de M. Littré est de confondre cette méthode avec la méthode restreinte de l'observation. *Etrangers tous deux à l'expérimentation,* ils donnent au mot expérience l'acception qui lui est attribuée dans la conversation du monde, où il n'a point du tout le même sens que dans le langage scientifique. Dans le premier cas, l'expérience n'est que la simple observation des choses et *l'induction qui conclut plus ou moins légitimement de ce qui a été à ce qui pourrait être.* La vraie méthode expérimentale va jusqu'à la preuve sans réplique.

« Les conditions et le résultat quotidien du travail de l'homme de science façonnent, en outre, son esprit à n'attribuer une idée de *progrès* qu'à une idée *d'invention.* Pour juger de la valeur du positivisme, ma première pensée a donc été d'y chercher l'invention. *Je ne l'y ai pas trouvée...*

« M. Littré et Auguste Comte croyaient et firent croire *aux esprits superficiels* que leur système reposait sur les mêmes principes que la méthode scientifique dont Archimède, Galilée, Pascal, Newton, Lavoisier sont les vrais fondateurs. *De là est venue l'illusion des esprits...*

« A quelles erreurs ne peut pas conduire cette prétendue identité des deux méthodes !

« Arago avait dit de Comte : « Il n'a de titres mathématiques, ni grands ni petits (1). »

Une telle déclaration, si bien motivée d'ailleurs, d'un maître de la science, nous dispense d'insister.

Ajoutons seulement, contre le positivisme, avec un autre savant sérieux et peu suspect, que « l'expérience amène toujours à ce qui est au-delà du phénomène expérimental. Elle produit toujours quelque chose de supérieur à elle-même, et la différence entre le savant éminent et le savant médiocre *consiste surtout dans leur faculté d'extension idéale* (2). »

Nous aurons achevé de répondre à nos adversaires, quand nous aurons répété avec M. Pasteur, que la méthode expérimentale, si merveilleuse qu'elle soit, *ne suffit pas à tout*, et que le savant le plus distingué demeure, par la nature même des choses, très incomplet, tant qu'il n'est pas doublé du métaphysicien qui seul a mission pour suivre la raison jusqu'aux dernières cimes où elle puisse s'élever.

La seconde difficulté, à laquelle nous répondrons brièvement, est formulée en ces termes par Spencer; elle atteint du même coup savants et métaphysiciens : « La conception la plus abstraite vers laquelle la science s'avance graduellement, est celle qui se confond avec l'*inconcevable* et l'*inintelligible*, par suite de la suppression de tous les éléments concrets de la pensée. »

---

(1) *Discours de réception prononcé à l'Académie française*, le 27 avril, 1882.
(2) Tyndall, 5ᵉ *conf. sur la lumière.*

Nous tombons d'accord avec Spencer quand il reconnaît (et c'est un mérite réel chez un positiviste) que « la science *progresse* en groupant des relations particulières des phénomènes sous des lois, puis en groupant ces lois spéciales sous des lois de plus en plus générales », et que « son progrès consiste nécessairement à découvrir des causes de plus en plus abstraites. » Ainsi on n'est pas autorisé à faire un crime à la métaphysique, de ce qui marque au contraire le progrès de la science, à savoir, de s'élever vers les lois et les causes les plus abstraites, « *per altiores causas et suprema principia.* »

Il est encore très juste de dire que plus l'esprit s'élève dans la région de l'abstrait et de l'idéal, plus il s'éloigne de l'expérience, de la définition, de la preuve proprement dite. Mais il ne tombe point pour cela « dans l'inconcevable et l'inintelligible. » On ne peut tout expliquer ni tout démontrer, et il faut bien s'arrêter aux principes qui servent de base à la démonstration, comme l'immobile sert de point d'appui au mouvement. Et si l'on ne songe pas à s'étonner de l'immobilité dans l'immobile, est-il raisonnable de s'étonner que les principes se tiennent au-dessus de la démonstration ? « Ce serait, pour parler comme Aristote, mal distinguer le meilleur du pire, le certain de l'incertain, le principe de ce qui n'est pas principe (1). »

Toute démonstration doit aboutir à l'évidence :

---

(1) *Phys.*, VIII, 3.

donc l'évidence n'a pas besoin d'être démontrée ; le composé doit se résoudre aux éléments simples dont il se compose : donc le simple n'a pas besoin d'être décomposé. Dira-t-on que le simple est pour l'esprit humain synonyme d'inconcevable, parce qu'il ne se décompose pas en parties nouvelles ? Je ne puis définir, d'après les procédés de l'école, l'être, l'unité, l'identité, l'action, la force, la substance. Est-il vrai que je prononce des mots inintelligibles en nommant ces attributs suprêmes ? Je ne puis démontrer le principe d'identité ou de contradiction : est-il vrai que je ne conçois pas, que je ne comprends pas ce principe des principes ? Mais il est au contraire le premier que je conçoive et il n'y a rien que j'entende aussi distinctement.

Ici je ne démontre pas, mais je montre ; je ne raisonne pas, mais je vois ; je ne définis pas, mais j'entends, j'ai sous les yeux mille exemples particuliers où s'incarne le principe, et c'est précisément la seule pensée de son contraire qui paraît inintelligible, inconcevable (1).

---

(1) « Prima simplicia definiri non possunt, dit S. Thomas, cum non sit in definitionibus abire in infinitum ; actus autem de primis simplicibus est ; unde definiri non potest. Sed per proportionem aliquorum duorum ad invicem, potest videri quid est actus. Ut si accipiamus proportionem ædificantis, ad ædificabile, et vigilantis ad dormientem. » (*Metaph.*, l. IX, lect. 5ᵃ.) — « Illud quod primo cadit in apprehensione est ens, cujus intellectus (notio) includitur in omnibus quæcumque quis apprehendit. Et ideo primum principium indemonstrabile est quod *non est simul affirmare et negare*, quod fundatur supra rationem entis et non entis ; et super hoc principio omnia alia fundantur. » (1ª 2ᵃᵉ, q. XCIV, a. 2, c.)

En troisième lieu, M. Taine affirme que la science moderne, au contact de l'expérience, a banni toutes les entités mystérieuses et chimériques de la scolastique, qu'il n'y a plus ni forces, ni substances d'aucune sorte.

« Aujourd'hui, quand les savants parlent de forces physiologiques, chimiques, physiques ou mécaniques, ils ne voient dans ces noms que des noms (1). »

Que la science ait réduit le nombre des lois et des puissances admises par l'ancienne physique, qu'elle ait trouvé des classifications plus simples et plus générales, qu'elle ait découvert la cause véritable de certains effets attribués alors à des qualités *occultes*, nous le reconnaissons volontiers; savants et philosophes, nous sommes tous prêts à nous en réjouir.

Mais qu'elle ait dissipé, au contact de l'expérience, toute force et toute énergie physique ou spirituelle, et qu'elle ait acquis la preuve qu'au-dessous des événements il n'y a que des noms commodes pour le discours, elle ne l'a pas encore fait et elle n'est pas à la veille de le faire. Il nous semble même qu'elle a puissamment contribué à mettre en relief l'idée *d'énergie* et de *stabilité* dans la nature, car elle a promulgué la double loi de la permanence de la force et de la permanence de la matière, au sein des mille variations dont le monde des corps est le théâtre.

Nous le savons, la division des esprits dans le

---

(1) *De l'intelligence*, t. I, l. IV, ch. 3, n. 2.

domaine de la philosophie effraie les positivistes, et ils en tirent la conclusion qu'il faut abandonner pour toujours ce genre d'études et s'appliquer désormais exclusivement aux recherches fécondes qui relèvent de l'expérience. Là, nulle controverse, nulle dissension possible : ce sera l'harmonie et l'unanimité des esprits au foyer de la science.

Voilà, certes, de bien séduisantes promesses. Malheureusement rien n'annonce comme prochain cet âge d'or de l'intelligence. La divergence des opinions n'appartient pas en propre à la métaphysique ; on la remarque dans toutes les sciences, et le positivisme lui-même n'en est pas plus exempt que les autres systèmes. « Quel est, observe M. P. Janet, le critérium d'une notion positive, selon M. Comte et M. Littré? C'est de trancher les débats, de couper court aux discussions. Or, le positivisme, comme philosophie, a-t-il tranché aucun débat, a-t-il coupé court à aucune discussion, même dans son sein? Si on l'affirme, que l'on nous explique pourquoi il y a un positivisme anglais et un positivisme français. Y a-t-il deux physiques, deux astronomies, l'une en France, l'autre en Angleterre? Pourquoi les positivistes anglais soutiennent-ils la légitimité de la psychologie subjective, tandis que les positivistes français la nient? Pourquoi la classification des sciences d'Auguste Comte est-elle rejetée par Herbert Spencer? Pourquoi celui-ci a-t-il embrassé l'ensemble des choses dans une vaste synthèse qui ressemble à tous les systèmes de métaphysique passés, présents ou futurs? Rien n'a été tranché en réalité, parce que rien, dans ce domaine, ne peut être tranché expérimentalement (1). »

IV.

S. Thomas a fait une distinction importante, généralement négligée par la philosophie moderne, et qui nous semble de nature à faciliter la solution du problème, objet de la présente étude. « La substance, dit-il, peut se prendre en deux sens : premièrement, pour exprimer l'*essence* de l'être représentée par la définition ; secondement, pour désigner le *sujet*, suppôt ou personne, compris sous le genre de la substance (2). »

La substance proprement dite, c'est le sujet qui subsiste en lui-même, quelle que soit d'ailleurs la nature de ce sujet ; par exemple, un arbre, un animal, un homme. Et l'essence, c'est précisément la nature de ce sujet existant en lui-même : ainsi la plante, l'animal et l'homme sont également des substances, bien qu'ils n'aient pas la même nature.

Ces deux concepts appartiennent l'un et l'autre au prédicat de substance et ils se complètent mutuellement, car tout sujet ou suppôt doit avoir une essence

---

(1) *Philos. Française contempor.*, XVII.
(2) « Secundum Philosophum (*Metaph.*, l. V) *substantia* dicitur dupliciter. Uno modo, dicitur substantia quidditas rei quam significat definitio.. quam quidem substantiam Græci οὐσίαν vocant; quod nos essentiam dicere possumus. Alio modo dicitur substantia *subjectum* vel suppositum quod subsistit in genere substantiæ. » (1ª, q. XXIX, a. 2, c.)

qui le caractérise et le détermine, et toute essence, pour être réelle, doit subsister dans un sujet particulier.

Le sujet est la matière, apte à recevoir et à soutenir l'essence, et l'essence est la forme qui détermine et actualise le sujet.

Maintenant il nous faut prouver la réalité des substances, soit qu'on entende par là le sujet qui subsiste en lui-même, soit qu'on veuille parler de son essence.

Mais nous ne connaissons point l'un et l'autre de la même manière : nous pouvons atteindre la substance par une vue directe, immédiate, tandis que l'essence ne se découvre qu'à la raison discursive.

Occupons-nous d'abord de la substance. L'expérience elle-même en établit la réalité par des preuves incontestables. En effet, elle nous éclaire sur trois points qui serviront de base à notre thèse :

1° Il y a des êtres qui existent en eux-mêmes ;

2° Les propriétés que nous apercevons dans un être quelconque coexistent ensemble et sont reliées entre elles ;

3° Sous la série des événements ou changements qui s'accomplissent dans un être, il demeure quelque chose de stable et d'immuable, qui sert de centre commun aux différents points de la série.

Or on appelle substance un être existant en lui-même, capable de recevoir un certain nombre de propriétés, et demeurant identique au sein des changements qui affectent sa surface.

Les faits sur lesquels repose notre argument sont hors de toute contestation.

En premier lieu, j'ai conscience d'exister en moi-même et non pas dans un autre ; je puis ignorer ma nature intime ou mon essence, mais je ne puis pas ne pas sentir que je suis *moi-même* et que s'il y a d'autres êtres autour de moi, ils ne font point partie de mon moi ou de mon individualité.

Si je sors du moi, je vois aussi des êtres qui existent en eux-mêmes et indépendamment de tout ce qui les entoure : le lion qui se repose dans sa majesté, le lévrier agile qui poursuit sa proie, le chêne élancé qui oppose sa résistance aux effets de la tempête, — tous ces êtres ont une individualité propre.

N'a-t-il pas aussi son individualité, ce ver obscur qui rampe à mes pieds, ce faible arbrisseau qu'agite le vent, ce petit grain de sable presque imperceptible à ma vue (1) ? Sans doute, ces êtres n'ont pas tous conscience d'eux-mêmes, mais ils n'en possèdent pas moins leur être propre qu'ils défendent de leur mieux contre tout envahissement. « *Naturale est cuilibet rei,* dit S. Thomas, *ut se conservet in esse quantum potest.* »

Mais s'il y a des êtres subsistant en eux-mêmes, indépendants de ce qui les entoure, jaloux de leur

---

(1) M. Caro refuse aux minéraux toute individualité proprement dite ; c'est une erreur, car le minéral aussi bien que le végétal et l'animal *est indivisum in se et divisum a quolibet alio.* (*Problèmes de morale sociale*, c. VII, p. 206.)

autonomie, il y a des substances et nous les connaissons.

Dès maintenant nous pouvons conclure que la théorie du *phénoménisme* universel est insoutenable, que le panthéisme qui ne reconnaît dans le monde qu'une seule substance, se trouve en désaccord avec les faits les mieux prouvés (1).

Envisageons à présent les diverses parties ou les divers attributs d'un être quelconque.

Voilà une plante, un animal : quelle multitude innombrable de molécules, de cellules, d'organes divers ! Eh bien, dans ce petit monde, toutes les parties sont admirablement reliées entre elles : outre la fin individuelle qu'elles poursuivent, elles tendent toutes à une fin commune, à la conservation, au développement, au bien-être du vivant ; elles sont solidaires les unes des autres, et la nature les a évidemment faites pour s'entr'aider et se compléter mutuellement.

Or voici la question qui se pose : quel est le lien qui fait coexister ensemble ces parties si diverses pour en former un seul et même tout ? Est-ce quelque chose d'extrinsèque et de purement accidentel ?

(1) Le P. Lépidi montre en termes fort clairs la pluralité des substances matérielles : « Quoad esse, quoad operari, quoad pati, una res corporea ab altera prorsus est independens : una nascitur dum altera moritur, una movetur, dum altera quiescit, una calefit dum altera frigescit, una describitur ut circulus, altera ut quadratum, plerumque simul dum unum animal una sensatione afficitur, alterum animal omnino contraria tenetur : quæ omnia aperte demonstrant non unam camdemque numero esse substantiam corporalium. » (*Cosmol.*, lib. II, sect. 1ª, c. 2, n. 2.)

8.

Mais alors ces molécules et ces cellules forment autant de centres particuliers, elles existent en elles-mêmes et à part, elles ont leur vie propre, en un mot, ce sont de véritables substances. Dans cette hypothèse, non seulement on n'aurait pas éliminé la substance, mais on l'aurait plutôt multipliée à l'infini.

Si au contraire on admet avec nous que les divers organes de l'être vivant, et, d'une façon générale, les différentes parties ou molécules de l'être matériel, ne constituent pas des centres complets, des systèmes clos et fermés, qu'elles n'ont aucune autonomie proprement dite, qu'elles vivent, agissent et subsistent dans le tout et non pas en elles-mêmes, qu'elles sont soumises à une force supérieure et centrale qui étend son empire sur les parties comme sur l'ensemble, dirige toutes les énergies locales, modère le mouvement centrifuge et fait tout converger vers la fin commune, nous réalisons, il est vrai, une économie appréciable sur le nombre des substances, nous n'avons plus qu'un seul individu, un seul être, un seul subsistant au lieu d'en avoir une légion, mais la substance demeure derrière les propriétés ou accidents qui la cachent aux regards.

Voici un troisième fait, non moins incontestable et non moins probant. Non seulement, dans tout être créé, nous apercevons un ordre de *coexistence*, nous y découvrons encore, à des signes aussi évidents, un ordre de *succession*.

Dans le *moi*, cet ordre de succession tombe sous le

le regard du sens intime. Au dehors de nous, il frappe de toutes parts les sens externes. Que de changements se sont accomplis dans ce vieillard depuis le jour où ses yeux s'ouvrirent à la lumière! à chaque instant de sa vie, sensations, pensées, volitions, impressions du dehors, du dedans, s'écoulent en son être comme des eaux courantes et pressées. Cet aigle qui s'est attribué l'empire de l'air, un petit œuf l'a contenu tout entier aussi bien que l'humble roitelet. Le blé aux épis d'or est sorti d'une graine chétive, et le chêne aux puissants rameaux descend du gland obscur.

Ces changements merveilleux se sont accomplis avec ordre, cette évolution a suivi une marche progressive, méthodique, régulière. Toutes les molécules du vivant se sont renouvelées, et pourtant malgré les mille transformations qu'il a subies, le sujet végétatif, sensitif ou pensant, dans son fond, est demeuré le même. Et si le chêne, si l'aigle avaient une âme douée de mémoire et de réflexion, ils auraient, aussi bien que l'homme, conscience de leur identité substantielle.

M. Taine va donc contre les données les plus certaines de la conscience, s'il s'agit de l'homme, et contre celles du sens commun et de l'expérience ou de la science, s'il s'agit des autres êtres, quand il écrit ces lignes surprenantes, dans cette langue affirmative et catégorique qu'il emploie toujours dans les sujets analogues : « Dans tout cela, il n'y a que des mouvements présents, futurs ou possibles, liés à certaines conditions,..... *tout ce qui subsiste, ce sont les événements,* leurs conditions et leurs dépendances,.... corps chimique, atome matériel, moi, ce qu'on appelle un être, c'est toujours une série distincte d'événements...... C'est pourquoi, si nous embrassons d'un regard la nature et si nous chassons de notre esprit tous les fantômes que nous avons mis entre elle et notre pensée, nous n'apercevons dans le monde que des séries simultanées d'événements successifs (1). »

Quelle métaphysique on a la prétention de substituer à l'ancienne : « *Tout ce qui subsiste, ce sont les événements,* » « *ce qu'on appelle un être, c'est toujours une série distincte d'événements !* »

Mais non, ce ne sont pas les événements qui subsistent, puisqu'au contraire ils s'effacent et nous échappent à jamais, c'est le sujet au sein duquel ils se succèdent avec une parfaite régularité : « Ce qu'on appelle un être n'est pas une série distincte d'événements, » c'est une individualité quelconque, plus ou moins durable, qui sert de centre commun aux divers points de la série successive, comme elle sert de lien aux divers points de la série simultanée.

Faites disparaître ce centre, ce fond permanent et immuable, il n'y a plus un individu, mais des individus; il n'y a plus changement, mais *annihilation* de ce qui s'en va et *création* de ce qui devient; car d'après les données rationnelles interprétées par S. Thomas, pour qu'il y ait changement, il faut qu'il

(1) *De l'intelligence,* t. I, l. IV, ch. 3, n. 3.

y ait *un seul et même être sous des états divers.*
« *Omne quod movetur, quantum ad aliquid manet, et quantum ad aliquid transit ; sicut quod movetur de albedine in nigredinem, manet secundùm substantiam* (1). »

Encore une fois, le positivisme ne réussit pas à supprimer les substances dans la nature, il les multiplie, au contraire, dans une proportion invraisemblable et qui dépasse tout ce que l'imagination pouvait concevoir : il ne voit dans tout être qu'une collection, qu'un polypier, dont chaque partie est un individu à part, et par suite une véritable substance ; et dans tout sujet soumis au mouvement, il ne voit autre chose qu'une série d'événements divers, subsistants par eux-mêmes, sans que jamais l'événement postérieur soit produit par l'événement antérieur, sans qu'il se rencontre jamais un commun suppôt capable de tout réunir et de tout supporter.

Ou nous nous trompons beaucoup, ou la philosophie nouvelle n'est pas aussi simple qu'on le croit d'ordinaire, et elle impose au vulgaire bon sens des épreuves que l'ancienne philosophie lui avait épargnées.

C'est le cas de redire avec Leibnitz : « Jusqu'ici on a cru que la substance demeure et que les accidents changent, et je crois qu'on doit se tenir encore à cette ancienne doctrine, les arguments que je me souviens d'avoir lus ne prouvant pas le contraire et prouvant

---

(1) 1ª , q. ix, a. 1, c.

plus qu'il ne faut »; et nous ajouterions volontiers : le nombre des entités n'étant pas diminué dans la nouvelle doctrine, mais se trouvant au contraire considérablement augmenté.

De tout ce qui précède, il résulte que nous avons bien défini la substance, avec les caractères qu'elle revêt partout au sein de la nature créée : un être existant en lui-même, servant de support aux diverses qualités qui subsistent en lui, et demeurant identique sous les phénomènes, sous les événements qui viennent tour à tour agiter et modifier sa surface.

Une telle définition, excellente pour tous les êtres créés, corps et esprits, — ne saurait convenir à Dieu, en qui on ne trouve ni accidents ni changement aucun. Pour cette raison, plusieurs Pères, S. Augustin en particulier, ont refusé d'attribuer à Dieu le titre de substance, et ont trouvé plus digne de lui celui d'*essence*.

« On entend bien ce que c'est que substance dans les choses où se trouvent des propriétés qui supposent un sujet, comme dans un corps la forme ou la couleur. Le corps, en effet, subsiste, et ainsi est substance, tandis que les propriétés qui subsistent dans le corps comme dans leur sujet, ne sont pas des substances, mais *dans* la substance... Or, si Dieu subsiste de telle sorte qu'on puisse dire proprement qu'il est substance, il y a en lui quelque chose qui s'y trouve comme dans un sujet et il n'est pas simple... Mais il n'est pas permis de dire que Dieu subsiste en tant que sujet dans sa bonté et que cette bonté ne soit pas substance ou plutôt essence, et que Dieu lui-même ne soit pas sa bonté. Aussi est-il manifeste que sous cette expression de substance, plus fréquemment employée, il faut entendre l'idée d'essence, seule notion qui convienne exactement et vraiment à Dieu, si bien que Dieu seul doit être dit essence (1). »

Toutefois, si l'on envisage la substance en général, et non telle ou telle substance en particulier, on s'aperçoit qu'une seule propriété lui est absolument essentielle et la distingue de son corrélatif *l'accident, accidere*, c'est d'exister en elle-même et d'être son propre sujet. De là lui vient toute son excellence ; ses autres qualités, quoique bonnes en elles-mêmes, ne vont pourtant pas sans quelque mélange d'imperfection.

Pour réduire notre définition à son concept absolu et universel, nous dirons, avec l'Ecole, que la substance est un être existant en lui-même, *ens cui convenit esse in seipso, et non in alio tanquam in subjecto*, ou, d'après les propres termes de S. Thomas : « *Res cujus quidditati debetur esse non in aliquo* (2). » Et nous n'hésiterons plus à dire de Dieu qu'il est substance, en retirant à cette expression tout ce qu'elle a de défectueux dans notre langage (nous connaissons la substance *par* et *après* les accidents ou qualités, *substratum, stare-sub*), pour ne la prendre que dans sa signification la plus noble et la plus élevée (3).

---

(1) *De Trinit.*, VII, 5.
(2) *Qq. dispp. de Pot.*, q. VII, a. 3, ad 4.
(3) « Nomen *hypostasis* non competit Deo, quantum ad id a quo

Sous ce rapport, Dieu seul réalise l'*idéal* de la substance ; car il ne supporte ni accidents ni changement, — ce qui est une manière imparfaite d'exister, — et il subsiste en lui-même et *par* lui-même, ou, comme dit S. Thomas, il est l'être subsistant : *Ipsum esse subsistens*.

A Dieu seul convient la définition que Spinoza a eu le tort d'étendre à toute substance : « Ce qui est en soi et est conçu par soi, c'est-à-dire, ce dont le concept peut être formé sans avoir besoin du concept d'une autre chose (1). »

V.

Il y a des substances et nous pouvons les connaître. La théorie du *phénoménisme* universel se trouve donc en opposition ouverte non pas seulement avec les principes de la raison, mais avec les faits de l'âme et de l'expérience externe les mieux établis.

Mais nous est-il donné de savoir quelque chose de ce mystérieux *noumène* qui se cache sous les accidents, ou faut-il nous résigner à l'abandonner avec Spencer, comme étant « *l'inconnaissable ?* »

Si nous recueillons tout ce que nous avons appris à son sujet, dans nos précédentes recherches, nous

---

est impositum nomen, cum non substet accidentibus ; competit autem, quantum ad id ad quod significandum est impositum. Est enim impositum ad significandum rem subsistentem. » (S. Th., 1ª, q. XXIX, a. 3, ad 2.)

(1) *Ethica*, Iª pars, definit. 3ª.

pouvons lui reconnaître déjà plusieurs attributs précis et positifs :

Il subsiste en lui-même ;

Il supporte et relie entre eux les accidents ;

Il est immuable ;

Il est un.

Pourrons-nous le déterminer davantage et entrer dans sa nature intime ? Ici se pose le problème de l'*essence*.

Impossible de le résoudre, si l'on n'est absolument fixé sur la signification précise de ce mot. Essayons donc de le définir, ou si l'on aime mieux, de l'expliquer.

Le mot essence, dans son acception vulgaire et étymologique, veut dire la même chose qu'*essentiel*, par opposition à ce qui est accidentel et accessoire. Par exemple, une qualité est essentielle à un être, quand il ne peut s'en passer à aucun prix et dans aucun temps. Sous ce premier rapport, doit être dit essentiel à un être tout ce dont la privation entraînerait pour le même être la privation de l'existence réelle ou possible. Je ne conçois pas un esprit dépourvu de la faculté de comprendre, un homme dépouillé d'un corps ou d'une âme raisonnable, un animal à qui la nature aurait refusé la sensibilité, une plante qui ne pourrait exercer aucune action vitale.

En second lieu, l'essentiel, c'est ce qui *suffit*, absolument parlant, c'est ce qui, tout en demeurant apte à divers compléments plus ou moins désirables, n'en serait pas moins concevable sans ces compléments. Si je ne puis imaginer l'homme sans qu'il ait un corps et une âme, je puis, à volonté, me le représenter petit ou grand, bien ou mal fait, blanc ou noir, ignorant ou savant, maladroit ou habile, de vertu médiocre ou extraordinaire.

Il suit de là que l'essence d'un être, c'est ce qui se présente tout d'abord à l'esprit quand on pense à cet être, ce qu'il doit posséder avant toute autre chose, puisque le reste lui est donné par surcroît. C'est encore ce qui le met dans un rang à part, ce qui le fait lui et le distingue absolument de tout ce qui n'est pas lui. Les hommes peuvent se distinguer les uns des autres par l'esprit, la vertu et la fortune, mais ils appartiennent tous à la même espèce, parce que, sous les différences accidentelles, si nombreuses qu'on les suppose, se cache un fond identique. Mais entre l'animal le mieux doué et l'homme le plus déshérité, il y a un abîme, parce que le premier ne s'élève pas au dessus de la sensation et des appétits, tandis que le second a reçu en partage, dans la mesure du nécessaire, le don précieux de l'intelligence et de la volonté.

Enfin, un dernier caractère de l'essence, c'est qu'elle doit suffire à rendre compte de toutes les propriétés de l'être, toutes doivent trouver en elle leur raison et se rapporter à elle comme à leur source première. Par exemple, si je mets dans l'homme un corps sensible et une âme raisonnable, je pourrai, grâce à ce double principe, expliquer tout ce qu'on remarque en lui : phénomènes vitaux, sensations, passions et mouvements, pensées, sentiments et volitions.

Pour réunir et résumer en une définition complète les diverses propriétés assignées à l'essence par l'analyse qui précède, nous dirons qu'elle est « ce sans quoi un être ne se conçoit pas, mais qui suffit pourtant à en donner une idée distincte, ce qui se présente tout d'abord à l'esprit quand on pense à cet être, ce qui le différencie dans son fond de tout ce qui n'est pas lui, ce qui, enfin, une fois donné, peut expliquer tous les attributs, tous les phénomènes observés en lui. »

S'il en est ainsi, découvrir l'essence des choses, doit demander un assez grand effort. L'intuition ne nous dit rien sur ce fond intime et caché, la perception sensible ne va pas jusque-là, et les sciences qui s'appliquent à observer et à classer les faits n'en approchent pas davantage.

Sous ce rapport, l'essence des corps n'est pas plus facile à atteindre que celle des esprits. Vous voyez l'étendue, la figure, la couleur, et les autres propriétés sensibles ; mais l'essence n'est rien de tout cela, car tout cela peut être augmenté, diminué, modifié de mille manières, passer par toutes sortes d'états contraires, sans que l'essence ait été touchée et qu'elle se soit révélée sous sa forme véritable.

Le P. Monsabré a mis cette vérité sous un jour saisissant, et nous ne saurions mieux faire que de lui emprunter sa description originale et curieuse :
« Vous avez lu la fable de ce magnifique vieillard

qu'Aristée surprend pendant son sommeil et dont il étreint les membres en de fortes entraves. Réveillé par la violence qui lui est faite, il prend pour se délivrer toutes sortes de formes. Il devient bête horrible, fleuve liquide, feu subtil, jusqu'à ce que, lassé de ses vains changements, il reprenne la forme humaine et se décide à parler.

» Voilà la matière en ce fond mystérieux qu'on appelle substance. Véritable Protée, plus on la tourmente, plus elle se transforme ; et elle a sur le monstre Virgilien cet avantage que nous ne pouvons pas lui arracher son secret, ni lui faire dire ce qu'elle est.

» Voici un corps. Approche, savant, et dis-moi ce que c'est. J'entends bien des noms divers qui désignent diverses substances matérielles, mais la matière elle-même, la substance, où est-elle ? Enlève les couleurs et la forme qui frappe mes regards ? — C'est fait. — Est-ce la substance que je vois ? — Non. C'est une autre couleur et une autre forme. — *Fode parietem* : Perce la muraille, prends tes instruments, entre dans ce solide, compte les molécules. — C'est fait. — As-tu vu la substance ? — Non. Toujours des phénomènes. — *Fode parietem* : Fais entrer dans cette matière résistante des agents qui la désagrègent et la dissolvent. La voilà qui s'affaisse et s'étend. Ce n'est plus qu'un liquide opaque au fond duquel tu peux plonger les doigts. Est-ce la substance elle-même que tu touches ? — Non. Des quantités et des superficies. — *Fode parietem* : Enlève à ce liquide son opacité, rends-le si transparent que ton regard puisse le traverser. As-tu vu la substance? — Pas encore. — *Fode parietem* : Active tes fourneaux, condense la chaleur; tourmente, cherche, cherche toujours. Ah! voilà la matière exaspérée qui entre en ébullition et se vaporise. Le liquide n'est plus qu'un gaz invisible et impalpable. Il embaume, il empeste, il fuit, il détonne; mais te montre-t-il sa substance? — Jamais. — Eh bien, reprends-le et qu'après mille tortures ce Protée recouvre sa première forme, au fond de tes creusets. Pauvre savant, tu l'as bien maltraité, mais il n'a pas parlé (1). »

On conçoit maintenant que les admirateurs exclusifs de la science expérimentale aient désespéré d'atteindre la substance et en aient proscrit l'étude comme tout à fait chimérique. Tous leurs procédés ne sauraient la découvrir.

Et pourtant, le genre humain, avec son gros bon sens, ne doute pas qu'il n'y ait des substances. Il ne doute pas qu'entre la pierre et la plante, entre la plante et l'animal, entre l'animal et l'homme, il n'y ait une différence absolue, radicale, infranchissable, et que vivre, sentir, raisonner, ne soient des propriétés réelles, internes, essentielles, caractéristiques de la plante, de l'animal, de l'homme.

Et cette essence des choses que le bon sens place sous les phénomènes, sans pouvoir cependant s'en faire une idée nette et précise, les savants la reconnaissent aussi d'un accord à peu près unanime, car,

---

(1) *Conf. de N.-Dame*, carême 1884, 2º conf.

tous ou à peu près, ils la poursuivent de leurs pénibles efforts, de leurs patientes recherches. Il serait si facile de suivre le conseil de Kant ou de M. Taine, de se borner à l'observation et au classement des faits, d'envisager les choses dans leurs apparences ou dans leurs rapports avec notre sensibilité sans se soucier aucunement de leur être réel et de leur intime nature, de constater ce qui est ou ce qui a été, sans s'inquiéter de ce qui sera, et surtout de ce qui pourrait être.

Eh bien non, ils ne peuvent se contenter de si peu. Ils sont avides de connaître le mystérieux *noumène*, et se fussent-ils trompés vingt fois en prenant l'ombre pour la réalité, ils ne désespèrent pas de l'atteindre enfin, et les voilà qui recommencent leurs éternelles investigations.

Cet instinct universel du sens commun, cet impérieux besoin du savant, n'est-il qu'une folie généreuse, ou suppose-t-il une faculté réelle, ayant comme les sens un objet réel, quoique d'un ordre infiniment supérieur? Oubliant malgré lui son désolant système, Kant a écrit ces belles paroles : « La raison éprouve un besoin beaucoup plus élevé que celui d'épeler les phénomènes et de les réunir en une synthèse qu'elle puisse lire comme une page d'expérience : elle s'élève naturellement à des connaissances trop hautes pour pouvoir correspondre à des objets empiriques (1). »

Pour S. Thomas, après avoir fait une part considé-

---

(1) *Crit. de la rais. pure.*

rable à la sensibilité dans la connaissance humaine, il place la raison dans une sphère très supérieure et la caractérise par la faculté de pénétrer jusqu'à l'essence des êtres, tandis que les sens ne saisissent que les accidents et le dehors des choses. Et, d'après lui, la raison ne se trompe pas plus sur l'essence, que la sensibilité ne se trompe sur les sensibles propres. « Sensus non apprehendit essentias rerum, sed exteriora accidentia tantum... Intellectus autem solus apprehendit essentias rerum. Unde (*de Anima*, l. III) dicitur quod objectum intellectus est *quod quid est;* circa quod non errat; sicut neque sensus circa proprium sensibile (1). »

Mais comment la raison peut-elle passer des phénomènes aux noumènes, des accidents à l'essence, voilà ce qu'il nous faut expliquer.

A la vérité, la nature des choses ne se révèle pas par elle-même non plus que les puissances. Mais elle se révèle au dehors par ses actes, et ceux-ci nous conduisent sûrement, bien que lentement jusqu'à elle. Tout être agit et il nous est donné de le saisir dans

---

(1) 1ᵃ, q. LVII, a. 1, ad 2.

Il revient plusieurs fois sur cette importante déclaration : « Nomen intellectus quamdam intimam cognitionem importat; dicitur enim *intelligere*, quasi *intus legere*. Et hoc manifesto patet considerantibus differentiam intellectus et sensus; nam cognitio sensitiva occupatur circa qualitates sensibiles exteriores; cognitio autem intellectiva penetrat usque ad essentiam rei. *Objectum enim intellectus est quod quid est.* » (2ᵃ 2ᵃᵉ, q. VIII, a. 1, c; cf. 1ᵃ 2ᵃᵉ, q. XXXI, a. 5, c.)

Nous voilà heureusement loin des kantistes et des positivistes qui emprisonnent l'esprit humain aussi bien que les sens dans l'étroite sphère des accidents et des phénomènes.

l'épanouissement de son activité. Or l'activité suppose le sujet agissant, et telle activité suppose tel sujet, c'est-à-dire telle substance, car tout être agit par sa nature et suivant sa nature ; il faut donc qu'il y ait proportion entre l'effet et la cause, entre l'acte et le principe dont il découle. « *Oportet quod ex eo quod agit, consideretur principium quo agitur : oportet enim utrumque esse conforme* (1). »

Qu'est-ce que l'action, sinon l'être manifesté, révélé, épanoui, rendu sensible par une émanation de sa vertu, partant de sa substance ? N'est-ce point un axiome de la raison universelle qu'on reconnaît l'arbre à ses fruits et l'ouvrier à ses œuvres ? Je vois, je goûte, je savoure un fruit délicieux, et je ne saurais rien de l'arbre qui l'a porté ? Vingt fois, cent fois, j'aurai vu à l'œuvre un ouvrier du commun et un artiste de génie, Phidias ou Michel-Ange, et je ne connaîtrai que des phénomènes, et je n'aurai rien découvert de l'âme de l'un et de l'autre ? J'aurai lu la vie tout entière de Ste Thérèse ou de S. Vincent de Paul, et j'ignorerai ce que c'est que l'amour, et je ne saurai rien du vase de choix qui a renfermé ces deux cœurs magnanimes ?

Qu'on nous permette d'insister encore sur une

---

(1) *Qq. dispp.*, q. *unica de anima*, a. 12, c.

S. Thomas donne comme autant d'axiomes les propositions suivantes : « *Omne agens agit sibi simile.* » (1ᵃ, q. CXV, a. 1, c.) — « *Potentia agentis univoci manifestatur tota in suo effectu* » (1ᵃ, q. XXV, a. 2, ad 2.) « *Eo modo aliquid operatur quo est.* » (1ᵃ, q. LXXV, a. 2, c.) « *Agere nihil aliud est quam communicare illud per quod agens est actu.* » (*De Pot.*, q. II, a. 11.)

vérité si simple et si élémentaire. La faute en est à ceux qui ont obscurci l'évidence et mis en doute les lois essentielles de la raison. Si, par une analyse minutieuse des faits, j'arrive à savoir ce que c'est que vivre, que sentir, que penser et que vouloir, j'aurai par là-même une idée distincte du sujet ou de la substance qui vit, qui sent, qui pense et qui veut. Et si, faisant l'application de ces principes, je place dans une catégorie à part, dans des espèces distinctes, les êtres qui vivent, ceux qui sentent et ceux qui pensent, qui pourra, de bonne foi, soutenir que ces dénominations sont purement verbales, que ces divisions sont arbitraires, que ces classifications n'ont rien d'objectif et que les espèces n'ont aucun fondement dans la nature?

Les kantistes et les positivistes répètent après Locke : « Les universaux ne sont que des productions de notre esprit...; les espèces (comme les genres) sont purement nominales, simples dénominations dont on se sert pour ranger les choses (1). »

Buffon et Cuvier tenaient un langage bien différent: « Les espèces sont les seuls êtres de la nature. » (Buffon.) « Les individus sont les ombres dont l'espèce est le corps. » (Cuvier.) Ce témoignage nous suffit pour montrer que l'ancienne métaphysique n'était pas trop arriérée en soutenant la réalité objective des essences et des espèces.

Il est vrai, la connaissance que nous avons de l'es-

---

(1) *Essais sur l'entend. hum.*, l. III, c. III, § 2, 16 et 17.

sence des choses est imparfaite, incomplète, discursive. Nous ne les saisissons point en elles-mêmes, mais seulement dans les actes qui les expriment. Et ces actes ne les expriment pas entièrement, car l'effet produit est le plus souvent inférieur à la cause. — Ajoutez qu'il n'est pas toujours en notre pouvoir d'embrasser un acte dans sa totalité et de réunir toutes les circonstances qui l'accompagnent, toutes les nuances qui le modifient. — Sans doute je puis circonscrire les puissances d'un être dans des lignes qu'elles ne franchiront jamais, mais je ne saurais dire tout ce qu'elles peuvent produire dans le cercle restreint où s'exerce leur activité ; je connais l'essentiel de la sensibilité, de l'intelligence et de la volonté humaines, mais toutes les variétés sans nombre qu'elles peuvent revêtir chez le dernier comme chez le plus parfait des hommes, en traversant les individualités intermédiaires qui séparent l'un de l'autre, je ne les connais pas.

Au reste, parmi les essences qu'il nous est donné d'atteindre, on peut signaler plus d'une différence : il en est qui sont plus à notre portée, comme celles des substances matérielles, et celles-ci forment ici-bas l'objet proportionné de notre esprit : « *Primum quod intelligitur a nobis, secundum statum præsentis vitæ, est quidditas rei materialis, quæ est nostri intellectus objectum* (1) ; » il en est qui sont moins accessibles à notre regard, telles que les choses immatérielles, et

---

(1) S. Th., 1ª, q. LXXXVIII, a. 3, c.

nous ne pouvons guère nous les représenter qu'en nous aidant des comparaisons empruntées à la nature sensible : « *Ex rebus materialibus ascendere possumus in aliqualem cognitionem immaterialium rerum, non tamen in perfectam, quia non est sufficiens comparatio rerum materialium ad immateriales* (1). »

Souvent même, faute de pouvoir pénétrer jusqu'à l'essence, nous sommes réduits à distinguer certains êtres les uns des autres par des différences purement accidentelles : « *Quia essentiales rerum differentiæ sunt ignotæ frequenter et innominatæ, oportet interdum uti accidentalibus differentiis ad substantiales differentias designandas* (2). »

On le voit, la doctrine thomiste n'exagère point la portée de l'esprit humain, elle ne méconnaît pas les limites que lui impose sa nature; mais, d'un autre côté, elle se refuse à bon droit à le faire descendre jusqu'au niveau des facultés sensibles, en lui assignant pour toute occupation « d'épeler des phénomènes et de les réunir en une synthèse qu'il puisse lire comme une page d'expérience. »

Ne finissons point notre étude sur la substance sans montrer l'harmonie des phénomènes et des noumènes, c'est-à-dire de l'essence, de la puissance et de l'action.

La philosophie moderne confond d'ordinaire ces trois choses, et cette confusion entraîne les plus funestes conséquences. Être, pouvoir agir et agir, voilà

---

(1) S. Th., 1ᵃ, q. LXXXVIII, a. 2, ad 1.
(2) *Qq. disp. q.* 9, *de Pot.*, a. 2, ad 9.

trois propriétés parfaitement distinctes. Avant tout, il faut supposer que l'être est et qu'il appartient à une espèce déterminée ; c'est le propre de la substance ou de l'essence de faire cela, et c'est assez. — Mais un être qui ne peut agir, un être réduit à ne jamais sortir d'une complète inertie : c'est chose difficile à imaginer, presque impossible à concevoir, certainement impossible à connaître. — A l'essence ajoutez des facultés. — Mais une faculté demeure incomplète tant qu'elle n'agit pas : elle est pour son acte et son acte est sa perfection. Donnez à l'être ce dernier complément, il aura tout ce qu'il peut avoir, il sera achevé.

L'essence est une, les facultés sont multiples et les actes presque innombrables.

L'essence est uniforme, immuable, toujours en acte et toujours semblable à elle-même ; les facultés sont diverses, passent à chaque instant de la puissance à l'acte ou réciproquement, et se modifient autant de fois qu'elles entrent en acte ou en repos.

L'essence représente la stabilité et assure l'identité de l'espèce ; les puissances, complétées par leurs actes, représentent le mouvement et le progrès et rendent raison des nombreuses différences individuelles qu'on observe dans une même espèce.

Sans l'essence il n'y aurait point d'unité dans l'être, tout y serait collection et amas de parties à l'infini ; sans les puissances et leurs actes il n'y aurait ni variétés ni nuances possibles.

L'essence, c'est le tronc de l'arbre, attaché au sol

et immobile ; les puissances sont les mille rameaux qui l'embellissent et les actes sont les fleurs, les feuilles et les fruits.

Tout part de l'essence et tout repose sur elle; elle est la base, la source et le point de ralliement ; mais les facultés et les actes viennent lui donner la vie et la beauté, et surtout la révéler, l'exprimer en dehors.

On connaît l'arbre à ses fruits, on connaît la puissance à ses actes, et l'essence à son énergie ou à sa vitalité.

CHAPITRE VI

LA CAUSE

A ne consulter que le sens commun, l'idée de cause est peut-être la plus claire de nos idées. Aucun esprit qui en soit dépourvu et qui ne sache l'appliquer à propos dans des circonstances données. Et pourtant, il n'est pas de notion que la philosophie positive ait davantage obscurcie, ni dont elle ait combattu la valeur avec plus d'opiniâtreté.

D'un autre côté, nous ne pensons pas qu'il y ait pour l'esprit humain une idée d'une importance plus grande ou plus générale que l'idée de cause. Dans l'ordre physique comme dans l'ordre intellectuel et moral, tout la suppose et rien ne s'explique sans elle. Si les êtres sont, c'est parce qu'ils ont une cause, et si nous en acquérons une connaissance raisonnée, c'est que nous pouvons indiquer cette cause. De là ce mot si connu du Philosophe de Stagyre : « *Quia scire opinamur, cùm sciamus causam...., consequens est quod medium demonstrationis sit causa* (1). »

---

(1) *Poster. analyt.*, l. II.

Pensée traduite ainsi par un philosophe moderne :
« Les causes sont l'alphabet de la science, sans lequel on ne peut lire dans le livre de la nature (1). »

Pour traiter ce sujet avec les développements qu'il mérite, nous devrons successivement examiner les questions suivantes : 1° Notion de l'acte et de la puissance ; 2° notion de la cause et de ses principales espèces ; 3° opinion et objections de l'école positiviste ; 4° conséquences de ce système ; 5° réalité des causes ; 6° principe de causalité.

I.

Dans la doctrine péripatéticienne, le mot acte a un sens plus profond et plus étendu que dans le langage ordinaire. Est appelée *acte toute entité complète dans son genre et qui n'a plus rien à attendre pour posséder la perfection qui convient à sa nature*. Bien plus, l'acte est destiné à compléter et à perfectionner la puissance à laquelle il vient s'ajouter. Par exemple, on dit que l'âme est l'acte du corps, parce qu'elle l'informe et le place dans son espèce ; que l'existence est l'acte de l'essence, parce qu'elle la fait passer de la puissance à l'acte, et que l'opération est l'acte de la faculté, parce qu'elle lui donne son dernier complément.

Dans le langage ordinaire, le mot acte est synonyme d'*opération*. Mais dans son acception philoso-

---

(1) Glanville, *Scepsis scientifica*.

phique il est synonyme de *perfection*. Voilà pourquoi Dieu est appelé *acte pur*. Au contraire, toute créature est un mélange d'acte et de puissance ; car toute créature est parfaite sous un point de vue, et imparfaite ou en puissance sous d'autres rapports.

La *puissance*, son nom l'indique assez, est le contraire de l'acte. Elle ne se révèle pas elle-même aux regards de l'observateur, elle se laisse seulement apercevoir dans l'acte appelé à la compléter. Dans sa signification la plus générale, on peut la définir une simple *capacité;* ou, pour être plus explicite, la *faculté de recevoir ou de faire quelque chose*.

La puissance est en premier lieu la possibilité d'être : un être existe ; par là-même, il pouvait exister. Cette aptitude d'un être, qui n'existe pas encore, à recevoir l'existence actuelle, est ce qu'on appelle puissance *logique*.

Au-dessus de la puissance logique se trouve la puissance *réelle*. J'existe ; mais je n'agis pas encore, ou du moins je ne fais pas tel acte particulier : j'ai la faculté d'agir, de faire cet acte : voilà une puissance réelle et active, puisque je suis capable d'agir par moi-même.

Voici au contraire un bloc de marbre : il peut recevoir telle forme spéciale qu'il plaira à l'artiste de lui donner ; incapable de se la donner lui-même, il a seulement l'aptitude à la recevoir ; cette aptitude est une puissance réelle, mais simplement *passive*. Leibnitz lui donne le nom de *réceptivité*, par opposi-

… tion à la puissance active qu'il appelle une *faculté* (1).

Il n'est guère possible de mettre en doute la puissance passive. Mais y a-t-il réellement des puissances actives, au sens de la définition? M. Taine le nie, et voici comment il raisonne : « On dit qu'un homme sain a le pouvoir de marcher et qu'un paralytique ne l'a pas. Cela veut dire simplement que la résolution de marcher, chez l'homme sain, est certainement suivie du mouvement des jambes et qu'elle n'est jamais suivie de ce mouvement chez le paralytique; ici encore le pouvoir n'est que la liaison perpétuelle d'un fait qui est l'antécédent avec un autre fait qui est le conséquent.

» Il en est de même pour la force. Tel cheval a la force de traîner un chariot de cinq mille kilogrammes et n'a pas la force de traîner le même chariot plus chargé. Telle chute d'eau a la force de mouvoir une roue et n'a pas la force de mouvoir une roue plus lourde. Cela signifie que les muscles du cheval étant contractés, le chariot de cinq mille kilogrammes avancera et l'autre chariot n'avancera pas ; que l'eau tombant sur les palettes, la première roue tournera

---

(1) « La puissance répond au latin *potentia*, elle est opposée à l'acte, et le passage de la puissance à l'acte est le changement. C'est ce qu'Aristote entend par le mot de mouvement, quand il dit que c'est l'acte, ou peut-être l'actuation de ce qui est en puissance. On peut donc dire que la puissance en général est la possibilité du changement; or, le changement ou l'acte de cette possibilité étant action dans un sujet et passion dans un autre, il y aura aussi deux puissances, l'une passive, l'autre active. L'active pourra être appelée faculté, et peut-être que la passive pourrait être appelée capacité ou réceptivité. » (*N. E. sur l'entend. hum.*, l. II, c. XXI.)

et la seconde ne tournera pas. Il n'y a là que des liaisons, l'une entre la contraction musculaire du cheval et le déplacement du chariot, l'autre entre la chute d'eau et la révolution d'une roue. Telle force existe quand cette liaison existe; elle manque quand cette liaison manque..... En général, étant donnés deux faits, l'un antécédent, l'autre conséquent, joints par une liaison constante, on nomme force, dans l'antécédent, la particularité qu'il a d'être toujours suivi par le conséquent, et l'on mesure cette force par la grandeur du conséquent (1). »

Pour répondre à M. Taine, il ne suffira point de lui dire que les créatures agissent sous nos yeux, ce qui supposerait en elles des facultés ou des puissances véritables. Car il part précisément de cette hypothèse qu'elles n'agissent pas, et que la nature ne nous montre nulle part ni effets ni causes. Mais nous verrons bientôt que cette hypothèse se trouve en contradiction ouverte avec l'expérience interne et externe.

Pour le moment, bornons-nous à deux observations préliminaires entièrement favorables à l'existence des puissances actives. La première, c'est que, dans l'exemple de M. Taine, l'homme sain et le paralytique n'ont rien de plus ni rien de moins l'un que l'autre. Et si « l'on dit qu'un homme sain a le pouvoir de marcher et qu'un paralytique ne l'a pas, cela veut dire simplement que la résolution de marcher, chez l'homme sain, est certainement suivie du mouve-

---

(1) *De l'intelligence*, tome I, l. IV, ch. III, n. 1.

ment des jambes, et qu'elle n'est jamais suivie de ce mouvement chez le paralytique. »

Or, voilà précisément ce qui nous donne à réfléchir. Il est probable que le paralytique, tout comme l'homme sain, a la volonté de marcher, et jamais cette volonté n'est suivie du mouvement des jambes, tandis que, chez l'homme sain, elle est toujours suivie de ce mouvement. Ainsi les jambes de l'homme sain n'ont aucune propriété de plus que celles du paralytique ; car si elles avaient quelque vertu particulière, cette vertu s'appellerait puissance active ; et, d'un autre côté, la volonté du paralytique, par rapport au mouvement, est aussi prononcée, aussi arrêtée que celle de l'homme sain. Pourtant les jambes du premier se meuvent à son gré et celles du second demeurent immobiles. L'*antécédent* est donc le même et le *conséquent* tout à fait dissemblable. Mystère ! profond mystère.

Nous dirions la même chose du cheval qui a la force de traîner un chariot de cinq mille kilogrammes, et non pas un chariot plus lourd, et de la chute d'eau qui a la force de mouvoir telle roue, et non pas une roue plus lourde.

Ensuite, et c'est là notre seconde observation, qu'un professeur d'anatomie ou de physique examine les muscles du cheval et la chute d'eau, il trouvera ici de quoi traîner le chariot et là de quoi faire tourner la roue, de telle sorte que le chariot *doit* être traîné et la roue *doit* tourner. En un mot, le cheval et la chute d'eau ont une propriété interne et visible, non seulement suffisante pour produire l'effet donné, mais qui *doit* le produire, si aucun obstacle extérieur ne vient s'y opposer. Ici, le *conséquent* ne se borne pas à suivre *l'antécédent*, il est contenu en lui tout entier, il préexiste en lui comme dans son germe, il se trouve entraîné, *déterminé* par lui.

Voilà pourquoi la nature nous offre une si grande variété de propriétés de toutes sortes, variété qui se conçoit si elle est affectée à des usages réels et multiples, mais qui n'a plus aucun sens si l'antécédent n'a aucune action sur le conséquent. Car alors, suivant la remarque de S. Thomas, toute espèce de conséquent peut se trouver associé à n'importe quel antécédent. Or, en fait, le conséquent demande toujours un antécédent déterminé, spécial et approprié (1).

En résumé, l'expérience nous montre dans chaque être des propriétés d'un certain ordre ; on ne saurait le nier sans anéantir l'être du même coup, et sans tomber dans le *nihilisme* ontologique, car un être sans propriétés ne se conçoit même pas. Or, qui dit propriétés dit facultés ou puissances actives : une propriété dépouillée de toute vertu et absolument inerte n'aurait aucun sens.

(1) « Si nulla inferior causa, et maxime corporalis, aliquid operatur, sed Deus operatur in omnibus solus, (et le même raisonnement peut être fait si l'on n'admet pas l'intervention de Dieu,) Deus autem non variatur per hoc quod operatur in rebus diversis, non sequetur effectus diversus ex diversitate rerum in quibus operatur. Hoc autem ad sensum apparet falsum ; non enim ex oppositione calidi sequitur infrigidatio, sed calefactio tantum, neque ex semine hominis sequitur generatio nisi hominis. » (*S. Cont. Gent.*, l. III, cap. LXIX.)

Ainsi, il ne reste en présence que deux hypothèses possibles : ou il n'y a rien, ou, s'il y a des êtres, ces êtres possèdent des attributs réels, des forces ou plutôt des facultés véritables.

D'ailleurs, les mots de pouvoir et de force n'ont pas la signification abstraite et obscure que leur supposent les positivistes. La puissance n'est pas chose plus mystérieuse qu'un fait quelconque ; comme le dit l'Ecole, la puissance et l'acte sont du même ordre, *actus et potentia sunt ejusdem generis*. Si donc il est possible de connaître le fait, il doit l'être aussi de connaître le principe. Si je sais ce que c'est que sentir, penser et vouloir, je puis savoir ce que c'est que la sensibilité, l'intelligence et la volonté.

II.

La puissance nous amène à parler de la *cause*, car la puissance n'est qu'une cause d'un certain genre.

La philosophie moderne entend par cause la faculté ou l'être qui, par son action, produit un effet donné. C'est ce qu'on nomme la cause *efficiente*.

Mais l'ancienne philosophie attribuait à la cause une signification plus compréhensive et plus universelle. Elle la définissait *tout ce qui, d'une manière quelconque, contribue à la production de l'effet*. Peu importe le genre d'influence ; du moment que l'antécédent sert à produire le conséquent, en totalité ou en partie, il mérite le nom de cause.

Le langage populaire ne distingue pas entre la

cause et le *principe*. Pour lui, tout ce qui est principe est cause, et réciproquement. Mais la philosophie n'a garde de confondre ces deux mots. Une première différence entre eux, c'est que le premier peut appartenir à l'ordre idéal, comme cela arrive dans la connaissance discursive, où le conséquent découle de l'antécédent, comme de son principe. La cause, au contraire, est toujours un être réel et concret.

En second lieu, on appelle quelquefois principe ce qui vient immédiatement avant une autre chose, sans pourtant exercer sur elle aucune espèce d'influence. C'est en ce sens qu'on dit d'ordinaire que l'aurore est le principe du jour, et que le crépuscule du soir est le principe de la nuit, bien que le jour ne soit pas l'effet de l'aurore, ni la nuit l'effet du crépuscule. Toutes les fois qu'il y a cause, l'antécédent sert à produire le conséquent, en tout ou en partie.

Enfin, ce qui découle de la cause est toujours produit et reçoit d'elle un être propre et distinct qu'il n'avait pas auparavant ; ce qui vient du principe n'est pas toujours un effet, un produit, mais peut être éternel et posséder la même essence que lui. Ainsi en est-il dans le mystère de la sainte Trinité, où trois personnes coexistent de toute éternité dans une seule et même essence, bien que le Fils soit engendré par le Père et que le Saint-Esprit procède du Père et du Fils (1).

---

(1) « In divinis dicitur principium secundum originem, absque prioritate. Unde oportet esse ordinem secundum originem, absque prioritate. Et hic vocatur *ordo naturæ*, secundum Augustinum

Pour ces diverses raisons, *procession* et *causalité* ne sont pas synonymes.

Aristote a ramené toutes les causes à quatre espèces essentiellement distinctes : La cause *efficiente*, la cause *matérielle*, la cause *formelle* et la cause *finale*. La première est celle qui, par son action, produit l'effet en totalité ou en partie, comme le père engendre son fils. La seconde est la matière qui sert à la génération ou à la production de l'effet ; ainsi le marbre est la matière de la statue. La troisième est celle qui donne à l'effet son essence ou sa nature propre : c'est la forme particulière que la matière a reçue de la cause efficiente. Enfin, la cause finale est le but qui a déterminé la cause efficiente à agir et à produire son effet.

Ces quatre sortes de causes méritent réellement ce nom, car, suivant la définition donnée plus haut, elles ont sur l'effet produit une influence positive, manifeste.

On montrerait aisément que toutes les causes connues ou imaginables rentrent dans la division péripatéticienne.

La cause matérielle et la cause formelle, bien que d'une importance très grande dans certaines sciences, ne reviennent pas directement à notre sujet. Leur existence a du reste soulevé beaucoup moins de difficultés que celle de la cause efficiente et de la cause

(lib. cont. *Maxim.*, c. 4) « non quo alter sit prius altero, sed quo alter est *ex* altero. » (S. Th., 1ª, q. XLII, a. 3, c. Cf. 1ª, q. XXXIII, a. 1, ad 1 et ad 3.)

finale. Nous nous attacherons donc à celles-là seulement. Et, comme le chapitre suivant doit être consacré à la cause finale, nous ne parlerons ici que de la cause efficiente.

Nous l'avons définie : celle dont *l'action* contribue à produire l'effet, en tout ou en partie. Pour la bien entendre, il est donc indispensable de nous faire une idée précise de l'action et de ses principales espèces.

On confond d'ordinaire la causalité et l'activité. Mais, comme le remarque Balmès, si « toute causalité est activité, toute activité n'est point causalité. Dieu est actif en soi ; il n'est cause que par rapport au monde extérieur. L'intelligence et la volonté de Dieu, considérées en elles-mêmes, abstraction faite de la création, emportent une activité infinie ; et toutefois, en tant qu'immanentes, ces propriétés ne sont point causalité, parce qu'elles ne produisent rien de nouveau dans l'être infini. L'intelligence de Dieu est un acte pur infiniment parfait, lequel ne subit ni ne peut subir aucun changement ; la même chose se peut dire de la volonté ; donc l'intelligence et la volonté divines sont actives sans être des causes proprement dites (1). »

Toutefois, dans la créature, activité et causalité sont réellement synonymes, car l'activité ne peut s'exercer sans *produire* quelque chose de nouveau, une modification sinon une substance. Que l'homme

---

(1) *Philosophie fondam.*, t. III, l. X, c. VIII, n. 86.

sente, qu'il pense ou qu'il veuille, qu'il agisse au dehors ou au dedans de lui-même, toujours il modifie quelque chose dans la nature ou dans sa manière d'être.

Impossible de donner de l'action aucune définition rigoureuse : sa simplicité même s'y oppose. Heureusement, elle n'en a pas besoin : le défini est ici plus clair que toute définition.

Dans la créature, l'action suppose trois choses : le sujet agissant, l'effet produit et la production de l'effet par le sujet. Faisons connaître ces trois éléments constitutifs de l'activité.

Le sujet agissant prend le nom de cause *efficiente*, parce qu'il fait non seulement un acte, mais encore quelque chose qui est le terme ou le résultat de son acte.

Il faut donc distinguer avec soin cette cause *efficiente* de la cause *occasionnelle* et de la simple condition *sine qua non*. La cause occasionnelle n'a d'elle-même aucune influence sur l'effet à produire, mais elle fournit une *occasion* à la cause efficiente. En d'autres termes, elle est la circonstance qui, rendant possible, facile même, la réalisation de la fin, invite pour ainsi dire la cause efficiente à l'action.

Dans la conduite de l'homme, l'influence des occasions est considérable. Elles font naître dans l'esprit telle pensée, suggèrent à la volonté telle résolution, quelquefois subite, et entraînent souvent certains sujets à des actes tout à fait imprévus, excepté peut-être pour le psychologue et le moraliste.

La condition *sine quâ non* ne produit pas l'effet, mais, sans elle, l'effet n'est pas produit. Elle est le *moyen* sans lequel on ne saurait atteindre le but désiré. L'œil voit, mais à la condition d'être sain, de s'ouvrir à la lumière extérieure, d'être mis en rapport avec son objet; l'esprit comprend, mais à la condition d'être libre de tous préjugés, exempt de passions, sincère et laborieux; la volonté persévère dans le bien ou revient de ses égarements, mais à la condition d'être humble, docile, vaillante, généreuse.

Ainsi, au point de vue des *résultats*, la condition équivaut à la cause.

Toutefois, la cause ne se suffit pas toujours à elle-même et a besoin du concours d'un agent extérieur. C'est ainsi que plusieurs hommes unissent leurs efforts, et, grâce à ce mutuel appui, font des œuvres admirables que l'activité d'un seul n'aurait jamais réussi à réaliser. Dans ce cas, égaux ou non, les agents prennent le nom de causes *partielles;* chacun a sa part dans le résultat, et l'effet produit porte la marque des divers ouvriers qui l'ont conçu ou exécuté.

Il peut se faire que les causes qui collaborent à une action commune soient de nature tout à fait différente, l'une ayant pour ainsi dire le rôle de l'artiste, et l'autre ne faisant guère que suivre l'impulsion donnée, entrer dans la voie tracée devant elle, prêter son concours pour les préparatifs ou pour la partie matérielle de l'œuvre. La première s'appelle cause *principale*, et la seconde cause *instrumentale*. L'instrument dit S. Thomas, exerce en réalité une double action, l'une qu'il tient de sa propre vertu, l'autre qu'il n'exerce que sous l'impulsion ou sous la direction de la cause supérieure. Laissé à lui-même, il n'agit pas ; manié par des mains habiles, il peut produire des œuvres immortelles : comme par exemple, la plume du poète ou du philosophe, le pinceau du peintre et le ciseau du sculpteur (1).

Dieu lui-même ne dédaigne pas d'associer la créature à l'exécution de ses desseins. Dans l'acte créateur, il a fait appel à sa seule vertu. Pour cet œuvre, en effet, il ne pouvait employer aucun instrument, car il n'y avait là aucune matière à préparer, et d'ailleurs, il n'y avait rien encore en dehors de lui-même (2). Mais, dans le gouvernement du monde, il

---

(1) « Instrumentum habet duas actiones, unam *instrumentalem*, secundum quam operatur non in virtute propria, sed in virtute principalis agentis; aliam autem habet actionem *propriam*, quæ competit sibi secundum propriam formam; sicut securi competit scindere ratione suæ acuitatis, facere autem lectum, in quantum est instrumentum artis. Non autem perficit instrumentalem actionem, nisi in exercendo actionem propriam; scindendo enim facit lectum. » (3ᵃ, q. LXII, a. 1, ad 1 et ad 2.)

(2) « Causa secunda instrumentalis non participat actionem causæ superioris, nisi in quantum per aliquid sibi proprium dispositive operatur ad effectum principalis agentis. Si enim nihil ibi ageret secundum illud quod est sibi proprium, frustra adhiberetur ad agendum, nec oporteret esse determinata instrumenta determinatarum actionum... Illud autem quod est proprius effectus Dei creantis, est illud quod præsupponitur omnibus aliis, scilicet esse absolute. Unde non potest aliquid aliud operari dispositive et instrumentaliter ad hunc effectum, cum creatio non sit ex aliquo præsupposito, quod possit disponi per actionem instrumentalis agentis. » (1ᵃ, q. XLV, a. 5.)

utilise une foule d'auxiliaires qui ont la fonction de distribuer ses bienfaits aux créatures inférieures. C'est ainsi qu'il gouverne les enfants par le père de famille, les sujets par le prince placé à la tête de la cité, et, dans un ordre plus général, les effets particuliers par un petit nombre de lois universelles et très simples.

Il en résulte en même temps une grande gloire pour les créatures supérieures, et, pour toutes du reste, une union étroite et intime (1).

A bien prendre les choses et dans un sens très élevé, on peut dire, avec l'Ange de l'Ecole, que tout être créé, l'homme aussi bien que l'animal et la plante, est entre les mains de Dieu comme l'instrument entre les mains de l'agent principal. Car toute créature remplit la tâche que lui a assignée le créateur, et agit en vertu de la puissance qu'elle a reçue d'en haut, aidée et dirigée dans tout ce qu'elle fait, sans pouvoir jamais franchir les limites fixées par le maître absolu des volontés aussi bien que des forces aveugles.

A ce point de vue, la cause première est la seule

---

(1) « Ad providentiam duo pertinent : scilicet *ratio ordinis* rerum provisarum in finem, et *executio* hujus ordinis, quæ gubernatio dicitur. Quantum igitur ad primum horum, Deus immediate omnibus providet, quia in suo intellectu habet rationem omnium, etiam minimorum, et quascumque causas aliquibus effectibus præfecit, dedit eis virtutem ad illos effectus producendos... Quantum autem ad secundum, sunt aliqua media divinæ providentiæ, quia inferiora gubernat per superiora, non propter defectum suæ virtutis, sed propter abundantiam suæ bonitatis, ut dignitatem causalitatis creaturis communicet. » (S. Th., 1ª, q. XXXIII, a. 3, c.)

cause véritablement principale : tous les agents créés sont des agents subalternes, des instruments qui ne peuvent agir que lorsqu'ils sont mûs et appliqués à leur acte propre par l'agent universel. Et cependant le Maître ne fait violence à aucune créature, si petite qu'elle soit ; il incline et dispose toutes choses avec autant de suavité que de force (1).

Enfin, la cause efficiente peut agir immédiatement sur l'effet de façon à l'atteindre par sa propre vertu ou n'avoir sur lui qu'une influence éloignée, quoique réelle. Dans le second cas, l'effet produit tire sa nature de la cause *prochaine* et non pas de la cause *éloignée*, car il appartient en propre à celle-là, puisqu'il est le résultat de sa vertu naturelle. Par exemple, ma volonté peut bien appliquer ma raison à l'étude, mais les jugements que je porterai à la suite de cette étude seront le fruit de ma raison et non pas de ma volonté.

De même, la science de Dieu est la cause dernière de toutes choses ; car de toute éternité il a prévu

---

(1) « In quantum omnia quæ hic aguntur, divinæ providentiæ subduntur, tanquam per eam præordinata et quasi prælocuta, fatum ponere possumus, licet hoc nomine sancti doctores uti recusaverint, propter eos qui ad vim positionis siderum hoc nomen detorquebant. » (S. Th., 1ª, q. CXXVI, a. 1, c.)

« Omnis inclinatio alicujus rei vel naturalis, vel voluntaria nihil est aliud quam quædam impressio a primo movente ; sicut inclinatio sagittæ ad signum determinatum nihil aliud est quam quædam impressio a sagittante. Unde, omnia quæ aguntur vel naturaliter vel voluntarie, quasi propria sponte perveniunt in id ad quod divinitus ordinantur. Unde dicitur Deus omnia disponere suaviter. » (*Ibid.*, q. CIII, a 8, c.)

tout ce qui arriverait dans le temps : or, bien que la science de Dieu soit nécessaire et absolue, considérée en elle-même, je n'en suis pas moins libre dans chacune des opérations de ma volonté, puisque c'est elle qui est la cause immédiate de mes actes. « *Scita a Deo sunt contingentia, propter causas proximas, licet scientia Dei, quæ est causa prima, sit necessaria* (1). »

Après l'agent, vient son action.

Elle est l'exercice, la mise en acte de la faculté. Elle diffère autant de la puissance que celle-ci diffère de l'essence ou de la substance. Excepté en Dieu où, par un prodige de simplicité, elle se confond avec l'essence, l'action est une qualité accidentelle, susceptible de plus et de moins, et qui donne à l'agent un degré d'être nouveau. La faculté passe de la puissance à l'acte : elle est donc, pendant et après son acte, autrement qu'elle n'était avant d'agir ; pour agir, elle a dû s'ébranler et entrer en travail.

Au reste, d'ordinaire, agir coûte peu à la puissance ; elle est naturellement inclinée vers son objet, car c'est en agissant qu'elle se perfectionne. Dès que les sens se trouvent en présence d'une qualité sensible, l'esprit en face du vrai, l'appétit en face du bien, ils sont aussitôt entraînés et la faculté répond avec empressement aux avances de son objet.

Quelquefois la cause n'a pas besoin de sortir d'elle-même pour agir ; elle produit son acte à l'intérieur, *ad intra*; c'est ainsi que la sensation, la pensée et la

---

(1) S. Th., 1ª, q. XIV, a. 13, ad 1.

volition ont pour théâtre le sujet qui sent, qui pense et qui veut. Cette action d'un caractère essentiellement intime prend le nom d'action *immanente*.

D'autrefois, au contraire, la cause étend au dehors son activité et pour ainsi dire rayonne dans le monde externe. L'architecte élève un monument, le peintre fait un tableau, le sculpteur exécute la statue qu'il a lentement rêvée. Cette action a reçu le nom de *transitive*, pour exprimer qu'elle sort de son auteur et s'arrête à quelque objet externe. Si elle perfectionne l'agent en développant sa puissance et en ajoutant quelque chose à son habileté, elle profite d'abord à celui qui la reçoit, et que, pour cette raison, on appelle *patient*. Evidemment la statue, le tableau et l'édifice reçoivent toute leur valeur artistique du travail du sculpteur, du peintre, de l'architecte ; laissés à eux-mêmes, ils ne présentent aux regards qu'une matière grossière, plus ou moins informe (1).

On a soulevé contre l'action *transitive* deux objections principales : 1° Le patient étant extérieur à l'agent, celui-ci semble ne pouvoir atteindre celui-là

---

(1) « Duplex est actio. Una quæ *transit* in exteriorem materiam, ut calefacere et secare. Alia quæ *manet* in agente, ut intelligere, sentire et velle. Quarum hæc est differentia : quia prima actio non est perfectio agentis quod movet, sed ipsius moti; secunda autem actio est perfectio agentis. Unde quia motus est actus mobilis, secunda actio, in quantum est actus operantis, dicitur motus ejus, ex hac similitudine, quod sicut motus est actus mobilis, ita hujusmodi actio est actus agentis, licet actus sit motus imperfecti, scilicet existentis in potentia, hujusmodi autem actio sit actus perfecti, id est existentis in actu. » (S. Th., 1ª, q. xviii, a. 3, ad 1, et q. xli, a. 1, c. et 1ª 2æ, q. iii, a. 2, ad 3.)

qu'en agissant à distance, ce que rejettent la plupart des philosophes ; 2° l'agent semble se dépouiller d'un de ses modes pour le communiquer au patient, conséquence évidemment inadmissible. Leibnitz a présenté cette dernière objection sous une forme assez frappante : « Il n'y a pas moyen d'expliquer comment une monade puisse être altérée ou changée en son intérieur par quelque autre créature, puisqu'on n'y saurait rien transposer, ni concevoir en elle aucun mouvement interne qui puisse être excité, dirigé, augmenté ou diminué..... Les monades n'ont pas de fenêtres par lesquelles quelque chose puisse entrer ou sortir. Les accidents ne sauraient se détacher ni se promener hors des substances (1). »

La meilleure réponse que nous puissions faire à ces objections, c'est de montrer qu'elles s'appuient sur une hypothèse absolument fausse.

En premier lieu, on a raison de repousser l'action à distance. Nul être ne peut agir où il n'est pas ; car l'action suppose l'être, et, par suite, la présence de l'être. Or un être qui agirait à distance, agirait évidemment où il n'est pas. Mais il y a la présence immédiate et la présence médiate ; et l'action *ad extra* s'explique indifféremment par l'une et par l'autre. Un être est immédiatement présent à un autre être lorsque rien ne le sépare de lui : par exemple, un corps qui en touche un autre. Et il est présent d'une présence médiate lorsque, substantiellement éloigné

---

(1) *Principes philos.*, n. 7.

de lui, il arrive néanmoins à communiquer avec lui, grâce à un intermédiaire qui transmet l'action de l'agent au patient. Le soleil, par exemple, est à une bien grande distance de la terre, et, cependant, il trouve dans l'air et dans l'éther des moyens très suffisants pour faire arriver jusqu'à elle ses bienfaisants rayons.

Quand donc le moteur se voit séparé du mobile, il peut rencontrer des intermédiaires qui l'en rapprochent et le mettent en contact avec lui (1).

Nous n'admettons pas davantage qu'une substance, en agissant sur une autre substance, se dépouille de quelqu'une de ses propriétés et la « transpose » en cette dernière, comme Leibnitz l'a prétendu. S. Thomas en était même venu à taxer de *ridicule* une telle supposition. Le professeur qui enseigne ne transmet point sa propre science aux disciples groupés autour de sa chaire ; mais, par sa parole, il excite leur intelligence ; chacun d'eux reçoit et fait sienne la doctrine du maître, suivant ses capacités, son attention et son travail d'assimilation personnelle. Tous ont entendu la même parole, mais tous n'ont pas su lui faire le même accueil, preuve évidente que le professeur ne leur a point communiqué son propre savoir et qu'il a dû se borner à frapper à la porte de leur

---

(1) « Oportet omne agens conjungi ei in quod immediate agit, et sua virtute illud contingere. Unde (*Phys.*, l. VII) probatur quod motum et movens oportet esse simul... « Nullius agentis, quantumcumque virtuosi, actio procedit ad aliquid distans, nisi in quantum in illud per medium agit. » (S. Th., 1ª, q. VIII, a. 1, c. et ad 3.)

raison. — De même, le soleil éclaire et échauffe indifféremment tous les corps terrestres, minéraux, plantes et animaux, mais tous ne reçoivent pas de la même manière la chaleur, chacun en *prend* ce qui convient à ses besoins et la transforme suivant les lois de sa propre nature.

En un mot, l'action du moteur sur le mobile s'explique par la théorie de l'*excitation* et de la *réaction*, et non par celle des *émissions* et de la *réception passive*. C'est chose plus facile pour le premier et plus noble pour le second (1).

L'agent et le patient se supposent l'un l'autre; l'*action* et la *passion* ne sont pas deux actes distincts et complets, c'est un seul et même mouvement qui part de l'agent et s'accomplit dans le patient comme dans son terme. Néanmoins, il appartient davantage à ce dernier, car le mouvement est l'acte ou la perfection du mobile.

Pour l'effet, il n'est pas autre chose que le résultat de l'action. Comme son nom l'indique, *effici*, il est produit, il passe de la puissance à l'acte, du non-être à l'être, et il se trouve sous l'entière dépendance de

(1) « Ridiculum est dicere quod ideo corpus non agat quia accidens non transit de subjecto in subjectum. Non enim hoc modo dicitur corpus calidum calefacere, quod i' n numero calor qui est in calefaciente corpore transeat ad corpus calefactum, sed quia *virtute* caloris qui est in calefaciente corpore alius calor numero fit *actu* in corpore calefacto, qui prius erat in eo in *potentia*; agens enim naturale non est *traducens* propriam formam in alterum subjectum, sed *reducens* subjectum quod patitur de potentia in actum. (S. Th., *S. Cont. Gent.*, l. III, c. LXIX.) (Cf. S. Augustin, *contra Julianum pelagianum*, l. V, c. XIV.)

la cause (1) qui l'a produit. Tout l'être qu'il possède est un être emprunté ; il ne se l'est pas donné à lui-même ; autrement, il aurait dû exister avant d'être produit (2). De là cet axiome si important de l'Ecole : *Toute la perfection de l'effet se trouve dans la cause.* Nous venons de le dire, l'effet, comme tel, n'a rien qu'il n'ait reçu d'elle : mais celle-ci n'a pu donner que ce qu'elle avait : *Nemo dat quod non habet.*

Toutefois, si d'une certaine façon la cause doit posséder la perfection de l'effet, il n'est pas nécessaire qu'elle la possède dans les mêmes conditions et avec les mêmes caractères que celui-là. Elle peut la posséder *formellement*, dit l'Ecole, comme il arrive pour les êtres appartenant à une même espèce ; mais elle peut aussi la contenir d'une façon *plus éminente, eminenter*, quand elle possède tout ce qu'il y a de bon en lui, sans avoir aucun de ses défauts (3). C'est ainsi que Dieu, source inépuisable de tous les êtres, mais placé par sa nature au dessus de toutes les espèces et de tous les genres, possède tout ce qu'il y

---

(1) « Cum actio et passio conveniant in una substantia motus, et differant solum secundum habitudines diversas, ut dicitur (*Physic.*, l, III) oportet quod, subtracto motu, non remaneant diversæ habitudines in creante et in creato. » (S. Th., 1ᵃ, q. XLIV, a. 2, ad 2). « Licet actio sit in agente, ut *a quo*, est tamen in patiente, tanquam recepta in eo. » (in *Phys.*, III, lect. 5ᵃ.)

(2) Nulla res se facit aut gignit ; alioquin erat, antequam operaretur. » (S. Augustin, de *Immortal.*, c. VIII, n. 14.)

(3) «Ha bere dicitur duobus modis, vel virtualiter (eminenter), vel formaliter ; et ad hoc quod impartiatur aliquid alicui, sufficit quod habeat virtualiter, non oportet quod habeat formaliter ; sicut movens immobile dat motum, quamvis ipsum non moveatur. » (S. Bonaventure, *in lib. II Sent.*, dist. XIV, p. 2, a. 2, q. 2, ad arg.)

a de bon en eux et ne repousse que leurs imperfections. « *Oportet*, dit S. Thomas, *quod omnes nobilitates omnium creaturarum inveniantur in Deo nobilissimo modo et sine ulla imperfectione* (1). »

Cette doctrine nous permet de tirer une conclusion de la plus haute importance. Il est assez rare que nous puissions saisir en elle-même et dans son acte la cause des phénomènes révélés par l'expérience, mais nous pouvons nous élever de l'effet à la cause, et nous faire une certaine idée de cette dernière.

Plus il y aura de ressemblance entre l'effet et la cause, plus il nous sera facile de pénétrer dans l'intérieur de l'agent ; par exemple, chez les animaux, on peut très bien retourner l'axiome latin : « *Qualis pater, talis filius,* » et dire, « *qualis filius, talis pater*. »

Mais il peut se faire que l'effet ne donne de sa cause qu'une connaissance assez imparfaite. Si la cause est seulement instrumentale, l'effet ne doit pas lui ressembler, puisque, avant tout, il a pour auteur la cause principale (2).

Il en sera de même si la cause principale est *partielle* au lieu d'être complète, éloignée et non pas immédiate, ou si elle se sert elle-même d'un instru-

---

(1) *In Sent.*, *dist.* II, q. 1, a. 2, sol.
(2) « Principalis quidem (causa) operatur per virtutem suæ formæ, cui assimilatur effectus, sicut ignis suo calore calefacit... Causa vero instrumentalis non agit per virtutem suæ formæ, sed solum per motum quo movetur a principali agente. Unde effectus non assimilatur instrumento, sed principali agenti; sicut lectus non assimilatur securi, sed arti, quæ est in mente artificis. » (S. Th., 8ª, q. LXII, a. 1, c.)

ment imparfait, ou si elle rencontre quelque autre obstacle extérieur qui entrave l'action de la nature ou s'oppose à la pleine réalisation de ses desseins.

Enfin, lorsque la cause est tellement parfaite qu'elle ne peut rien souffrir qui approche d'elle, ses œuvres, si excellentes qu'on les suppose, ne peuvent en donner qu'une connaissance très restreinte. Ainsi, vous ne pouvez jeter les yeux nulle part dans ce vaste univers sans rencontrer de grandes merveilles, et pourtant toutes ces merveilles ne sont qu'une goutte d'eau à côté de l'océan des perfections infinies du Créateur. Tout parle de lui, et rien ne le révèle. Mais gardons-nous bien de dédaigner cette connaissance, si disproportionnée qu'elle soit, du Créateur. Elle nous permet d'affirmer avec une entière assurance qu'il existe, qu'il est la cause de tous les êtres, qu'il est infiniment supérieur à tous, séparé de tous par une distance infranchissable, et cette science est la dernière et la plus haute que nous puissions acquérir ici-bas (1).

III.

Serait-ce le magnifique usage du principe de causalité que nous venons d'indiquer qui a valu à la théorie de la cause les attaques de nos adversaires sceptiques, kantistes et positivistes ? Peut-être une

---

(1) « De Deo cognoscimus quia est, et quod causa aliorum est, et aliis supereminens, et ab omnibus remotus; et hoc est ultimum et perfectissimum nostræ cognitionis in hac vita. » (S. Th., *S. Cont. Gent.*, l. III, c. XLIX.)

telle supposition n'est-elle point téméraire : la peur de la cause première a pu fermer les yeux à plusieurs sur la réalité des causes secondes.

Quoi qu'il en soit, voyons ce qu'on a voulu et cherché à ébranler dans la notion de cause.

Ænésidème la trouve tout simplement absurde, et il le prouve fort longuement. Citons la partie la plus curieuse de l'argumentation du célèbre sceptique : « S'il y a quelque cause, ou bien ce qui est en même temps sera cause de ce qui est en même temps, ou bien ce qui est avant cause de ce qui est après, ou bien ce qui est après cause de ce qui est avant. Or, ni ce qui est en même temps n'est cause de ce qui est en même temps, ni ce qui est avant de ce qui est après, ni ce qui est après de ce qui est avant.

» Ce qui est en même temps ne peut être cause de ce qui est en même temps, par cela seul que l'un et l'autre coexistent, celui-ci n'étant pas plus cause de celui-là que celui-là de celui-ci, puisque chacun possède également l'existence. Ce qui est avant ne peut être cause de ce qui est après. Car si, quand la cause existe, l'effet n'existe pas encore, la cause n'est plus cause puisqu'elle n'a pas d'effet, et l'effet n'est plus effet si la cause n'existe pas avec lui; car la cause et l'effet sont, l'un et l'autre, choses relatives, et les choses relatives doivent nécessairement coexister.... Il ne reste donc qu'à dire que ce qui est après est cause de ce qui est avant, ce qui est parfaitement absurde(1). »

(1) *Adversus mathematicos*, IX, p. 232 et seq.
En réponse à Œnésidème, rappelons l'axiome de l'École : *Causa*

Les sensualistes n'ont point attaqué directement l'idée de cause, envisagée au point de vue métaphysique, mais ils n'ont voulu voir en elle qu'une simple production de l'esprit, car, suivant eux, l'expérience n'en révèle aucune trace. « Tous les événements, dit Hume, se *suivent* à la vérité, mais sans que nous remarquions la moindre *liaison* entre eux. Nous les voyons pour ainsi dire en *conjonction*, mais jamais en *connexité*. Enfin, comme nous ne pouvons nous former aucune idée de choses qui n'ont jamais affecté ni nos sens extérieurs, ni notre sentiment intérieur, il paraît inévitable de conclure que nous manquons absolument de toute idée de connexion ou de pouvoir, et que ces termes ne signifient rien, soit qu'on les emploie dans les spéculations philosophiques, soit qu'on en fasse usage dans la vie commune... Il n'y a dans tout cela que l'habitude de voir deux événements joints l'un à l'autre, de concevoir le second à propos du premier (1). »

Kant raisonne sur la cause comme sur l'espace et le temps : Nous avons incontestablement cette idée, mais elle ne relève pas de l'expérience, elle est une pure *forme* de l'esprit, forme *a priori*, vide de tout

---

est *prior effectu*, d'une priorité logique, sinon d'une priorité de temps. Le père est avant son fils d'une priorité de temps, le soleil est avant ses rayons d'une priorité logique. Seulement tant qu'elle n'a pas produit son effet, la cause n'est cause qu'en puissance : elle existe comme substance, ce qui lui suffit pour produire son effet, mais elle ne devient formellement cause que « effectu semel producto. »

(1) *Essais sur l'entend. hum.*, 7° essai.

objet réel, puisque l'observation ne saurait la révéler, et que l'esprit ne découvre aucune liaison nécessaire entre l'idée d'événement et l'idée de cause : « Le concept de la causalité, considérée comme nécessité physique, ne concerne l'existence des choses qu'autant qu'elles sont déterminables dans le temps, par conséquent qu'autant qu'on les considère comme des phénomènes et non comme des choses en soi (1). » — « Je ne dirai donc pas que, dans le phénomène, deux états se succèdent, mais seulement qu'une appréhension en suit une autre, ce qui est purement subjectif et ne détermine aucun objet, et ne peut, par conséquent, valoir comme connaissance d'un objet, même dans le phénomène (2). »

Et les positivistes d'applaudir. Qu'il nous suffise d'entendre M. Taine. Il parle au nom de tous avec la clarté un peu brutale que nous lui connaissons déjà. « Nous apprenons par l'expérience qu'il y a dans la nature un ordre de succession invariable et que chaque fait y est toujours précédé par un autre fait. Nous appelons cause l'*antécédent invariable*, effet le *conséquent invariable*..... la cause réelle est la série des *conditions*, l'ensemble des antécédents sans lesquels l'effet ne serait pas arrivé. Il n'y a pas de fondement scientifique dans la distinction que l'on fait entre la cause d'un phénomène et ses conditions..... La distinction que l'on établit entre l'agent et le patient est

---

(1) *Crit. de la raison prat.*, 1re part., l. I, c. III, n. 2.
(2) *Crit. de la raison pure*, *logique transcendent.*, l. II, c. II, sect. 3, n. 3.

purement verbale..... La cause est la somme des conditions négatives et positives prises ensemble, la totalité des circonstances et contingences de toute espèce, lesquelles, une fois données, sont invariablement suivies du conséquent. » De même pour la volonté. — « Il y a là un antécédent comme ailleurs, la résolution ou état de l'esprit, et un résultat comme ailleurs, l'effort ou sensation physique (1). »

IV.

Felix qui potuit rerum cognoscere causas!

Que dites-vous, poète? connaître les causes, c'est le bonheur! Notre âge peut et doit s'en passer. Croyance au surnaturel, illusion théologique! Croyance aux causes, illusion métaphysique! Et nous sommes en pleine période scientifique : Adieu les songes d'enfants, les chimères des rêveurs.

Malheureusement on parle aujourd'hui comme au temps de Virgile, comme au temps d'Aristote et de S. Thomas; le genre humain a décidément pris parti pour les métaphysiciens et les poètes : Il croit aux causes; il les voit partout, il les cherche toujours. Que demande l'enfant, dans ses questions sans cesse renouvelées? *Pourquoi* ceci, *comment* cela? *Qu'est-ce que* telle chose? Qui l'a faite? Autant d'interrogations sur la cause.

Et l'homme mûr fait comme l'enfant, et le savant

---

(1) *L'Intelligence*, t. I, l. IV, ch. III.

fait comme l'homme du peuple. Il sait bien qu'il n'est pas facile d'atteindre la cause, que souvent on s'égare dans cette recherche et qu'il s'y est égaré lui-même plus d'une fois, prenant l'ombre pour la réalité. N'importe ! Il y a des causes ; on peut les connaître, il faut les poursuivre ; l'esprit humain ne permet pas l'indifférence sur ce sujet, et, la cause trouvée, c'est le repos, c'est le contentement.

S. Thomas a parfaitement traduit cet instinct universel de la nature intellectuelle : « *Naturaliter inest omnibus hominibus desiderium cognoscendi causas eorum quæ videntur. Unde, propter admirationem eorum quæ videbantur, quorum causæ latebant, homines primo philosophari cœperunt; invenientes autem causam quiescebant* (1). »

Pour donner raison au positivisme, il faudrait changer la nature humaine.

Il faudrait aussi changer la nature de la science. Aristote a distingué deux espèces de démonstration, celle qui constate simplement un fait, et celle qui en montre la cause : La première appelée *quia*, ὅτι, et la seconde, *propter quid*, δι 'ὅτι. Or, la division péripatéticienne est devenue tout à fait classique : on ne la discute pas. Les modernes ont préféré l'appeler démonstration *a posteriori* et démonstration *a priori*; mais, bien que la formule d'Aristote nous semble préférable, les mots seuls varient, la chose est la même.

---

(1) *S. Cont. Gent.*, l. III, c. xxv.

Au contraire, avec les positivistes tout change. La preuve *propter quid* est supprimée, il ne reste plus que la preuve *quia*.

Nous ne pourrons plus fournir la raison de rien, nous ne pourrons plus dire *parce que, puisque, en effet*.

Il est vrai qu'on ne pourra pas non plus nous poser des questions embarrassantes, et qu'à nos réponses on n'aura même pas logiquement le droit d'ajouter : *Je ne comprends pas, expliquez-vous.* Toute la science se ramènera à cet unique problème : constater un fait (sans en chercher la nature, question de cause), dire s'il se produit rarement ou habituellement, et, dans ce dernier cas, indiquer les diverses circonstances qui le précèdent ou l'accompagnent.

Personne ne fera plus le sophisme célèbre : « *Post hoc, ergo propter hoc.* » *Post hoc* est définitivement chargé de répondre à tout.

Chose étrange ! dans leur guerre contre les causes, les positivistes ont eu principalement en vue la métaphysique, et voilà que leur système est surtout préjudiciable aux sciences de la nature, les seules, à leurs yeux, qui méritent réellement d'occuper l'esprit humain.

Sur ce point, nous sommes obligés d'en appeler au moyen-âge, à S. Thomas lui-même, pour prendre la défense des sciences physiques. Nous ne pouvons connaître les choses qu'en les voyant agir ; si donc les êtres créés n'agissent pas, nous ne savons rien de leur vertu, rien de leurs propriétés, et, partant, rien de leur nature. La physique cesse d'être une science pour nous, car elle appuie ses principales conclusions sur les effets révélés par l'expérience (1).

Autre conséquence : depuis la découverte de la fameuse loi de l'*attraction* universelle par Newton, la science moderne s'est appliquée avec soin à relever l'ordre merveilleux qui éclate dans toute la nature, à faire ressortir l'harmonie des choses les plus diverses, à mettre en relief les rapports intimes qui relient entre eux les minéraux, les végétaux et les animaux, les corps terrestres et les célestes. Mais, comme le dit encore S. Thomas, les êtres d'une nature différente ne peuvent être reliés entre eux que par un commerce d'action et de passion, les êtres supérieurs agissant sur les inférieurs et ces derniers recevant leur action bienfaisante. Entre celui qui donne et celui qui reçoit, entre la cause et l'effet, entre le père et le fils, s'établit une relation étroite, permanente, malgré les différences qui distinguent l'un de l'autre. Hors de là, je vois bien ce qui sépare les créatures, mais je cherche vainement ce qui les rapproche.

J'entends bien que vous nous laissez l'ordre de

---

(1) « Si effectus non producuntur ex actione rerum creatarum, sed solum ex actione Dei, impossibile est quod per effectus manifestetur virtus alicujus causæ creatæ ; non enim effectus ostendit virtutem causæ, nisi ratione actionis quæ a virtute procedens, ad effectum terminatur. Natura autem causæ non cognoscitur per effectum, nisi in quantum per ipsam cognoscitur ejus virtus, quæ naturam consequitur. Si igitur res creatæ non habeant actiones ad producendos effectus, sequitur quod nunquam natura alicujus rei creatæ poterit cognosci per effectum ; *et sic subtrahitur nobis omnis cognitio scientiæ naturalis, in qua præcipue demonstrationes per effectum sequuntur.* » (S. Cont. Gent., l. III, c. LXIII.)

coexistence et de *succession;* nous vivons ensemble ou nous apparaissons sur la scène chacun à notre rang, et c'est tout ; jamais entre nous le moindre échange : je ne donne rien et je ne reçois rien. Avouez que le lien qui nous unit est bien faible, si faible qu'il semble difficile de croire que nous vivons en société. Or, soutenir une pareille doctrine, renfermer chacun chez soi et faire autant de cellules séparées qu'il y a d'atomes ou de monades dans ce monde, n'est-ce pas enlever à la création son plus bel ornement, supprimer l'appui que se prêtent mutuellement le fort et le faible, rendre inutile l'harmonie de la nature, qui en définitive n'est autre chose qu'un concert de voix diverses mariées ensemble (1)?

V.

Nous avons montré les suites funestes de tout système, scepticisme, kantisme, occasionalisme, positivisme, qui rejette l'activité des créatures.

Tout ce qui est peut agir, doit agir, l'activité est une conséquence de l'être. L'esprit humain ne peut se faire aucune idée d'un être dépouillé de toute

---

(1) « Subtrahere ordinem rebus creatis, est eis subtrahere id quod optimum habent ; nam singula in seipsis sunt bona, simul autem omnia sunt optima, propter ordinem universi ; semper enim totum melius est partibus, et finis ipsarum. Si autem a rebus subtrahantur actiones, subtrahitur ordo rerum ab invicem ; rerum enim quæ sunt diversæ secundum suas naturas non est colligatio in ordinis unitatem, nisi per hoc quod quædam agunt et quædam patiuntur. Inconveniens igitur est dicere quod res non habeant proprias actiones. » (S. Thomas, *S. Cont. Gent.*, l. III, c. LXIX.)

force, et partant de tout attribut caractéristique. Si la raison pure arrivait à le concevoir, elle n'aurait aucun moyen de le connaître. Comment connaître ce qui ne se manifeste pas, et comment ce qui n'agit pas pourrait-il se manifester ?

Malebranche avait peur de faire tort à Dieu en accordant à la créature la puissance d'agir, comme si toute action renfermait quelque chose d'infini ! comme si le Créateur n'avait pu communiquer à ses œuvres quelque chose de cette rayonnante et pleine activité qui fait son essence !

Mieux inspiré, S. Thomas professe que c'est faire tort à l'ouvrier que de diminuer la perfection de son œuvre, et que c'est diminuer singulièrement la valeur des créatures que de leur retrancher toute force agissante (1).

Pénétrons maintenant au cœur de la question, et

---

(1) « Qui dat alicui aliquod principale, dat eidem omnia quæ consequuntur ad illud... Facere autem aliquid actu consequitur ad hoc quod est esse actu, ut patet in Deo; ipse enim est actus purus et est prima causa essendi omnibus... Si igitur communicavit aliis similitudinem suam quantum ad esse, in quantum res in esse produxit, consequens est quod communicavit eis similitudinem suam quantum ad agere, ut etiam res creatæ habeant proprias actiones. Amplius : Perfectio effectus determinat perfectionem causæ; major enim virtus perfectiorem effectum inducit. Deus autem est perfectissimum agens. Oportet igitur quod res ab ipso creatæ perfectionem ab eo consequantur. Detrahere ergo perfectioni creaturarum est detrahere perfectioni divinæ virtutis. Sed, si nulla creatura habet aliquam actionem ad aliquem effectum producendum, multum detrahitur perfectioni creaturarum; ex abundantia enim perfectionis est quod perfectionem quam habet possit alteri communicare. Detrahit igitur hæc positio divinæ virtuti. » (S. Cont. Gent., l. III, c. LXIX.)

prouvons par l'expérience elle-même, le seul critérium que respecte encore l'école positiviste, que les créatures agissent réellement, sous nos yeux, et qu'il nous est aisé de constater des effets et des causes.

Et d'abord, commençons par nous-mêmes. Je sens, je comprends, je désire, je veux, je marche, voilà des actes qui s'accomplissent au dedans de moi et dont j'ai conscience d'être moi-même l'auteur.

Quelquefois, il est vrai, la sensation s'opère en nous sans aucun effort de notre part, spontanément, sans exciter notre attention. Et cependant, voir, entendre, toucher, etc,... sont des actes réels, des actes non de l'objet senti, mais du sujet sentant; car c'est bien l'œil qui voit, l'oreille qui entend, le palais qui goûte la nourriture, etc... On peut dire de toute sensation ce que S. Thomas a dit de la vue d'un objet, qu'en vérité elle est moins une passion du corps qu'une action de l'âme : « *Ipsa visio, secundum rei veritatem, non est passio corporalis, sed principalis ejus causa est virtus animæ* (1). » De là ces verbes actifs qu'on trouve dans toutes les langues et qui sont destinés à exprimer la part de l'âme dans la sensation : *percevoir, apercevoir, saisir, goûter,* etc...

D'autrefois nous avons conscience de notre propre activité au moment même de la sensation : c'est lorsqu'elle nous demande quelque effort spécial, en raison de la distance de l'objet, de sa petitesse, du bruit

(1) *De Sensu et sensato,* lect. IV^a.

qui se fait autour de nous, de l'insuffisance de la lumière, ou de quelque autre circonstance analogue. Dans tous ces cas, pour voir, il faut *regarder*, pour entendre, il faut *écouter*, pour être sûr de saisir, il faut *palper*, pour odorer, il faut *flairer*, etc...

Dans la connaissance intellectuelle, l'activité de l'âme se révèle plus clairement encore. D'abord il nous arrive souvent de *choisir* nous-mêmes l'objet de nos études, d'*appliquer* notre esprit à tel objet de préférence à tel autre, de *concentrer* sur un seul point toutes nos forces, de *repousser* les pensées étrangères, importunes, de *saisir* la vérité, pour ainsi dire malgré elle, et de la *conquérir* à la sueur de notre front. Si au moment où je goûte enfin le fruit de mon travail, quelqu'un venait me railler sur ma prétendue fatigue, je le regarderais sans doute comme un mauvais plaisant.

Et maintenant, que dire du désir, de la volonté et des mouvements exécutés par le corps ? un objet séduisant se présente à ma vue ; il m'attire et aussitôt je me *porte* vers lui avec l'impétuosité de la passion. Est-ce sérieusement que M. Taine mettra en question l'élan spontané de mon âme, sinon de mon corps ? — Au contraire, avant de me jeter à la poursuite de l'objet, je *réfléchis*, je *délibère*, je *pèse* les inconvénients et les avantages, et enfin, après avoir *délibéré* un temps convenable, je *repousse* les avances de l'objet, j'impose silence à la passion et je demeure maître de moi-même. Réfléchir, délibérer, repousser, résister, ne voilà-t-il pas autant de témoignages certains, irrécusables, éclatants de l'activité humaine prise sur le fait (1) ?

Je veux remuer le bras, et aussitôt il se remue ; marcher et je marche ; aller à droite et j'y vais ; revenir sur mes pas et je reviens ; tout cela n'est-ce pas agir ?

On nous dit que le mouvement vient après un désir de la volonté, mais qu'il n'est pas *produit* par elle. Je sais bien que ce n'est pas la volonté elle-même qui *exécute* le mouvement, car il ne suffit pas toujours de vouloir pour marcher, — le paralytique ne l'ignore guère, — mais, au moins, c'est ma volonté qui désire, qui commande le mouvement, et désirer, commander, c'est agir. Et lorsque je *soulève* avec peine un pesant fardeau, ou que, en marche depuis un temps assez long, j'éprouve dans mes membres une fatigue prononcée, et que je me vois contraint de faire appel à de nouveaux efforts pour arriver au terme de ma course, la conscience me permet-elle de douter de mon énergie, de mon activité et de l'épuisement de mes forces ?

Insister davantage sur les preuves de l'activité interne serait abuser de l'évidence, et douter à la fois du sens intime et du sens commun.

Venons aux preuves expérimentales de l'activité externe.

---

(1) « J'ai si bien conscience du pouvoir que j'exerce, que je me sens maître au moment où je veux, de ne pas vouloir ; maître de changer la direction et la portée de mon mouvement ; maître d'en augmenter ou d'en restreindre l'énergie. » (Jules Simon, *Relig. naturelle*, 1re partie, ch. II.)

Plusieurs philosophes modernes, tout en reconnaissant que l'homme constate au dedans de lui-même des *effets* et des *causes*, ne croient pas qu'il puisse saisir sur le fait l'activité *causale* des êtres extérieurs. Pour nous, l'activité extérieure est un *phénomène* immédiatement et très clairement observable. Dans la sensation du *toucher*, par exemple, j'éprouve la résistance d'un objet réel et externe : mais résister, c'est agir. On peut dire la même chose des autres sensations, qui toutes supposent un certain toucher, comme l'atteste le langage lui-même. De là ces expressions qui sont sur toutes les lèvres : le soleil *brille* à mes yeux, sa lumière *m'éblouit*, sa chaleur *m'échauffe* et me *ranime*, tel objet *frappe* ma vue, cette harmonie *charme* mon oreille, ce bruit aigu *m'étourdit*, etc...

Je puis bien ignorer d'où est parti le coup qui m'a frappé, mais, alors même, je n'en sens pas moins vivement que j'ai été frappé et que le coup est venu du dehors.

D'autres fois, je suis en contact immédiat avec la cause de ma sensation, et je la surprends au moment même où elle tente de me nuire ; quand le feu brûle ma main, dit S. Thomas, je ne sens pas seulement une chaleur importune, mais je sens positivement la chaleur du feu (1).

D'un autre côté, il n'est pas nécessaire de raisonner

---

(1) Si sentatio ista « in organo ab alio agente fieret, tactus, etsi sentiret calorem, non tamen sentiret calorem ignis, nec sentiret ignem esse calidum. » (*Qq. disp. de Pot.*, q. III, a. 7, c.)

pour apprendre que tous les corps sont impénétrables, plus ou moins pesants, qu'ils résistent de leur mieux à la violence qu'on veut leur faire et que leurs molécules possèdent une certaine cohésion. Ces faits divers, l'expérience la plus vulgaire les constate aussi bien que la science. Mais la pesanteur, l'impénétrabilité, la résistance et la cohésion, voilà autant de puissances actives incontestables, et, encore une fois, voilà des *effets* et des *causes*.

Les positivistes soutiennent avec assurance qu'il n'y a en tout cela qu'une activité apparente, et que c'est l'*habitude* de voir deux événements se succéder dans un certain ordre qui nous fait croire à tort que l'un est la cause de l'autre. Mais cette explication ne s'accorde pas avec les faits. Tous les hommes ont l'habitude de voir la nuit succéder au jour; pourtant, personne n'a jamais pensé que la nuit fût la cause du jour. — Au contraire, frappez le premier venu, même une seule fois, d'un coup d'épée... Pouvez-vous lui persuader que ni vous ni votre épée n'êtes réellement la cause de son malheur, et que, entre sa blessure et votre bras levé, il n'y a rien de plus qu'une *coïncidence* fâcheuse?

Ainsi, tout le monde distingue très bien entre la simple succession de deux événements — alors même que cette succession est constante, — et le rapport de cause à effet. Voilà pourquoi, dans l'ensemble des circonstances ou des conditions qui précèdent ou accompagnent un effet, il y en a toujours une que nous allons choisir sans hésitation au milieu des autres et que nous regardons comme la cause véritable, ou du moins comme la cause principale. Les autres peuvent nous paraître utiles, nécessaires même, elle seule nous paraît la raison *déterminante*.

VI.

Nous savons, à n'en pas douter, qu'il y a des effets et des causes dans la nature. Il suit de là que la notion de causalité est objective, expérimentale, de tous points scientifique.

Toutefois, jusqu'à présent, nous ne dépassons pas l'étroite sphère du contingent et du particulier : tous les effets *connus* de nous ont une cause, mais nous ne pouvons encore dire si les effets *non observés* ont pareillement une cause, et, à plus forte raison, si *tous* les effets *doivent* avoir une cause. C'est le dernier problème qu'il nous reste à résoudre, si nous voulons nous élever jusqu'au *principe* de causalité.

L'ancienne philosophie exprimait ce principe par cette formule si connue : *Tout effet a une cause; omnis effectus subaudit causam.*

Mais les positivistes ont prétendu que cette formule résolvait *a priori* la question et cachait une véritable tautologie. Car dire *effet*, c'est dire qu'une chose a été faite, et il est de toute évidence qu'une chose faite a dû être *causée*, c'est-à-dire produite par quelqu'un. Or la question est précisément de savoir s'il y a réellement des choses *faites* ou des *effets*, et c'est là ce que nient ces auteurs.

Nous aurions droit de ne plus tenir compte de leur négation et de passer outre, puisque nous avons prouvé par les faits eux-mêmes qu'il y a incontestablement des choses faites ou des effets. Toutefois, puisqu'il plaît à nos adversaires de n'admettre que des faits ou des événements, changeons l'ancienne formule en la suivante : *Tout événement a une cause*, ou, selon l'expression très juste de M. Rabier : *Tout fait est un effet*. Or, nous prétendons qu'un tel principe est non seulement certain, mais encore nécessaire, absolu, qu'il doit être tenu pour l'expression d'un jugement *analytique* et qu'il se rattache au principe de *contradiction* par un lien très étroit.

Leibnitz mettait au nombre des vérités primitives, bien plus il regardait comme tout à fait première, dans le domaine des choses contingentes, la proposition que voici : *Rien n'arrive, rien ne se fait sans une raison suffisante* ou *déterminante*. Rien ne se produit sans qu'on puisse dire pourquoi il se produit, et pourquoi il se produit de *telle* manière plutôt que d'une manière différente (1).

Nous croyons avec Leibnitz que le principe de raison suffisante s'impose à l'esprit humain et nous le mettons immédiatement après le principe de contradiction.

Quelque chose est ; ce qui est, est, voilà le premier jugement ; *ce qui est a sa raison d'être*, voilà le second.

---

(1) *Théodicée*, part. Iº, n. 44.

En pratique, tout le monde *suppose* et *applique* le principe de raison suffisante ; car, aussitôt qu'une chose est, on en cherche la raison, et toutes les fois que quelqu'un affirme quelque chose sans en donner la raison, ou nous supposons néanmoins qu'elle existe, mais qu'il a quelque motif secret de ne pas la faire connaître, ou nous sommes intérieurement blessés, il nous semble qu'il manque de respect envers notre propre raison, et nous ne tenons pas autrement compte de ce qu'il dit.

Ainsi, deux faits sont absolument hors de doute : le premier, que *jamais* on ne demande si telle chose a une raison, mais *quelle* est sa raison, ou *pourquoi* elle est ; le second, qu'on regarde comme *inacceptable*, *inadmissible*, tout ordre ou toute proposition ne reposant sur aucun fondement. Nous donnons quelquefois aux autres ou à nous-mêmes des raisons médiocres, ou même mauvaises ; comme le dit S. François de Sales, toute raison n'est pas raisonnable. Mais ceux à qui nous les donnons ne les acceptent pas s'ils ne les croient bonnes ou du moins suffisantes ; et, de notre côté, nous faisons tout ce qui est en nous pour nous persuader ou pour montrer qu'elles ont en effet ce caractère. La passion elle-même, quand elle veut entraîner notre consentement, se croit obligée de parler raison, ou de montrer à l'esprit que ce qu'elle propose est le parti le meilleur dans le moment présent, et elle s'efforce de réfuter tous les motifs allégués en sens contraire par l'esprit.

A la vérité, nous admettons bien des choses dont

nous ne savons pas le pourquoi ; mais c'est uniquement parce que nous croyons que ce pourquoi existe, même à notre insu, qu'on peut arriver à le découvrir ou qu'au moins il est connu de l'intelligence infinie.

Ainsi, douter du principe de raison suffisante, c'est douter de la raison elle-même, rendre impossible toute explication des choses, ôter à la certitude tout caractère scientifique, et abaisser l'homme au rang de l'animal.

J'ajoute que toute réalité *doit* avoir sa raison d'être.

Ou il s'agit des vérités nécessaires, ou il s'agit des vérités contingentes, c'est-à-dire de tout ce qui a un commencement. Or, les premières sont régies par le principe de raison suffisante, les dernières par le principe de causalité, qui n'est que l'application de celui-là aux choses contingentes.

Les vérités nécessaires elles-mêmes sont de deux sortes : les *conclusions* et les *principes*. Les conclusions ne portent pas leur lumière en elles-mêmes, elles ne se suffisent pas ; et l'esprit, pour en voir le bien fondé, est obligé de remonter plus haut, d'arriver jusqu'à la source, c'est-à-dire jusqu'au principe en qui elles trouvent leur fondement. Les principes, eux, ne se démontrent pas ; ils s'imposent aussitôt qu'ils se montrent ; leur raison, c'est leur nécessité absolue, et leur nécessité, c'est leur éclat. Chez eux, l'attribut est contenu dans l'idée même du sujet ; qui comprend le sujet, voit par là même la *raison* de l'attribut.

Le principe de raison règne donc en souverain absolu dans l'ordre *idéal*.

Il en est de même du principe de causalité dans l'ordre *réel.*

Ce qui caractérise les choses de ce monde, c'est de *devenir* ou de *commencer.* Or, tout ce qui commence est produit, et tout ce qui est produit a une cause.

Mettons en tout son jour l'antécédent de cette proposition ; c'est sur lui que repose le principe de causalité.

Une chose qui commence est indifférente à être ou à ne pas être ; elle ne repousse pas l'existence ; autrement, il serait impossible de l'y faire parvenir, et, par hypothèse, elle la reçoit en effet ; mais, d'un autre côté, elle ne la possède pas d'elle-même, en vertu de sa propre nature ; autrement elle aurait toujours existé ; car une chose qui existe par elle-même, existe de toute éternité, à moins d'admettre, et il y aurait contradiction à le supposer, qu'elle se donne véritablement l'existence.

Il est par suite incontestable que toute chose qui commence est indifférente à être ou à n'être pas. Or, au moment même où elle commence, elle passe du non-être à l'être ; elle est déterminée à l'existence ; son indifférence à exister est supprimée ou vaincue. Mais si elle n'a pas été déterminée par quelqu'un ou par quelque chose, il faut dire qu'elle n'a pas été déterminée du tout, puisque en elle-même elle est indifférente. On suppose donc en même temps, par rapport au même être, envisagé au même point de vue, deux choses parfaitement contradictoires : à savoir qu'il a été et qu'il n'a pas été déterminé à l'existence.

Ainsi, il est évident que le principe de causalité est un véritable jugement *analytique*, puisqu'il suffit d'approfondir l'idée du sujet : *tout ce qui commence*, pour découvrir qu'il contient nécessairement l'attribut énoncé : *a une cause*.

A la vérité, pour voir l'attribut inclus dans le sujet, il faut soumettre celui-ci à une sérieuse analyse, car cette proposition : *tout ce qui commence a une cause*, ne tombe pas sous le sens comme celle-ci : *ce qui est, est*. Mais il n'est pas essentiel au jugement analytique d'être évident d'une évidence immédiate (autrement, que de vérités mathématiques cesseraient par là même d'appartenir à la catégorie des jugements analytiques!); il faut seulement et il suffit que l'analyse du sujet, instantanée ou moins rapide, démontre qu'il renferme en lui le prédicat qu'on lui attribue.

Du reste, nous l'avons vu, le principe de causalité se rattache par un lien évident et nécessaire au principe de contradiction, si bien qu'on ne peut nier celui-là sans ébranler celui-ci. Il peut se décomposer dans les deux propositions suivantes, qui montrent plus clairement de quelle manière il se ramène au principe de contradiction :

Ce qui commence est produit; ce qui est produit est produit, c'est-à-dire a une cause. En d'autres termes, et pour rappeler la formule donnée plus haut : Tout fait (*factum*), est un effet (*effectus*), et le nom même d'effet, *quod efficitur*, implique l'idée de cause, de l'aveu même des positivistes.

Si donc ils admettent les faits et leurs conditions

(et ils ramènent là tout leur *credo*), ils doivent aussi admettre des causes, puisque la cause est la condition nécessaire de l'effet. Sans cause, non seulement il n'y a pas d'effet, mais il ne saurait y en avoir.

Au reste, M. Rabier montre fort bien que l'hypothèse positiviste de la *connexion invariable et nécessaire de l'antécédent et du conséquent*, sans aucun lien de causalité entre le premier et le second, renferme une énigme insupportable, une inévitable contradiction. « Car, si l'effet n'a pas dans l'énergie de la cause sa raison nécessaire et suffisante, on ne comprend ni l'apparition de l'effet après la cause, ni surtout la nécessité de cette apparition. Faute de cet intermédiaire, qui seul rattache l'effet à la cause, l'effet est par rapport à la cause un vrai *commencement absolu*; et alors, à quoi bon la cause ? On peut dire, en somme, que l'idée de connexion nécessaire, si l'on n'y fait pas entrer l'idée d'efficacité causale, est une idée positivement contradictoire, car elle se résout en deux idées dont chacune renferme une contradiction, *l'idée d'une cause qui est nécessaire, tout en ne servant à rien*, et *l'idée d'un effet qui apparaît nécessairement par le moyen d'une cause, sans que rien pourtant dans cette cause le détermine à apparaître*. — En deux mots : l'idée de connexion nécessaire sans celle d'efficacité causale, c'est l'idée d'une liaison nécessaire qui se trouve être en même temps une *indépendance* absolue (1). »

---

(1) *Psychologie*, ch. XXII, § 2.

CHAPITRE VII

LA FIN

I.

La cause agit, mais elle suit une marche régulière dans son action et tend à un *but*. Ce but, c'est d'abord le terme du mouvement, car une fois qu'il l'a atteint, le mobile s'arrête ; et c'est ensuite la raison d'être du mouvement, τὸ οὗ ἕνεκα, dit Aristote, car c'est pour arriver au but que le mobile se meut.

Ainsi, d'une façon générale, le but c'est la fin, *finis* (1), la fin des désirs et la fin de l'action.

La cause efficiente et la fin ont entre elles une re-

---

(1) Le P. Lépidi donne en ces termes l'étymologie de la fin : « Per nomen finis intelligitur quidquid rem aliquam finit, ac ultra quod res se non porrigit : quare punctus respectu lineæ, limites respectu regionis alicujus, ultima completio operis, consumptio vel corruptio rei, id denique quo obtento, operatio agentis desinit, dicitur finis. » (*Ontol.*, p. 273).

S. Augustin a très bien remarqué ce double sens très différent, bien que également étymologique du mot fin : « Dicitur finis qui *consumit*, dicitur finis qui *perficit*. Aliter quippe intelligimus cum audimus : Finitus est cibus qui manducabatur ; et aliter intelligimus cum audimus : Finita est vestis quæ texebatur : in utroque audimus : Finitum est ; sed cibus, ut jam non esset, vestis ut perfecta esset. » (*Enarr. in Ps.*, Ps. 84, n° 1.)

lation nécessaire, elles se supposent et se complètent si bien que l'une ne va pas sans l'autre. La première est au point départ, la seconde à l'arrivée, l'une est le principe, l'autre est la conclusion. « *Causa finalis opponitur causæ efficienti, secundùm oppositionem principii et finis. Nam motus incipit a causa efficiente et terminatur ad causam finalem* (1). »

Lorsque l'agent est un être doué de raison, il commence par concevoir ou se représenter le but à atteindre, ensuite il songe aux moyens à prendre, puis il emploie ces moyens et enfin réalise la fin qu'il s'est proposée. L'ordre d'exécution reproduit l'ordre de représentation, mais en sens inverse, puisque ce qui est au commencement dans la représentation (le but), se trouve à la fin dans l'exécution. Voilà ce que veut dire l'axiome de l'Ecole : *Finis est prior in intentione et posterior in executione*.

Mais il n'est pas essentiel à la finalité d'être connue de l'agent ; du moins de l'agent immédiat chargé d'en poursuivre la réalisation. Nous verrons plus loin que l'animal, que la plante, que la nature inanimée elle-même sont sollicités par la fin et s'avancent vers elle entraînés par un irrésistible attrait. Mais alors une intelligence supérieure conçoit le but et dirige en conséquence tous les mouvements des ouvriers subalternes employés à sa réalisation.

On le voit, partout où il y a une fin, il y a des

---

(1) S. Thomas, *in I Metaph.*, lect. 4ᵃ.

moyens, et l'on ne conçoit pas plus la fin sans les moyens que l'effet sans la cause. De là cet axiome classique : *Qui vult finem vult media ad finem.* C'est que la fin est un résultat à atteindre ; or, si le principe de causalité dit vrai, un résultat ne se réalise pas de lui-même, il demande l'emploi de certains moyens en rapport avec le but en question.

La fin mérite donc le nom de *cause*, puisqu'elle a sur l'effet une influence incontestable. Bien plus, on a pu, sans exagération, l'appeler la cause par excellence, la cause des causes, *causa causarum*. Sans elle, en effet, l'agent n'agirait pas : « Nul, dit Aristote, ne commencerait à agir, s'il ne devait parvenir à une fin quelconque : « *Nullus inciperet agere quisquam, si non esset perventurus ad finem* (1). » C'est donc la fin qui donne le branle et détermine le mouvement.

D'un autre côté, puisqu'il faut des moyens proportionnés pour atteindre la fin, c'est elle encore qui les commandera et les dictera pour ainsi dire à l'agent.

Ainsi tout est ordonné vers le but, tout travaille pour lui.

M. Paul Janet le caractérise en ces termes : « Pour qu'un fait soit appelé cause finale, il faut que toute la série des phénomènes qui est appelée à le produire lui soit subordonnée. Ce phénomène, non encore produit, règle et commande toute la série : ce

---

(1) *Metaph.*, l. II, c. II.

qui serait manifestement incompréhensible et contraire à toute loi de causalité, s'il ne préexistait pas en quelque façon, et d'une manière idéale, à la combinaison dont il est à la fois la cause et le résultat.

« Reprenant et corrigeant la définition donnée plus haut, nous dirons donc que la cause finale, telle qu'elle nous est donnée, dans l'expérience, est un effet, sinon prévu, du moins, *prédéterminé*, et qui, en raison de cette prédétermination, conditionne et commande la série de phénomènes dont il est en apparence la résultante : c'est donc, encore une fois, un fait qui peut être considéré comme la cause de sa propre cause. Ainsi, en un sens, l'œil est la cause de la vision ; en un autre sens, la vision est la cause de l'œil (1). »

S. Thomas avait dit de même : « L'agent est la cause de la fin, et la fin est la cause de l'agent (2). » Le but ne fait rien par lui-même, il n'a en réalité aucune influence directe sur l'effet à produire, mais il se montre à la cause et fait pour ainsi dire naître en elle l'*amour* et le *désir*, le désir qui engendre l'action. « *Sicut influere causæ efficientis est agere, ita influere causæ finalis est appeti et desiderari* (3). » Au reste, rien n'empêche de poursuivre plusieurs fins dans un seul et même acte, pourvu qu'elles ne

---

(1) *Les Causes finales*, ch. préliminaire.
(2) « Efficiens est causa finis, finis autem causa efficientis, quantum ad rationem causalitatis. » (*In V. Metaph.*, lect. 2ᵃ.)
(3) S. Thomas, *Qq. dispp.*, q. xxii, *de Verit.*, a. 2.

soient pas toutes sur la même ligne, et qu'il y en ait une à laquelle les autres soient subordonnées.

Par tout ce qui précède, il est aisé de comprendre le puissant intérêt qui s'attache à l'étude de la cause finale. La première question que se pose l'esprit est celle-ci : d'où vient cette chose ? qui l'a faite ? Et la seconde est celle-là : à quoi tend-elle ? quelle est sa destination ?

C'est la fin qui nous donne l'interprétation de la nature, elle joue dans la plupart des sciences un rôle considérable, elle est en quelque sorte le chemin le plus court pour aller à Dieu.

II.

Les adversaires de la cause finale sont nombreux. Lucrèce la trouve contradictoire, Kant la regarde comme indispensable à l'esprit humain, mais sans aucune réalité objective. Littré, Spencer et Taine l'attaquent au nom de la science. Descartes la range parmi les objets inconnaissables. Nous parlerons ailleurs de ceux qui, avec Bacon, la tiennent pour stérile et de nul usage dans l'étude de la *nature*.

D'après Lucrèce, disciple fidèle d'Epicure, la croyance aux causes finales nous fait intervertir l'ordre des choses : elle fait prendre l'effet pour la cause. L'œil voit *parce qu'il* est capable de voir, l'oreille entend parce qu'elle est propre à l'audition, l'oiseau vole parce qu'il a des ailes, mais ni l'œil n'a été fait *pour* voir, ni l'oreille *pour* entendre, ni l'oiseau *pour* voler. Nos membres n'ont pas été faits *pour* notre usage, mais on s'en est servi parce qu'on les a trouvés faits (1).

Kant applique sa théorie subjectiviste à la finalité comme aux autres notions générales. La fin fournit à l'esprit un principe *régulateur*, utile pour concevoir une certaine unité systématique dans la nature, mais non pas un principe *objectif*, *constitutif* de la réalité. « Le jugement le trouve en lui-même (le principe de finalité)... Il ne le prescrit pas à la nature..., on ne peut attribuer à la nature quelque chose de semblable à un rapport de finalité, mais seulement se servir de ce concept pour réfléchir sur la nature (2). »

« Sans doute, il nous est impossible d'expliquer les êtres organisées, et leur possibilité intérieure par des principes purement mécaniques,... mais, en revanche, il y aurait bien de la présomption à juger que, si nous pouvions pénétrer jusqu'au principe de la

---

(1) Istud in his rebus vehementer et istum
Effugere errorem, vitareque præmeditator,
Lumina ne facias oculorum clara creata
Prospicere ut possimus ; et, ut proferre viaï
Proceros passus, ideo fastigia posse
Surarum, ac feminum pedibus fundata plicari;
Brachia tum porro validis ex apta lacertis
Esse, manusque datas utraque ex parte ministras
Ut facere ad vitam possemus, quæ *foret usus*.
Cætera de genere hoc inter quæcumque pretantur
Omnia perversa præpostera sunt ratione.
Nil ideo quoniam *natum* est in corpore, ut uti
Possemus, sed quod natum est, id procreat unum.
(*Lib.*, IV, v. 822).

(2) *Crit. du jugement. Intr.*, c. IV, nº 28, 29, t. I.

nature dans la spécification des lois naturelles, nous ne pourrions trouver un principe de la possibilité des êtres organisés, qui nous dispensât d'en rapporter la production à un dessein : car comment pouvons-nous savoir cela (1)? »

Un philosophe universitaire très connu, M. Lachelier, se range à peu près au finalisme subjectiviste de Kant. « Un monde dans lequel le mouvement, sans cesser d'obéir à ses propres lois, ne formerait plus aucun composé, ou ne formerait que des composés discordants qui se détruiraient eux-mêmes, un tel monde ne serait peut-être pas moins conforme que le nôtre aux exigences de la *pensée;* mais il serait loin de satisfaire à celles de notre *sensibilité,* puisqu'il la laisserait, dans le premier cas, absolument vide, et ne lui causerait, dans le second, que des modifications pénibles (2). »

M. Littré rejette absolument les marques de *dessein* dont on voudrait se servir pour arriver jusqu'à la cause première, car « les marques de dessein perpétuellement renouvelées dans la structure des mondes, dans le mouvement des astres, dans l'appropriation de notre planète, dans l'organisation des êtres vivants, de telles marques de dessein, dis-je,

---

(1) Ailleurs Kant va plus loin encore : « Nous ne chicanerons pas ici la raison naturelle sur ce raisonnement où se fondant sur l'analogie de quelques productions de la nature avec les produits de l'art humain, elle conclut que la nature doit avoir pour principe une causalité du même genre. » (*Crit. de la raison pure*, t. II. p. 114, Trad. Barni.)

(2) *Fondement de l'induction* (p. 83).

qu'est-ce autre chose que des marques d'intervention incessante de la cause première? Par conséquent, on rompt avec le principe de la philosophie positive qui repousse des interventions et n'accepte que des lois (1). » Suivant l'auteur, la propriété de s'accommoder à des fins ou de *s'ajuster* est inhérente à la matière organisée.

Spencer et Taine expliquent tout au moyen de la théorie *mécaniste,* les corps vivants aussi bien que les corps inanimés. « De quelque manière que ce principe soit formulé, sous quelque forme de langage qu'il soit dissimulé, l'hypothèse qui attribuerait l'évolution organique à quelque aptitude naturelle possédée par l'organisme, ou miraculeusement implantée en lui, est antiphilosophique. C'est une de ces explications qui n'expliquent rien, un moyen d'échapper à l'ignorance par un faux semblant de science. La cause assignée... n'est pas représentable à l'esprit... l'hypothèse d'un pouvoir plastique persistant, inhérent à l'organisme et le poussant à se déployer en formes de plus en plus élevées, est une hypothèse qui n'est pas plus tenable que celle des créations spéciales dont elle n'est, à vrai dire, qu'une modification, n'en différant qu'en ce qu'elle transforme un processus *fragmenté* en processus continu, mais de part et d'autre avec une égale ignorance de sa nature (2). »

Aux yeux de M. Taine, la fin d'un être n'est que

---

(1) *Revue des Deux Mondes,* 15 août 1866.
(2) Spencer, *Biologie,* part. III, ch. XIII.

l'ensemble des faits les plus saillants de cet être. « Tout être a une fin, » cela signifie maintenant : « En créant un être, Dieu a eu quelque but en vue. » Je n'en sais rien ni vous non plus. Nous ne sommes point ses confidents : il faut une témérité de théologien pour lui prêter des habitudes d'architecte... » Dans ces grands mots obscurs, fin, bien, destinée, devoir, obligation morale, il n'y a ni sublimité ni mystère.

« Conscience, conscience, s'écrie Rousseau, auguste instinct, voix immortelle ! *L'analyse ne trouve dans cet auguste instinct et dans cette voix immortelle qu'un mécanisme très simple qu'elle démonte comme un ressort* (1). »

Sur ce point si grave, Descartes ne diffère guère des philosophes positivistes. Il ne nie pas que Dieu ait pu se proposer quelque fin dans la création des êtres, mais nous ne saurions découvrir ces fins et par suite, il vaut mieux ne point les chercher. « *Nous rejetterons entièrement de notre philosophie la recherche des causes finales,* car nous ne devons pas tant présumer de nous-mêmes que de croire que Dieu nous ait voulu faire part de ses conseils. » — « Nous devons toujours nous remettre devant les yeux que la capacité de notre esprit est fort médiocre, et ne pas trop présumer de nous-mêmes, comme il semble que nous ferions... si nous prétendions de pouvoir connaître par la force de notre esprit quelles sont

---

(1) *Les Philosophes classiques du* XIX° *siècle en France,* ch. XI, n° 3.

les fins pour lesquelles il les a créées (les choses) (1).

Nous n'avons pas le dessein de nous arrêter ici aux diverses objections qu'on vient de lire. Nous aurons à les réfuter plus loin. Bornons-nous pour le moment à celle de Descartes qui, sous les apparences d'une réserve prudente, cache mal un sophisme des plus dangereux. Gassendi, tout sensualiste qu'il était, a donné la bonne réponse. « Vous dites qu'il ne vous semble pas que vous puissiez rechercher et entreprendre de découvrir sans témérité les fins de Dieu. Mais quoique cela puisse être vrai, si vous entendez parler des fins que Dieu a voulu être cachées, cela, néanmoins, ne se peut entendre de celles qu'il a comme exposées à la vue de tout le monde et qui se découvrent sans beaucoup de travail. » Signalant ensuite l'étonnante disposition des valvules du cœur, il demande pourquoi « il ne serait pas permis d'admirer cet usage merveilleux et cette ineffable providence qui a si convenablement disposé ces petites portes à l'entrée de ces concavités... et qui n'a pas seulement disposé ces choses conformément à leur fin, mais même tout ce que nous voyons de plus admirable dans l'univers (2). »

« Sans doute, dit fort bien M. Paul Janet, nous pouvons ignorer la destination dernière de tel ou tel être en particulier; mais il ne s'ensuit pas que nous ne puissions connaître, dans tel être donné, le rapport

---

(1) *Principes de philos.*, 1re part., n. 28, et 3e partie, n° 2. Cf. *Méditation* 4e.

(2) Gassendi, *Objection à la 4e méditation.*

des moyens aux fins. Supposons que je ne sache pas dans quel but Dieu a donné la vue aux animaux, s'ensuit-il qu'il me soit interdit d'affirmer que l'œil a été fait pour voir ? De ce que je ne sais pas pourquoi Dieu a voulu qu'il y eût des végétaux, s'ensuit-il que je ne puisse reconnaître le rapport de correspondance et d'appropriation qui se remarque entre leurs parties (1) ? »

III.

L'esprit humain n'a pas besoin « de *prescrire* à la nature le jugement de finalité », comme dit le Philosophe de Kœnigsberg, il n'a qu'à l'*interroger* de bonne foi et sans idées préconçues : la fin est écrite au front des êtres en caractères très lisibles.

Et d'abord chacun de nous a une idée précise de la fin et des moyens. Tout homme qui réfléchit conçoit et s'impose à lui-même un idéal quelconque qui devient l'étoile de ses pensées, le terme de ses aspirations, la raison de sa vie. Epicure cherche le plaisir, Crésus l'or, César la gloire, Newton la science, Vincent de Paul la pauvreté, Jean de la Croix la souffrance, sainte Thérèse l'amour de son Dieu ; tous nous poursuivons quelque chose, dont nous faisons le but de notre vie. Cet idéal, humble ou glorieux, une fois trouvé, nous nous mettons aussitôt en quête des moyens les plus propres à l'atteindre.

On pourrait trouver dans l'*architecte* le type de la

(1) *Les Causes finales*, appendice, n. VII.

cause finale prévoyante et organisatrice, tantôt éclairée par une vue soudaine, tantôt plongée dans de profonds calculs. Arrêter dans son esprit le plan d'un édifice grandiose ou compliqué, ne rien oublier de tout ce qu'il devra contenir, de tous les usages auxquels on le destine, concilier l'agréable avec l'utile, accorder l'esthétique avec l'économie, descendre de l'ensemble aux détails et des détails remonter à l'ensemble, ensuite choisir parmi les matériaux les plus divers et mettre enfin chaque chose en sa place, c'est le triomphe de la mesure, de l'ordre, de l'harmonie.

Or il n'y a pas moins d'ordre dans la nature que dans l'esprit humain. Attribuer les œuvres de l'homme à l'intelligence, parce qu'elles trahissent un dessein réel, quoique imparfait, et rejeter celles de la nature sur le hasard ou la matière aveugle, bien qu'elles révèlent un art accompli, ce n'est pas seulement violer toutes les règles de l'*analogie*, c'est commettre un paralogisme insoutenable et jeter une sorte de défi au sens commun.

Cicéron en était si frappé, qu'il refusait de donner le nom d'homme à quiconque admirerait le mécanisme ou le mouvement d'une machine et ne verrait point dans l'ordre et le mouvement des astres l'action d'une intelligence supérieure et divine (1).

(1) « Quis hunc hominem dixerit, qui cum tam certos cœli motus, tam ratos astrorum ordines, tamque omnia inter se connexa et apta viderit, neget in illis ullam esse rationem, eaque casu fieri dicat, quæ quanto consilio gerantur, nullo consilio assequi pos-

Kant s'est ainsi égaré dans ses raisonnements. Ce n'est point l'homme, être chétif et borné, qui impose ou prescrit des fins à la nature, c'est la nature qui montre à l'homme l'ordre merveilleux dont elle est parée et qui lui apprend à mettre, lui aussi, de l'ordre et de l'art dans ses propres œuvres.

Bossuet l'explique avec son parfait bon sens et sa haute éloquence. « O homme, Dieu a mis, pour ainsi dire, en tes mains, toute la nature...; il t'a même permis de l'orner et de l'embellir par ton art : car qu'est-ce autre chose que l'art, sinon l'embellissement de la nature ? Tu peux ajouter quelques couleurs pour orner cet admirable tableau ; mais comment pourrais-tu faire remuer tant soit peu une machine si forte et si délicate ; ou de quelle sorte pourrais-tu faire seulement un trait convenable dans une peinture si riche, s'il n'y avait en toi-même et dans quelque partie de ton être quelque art dérivé de ce premier art, quelques fécondes idées tirées de ces idées originales, en un mot quelque ressemblance, quelque écoulement, quelque portion de cet esprit ouvrier qui a fait le monde (1) ? »

Entrons maintenant dans une analyse plus parfaite

---

sumus? An cum machinatione quadam moveri aliquid videmus, ut sphæram, ut horas, et alia permulta, non dubitamus quin illa sint opera rationis; cum autem impetum cœli admirabili cum celeritate moveri vertique videmus, constantissime conficientem vicissitudines anniversarias cum summâ salute et conservatione rerum omnium, dubitamus quin non solum ratione fiant, sed etiam excellenti quadam divinaque ratione? » (*De nat. Deorum.*, II).

(1) *Sermon sur la mort*, second point.

et essayons de découvrir la cause finale dans les œuvres diverses de la nature : mais disons avant toute chose à quels caractères on peut la reconnaître.

On peut en assigner deux principaux : l'un décrit par S. Thomas, après Aristote, l'autre sur lequel Bossuet a particulièrement insisté.

Le Docteur Angélique, voulant prouver que le monde est gouverné par une cause intelligente, fait ce raisonnement bien simple : « *Videmus quod aliqua quæ cognitione carent, scilicet corpora naturalia, operantur propter finem. Quod apparet ex hoc quod semper aut frequentiùs eodem modo operantur, ut consequantur id quod est optimum. Unde patet quod non a casu, sed ex intentione perveniant ad finem* (1). »

Le double fait signalé par S. Thomas est absolument hors de doute. Les êtres que nous présente la nature, même les plus déshérités et les plus pauvres d'attributs, et jusqu'à ceux en qui on ne remarque aucune connaissance, comme les corps inanimés, agissent pourtant d'une façon uniforme et régulière : voilà le premier fait. Ensuite, et c'est le second fait, il se trouve que parmi les différents modes d'agir qui auraient pu leur convenir, la nature a choisi pour chacun le plus convenable et le meilleur : *Semper aut frequentius eodem modo operantur, ut consequantur id quod est optimum*. Or ni le hasard ni les forces mécaniques ne peuvent expliquer cette constance,

---

(1) S. Th., 1ª, q. II, a. 3, c.

cet optimisme au moins *relatif* que la nature a su réaliser. Car ce qui arrive par hasard, arrive accidentellement, le hasard exclut toute idée d'ordre, loin de contenir aucun principe de stabilité et d'harmonie.

D'un autre côté, les forces mécaniques sont aussi aveugles que le hasard : laissées à elles-mêmes, elles suivraient un cours inflexible et rigide, uniforme et identique pour tous les êtres, car il n'y a pas plusieurs mécaniques, plusieurs physiques et plusieurs chimies. Et cependant c'est la *diversité* qui triomphe dans le *cosmos* où l'on voit les différents êtres, surtout dans le règne végétal et animal, entrer chacun dans une voie particulière et *évoluer* suivant des lois spéciales.

Ainsi tombe le principe d'Epicure, de Lucrèce et de Spencer. Il importe de s'étendre davantage sur cette objection qui est la principale des antifinalistes. — Laissons parler Aristote qui en a donné une réfutation savante, complète et définitive.

« On élève un doute. Qui empêche, dit-on, que la nature agisse sans avoir de but et sans chercher le mieux des choses? Jupiter, par exemple, ne fait pas pleuvoir pour développer et nourrir le grain; mais il pleut par une loi nécessaire; car, en s'élevant, la vapeur doit se refroidir, et la vapeur refroidie, devenant de l'eau, doit nécessairement retomber. Que si, ce phénomène ayant lieu, le froment en profite pour germer et croître, c'est un pur accident. — Et de même encore, si le grain que quelqu'un a mis en grange vient à s'y perdre par suite de la pluie, il ne pleut pas apparemment *pour* que le grain pourrisse, et c'est un simple accident s'il se perd. — Qui empêche de dire également que, dans la nature, les *organes* corporels eux-mêmes sont soumis à la même loi, et que les dents, par exemple, poussent nécessairement, celles de devant incisives et capables de déchirer les aliments, et les molaires larges et propres à les broyer, bien que ce ne soit pas en vue de cette fonction qu'elles aient été faites et que ce soit une simple *coïncidence?* Telle est l'objection à laquelle reviennent toutes les autres, » et nous pouvons ajouter que les positivistes modernes l'ont reproduite sans lui donner aucune force nouvelle.

Mais, poursuit Aristote, « il est bien impossible que les choses se passent comme on le prétend. Ces organes des animaux dont on vient de parler et toutes les choses que la nature présente à nos regards, *sont ce qu'ils sont ou dans tous les cas, ou dans la majorité des cas;* mais il n'en est pas du tout ainsi pour rien de ce que produit le hasard, ou de ce qui se produit spontanément d'une manière fortuite. — On ne trouve point en effet que ce soit un hasard ni une chose accidentelle qu'il pleuve fréquemment en hiver, mais c'est un hasard, au contraire, s'il pleut quand le soleil est dans la constellation du Chien. Ce n'est pas davantage un hasard qu'il y ait de grandes chaleurs durant la canicule, mais s'en est un qu'il y en ait en hiver. Si donc il faut que les phénomènes aient lieu, soit par accident, soit en vue d'une fin, et s'il n'est pas possible de dire que ces phénomènes soient accidentels ni fortuits, il est clair qu'ils ont lieu en vue d'une fin précise. Or tous les faits de cet ordre sont *dans* la nature apparemment, comme en conviendraient ceux-là mêmes qui soutiennent ce système. Donc il y a un pourquoi, une fin à *toutes* les choses qui existent dans la nature. *J'ajoute que partout où il y a une fin, c'est pour cette fin qu'est fait tout ce qui la précède... et tout ce qui la suit.* »

Et mettant dans tout son jour l'analogie frappante qui existe entre les œuvres de la nature et celles de l'art, le Philosophe ajoute : « En supposant qu'une maison fût une chose que fît la nature, la maison serait par le fait de la nature ce qu'elle est aujourd'hui par le fait de l'art; et si les choses naturelles pouvaient venir de l'art, aussi bien qu'elles viennent de la nature, l'art les ferait précisément ce que la nature les fait. *Or, si les choses de l'art ont un pourquoi, il est de toute évidence que les choses de la nature doivent en avoir un également* (1). »

Nous avons dit que Bossuet indique une seconde marque à laquelle on peut reconnaître la *finalité*. Voici ses propres paroles : « Tout ce qui montre de l'ordre, des proportions bien prises et des moyens propres à faire de certains effets, montre aussi une *fin expresse, par conséquent* un dessein formé, une *intelligence* réglée et un art parfait (2). » C'est-à-dire

---

(1) *Physique*, l. II, c. VIII, § 2-8.
(2) *Conn. de Dieu et de soi-même*, ch. IV, n° 1.

que 1° s'il y a des proportions bien prises, il y a une fin expresse, et 2° que s'il y a une fin, il y a une intelligence. Car en vertu du principe de causalité, tout effet suppose une cause proportionnée, et l'art suppose l'artiste, puisqu'il faut de l'intelligence pour adapter les moyens à la fin, pour organiser une ou plusieurs choses en vue d'une autre.

Reste à savoir si le monde nous offre en effet « des proportions bien prises et un dessein formé. »

Bossuet tranche la question en quelques mots seulement. « C'est ce qui se remarque dans la nature. Nous voyons tant de justesse dans ses mouvements et tant de convenance entre ses parties, que nous ne pouvons nier qu'il n'y ait de l'art. Car s'il en faut pour remarquer ce concert et cette justesse, à plus forte raison pour l'établir (1). C'est pourquoi nous ne voyons rien, dans l'univers, que nous ne soyons portés à demander pourquoi il se fait : tant nous sentons naturellement que tout a sa convenance et sa fin... Et plus on entre dans ses secrets (de la nature), plus ou la trouve pleine de proportions cachées, qui font tout aller par ordre, et sont la marque certaine d'un ouvrage bien entendu et d'un artifice profond. »

(1) Un philosophe contemporain a dit dans le même sens : « Quelle chose étrange ce serait et quelle contradiction dépassant toutes les contradictions imaginables, qu'un monde à la formation duquel la pensée n'aurait eu aucune part et que pourtant seule la pensée pourrait comprendre ! » (M. Charles Charaux, *Annales de philosophie chrétienne*, avril 1886, *De la pensée, notes et réflexions.*)

On pourrait multiplier à l'infini les exemples qui montrent quel art prodigieux éclate dans les trois règnes de la nature. Obligés de nous restreindre, nous emprunterons seulement aux savants les plus autorisés deux ou trois exemples plus saillants. Ils pourront nous fournir un argument général.

Commençons par les animaux, que la nature a placés immédiatement au-dessous de l'homme. L'animal n'a ni intelligence proprement dite, ni réflexion, et cependant, grâce à un instinct inné, il fait des choses absolument merveilleuses qu'il n'a ni apprises ni pu apprendre de l'expérience, qui viennent par conséquent de l'auteur de la nature et où la finalité brille du plus vif éclat.

Voici quelques cas particulièrement curieux : « L'ammophile hérissée est un hyménoptère qui nourrit sa larve d'un ver gris, d'une belle taille : la larve ne s'accommode que de chair fraîche ; il faut donc que le gibier mis à sa portée reste vivant, mais soit paralysé, car le moindre mouvement risquerait de compromettre l'œuf de l'ammophile déposé sur le ver ; bien mieux, à la première velléité d'attaque, le ver aurait vite raison de la larve. — La paralysie complète du ver s'obtient par la lésion de neuf centres nerveux qui s'échelonnent dans le corps de la bête. Mais la lésion des ganglions cervicaux ne doit pas être assez profonde pour entraîner la mort ; il suffit qu'elle détermine une sorte d'engourdissement, la suspension de toute faculté motrice. — L'ammophile procède à l'opération en anatomiste et en physiologiste consommé. Sa proie saisie, neuf coups d'aiguillon, pas un de plus, pas un de moins, font l'affaire. Il n'y a pas hésitation. Les centres nerveux sont atteints. Reste le cerveau. Ici l'insecte ne joue plus du stylet, le coup serait mortel. Il se contente de mâchonner légèrement la tête du ver gris, jusqu'à ce que la pression ait donné le résultat voulu (1). »

L'abeille n'est pas moins surprenante. « A peine, dit M. Réaumur, toutes les parties de la jeune abeille sont-elles desséchées, à peine ses ailes sont-elles en état d'être agitées qu'elle sait tout ce qu'elle aura à faire dans le reste de sa vie. Qu'on ne s'étonne pas qu'elle soit si bien instruite de si bonne heure : elle l'a été par celui-là même qui l'a formée. Elle semble savoir qu'elle est née pour la société, comme les autres, elle sort de l'habitation commune, et va, comme elles, chercher des fleurs ; elle y va seule et n'est point embarrassée ensuite de retrouver la route de la ruche, même quand elle y veut retourner pour la première fois. Si elle va donc puiser du miel dans le fond des fleurs ouvertes, c'est moins pour s'en nourrir que pour commencer à travailler pour le bien commun, puisque dès la première sortie, elle fait quelquefois une récolte de cire brute. M. Maraldi assure qu'il a vu revenir à la ruche des abeilles chargées de deux grosses boules de cette matière le jour même qu'elles étaient nées (2). »

Certains positivistes croient expliquer l'instinct par

(1) Fabre, *Nouv. souvenirs entom.*, III, 5.
(2) *Hist. des insectes*, t. V, mém. XI.

l'*hérédité*. Mais cette explication ne fait que reculer la difficulté, puisqu'il faudra remonter au principe de l'hérédité et en fournir la raison. — Ensuite, on pourrait énumérer bien des cas absolument inconciliables avec toute théorie de ce genre, comme le remarque très bien M. P. Janet. « Je n'en citerai qu'un, ajoute-t-il, c'est l'instinct *des nécrophores*. Ces animaux ont l'habitude, quand ils ont pondu leurs œufs, d'aller chercher des cadavres d'animaux pour les placer à côté de ces œufs, afin que leurs petits, aussitôt éclos, trouvent immédiatement leur nourriture ; quelques-uns même pondent leurs œufs dans ces cadavres eux-mêmes. Or ce qu'il y a ici d'incompréhensible, c'est que les mères qui ont cet instinct ne verront jamais leurs petits et n'ont pas vu elles-mêmes leurs mères ; elles ne peuvent donc savoir que ces œufs deviendront des animaux semblables à elles-mêmes, ni prévoir par conséquent leurs besoins. — Chez d'autres insectes, les *pompiles*, l'instinct est plus remarquable encore : dans cette espèce, les mères ont un genre de vie profondément différent de leurs petits, car elles-mêmes sont herbivores, et leurs larves sont carnivores. Elles ne peuvent donc point, par leur propre exemple, présumer ce qui conviendra à leurs enfants (1). »

Si de l'instinct on passe à *l'organisme* de l'animal, deux caractères des moins équivoques trahissent pareillement la finalité : nous voulons parler de *l'appropriation* des organes et de leur *corrélation*. La fonction,

---

(1) *Les Causes finales*, l. I, c. VIII.

voilà le résultat à atteindre. Or pour rendre ce résultat possible, il a fallu un si grand nombre de coïncidences diverses, que ces coïncidences demeurent inexplicables si le résultat n'est pas regardé comme un but. L'argument prend une force nouvelle et bien plus évidente encore si l'on observe que non seulement les nombreux facteurs d'un organe, mais les différents organes eux-mêmes unissent ensemble leur action et combinent leurs forces de la manière la plus heureuse en vue du fonctionnement de l'ensemble et du bien général.

C'est cette loi admirable que Cuvier a exprimée en ces termes : « *Tout être organisé forme un ensemble, un système clos dont les parties se correspondent mutuellement et concourent à une même action définitive par une réaction réciproque.* »

« Jamais, observe le grand naturaliste, une dent tranchante et propre à découper la chair ne coexistera dans la même espèce avec un pied enveloppé de corne qui ne peut que soutenir l'animal, et avec lequel il ne peut saisir sa proie. De là la règle que tout animal à sabot est herbivore, et les règles encore plus détaillées qui ne sont que des corollaires de la première, que des sabots aux pieds indiquent des dents molaires à couronnes plates, un canal alimentaire très long, un estomac ample ou multiplié, et un grand nombre de rapports du même genre (1).... »
Ainsi les intestins sont en rapport avec les mâchoires,

---

(1) *Leçons d'anatomie comparée*, t. I, 1re leçon, art. 41.

les mâchoires avec les griffes, les griffes avec les dents, avec les organes du mouvement et de l'intelligence (1). »

La même loi régit chaque système particulier d'organes. Par exemple dans le système alimentaire, « la forme des dents, la longueur, les replis, la dilatation du canal alimentaire, le nombre et l'abondance des sucs dissolvants qui s'y versent sont toujours dans un rapport admirable entre eux et avec la nature, la dureté, la dissolubilité des matières que l'animal mange (2). »

Cuvier entre ensuite dans les plus minutieux détails, et partout l'expérience vient à l'appui de la théorie de la *corrélation* des organes.

Or une telle corrélation suppose une combinaison, un calcul précis, combinaison et calcul que ne sauraient expliquer les forces mécaniques non plus que le hasard.

L'appropriation de l'organe à la fonction et des différents organes entre eux est la même dans la *plante* et dans l'animal. Bornons-nous donc à quelques remarques sur le *germe* et son *évolution*, également convaincantes en faveur de la finalité. On sait que tous les germes des animaux, sans exception, au premier instant où peut les saisir le regard de l'observateur, présentent une apparence semblable ; alors le germe ne laisse pas même pressentir l'être qu'il contient. Bien plus, les premières transformations du

(1) Cuvier, *Discours sur les révolutions du globe.*
(2) *Leçons d'anatomie comparée*, leçon 8º.

germe s'accomplissent de la même façon chez tous les animaux ; plus tard seulement le germe devient embryon et se *spécialise* peu à peu en allant toujours du général au particulier, de l'indéterminé au déterminé. Or le germe ne prend pas indifféremment telle ou telle forme, il ne peut prendre que celle de l'être dont il sort, il ne peut ressembler qu'à ses parents. Il se développe lentement, se forme pièce à pièce, d'après un *dessein* évident et comme s'il avait un *modèle* devant lui.

Cette force *directrice* qui préside à toute évolution de l'organisme est si frappante, que Cl. Bernard a vu en elle le caractère propre de la vie. « C'est par le germe et en vertu de cette sorte de puissance évolutive qu'il possède, que s'établissent la perpétuité des espèces et la descendance des êtres...; les actions chimiques en vertu desquelles l'organisme s'accroît et s'édifie s'enchaînent et se succèdent *en vue* de ce résultat qui est l'organisation et l'accroissement de l'individu animal ou végétal. Il y a comme un *dessein* vital qui trace le plan de chaque être et de chaque organe, en sorte que si, considéré isolément, chaque phénomène de l'organisme est tributaire des forces générales de la nature, puis dans leur succession et dans leur ensemble ils paraissent révéler un lien spécial ; ils semblent dirigés par quelque condition invisible dans la route qu'ils suivent, dans l'ordre qui les enchaîne. Ainsi les *actions chimiques synthétiques de l'organisation et de la nutrition se manifestent comme si elles étaient dominées par une force impulsive gouvernant la matière, faisant une chimie appropriée à un but et mettant en présence les réactifs aveugles des laboratoires, à la manière du chimiste lui-même. Cette puissance d'évolution immanente à l'ovule qui doit reproduire un être vivant, embrasse à la fois les phénomènes de génération et de nutrition.*

» C'est cette puissance ou propriété évolutive que nous nous bornons à énoncer ici, qui seule constituerait le *quid proprium de la vie*, car il est clair que cette *propriété évolutive de l'œuf qui produira un mammifère, un oiseau ou un poisson, n'est ni de la physique, ni de la chimie* (1). »

« Les phénomènes de création organique des êtres vivants me semblent bien de nature à démontrer une idée que j'ai déjà indiquée, à savoir que la matière n'engendre pas les phénomènes qu'elle manifeste. Elle n'est que le *substratum* et ne fait absolument que donner aux phénomènes leurs conditions de manifestation, seul intermédiaire par lequel le physiologiste peut agir sur les phénomènes de la vie.... Quand on observe l'évolution ou la création d'un être vivant dans l'œuf, on voit clairement que son organisation est la conséquence d'une loi organique qui *préexiste d'après une idée préconçue* et qui s'est transmise par tradition organique d'un être à l'autre. On pourrait trouver dans l'étude expérimentale des phénomènes

---

(1) *La science expérimentale; définition de la vie*, p. 4.

d'histogénèse et d'organisation la justification des paroles de Gœthe, qui compare la nature à un grand artiste. *C'est qu'en effet la nature et l'artiste semblent procéder de même dans la manifestation de l'idée créatrice de leur œuvre* (1). »

Si, plus loin, Cl. Bernard, oubliant ce qu'il vient d'écrire, regarde l'idée directrice comme *métaphysique* et non physique ou réelle, il suffira de lui rappeler qu'il l'a déclarée lui-même « *immanente à l'ovule* », et que seule une force réelle peut produire des effets réels, comme ceux que produit, de son aveu, la force vitale qui dessine et développe le plan de l'organisme.

Quand on passe subitement de la matière animée à la matière *inanimée,* la finalité semble se dérober aux regards. Ici la matière n'affecte plus aucune forme déterminée (excepté chez les cristaux qui semblent former une catégorie à part au milieu des corps bruts), elle prend successivement et indifféremment toutes celles qu'on lui donne, l'unité se relâche, les parties, moins reliées entre elles, ne paraissent guère subordonnées les unes aux autres, nulle évolution, nul travail interne proprement dit.

Et cependant ici encore on trouve des lois, on trouve de l'ordre et de l'harmonie : des lois extrêmement simples et générales, et par suite étendues et savantes, un ordre qui se remarque dans les plus vils atomes comme dans les plus brillants soleils, une

(1) Ouvrage cité, *Problèmes de la physiologie générale,* n° 3.

harmonie universelle, inaltérable, au sein d'une multitude infinie d'éléments contraires et qui devraient, s'ils n'étaient retenus par quelque main invisible, se heurter et s'abîmer dans le chaos.

Or cela c'est encore de la finalité, et ne craignons pas de le dire une fois de plus, ni le hasard ni la mécanique toute seule ne sont capables de rendre compte de la proportion et de l'harmonie, à plus forte raison de la constance de cette harmonie dans un système immense, compliqué, d'où toute intelligence serait absente. La conclusion de S. Thomas est rigoureuse : « *Corpora naturalia... operantur propter finem, quod apparet ex hoc quod semper aut frequentius eodem modo operantur... Ipse ordo certus rerum manifeste demonstrat gubernationem mundi*(1). »

---

(1) S. Th., 1ª, q. 11, a. 3, c, et q. CIII, a. 1, c.
« A ne considérer que les lois du mouvement, dit M. Lachelier, il n'y a aucune raison pour que les petits corps (ou corps élémentaires), continuent à se grouper dans le même ordre, plutôt que de former des combinaisons nouvelles, ou même de n'en plus former aucune. Enfin, l'existence même de ces petits corps serait aussi précaire que celle des grands, car ils ont sans doute des parties, puisqu'ils sont étendus, et la cohésion de ces parties ne peut s'expliquer que par un concours de mouvements qui les poussent incessamment les uns vers les autres; ils ne sont donc à leur tour que des *systèmes* de mouvements, que les lois mécaniques sont par elles-mêmes indifférentes à conserver ou à détruire. Le monde d'Épicure, avant la rencontre des atomes, ne nous offre qu'une faible idée du degré de dissolution où l'univers, en vertu de son propre mécanisme, pourrait être réduit d'un instant à l'autre ; on se représente encore des cubes ou des sphères tombant dans le vide ; mais on ne se représente pas cette sorte de poussière infinitésimale sans figure, sans couleur, sans propriété appréciable par une sensation quelconque. Une telle hypothèse nous paraît monstrueuse, et nous sommes persuadés que, lors même que telle ou telle

Ne dites pas que la matière inanimée ou animée est incapable d'agir *pour* une fin, puisque privée de toute connaissance elle ne saurait se porter elle-même vers sa fin. Car, suivant la doctrine de S. Thomas, il y a deux manières d'agir en vue d'une fin : se diriger soi-même vers elle après l'avoir conçue et choisie, ainsi que fait toute créature raisonnable, et s'avancer vers elle sans la connaître, sans le savoir, sous la motion et la direction d'une cause supérieure. La flèche qui va droit au but avec une précision remarquable, y va-t-elle d'elle-même et de son propre mouvement, ou n'a-t-elle pas dû être poussée par une main sûre, dirigée elle-même par l'intelligence ? Semblablement la régularité et la précision des mouvements de la nature dépose en faveur de la finalité et de l'auteur de l'universelle harmonie.

On n'a donc pas tranché la question contre les causes finales quand on a invoqué la nécessité qui pèse sur la nature, puisque cette nécessité elle-même est l'œuvre de celui qui soutient et dirige la nature de sa main puissante. Certes la flèche ne peut se dispenser de se précipiter vers le but, et pourtant c'est une main habile qui lui donne tout ensemble et son mouvement et sa direction (1).

loi viendrait à se démentir, il subsisterait toujours une certaine harmonie entre les éléments de l'univers ; mais d'où le saurions-nous si nous n'admettions pas que cette harmonie est l'intérêt suprême de la nature, et que *les causes dont elle semble le résultat nécessaire ne sont que les moyens sagement concertés pour l'établir ?* » (*Du fondement de l'induction,* p. 79, 80.)

(1) « Aliquid movetur vel operatur propter finem dupliciter : uno

IV.

Plus d'une fois déjà le nom de Dieu est venu sous notre plume, à l'occasion de l'admirable dessin écrit en lettres d'or dans le grand livre de la nature.

Il nous faut maintenant nous arrêter un peu à cet argument classique et populaire entre tous.

Chose étrange ! c'est un de ses adversaires qui l'a décrit avec le plus d'émotion et d'éloquence. Écoutons l'austère Philosophe de Kœnigsberg.

« Le monde, tel qu'il se révèle à nous, présente un théâtre si étendu de diversité, d'ordre, de finalité et de beauté, que tout langage est impuissant pour rendre de si nombreuses et de si inépuisables merveilles et l'impression qu'elles produisent dans nos âmes. Partout nous voyons un enchaînement d'effets et de causes, de fins et de moyens, une régularité dans la vie et dans la mort. Et comme rien n'est parvenu de soi-même à l'état où il se trouve, l'univer-

---

modo, sicut agens seipsum in finem, ut homo et aliæ creaturæ rationales ; et talium est cognoscere rationem finis, et eorum quæ sunt ad finem : alio modo aliquid dicitur operari vel moveri propter finem, quasi ab aliquo actum, vel directum in finem, sicut sagitta movetur directa ad signum a sagittante qui cognoscit finem, non autem sagitta. Unde sicut motus sagittæ ad determinatum *finem* demonstrat aperte quod sagitta dirigitur ab aliquo cognoscente, ita certus cursus naturalium rerum, cognitione carentium, manifeste declarat mundum ratione aliqua gubernari. »(S. Th., 1ª , q. CIII, a. 1, ad 1.)

« Necessitas naturalis inhærens rebus quæ determinantur ad unum, est impressio quædam Dei dirigentis ad finem ; sicut necessitas qua sagitta agitur, ut ad certum signum tendat, est impressio sagittantis, et non sagittæ. » (Ibid., ad 3.)

salité des choses irait s'abîmer dans le néant, si on ne lui donnait pour principe et pour cause une réalité supérieure qui la soutient après l'avoir produite.

» Cet argument, le plus ancien et le plus clair de tous, mérite d'être toujours rappelé avec respect, et ce serait non seulement nous priver d'une consolation, mais encore vouloir l'impossible que de prétendre enlever quelque chose à son autorité. La raison, incessamment élevée par des arguments si forts et qui vont toujours se multipliant sous sa main, n'offre plus de prise au doute d'une spéculation subtile et abstraite : elle s'affranchit de toute irrésolution sophistique ; et, en présence de la majesté qui éclate dans la structure du monde, de grandeur en grandeur, elle s'élève jusqu'à la grandeur absolue(1). »

Ainsi le monde nous présente « un théâtre étendu de diversité, d'ordre, de finalité et de beauté, un enchaînement de moyens et de fins. » Mais un ordre réel demande une cause réelle, en vertu du principe de causalité.

D'ailleurs, cet ordre est *contingent*. On pourrait le concevoir dans des conditions différentes, soumis à d'autres lois, moins beau ou plus beau encore, au moins en se plaçant à un point de vue absolu.

Il ne saurait avoir sa raison d'être dans la *matière*, qui ne peut donner ce qu'elle ne contient pas, c'est-à-dire l'unité dans la variété, l'harmonie au sein des contraires, la subordination des êtres inférieurs aux

---

(1) *Crit. de la raison pure, dialectique transcendentale.*

êtres supérieurs, une hiérarchie savante où chaque chose se trouve à sa place, « *parium dispariumque rerum sua cuique loca tribuens dispositio,* » une constance qu'aucun changement n'ébranle ni n'altère. Des forces aveugles, se combinant sous l'empire de lois aveugles et donnant naissance à une action intelligente, ressembleraient à des idiots et à des fous qui, mis en contact et transportés ou apaisés par cette rencontre, présenteraient tout à coup un ensemble admirable d'ordre, d'équilibre, d'harmonie.

La cause de cet ordre doit être *une* : car les êtres innombrables qui peuplent l'univers, malgré leurs différences presque infinies, *s'adaptent* les uns aux autres.

« Il n'y a pas un seul être qui ne soit en relation avec le tout, qui ne se compose avec l'ensemble. Pour mettre chaque être en harmonie avec lui-même et avec le tout, il a fallu un esprit capable de tout concevoir, de tout embrasser, de tout créer, de tout ordonner. Ainsi nul être particulier n'est à lui-même sa cause, car pour qu'il fût sa cause à lui-même, il serait nécessaire qu'il fût la cause du tout. L'unité harmonieuse du monde proclame une cause unique et supérieure au monde (1). »

La cause dont nous parlons est réellement *créatrice*, quoi qu'en dise Kant. En effet, si elle n'avait produit la matière, elle n'aurait aucune prise sur cette même matière, elle ne pourrait lui dicter ses lois, ou ne le

---

(1) Ch. Lévêque, *Harmonies providentielles*, préf., p. 6, 2º édition.

ferait qu'en exerçant sur elle une sorte de violence, alors que la réalité nous montre toutes choses aussi empressées d'atteindre leur fin que si elles l'avaient choisie elles-mêmes, et si doucement inclinées vers cette fin qu'elles semblent n'obéir qu'à la loi de l'amour.

Remarquez encore que la cause du monde a dû *prévoir l'avenir*, pour établir un ordre que la rencontre des forces ennemies qui s'agitent au sein de la nature ne pourrait atteindre, ou du moins qu'elle ne pourrait ébranler.

Bien plus, elle a dû prévoir ce que ferait l'homme avec sa *liberté*, mis en présence de la nature et tenté de la gouverner lui-même, ou de la refaire sur un plan nouveau. L'auteur du monde a prévu tout cela, il a voulu tout cela, il a permis à l'homme de s'agiter à son gré dans l'univers, d'y introduire toutes sortes de modifications, sans réussir jamais à rien changer aux lois de la nature (1).

Mais une puissance qui a fait sortir un monde du néant, n'est-ce pas une puissance infinie? Une intelligence qui a tout conçu et tout embrassé, qui a réglé l'ensemble comme le détail, l'avenir comme le pré-

---

(1) « Quasque res violentissimas natura genuit, earum moderationem nos soli habemus, maris atque ventorum, propter nauticarum rerum scientiam... Terrenorum item commodorum omnis est in homine dominatus. Nos campis, nos montibus fruimur, nostri sunt amnes, nostri lacus... nos aquarum inductionibus, terris fecunditatem damus; nos flumina *arcemus, dirigimus, avertimus*, nostris denique manibus, in rerum natura *quasi alteram naturam efficere conamur.* » (*De natura Deorum*, l. II, n. 60.)

sont, qui a porté son regard sur les créatures libres aussi bien que sur les causes nécessaires, n'est-ce pas une intelligence infinie, n'est-ce pas le Dieu que nous cherchons? « *Et hanc omnes dicunt Deum.* »

Cependant des savants ont voulu prendre la nature en défaut, ils ont relevé nombre d'imperfections qui, suivant eux, trahiraient un artiste maladroit et feraient mentir la loi de finalité. Mais de nouvelles observations ont montré combien grossièrement ils s'étaient mépris. N'en citons que deux exemples.

Muller avait d'abord soutenu que dans la structure des organes du mouvement les lois de la mécanique ne sont pas bien observées. « L'essentiel de la locomotion, dit-il, malgré la diversité des formes de déplacement par natation, reptation, vol, marche, consiste en ce que certaines parties du corps décrivent des arcs dont les branches s'étendent après s'être appuyées sur un point fixe... »

Les lois du levier jouent ici un grand rôle. Or « quelque diversement que les leviers soient appliqués sur les animaux pourvus de pattes, *ils le sont presque toujours d'une manière désavantageuse;* car les muscles exercent généralement sur eux une action fort oblique, outre que l'insertion est fréquemment trop rapprochée du point d'appui. »

Mais l'auteur de l'objection a fini par y trouver lui-même une réponse. « Des considérations d'un *ordre majeur* ont commandé cette disposition, dont la beauté des formes n'est pas le but unique. Si la nature avait disposé les leviers de tous les membres de la manière la plus favorable, il serait résulté de là que le corps aurait une forme complexe, anguleuse, gênante, et que, malgré les précautions prises en apparence pour utiliser la force, la dépense sous ce rapport eût été plus considérable en dernière analyse, à cause de la multiplication des obstacles au concours harmonique des actions. »

A son tour, Helmholtz a démontré que l'œil, regardé par tous comme un organe accompli, est au contraire rempli de défauts. Après les avoir rappelés avec bonheur, M. Laugel conclut en ces termes : « Il n'y a pas un constructeur d'instruments d'optique qui ne réussisse à rendre ses appareils beaucoup plus parfaits que cet œil dont nous sommes si fiers... L'œil a ce caractère remarquable qu'il réunit tous les défauts connus de ces instruments (1). »

Mais voilà que, réflexion faite, M. Helmholtz découvre que l'œil humain n'est pas un instrument de précision, qu'il n'a pas pour objet de faire des expériences délicates, comme celles que nous faisons avec nos machines, mais seulement de nous servir dans la vie pratique, ce dont il s'acquitte à merveille, malgré ses prétendus défauts : « L'appropriation de l'œil à son but existe de la manière la plus parfaite, et se révèle même dans la limite donnée à ses défauts : *un homme raisonnable ne prendra pas un rasoir pour fendre des bûches;* de même, tout raffinement inutile dans l'usage optique de l'œil aurait

---

(1) *L'optique et les arts*, p. 27.

rendu cet organe plus délicat et plus lent dans son application (1). »

On peut donc légitimement conclure que tout désordre apparent n'est, au fond, qu'un ordre caché. L'histoire de la science humaine nous invite à le croire. Plusieurs cas, allégués jadis comme preuve de désordre, témoignent aujourd'hui en faveur de l'ordre de la nature. Et ce phénomène se renouvelle tous les jours sous nos yeux ; tous les progrès de la science sont autant de triomphes pour la finalité. Sans doute, nous n'aurons jamais la raison de tout ce qui se passe dans la nature, le savoir humain succombera toujours devant l'œuvre divine, un esprit fini ne saurait embrasser l'infini. Nous ne pouvons comprendre le Créateur, ayons du moins assez de bon sens pour ne pas le désapprouver : nous sommes de trop petites gens pour cela. « Si vous entriez, dit S. Augustin, dans la boutique d'un humble artisan, vous n'oseriez lui faire des remarques sur la place qu'il a donnée à ses différents outils. Vous vous diriez plutôt à vous-même que ce n'est pas sans quelque bonne raison que l'enclume ou tel autre outil a été mis à cette place, et que si vous ne connaissez pas cette raison, l'artisan la connaît sans doute. Et voilà quelqu'un qui n'ose pas reprendre un vulgaire artisan dans sa boutique et qui ose reprendre Dieu dans l'univers (2) ! »

---

(1) *Revue des cours publics scientifiques*, 1re série, t. VI, p. 219.
(2) « Si intrares forte in officinam fabri ferrarii, non auderes reprehendere folles, incudes, malleos. Et da imperitum hominem, nescientem quid, quare sit, et omnia reprehendit. Sed si non ha-

V.

L'existence de la finalité est un fait incontestable dans la nature. Mais est-elle un fait universel et nécessaire, est-elle un principe *absolu* comme le principe de causalité, par exemple, ou toute autre vérité générale et primitive? C'est la question que nous avons à résoudre.

Le principe de finalité peut s'énoncer en ces termes : *Tout être a un but, tout ce qui se produit a une fin*, ou, suivant la formule d'Aristote : *La nature ne fait rien en vain.*

On le voit, ce principe est destiné à compléter celui des causes efficientes : *Tout ce qui arrive vient de quelque part*, ce qui résout la question de l'origine. Reste celle du terme ou de l'arrivée : *Tout ce qui arrive tend à un but* (1); c'est le problème posé par la cause finale.

beat peritiam artificis, et habeat saltem considerationem hominis, quid sibi dicit? non sine causa folles hoc loco positi sunt; artifex novit quare, etsi ego non novi. *In officina non audet vituperare fabrum et audet reprehendere in hoc mundo Deum!* » (De Genes. ad litter., l. V, c. XXI.)

(1) M. Ravaisson qui attribue, ainsi que Jouffroy, une évidence intuitive au principe de finalité, comme au principe de causalité, l'exprime sous cette forme : « Tout ce qui arrive ne vient pas seulement de quelque part, mais va aussi quelque part. » Mais suivant une juste remarque de M. Janet, cette proposition est susceptible de deux sens différents : si l'on veut dire que tout ce qui marche arrive à un terme quelconque, sans préciser si le terme est un *but* ou seulement un *résultat*, la proposition est indubitable; mais si l'on soutient que le terme est une fin quelconque voulue et préparée, c'est la question à résoudre.

Nous avons soutenu contre Kant que l'homme se fait d'abord ses idées à l'aide de l'expérience, par l'observation des faits dont il est le témoin. L'idée de fin ressemble, sous ce rapport, à toutes les idées ; elle n'est pas une forme *a priori*, que l'esprit humain apporte en venant en ce monde, elle est le résultat de l'expérience et de la généralisation. Nous avons conscience d'agir pour une fin déterminée, nous voyons que les autres hommes agissent de même, et que la nature se comporte comme l'homme. Etendant aux faits non observés par nous la règle que nous avons vérifiée dans les faits soumis à notre expérience, nous l'érigeons en principe général et nous concluons que tout ce qui arrive *tend à un but*, que *tout être a une fin*.

Mais peut-on soutenir *a priori* que tout être, que toute action doit avoir un but, sous peine d'être contradictoire, comme il est contradictoire que ce qui est ne soit pas, ou que ce qui commence n'ait point de cause? Oui, si l'on parle d'un être raisonnable et prévoyant ; car une action sans but est une action sans raison, une action *vaine*, et qui ne saurait se justifier au tribunal de l'intelligence.

L'axiome de l'Ecole est donc absolument hors de doute : *Nihil debet esse frustra in operibus sapientis.* Et comme Dieu est le sage par excellence, on peut dire *a priori* et sans crainte de se tromper : *Natura nihil facit frustra.*

Ainsi le principe de finalité se ramène au principe de raison suffisante, et, par là même, il lui emprunte sa force et son évidence.

Alors même que l'être raisonnable dont nous parlons n'aurait qu'une intelligence bornée, il doit, lui aussi, se proposer un but dans ses actions et chercher des moyens proportionnés à ce but. Seulement il pourra se tromper et mal choisir sa fin, comme il pourra aussi prendre des moyens insuffisants ou qui dépassent le but.

Bien plus, faute d'attention ou de prévoyance, il pourra agir sans s'être proposé aucun but, il pourra marcher automatiquement et sans savoir où il va. Il arrivera toujours quelque part, comme dit M. Ravaisson, mais, dans ce cas, l'arrivée n'aura été ni voulue ni prévue.

D'autrefois l'agent se sera proposé un but et aura tout disposé pour l'atteindre, mais il trouvera sur son chemin un obstacle imprévu et invincible, une force supérieure qui l'arrêtera et ne lui permettra pas de réaliser son dessein et d'arriver où il voulait aller.

Sous ce rapport, le principe de finalité a quelque chose de moins universel, de moins absolu que le principe de contradiction ou de causalité. Il répugne que ce qui est ne soit pas, ou que ce qui arrive n'ait pas de cause, c'est-à-dire de point de départ, mais il ne répugne pas absolument que *tout* ce qui arrive n'ait pas de but, dans le sens précis du mot, puisqu'un être borné et impuissant peut arriver où il n'avait pas l'intention d'aller, ou voir fuir devant lui le terme qu'il s'était proposé (1).

(1) M. Janet va plus loin encore. « Si je contemple la chaîne des Alpes et les formes innombrables, étranges et compliquées qu'ont

VI.

D'après tout ce qui précède, nous n'aurons pas de peine à traiter la dernière question de la présente étude : la recherche des causes finales dans la science.

Ceux qui ne croient pas à la réalité de la fin, ou qui la jugent inaccessible à la raison humaine, sont conséquents avec leurs principes, en la bannissant de toute étude sans exception. Il en est d'autres qui l'admettraient à la rigueur dans les spéculations philosophiques, mais qui la rejettent entièrement des sciences de la nature, où elle leur semble inutile, déplacée et même dangereuse. Telle est, en particulier, l'opinion de Bacon, adoptée par un certain nombre de savants modernes.

prises les pics dont se compose cette chaîne, la loi de causalité me force à admettre que chacune d'elles, si accidentelle qu'elle puisse paraître, a sa cause déterminée et précise, mais je ne suis nullement forcé d'admettre que chacune de ces formes, ici pointues, là échancrées, là arrondies, a une fin et un but. Soit une éruption de volcan : chaque ruisseau de lave, chaque exhalaison, chaque bruit, chaque fulguration a sa cause propre, et le plus fugitif de ces phénomènes pourrait être déterminé *a priori* par celui qui connaîtrait rigoureusement toutes les causes et toutes les conditions qui ont amené l'éruption ; mais vouloir attribuer à chacun de ces phénomènes en particulier un but précis est absolument impossible. Dans quel but, telle pierre est-elle lancée à droite plutôt qu'à gauche ? Pourquoi telle émanation plutôt que telle autre ? C'est ce que personne ne se demande en réalité. » Cependant l'auteur ajoute ce correctif à sa pensée : « Sans doute l'esprit humain peut appliquer l'idée de finalité même aux cas précédents. Je dis qu'il n'y est pas forcé, comme il l'est pour la causalité proprement dite. » (*Les causes finales*, chap. prélimin.)

« L'habitude de chercher des causes finales dans la physique, dit Bacon, en a chassé et comme banni les *causes physiques*. Elle a fait que les hommes, se reposant sur des apparences, ne se sont pas attachés à la recherche des causes réelles. En effet, si, pour expliquer certaines dispositions et conformations du corps humain, l'on disait que les paupières avec les poils qui les couvrent sont comme une haie pour les yeux, ou que la fermeté de la peau chez les animaux a pour but de les garantir du chaud et du froid, ou que les os sont comme autant de colonnes ou de poutres que la nature a élevées pour servir d'appui à l'édifice du corps humain... Toutes les explications de cette espèce sont semblables à ces rémoras qui, comme l'ont imaginé certains navigateurs, s'attachent aux vaisseaux et les arrêtent (1). »

Qu'il se soit glissé quelques abus dans l'étude des causes finales, que la raison paresseuse, *ignava ratio*, en ait parfois supposé *a priori*, afin de se dispenser de pénétrer plus avant dans la recherche des propriétés physiques, ou que certaines fins accessoires aient été données pour des fins principales, nous n'avons ni à le nier ni à le contester. Mais quelle est la notion de l'esprit humain contre laquelle on ne peut soulever une difficulté semblable? Et n'est-ce pas une vérité universelle que l'abus ne supprime pas l'usage : *Abusus non tollit usum?*

---

(1) *De dignitate scientiarum*, l. III, c. IV. — Et ailleurs : « Causarum finalium inquisitio *sterilis* est, et tanquam virgo Deo consecrata, nihil parit. » (Ibid., c. v, p. 1.)

Au reste, l'objection de Bacon n'a aucune force dans la méthode que nous proposons de suivre. Nous ne conseillons pas de commencer par supposer *a priori* telle ou telle fin à tel être, afin d'en déduire plus aisément les propriétés qu'il doit avoir, mais au contraire d'étudier d'abord, à la lumière de l'expérience, les phénomènes et les attributs d'un être et de s'élever ensuite à la fin que ces faits et ces attributs supposent. Une telle méthode est éminemment scientifique et rend impossible tout abus dans l'usage de la cause finale.

Mais la fin d'un être étant une fois connue (et non pas supposée), il sera légitime d'employer la méthode *régressive* et de tirer certaines conclusions particulières sur les propriétés et les lois de l'être qu'on étudie. C'est ainsi que des faits on s'élève à la cause, et qu'ensuite on descend de la cause aux faits qui se présentent alors sous un nouveau jour. Dans un être, en effet, tout étant *pour* la fin, celle-ci devient une sorte de *mesure* à laquelle doivent s'ajuster tous les attributs destinés à la préparer et à la réaliser. Il est donc tout aussi exact de dire : telle fin, telles propriétés, que de dire : telles propriétés, telle fin.

On oppose que la recherche des fins peut être bonne en métaphysique, où l'on s'occupe des causes dernières, mais qu'elle n'est pas à sa place en physique, où l'on étudie seulement les faits et les causes prochaines.

L'esprit humain n'accepte pas une telle distinction. C'est partout qu'il demande à connaître le *pourquoi* aussi bien que le *comment* des choses : le pourquoi l'intéresse autant, sinon plus, que le comment, et l'expérience elle-même les révèle souvent avec une égale clarté (1).

Au reste, les plus grands savants ont établi que l'étude des causes finales est loin d'être indifférente aux sciences de la nature.

« Mais, dit-on, en physique, on ne demande point pourquoi les choses sont, mais comment elles sont. *Je réponds qu'on y demande l'un et l'autre.* Souvent par la fin on peut mieux juger des moyens. Outre que pour expliquer une machine, on ne saurait mieux faire que de proposer son but, et de montrer comment toutes ses pièces y servent, cela peut même être utile à trouver l'origine de l'intention. Je voudrais qu'on

---

(1) Il y a peut-être quelque exagération, mais il y a certainement une bonne part de vérité dans ces paroles de M. Janet : « L'art de la nature est un *fait* auquel on ne peut échapper par l'indifférence, par l'oubli du problème, par une sorte de fin de non recevoir. On peut renoncer à se demander si le monde est fini ou infini, s'il a commencé ou s'il finira : car rien ne nous force à poser ces questions. Mais jamais on ne verra une fleur, un oiseau, un organisme humain sans éprouver un étonnement que Spinoza appelle avec raison « stupide » puisqu'il va jusqu'à la stupéfaction. La finalité est en quelque sorte a seule *idée* qui soit nécessairement impliquée dans l'expérience. Je puis consulter l'expérience sans penser à l'absolu ; je puis voir des choses à côté des autres sans penser à l'espace infini... ; mais comment puis-je voir un œil sans penser qu'il est fait *pour* voir, en tant du moins que je pense comme homme et non comme un philosophe systématique ? Le *pour* cependant ne tombe pas sous les sens, n'est pas un phénomène d'expérience ; c'est une idée, ce n'est qu'une idée, mais c'est une idée tellement liée à l'expérience, qu'elle semble ne faire qu'un avec elle. » (P. Janet, *Les Causes finales*, l. II, c IV.)

se servit de cette méthode encore en *médecine;* le corps de l'animal est une machine en même temps hydraulique, pneumatique et pyrobolique dont le but est d'entretenir un certain mouvement; et en montrant ce qui sert à ce but et ce qui nuit, on ferait connaître tant la *physiologie* que la *thérapeutique.* Ainsi on voit que les causes finales servent en physique, *non seulement pour admirer la sagesse de Dieu, ce qui est le principal, mais encore pour connaître les choses et pour les manier* (1). »

L'auteur parle ensuite à plusieurs reprises de ses découvertes en physique, en optique surtout. Il les attribue à la considération de la cause finale et non de la cause efficiente (2).

Si l'on voulait entrer dans le détail, on n'aurait pas de peine à justifier, sur ce point, la théorie leibnitzienne. On pourrait faire remarquer qu'en physiologie, la cause finale est souvent plus intéressante que la cause physique, par exemple « qu'il est plus intéressant, suivant le mot de Schopenhauer, de savoir pourquoi le sang circule que de savoir comment il circule; » et l'on pourrait ajouter que dans plusieurs cas, comme dans le cas des valvules du cœur, c'est la cause finale qui a mis sur la voie de la cause physique.

Cuvier, grâce à sa loi de la corrélation des organes dont nous avons parlé plus haut (3), n'a-t-il pas créé l'anatomie comparée et la paléontologie elle-même ?

---

(1) Leibnitz, *Lettre à M. Nicaise.*
(2) *Disc. de la Métaphys.*
(3) P. 224-225.

Étant donnée la disposition de tel membre d'un animal fossile, il est arrivé, en vertu de cette loi, à deviner la disposition de tous les autres membres du même animal, et, par là même, sa forme et sa nature. Avec des éléments donnés, il reconstituait les organismes et montrait d'une manière éclatante l'*unité* et l'harmonie dans l'animal, résultat auquel il ne serait jamais parvenu par l'emploi exclusif de la cause efficiente.

Ces exemples, et plusieurs autres qu'on pourrait ajouter, montrent jusqu'à l'évidence combien peu fondé est le reproche de stérilité que Bacon a fait à la cause finale.

CHAPITRE VIII

LE BIEN

I.

« Deux choses remplissent l'âme d'une admiration et d'un respect toujours renaissants et qui s'accroissent à mesure que la pensée y revient plus souvent et s'y applique davantage : *Le ciel étoilé au-dessus de nous, la loi morale au-dedans*. Je n'ai pas besoin de les chercher et de les deviner comme si elles étaient enveloppées de nuages ou placées au-delà de mon horizon dans une région inaccessible, je les vois devant moi et je les rattache immédiatement à la conscience de mon existence... »

« Dans l'une la vue d'une multitude innombrable de mondes anéantit presque mon importance, en tant que je me considère comme une créature *animale*, qui, après avoir joui de la vie pendant un court espace de temps, doit rendre la matière dont elle est formée à la planète qu'elle habite, et qui n'est elle-même qu'un point dans l'univers. L'autre, au contraire, relève infiniment ma valeur, comme *intelligence*, par ma personnalité, dans laquelle la loi morale me révèle une vie indépendante de l'animalité et même de tout le monde sensible, autant du moins qu'on en peut juger par la destination que cette loi assigne à mon existence, et qui, loin d'être bornée aux conditions et aux limites de cette vie, s'étend à l'infini (1). »

C'est ainsi que, par une contradiction étonnante, Kant trouve de nobles accents pour célébrer la raison *pratique*, après avoir renversé la raison *spéculative*.

Contre lui, nous avons rétabli la valeur de la spéculation et démontré l'entière certitude de ces grandes notions, base de toute la connaissance humaine : le moi, le monde extérieur, l'absolu, la substance, la cause et la fin. Unissons-nous à lui pour exalter l'idée du *bien*, sauf à l'abandonner quand il diminuera la portée de l'éloge qu'il vient d'en faire.

Les positivistes, qui ruinent toute morale aussi bien que toute métaphysique, célèbrent aussi l'idée du bien. « La fin dernière de l'éducation, dit Huxley après Mill, est de favoriser la moralité et le perfectionnement, en apprenant aux hommes à se discipliner, en les amenant à comprendre qu'on atteint la plus haute et la seule vraie satisfaction, non pas en se traînant avec la foule, en glissant sur les pentes de la sensualité, mais en s'efforçant de gravir les sommets où la raison plane dans un calme éternel et discerne l'indéfinissable mais radieux idéal du bien suprême : colonne de nuée pendant le jour, et de

---

(1) Kant, *Crit. de la raison pratique*, conclusion. Trad. Barni.

feu pendant la nuit (1). » Tyndall et Georges Elliot tiennent le même langage. Tant il est vrai que la loi morale a une irrésistible beauté, qu'elle s'impose à nous invinciblement, qu'elle tient aux entrailles mêmes de l'être humain !

II.

Pour la philosophie spéculative, on s'en souvient, la doctrine kantienne et la doctrine positive ne diffèrent guère que par des nuances. En morale, au contraire, une immense distance les sépare. Le devoir est absolu, dit Kant, il s'impose à la conscience sous la forme d'impératif catégorique ; austère, inflexible, sourd à la voix des penchants, il parle en maître et entend être obéi sans réserve ni discussion.

« Devoir ! mot grand et sublime, toi qui n'as rien d'agréable ni de flatteur, et commandes la soumission... en proposant une loi qui, d'elle-même, s'introduit dans l'âme et la force au respect (sinon toujours à l'obéissance) ; et devant laquelle se taisent tous les penchants, quoiqu'ils travaillent sourdement contre elle ; quelle origine est digne de toi ? où trouver la racine de ta noble tige, qui repousse fièrement toute alliance avec les penchants, cette racine où il faut placer la condition indispensable de la valeur que les hommes peuvent se donner à eux-mêmes (2). »

Dans son enthousiasme pour le devoir, Kant en fait

---

(1) Cité par Mallock, *Vivre : la vie en vaut-elle la peine ?* ch. II.
(2) *Crit. de la raison prat.*, 1ʳᵉ partie, l. I, ch. III. Trad. Barni.

l'unique principe de nos actions, et en vient jusqu'à exclure tout autre motif, même *partiel*, d'utilité ou de plaisir, comme étranger sinon hostile à la moralité. « Il n'y a que ce qui est lié à ma volonté comme principe..., ce qui ne sert pas mon inclination, mais en triomphe, ou du moins l'exclut entièrement de la délibération, qui puisse être un objet de respect et en même temps un ordre. Or, si une action faite par devoir exclut nécessairement *toute* influence des penchants,... il ne reste plus rien pour déterminer la volonté, sinon, objectivement, la *loi*, et subjectivement, le *pur respect* pour cette loi pratique (1). »

La doctrine des positivistes ne renferme absolument rien qui ressemble à l'austérité inflexible du Philosophe de Kœnigsberg. Sur la question du bien, ils se sont divisés en deux camps : les uns, modifiant légèrement l'opinion de Smith et de Hutcheson, le font consister dans un sentiment de sympathie pour nos semblables, les autres dans l'utilité commune ou l'avantage de l'espèce.

Au nombre des premiers on distingue Bain et Spencer. Ce dernier admet trois sortes de sentiments : les sentiments *égoïstes*, les sentiments *ego-altruistes* et les sentiments purement *altruistes*. Les sentiments de la première et de la seconde catégorie se trouvent chez l'animal et chez l'enfant, ceux de la troisième appartiennent en propre à l'homme, surtout à l'homme cultivé et civilisé.

(1) *Métaphys. des mœurs*, 1re section, et *Crit. de la raison prat.*, 1re partie, l. I, c. I et III.

Par l'égoïsme, l'individu ne considère que lui seul ; l'ego-altruisme, comme le mot l'indique, est un mélange d'égoïsme et d'altruisme ; l'altruisme pur est une sorte d'oubli de soi-même et de dévouement pour les autres. « Par une évolution lente et progressive, l'homme s'élève successivement des premiers sentiments aux seconds et des seconds aux troisièmes. Ils sont d'autant plus parfaits qu'ils sont davantage *représentatifs*. La conscience du juste et de l'injuste, telle qu'elle existe chez les hommes non-civilisés ou à demi-civilisés, et même en une grande proportion chez les hommes de notre âge les plus civilisés de tous, prend son origine dans les sentiments ego-altruistes (1). »

A cette période, la morale est variable et locale, elle dépend des croyances théologiques et des circonstances sociales. « C'est pour cette raison que le critérium du juste et de l'injuste a été et est encore si différent dans les différentes sociétés. Evidemment, tout le temps que les émotions excitatives ou coercitives n'ont pas d'autres causes déterminantes que les manifestations réelles ou idéales d'approbation ou de désapprobation humaine ou divine, les notions du juste et de l'injuste doivent dépendre avec les sentiments correspondants des traditions théologiques et des circonstances sociales (2). »

Au contraire, les sentiments altruistes, plus représentatifs et plus indépendants, donnent naissance à

---

(1) *Principes de Psychologie*, t. II, 8ᵉ part., ch. VII.
(2) Ibid.

une morale plus stable et plus universelle. « Si les formes temporaires de conduite nécessitées par les besoins sociaux font naître des idées temporaires du juste et de l'injuste, avec des excitations de sentiments correspondantes, on peut en inférer avec clarté que les formes permanentes de conduite nécessitées par les besoins sociaux feront naître des idées permanentes du juste et de l'injuste, avec les excitations de sentiment correspondantes (1). »

Au reste, les sentiments ego-altruistes peuvent rendre à la société des services très appréciables. « L'amour de la gloire a été un stimulus précieux par le perfectionnement de l'art militaire, et par conséquent pour la conservation nationale. Le désir de l'approbation, en adoucissant le conflit des individus, a tendu fortement à faciliter la coopération. La crainte des reproches, d'une part, en réprimant la lâcheté dans les combats, d'autre part, en restreignant les agissements funestes à la vie sociale, a contribué à servir l'avantage des particuliers et celui de l'Etat (2).»

Parmi les formes principales que revêt le sentiment altruiste se placent la générosité, la pitié, la sympathie pour la faiblesse ou la souffrance. « Mais la plus noble de toutes et la plus complexe est le sentiment de la *justice*. Ce sentiment ne consiste évidemment pas en représentations de simples plaisirs ou de simples peines que les autres éprouvent; mais il consiste en représentations de ces émotions que les

(1) *Principes de Psychologie*, t. II, 8° part., ch. VII.
(2) Ibid.

autres ressentent quand on empêche ou qu'on laisse se manifester en eux, réellement ou en perspective, les activités par lesquelles les plaisirs sont recherchés et les peines écartées. »

Toutes ces notions sont acquises d'une façon éminemment scientifique, car elles relèvent de l'expérience jointe à l'hérédité. « Marquons maintenant combien est erronée la croyance que l'évolution de l'intelligence par les effets accumulés et héréditaires des expériences, ne peut produire des sentiments moraux permanents et universels avec les principes moraux correspondants. Tandis que, comme nous l'avons vu, les sentiments ego-altruistes s'ajustent aux divers modes de conduite requis par les circonstances sociales en chaque lieu et à chaque époque, les sentiments altruistes s'ajustent aux modes de conduite qui sont avantageux d'une manière permanente, parce qu'ils se conforment aux conditions requises pour la plus haute prospérité des individus dans l'état de société (1). »

La plupart des autres positivistes, Huxley, Stuart Mill, Littré, Taine, ont repris la théorie de l'utile, soutenue par Bentham. L'homme n'a qu'un but, le bonheur, et le seul bonheur véritable, c'est le bien être temporel, matériel, puisqu'il n'y a rien de réel hors de là. On peut, d'après Huxley, « distinguer deux sortes de morale, la morale *sociale*, et la morale *personnelle* ou individuelle : La première a pour crité-

---

(1) *Principes de Psychologie*, t. II, 8ᵉ part., ch. VIII.

rium le bonheur de la société ; la seconde se rapporte au bonheur de l'individu. Mais comme l'individu est pour la société, le bien social devient le véritable objet de la morale. « Donc tout se réduit à cette règle : Etant donnée une certaine société d'êtres humains, placée en des circonstances déterminées, on demande à savoir si une action particulière d'un de ses membres tendra à accroître ou non le bonheur général. La question relève d'une connaissance naturelle, et, comme telle, elle peut légitimement fournir un sujet d'enquête scientifique... Qu'on nous montre que le vol, le meurtre ou l'adultère, ne tendent pas à diminuer le bonheur de la société, alors, en tenant uniquement compte de la connaissance naturelle, on n'y verra pas des immoralités sociales (1). »

Stuart Mill professe absolument la même doctrine : « Faites à autrui ce que vous voudriez qu'on vous fît ; cette règle d'or de Jésus de Nazareth est la plus parfaite expression de la morale utilitaire. » La moralité individuelle n'est que « l'appropriation de l'individu au milieu social, et le droit peut se définir « un pouvoir que la société a intérêt à confier à l'individu (2). »

En résumé, les actions sont déclarées bonnes ou mauvaises par la conscience humaine, interprète de l'utilité générale, selon qu'elles tendent à développer le bonheur de tous ou à le contrarier : il n'y a de

---

(1) Cité par Mallock, op. cit., ch. II.
(2) *Utilitarisme ou Théorie du Bonheur.* Pour Littré, voir : *Origine organique de la morale;* et pour Taine : *Les Philosophes classiques au XIX° siècle,* ch. XI, p. 3.

bien que ce qui favorise cette tendance, et de mal que ce qui lui fait obstacle. La vertu pouvant contribuer à l'utilité sociale, garde, à ce titre seulement, sa place dans la morale nouvelle.

III.

Il est temps d'apprécier à leur juste valeur les divers systèmes que nous venons de rapporter. Commençons par celui de Kant.

Nous l'avons déjà dit, nous sommes d'accord avec lui quand il relève le caractère absolu du bien et du devoir, qu'il exalte la bonne volonté et qu'il combat avec force la théorie des penchants et de l'utile.

Néanmoins la morale de Kant n'est point aussi pure que plusieurs modernes semblent le croire.

Et d'abord le Philosophe allemand établit un abîme entre la raison spéculative et la raison pratique. Il renverse la première et croit relever d'autant la seconde. Or il se trouve qu'il n'y a pas dans l'homme deux raisons, mais une seule qui, par conséquent, doit être bonne ou mauvaise, légitime ou sans valeur, aussi bien dans l'ordre spéculatif que dans l'ordre pratique. On me déclare incapable de connaître le vrai; mais alors d'où pourrait me venir le pouvoir de connaître le bien? La raison théorétique est toute subjective, dites-vous; mais pourquoi n'en serait-il pas de même de la raison pratique? La seconde n'est-elle pas au même titre que la première, une faculté humaine et individuelle?

Au reste, les admirateurs de Kant ont eux-mêmes reconnu tout ce qu'il y avait de gratuit et de mal fondé dans cette partie de la doctrine du Maître, à laquelle il attachait pourtant une si grande importance. M. Renouvier, entre autres, a parfaitement montré la contradiction qui ruine l'une par l'autre les deux Critiques.

« La séparation de la raison théorique et de la raison pratique, rigoureusement posée et maintenue par Kant, a pour effet de placer la vérité dans l'incompréhensible agencement de deux systèmes qui se détruisent mutuellement. Kant a fait de l'homme deux hommes en lui : un qui croit nier nécessairement pour la logique, l'autre qui veut affirmer pour la morale... La raison théorique et la raison pratique contractent de leur séparation un vice égal (1). »

En second lieu, Kant a voulu faire reposer le dogme sur la morale, au lieu d'établir la morale sur le dogme. Mais il a lui-même singulièrement restreint la portée de la raison pratique, puisqu'il refuse de lui attribuer une connaissance proprement dite, et qu'il la fait relever de la *foi*, des dispositions particulières du sujet, et non de l'évidence ou de la science. « A la vérité, personne ne pourra se glorifier de *savoir* qu'il y a un Dieu et une vie à venir; car, s'il le savait, il serait précisément l'homme que je cherche depuis si longtemps. Tout savoir peut être communiqué aux autres, et, par conséquent, je pourrais espérer de voir

---

(1) *Essais de Critique*, t. II, p. 217-223.

mon savoir s'étendre d'une manière vraiment admirable par l'entendement que me donnerait un tel homme. Mais non, la conviction n'est pas ici certitude *logique*, mais certitude *morale*, et comme elle repose sur des principes subjectifs (le sens moral), je ne puis pas même dire : *il est moralement certain*, etc. (1). »

« Comme la raison pratique ne nous apprend rien, sinon que ces concepts sont réels et que leurs objets (possibles) existent réellement (Dieu, la liberté et la vie future), et que nous n'avons aucune intuition de ces objets, cette réalité qu'on leur accorde ne peut donner lieu à aucune proposition synthétique. Par conséquent, nous n'étendons point par là notre connaissance au point de vue de la spéculation, mais seulement par rapport à l'usage pratique de la raison pure. Les trois idées de la raison spéculative, dont il s'agit ici, *ne sont pas par elles-mêmes des connaissances, mais des pensées (transcendantes)*, qui ne contiennent rien d'impossible. Elles reçoivent d'une loi pratique apodictique, comme conditions nécessaires de la possibilité de ce que cette loi nous ordonne de prendre pour objet, de la réalité objective, c'est-à-dire que nous apprenons de cette loi qu'elles ont des objets, *mais sans pouvoir montrer comment leur con-*

---

(1) *Crit. de la raison pure*, t. II, *Méthodolog. transcendent.*, sect. 3º. Trad. Tissot. — Et encore : « Je me vois forcé par ma fin, suivant les lois de la liberté, à reconnaître *possible* un souverain bien dans le monde, mais je ne puis forcer aucun autre à y croire par des raisons. » (*Logique*, Introd.; § 9.)

cept se rapporte à un objet, et ce n'est pas encore là une connaissance de ces objets (1). »

Ainsi l'existence de Dieu, de la liberté et de l'autre vie, ne sont point objet de *science*, mais de *foi* seulement. L'ordre moral ordonne de les admettre (*les postule*), mais il n'apporte sur ces réalités aucune lumière : il faut croire qu'elles sont, sans rien savoir de ce qu'elles sont.

Au reste, Kant trouve qu'il vaut bien mieux que l'ordre moral soit enveloppé de ténèbres que s'il était environné de lumière ; grâce à cette obscurité qui le dérobe à la science, notre foi en lui est méritoire. Sans cela notre conduite serait machinale, notre intention cesserait d'être pure et désintéressée. « A la place de cette lutte que l'intention morale a maintenant à soutenir avec les penchants... Dieu et l'éternité, avec leur majesté redoutable, seraient sans cesse devant nos yeux (car ce que nous pouvons parfaitement prouver a pour nous une certitude égale à celle des choses dont nous pouvons nous assurer par nos yeux). Nous éviterions sans doute de transgresser la loi, nous ferions ce qui est ordonné ; mais comme l'*intention* d'après laquelle nous devons agir ne peut nous être inspirée par aucun ordre, tandis qu'ici l'aiguillon de notre activité serait devant nous, qu'il serait *extérieur*, et que, par conséquent, la raison ne chercherait plus seulement dans une vivante représentation de la dignité de la loi une force de ré-

---

(1) *Crit. de la raison prat.*, 1re part., l. II, ch. VII. Trad. Barni.

sistance contre les penchants, la plupart de nos actions, extérieurement conformes à la loi, seraient dictées par la crainte..., la conduite de l'homme dégénérerait en un pur mécanisme, où, comme dans un jeu de marionnettes, tout gesticulerait bien, mais où l'on chercherait en vain la vie sur les figures. Or, comme il en est tout autrement, comme malgré tous les efforts de notre raison..., le Maître du monde nous laisse plutôt *conjecturer* qu'*apercevoir* et *prouver clairement* son existence et sa majesté, comme, au contraire, la loi morale qui est en nous, *ne nous fait aucune promesse ni aucune menace positive*, il peut y avoir une intention véritablement morale (1). »

Qu'on nous permette de le dire, l'Auteur de la *Raison pratique*, trop habitué aux spéculations abstraites, nous paraît se faire une idée peu exacte de la nature humaine, telle que nous l'avons sous les yeux. Il croit que si nous avions l'entière certitude de l'existence de Dieu et de l'autre vie, des récompenses et des peines, nous serions nécessités à bien faire, la pensée de ces grands objets étant sans cesse présente à nos yeux. Hélas ! nous voyons tous les jours le contraire se produire. Il s'en faut bien que cette pensée demeure toujours devant notre regard, et que les promesses ou les menaces de l'autre vie, réservées à un avenir qui nous semble lointain, réduisent au silence les séductions de la vie présente et nous imposent le bien par une sorte de contrainte.

---

(1) *Crit. de la raison prat.*, l. II, c. II, n. 9. Trad. Barni.

Pour nous, notre inquiétude est bien différente de celle de Kant. En voyant combien l'homme, aux prises avec sa faiblesse et ses penchants, a de peine à demeurer fidèle au parti du devoir, malgré l'absolue certitude où il est de Dieu et de l'autre vie, nous ne pouvons nous empêcher de croire que, si cette lumière venait à s'obscurcir tout à coup, et que si le doute pouvait atteindre les principes fondamentaux sur lesquels repose la morale, cette dernière serait exposée d'avance à une ruine définitive. L'homme n'a pas trop de tous les moyens dont il dispose pour éviter le mal et faire le bien, il n'est pas si fort que vous le faites, gardez-vous de l'affaiblir davantage.

De même, Kant commet une exagération évidente et des plus funestes, en écartant de l'acte moral tout motif intéressé, fût-il partiel et secondaire. *Le devoir pour le devoir et pour lui seul*, non pas une fois, mais toujours, cela sans doute est grand et beau. Mais est-ce nécessaire? Est-ce humain? Est-ce possible?

On ne saurait trop recommander l'amour pur du bien et du devoir, fallût-il sacrifier à cet amour tous les avantages et tous les plaisirs du monde, même de la vie :

> Summum crede nefas vitam præferre pudori,
> Et propter vitam vivendi perdere causam.

Mais si, par quelque heureuse rencontre, mon intérêt s'accorde avec le bien, je devrai donc le regretter, me voiler la face, à l'exemple de ce fier romain qui, se considérant comme un esclave, repoussa sans pitié sa femme et ses enfants ?

> Fertur pudicæ conjugis osculum
> Parvosque natos, ut capitis minor,
> A se removisse, et virilem,
> Torvus, humi posuisse vultum.

Mon ardent amour pour le bien, fait que j'éprouve du plaisir à le poursuivre et à l'atteindre. Ce plaisir est-il malsain ? J'ai beau chercher, ma conscience n'a aucun scrupule et ne m'adresse sur ce point aucun reproche.

« Ce n'est certainement pas un avantage pour les vérités morales, observe justement Schiller, que d'avoir contre soi les sentiments que l'homme peut s'avouer sans rougir... Si, dans l'ordre moral, la nature sensible n'était jamais que le parti opprimé, et non un allié,... comment pourrait-elle s'associer de toute l'ardeur de ses sentiments à un triomphe qui ne serait célébré que sur elle ? Comment pourrait-elle s'intéresser si vivement à la satisfaction du pur esprit, si en fin de compte elle ne pouvait se rattacher à ce pur esprit par un lien tellement étroit, qu'il n'est pas possible, même à l'analyse de l'intelligence, de l'en séparer sans violence ?... L'homme doit obéir à sa raison avec un sentiment de joie. Ce n'est pas pour la rejeter loin de lui comme un fardeau, ni pour s'en dépouiller comme d'une enveloppe trop grossière ; non, c'est pour l'unir, de l'union la plus intime, avec son moi, avec la partie la plus noble de son être, qu'une nature sensible a été associée en lui à sa nature purement spirituelle... (1). »

Soyez rigoureux envers la sensibilité quand la raison l'ordonne, quand le devoir l'exige, à la bonne heure ; mais lorsque, loin de se présenter en ennemie, elle vient en alliée, pourquoi la repoussez-vous ?

Non, la crainte n'est pas essentiellement mauvaise, et l'espérance n'est pas défendue. L'Ecriture regarde la crainte « comme le commencement de la sagesse : « *Initium sapientiæ timor Domini,* » et quand le sentier de la vertu nous paraît âpre, l'Eglise, interprète de l'Evangile, nous permet, nous ordonne même de regarder le ciel.

Cette vue inspire aux bons une nouvelle ardeur, elle ranime les faibles et pousse les méchants à sortir de l'abîme. Voilà les services que l'intérêt personnel peut rendre à la cause du bien (2).

Dans la condition présente de la nature humaine, personne, observe S. Thomas, ne saurait demeurer longtemps sans quelque plaisir : si on lui interdit même les plaisirs de l'ordre spirituel, il se tournera vers les plaisirs des sens, et c'est tout ce que la morale y aura gagné (3).

Ne dites pas que, s'il en est ainsi, la vertu cesse

---

(1) *Esthétique, de la grâce et de la dignité de la grâce.*
(2) Cf. Th. Reid, *Essais sur les facultés actives,* 3º essai, part. IIIº, c. VIII.
(3) « In moralibus est quædam delectatio bona, secundum quod appetitus superior aut inferior requiescit in eo quod convenit rationi. » (S. Th., 1a 2æ, q. XXXIV, a. 1. c. et a. 2, c.) — « Illi qui non possunt gaudere in spiritualibus delectationibus, transferunt se ad corporales, secundum Philosophum. » (2a 2æ, q. XXXV, a. 4, ad 2.)

d'être voulue pour elle-même, ce qui est contraire à sa dignité. Comme l'enseigne S. Thomas, il y a des choses que l'on désire pour elles-mêmes, à cause de leur bonté intrinsèque, alors même qu'on n'en devrait retirer aucun profit, et, cependant, on peut les désirer aussi pour un autre bien, parce qu'elles conduisent à quelque chose de plus parfait. C'est de cette manière qu'il faut aimer la vertu pour elle-même, et cela suffit à la nature de l'honnête (1).

Nous aurions encore à relever dans la morale kantienne plusieurs autres principes défectueux. N'en signalons qu'un particulièrement dangereux, à l'aide duquel il établit en quelque sorte un mur de séparation entre l'*éthique* et le *droit*. D'après Kant — et son opinion a reçu le meilleur accueil des rationalistes modernes — le droit n'a rien à démêler avec la morale. Celle-ci ne regarde que le for intérieur, et celui-là n'a pour objet que le for extérieur. Elle dit ce qui est bien ou mal en soi, et le droit définit ce qui appartient à la légalité. Comme si la légalité pouvait se dispenser d'être morale, comme si la loi pouvait imposer ce qui est en désaccord avec la conscience, comme si le domaine de l'honnête ne s'étendait pas au dehors aussi bien qu'au dedans !

(1) « Quædam appetuntur et propter se, in quantum habent in seipsis aliquam rationem bonitatis, etiamsi nihil aliud boni per ea nobis accideret, et tamen sunt appetibilia propter aliud, in quantum scilicet perducunt nos in aliquod bonum perfectius. Et hoc modo virtutes sunt propter se appetendæ. Et hoc sufficit ad rationem honesti. » (2ª 2æ, q. CXXXXV, a. 1, ad 2.)

IV.

La morale, on vient de le voir, ne proscrit pas le sentiment et le plaisir d'une manière absolue. Elle peut même les faire servir à ses fins et les employer comme un stimulant très efficace.

Cependant, vouloir, comme les Ecossais et certains positivistes, faire reposer sur le sentiment la morale tout entière, serait pour le moins une erreur aussi regrettable et aussi funeste.

Sur ce point, nous sommes tout à fait de l'avis du Philosophe de Kœnigsberg. Il estime que faire appel au sentiment, au lieu de recourir aux lumières de la raison, quand il s'agit du fondement de la morale, c'est faire preuve « de faiblesse d'esprit. »

« Quant au *sentiment moral*, quelque faiblesse d'esprit que montrent en l'invoquant ceux qui, *faute d'être capables de penser*, croient pouvoir appeler le sentiment à leur aide, même lorsqu'il s'agit de lois universelles, et quoique des sentiments qui diffèrent infiniment les uns des autres par le degré de leur nature ne puissent guère donner une mesure égale du bien et du mal, et que celui qui juge par son sentiment n'ait pas le droit d'imposer ses jugements aux autres, ce prétendu sens spécial se rapproche davantage de la moralité... que la considération de l'utile (1). »

---

(1) *Métaphysique des mœurs*, 2ᵉ sect. Trad. Barni, p. 93.

En effet, en vertu de quelle raison recourrait-on au sentiment pour savoir si une chose est bonne ou mauvaise? Est-il d'ordinaire interrogé et consulté quand il s'agit de distinguer le vrai du faux, la certitude de l'erreur? Le bien n'a-t-il au même titre que le vrai, des caractères propres qui permettent de le reconnaître et de le distinguer du mal? Ou bien la raison, dont on admet la valeur en face de la vérité, perdrait-elle toute compétence en face de l'honnête et du juste?

Non, sans doute, je ne saurais demeurer insensible en présence d'un acte héroïque ou d'un crime. Je suis transporté d'admiration ou saisi d'horreur. Mais ce sentiment m'empêche-t-il de saisir du premier regard de l'esprit ce qu'il y a de noble dans un cas et d'odieux dans l'autre? Et cette vivacité du sentiment, de la sympathie ou de l'antipathie, n'est-elle pas un effet, au lieu d'être une cause?

Certains auteurs, d'ailleurs très bien intentionnés, ont cru relever le bien en lui donnant pour unique juge le sentiment. L'approbation empressée des positivistes n'a que trop montré qu'ils faisaient fausse route.

Qu'est-ce que le sentiment, sinon une émotion? Or, qui voudra soutenir qu'une émotion par elle-même soit une lumière? Un enfant, un ignorant n'est-il pas capable d'émotion aussi bien que le savant, que le philosophe, que le théologien? Pour savoir si tel acte est juste ou injuste, suffira-t-il de mettre la main sur le cœur de l'enfant, de l'ignorant, qui aura été témoin de cet acte? Mais alors la morale devient une science singulièrement facile, et l'on n'a que faire des profondes réflexions du penseur, des patientes études du savant, de la longue expérience du vieillard.

Prendre le sentiment pour juge suprême, en matière de morale, c'est-à-dire dans la matière la plus délicate et qui demande le plus de sang-froid, et où les passions ont tant d'intérêt à obtenir une sentence favorable, c'est exposer les mœurs aux plus grands périls. D'ordinaire, un bon juge n'est pas celui qui est le plus ému, mais au contraire celui qui se possède le mieux et qui consulte sa raison plutôt que son cœur.

La morale, autant sinon plus que tout autre science, a besoin de principes arrêtés, universels, immuables. Le sentiment ne saurait fournir de tels principes. Par son essence, il est chose subjective, relative et variable. Placez plusieurs personnes en présence d'un même acte : leurs émotions seront bien différentes, suivant qu'elles seront plus ou moins directement intéressées. Tout le monde blâme l'homicide et le vol. Mais croyez-vous que notre impression sera la même, si la personne tuée ou volée est pour vous une inconnue, et pour moi une amie? — Le sentiment tient souvent à des circonstances subjectives et accessoires, assez étrangères à la moralité absolue de l'acte dont on est témoin. Bien plus, le tempérament, l'organisme, l'âge lui-même a une assez grande part dans nos affections. L'enfant, le jeune homme, la femme ressentent des émotions bien plus vives que l'homme; sont-ils meilleurs juges que lui du devoir et du droit?

L'homme le moins impressionnable n'est pas absolument à l'abri des variations du sentiment; le même acte, en des temps différents, ne produit pas en lui le même effet; l'habitude, sans rien changer à sa manière de voir, modifie beaucoup sa manière de sentir.

Veut-on qu'il y ait autant de morales que d'individus, et que, pour la même personne, l'honnête change avec les années et les jours, et dépende des mille impressions contraires qui l'agitent tour à tour et en font un être essentiellement contingent, mobile, ondoyant et divers?

Rien de plus vrai que le jugement porté par Royer-Collard sur le sujet qui nous occupe.

« Que la morale soit toute dans le sentiment, rien n'est bien, rien n'est mal en soi : le bien et le mal sont relatifs : les qualités des actions humaines sont précisément telles que chacun les sent : la même action est à la fois bonne, indifférente et mauvaise, selon l'affection du spectateur. Faites taire le sentiment, les actions ne sont que des phénomènes physiques : l'obligation se résout dans les penchants, la vertu dans le plaisir, et l'honnête dans l'utile. C'est la morale d'Épicure (1). »

Ces dernières paroles s'appliquent tout particulièrement à la théorie du sentiment, telle que Littré, Taine et Spencer nous la proposent. Pour ces auteurs, la psychologie n'est qu'une extension de la physiologie, et le sens moral une évolution progressive des sens

---

(1) *Œuvres de Th. Reid*, t. III, p. 410, 411.

internes. « Le procédé qui produit les phénomènes moraux, assure Littré, est analogue à celui qui produit les phénomènes intellectuels ; des deux parts il y a un apport sur lequel le cerveau travaille..., cet apport est l'œuvre des sens externes, pour les phénomènes intellectuels *ou idées*; il est l'œuvre des sensations internes, pour les phénomènes moraux ou *sentiments*. Dans les deux cas, le cerveau est organe élaborateur (1). »

Et M. Taine : « Quoique les moyens de notation ne soient pas les mêmes dans les sciences morales que dans les sciences physiques, néanmoins, comme dans les deux, la matière est la même et se compose également de forces, de directions et de grandeurs, on peut dire que, dans les unes et dans les autres, l'effet final se produit d'après les mêmes règles (2). »

Pour Spencer, il applique pareillement à la morale son système de l'évolution universelle, et les sentiments altruistes ou ego-altruistes tirent leur source de l'égoïsme.

L'animal lui-même, bien que plus égoïste que l'homme, est cependant capable de sympathie et d'altruisme, et si nous pouvons nous élever plus haut que l'animal, c'est grâce à l'instinct de sociabilité plus développé chez nous que chez lui. La particularité, très sensible au point de départ, fait place à la généralité croissante de l'instinct qui s'étend par degrés de la famille à la tribu, de la tribu à la patrie, à la

---

(1) *Revue positive*, janvier 1870.
(2) *Hist. de la littér. anglaise*, introd., p. 31.

race, à l'humanité. Mais en acquérant ce caractère de généralité, le phénomène n'a pas perdu sa nature; il il reste ce qu'il était à l'origine. La moralité n'est que le plus haut degré de la sociabilité, le sens moral est une simple transformation des instincts sociaux. L'impulsion instinctive peu à peu changée en sentiment moral, par la réflexion et par l'habitude du langage, puis confirmée par l'hérédité et la tradition, devenant enfin l'opinion publique de la communauté, laquelle approuve et consacre telle ou telle conduite comme plus noble et plus en harmonie avec le bien de tous, voilà, d'après l'Ecole nouvelle, l'histoire fidèle de l'idée du bien.

On le voit, c'est le transformisme appliqué à la vertu.

Nous n'avons point l'intention de combattre ici ce système par des arguments généraux ; bornons-nous à constater, en ce qui concerne l'idée du bien, qu'il ne s'accorde ni avec l'histoire, ni avec la conscience, ni avec la raison. L'histoire n'établit pas que l'homme se soit d'abord confondu avec l'animal, et qu'à l'origine il n'ait connu d'autre loi que celle de l'égoïsme brutal.

D'un autre côté, quand je suis témoin d'une mauvaise action, ce qui est froissé en moi ce n'est point l'instinct de socialité, c'est un sentiment d'un autre ordre, infiniment plus délicat et plus profond, l'instinct de l'honnête.

Sans doute, il est des actes contraires au bien social, et qu'à ce titre la société doit proscrire. Mais il en est d'autres que ma conscience déclare bons ou mauvais en eux-mêmes, indépendamment des conséquences qu'ils peuvent entraîner au point de vue social et sans rechercher quelle impression favorable ou défavorable ils pourraient faire sur les autres hommes.

Au surplus, en passant du *fait* au *droit* et au *devoir*, l'école empirique tente de passer un abîme absolument infranchissable. L'expérience me montre bien comment les hommes se conduisent, mais elle ne me dit pas comment ils doivent se conduire, et ce dernier point est toute la morale. Si j'observe les actions des hommes simplement pour les connaître, pour les contempler en psychologue ou en artiste, avide de ce spectacle, je pourrai écrire une page fort intéressante, je serai peut-être Théophraste ou La Bruyère, mais je ne serai ni Aristote, ni S. Thomas, ni Kant, je serai demeuré en dehors de la science des mœurs. Les positivistes observent des faits humains, et composent une histoire naturelle de l'homme, à peu près comme une histoire naturelle des animaux; mais l'histoire n'est pas la morale; celle-là est relative, contingente, mobile, celle-ci est absolue, nécessaire, invariable; la première dit ce qui *est*, la seconde ce qui *doit* être ou ne pas être.

Quand on a traversé tant de systèmes, à la fois si humiliants pour la dignité de l'esprit humain et si contraires à toute saine morale, on éprouve un plaisir fortifiant à entendre le langage de la raison. Donnons la parole à S. Thomas d'Aquin, le moraliste par excellence de la philosophie chrétienne.

« Pour tout être, le bien c'est ce qui est en harmonie avec sa nature; mais la nature de l'homme c'est d'être une créature raisonnable. Ce qui s'accorde avec la raison, voilà donc le bien ; ce qui est contraire à la raison, voilà le mal de l'homme. Par conséquent les actes humains sont bons ou mauvais suivant que leur objet se trouve en harmonie ou en opposition avec la raison. De là pour toute loi, l'absolue nécessité d'être conforme à la raison, bien plus d'être une émanation de la raison elle-même. Car la loi est la mesure des actes humains, puisqu'il lui appartient de prescrire les uns et de défendre les autres. Mais la règle ou la mesure des actes humains, c'est la raison, qui est le premier principe de l'activité humaine (1). »

Recueillons ces axiomes d'un moine du XIII° siècle : *La loi est une émanation de la raison;* « *quædam rationis ordinatio,* » et non un arrêté arbitraire du prince : « *quod principi placuit legis habet vigorem,* » et pas davantage le bon plaisir de la multitude ou d'une majorité de rencontre. Le premier principe des actes humains, c'est la raison ! La raison, c'est-à-dire la lu-

---

(1) « In actibus bonum et malum dicitur per comparationem ad rationem; quia (ut Dionysius dicit [*De div. Nomin.* c. v] « bonum hominis est secundum rationem esse, malum autem quod est præter rationem; » unicuique enim rei est bonum quod convenit ei secundum suam formam, et malum quod est ei præter conditionem suæ formæ. Patet ergo quod differentia boni et mali circa objectum comparatur per se ad rationem, scilicet secundum quod objectum est ei conveniens vel non conveniens. » (1ª 2æ, q. XVIII, a. 5, c.). « Lex regula est et mensura actuum, secundum quam inducitur aliquis ad agendum, vel ab agendo retrahitur... Regula autem et mensura actuum humanorum est ratio, quæ est principium primum actuum humanorum... Ergo relinquitur quod lex sit aliquid ad rationem pertinens. » (1ª 2æ, q. XC, a. 1, c.)

mière, et non pas l'instinct aveugle, et non pas le sentiment, émotion passagère et subjective, qui n'a elle-même de noblesse et de valeur qu'autant qu'elle jaillit de la partie supérieure, éclairée de l'âme.

Et pour qu'un acte humain soit bon, il faut qu'il se présente au tribunal suprême de la raison, et que celle-ci, calme, sereine, étrangère à tout mouvement passionnel, à l'amour comme à la haine, à la sympathie, aussi bien qu'à l'antipathie, reconnaisse qu'il est correct, irréprochable, conforme à l'ordre. « *In actibus, bonum et malum dicitur per comparationem ad rationem.* »

Ne craignons plus les surprises du sentiment, la vivacité de l'émotion, les partialités de la sympathie et de l'antipathie, l'impressionnabilité de l'organisme ou de la partie inférieure de l'âme, la versatilité et les égarements de l'opinion, ce n'est point à de tels juges que nous avons confié la cause sacrée de la morale, de leur jugement aveugle ou précipité, nous en appelons à la raison : *Rationem appello.*

V.

Le système de l'utilité *commune*, seconde forme du positivisme en morale, nous fournira-t-il une base plus solide que le sentiment?

Faisons cet aveu : le sentiment est plus pur, plus digne d'une âme noble et désintéressée, mais l'utile est plus stable, plus facile à proposer à la majorité des hommes. De nos jours surtout, dans ce siècle peu accessible aux émotions délicates de la poésie, la morale aurait en sa faveur plus de chances de succès, en faisant appel à l'intérêt qu'en s'adressant au sentiment.

Aussi est-ce là une des raisons que les hommes *positifs* aiment le plus à faire valoir. Car, enfin, si la morale est véritablement une science pratique, il faut bien qu'elle soit praticable et humaine.

Et puis remarquez l'habileté avec laquelle on pare le système. Si l'on vous disait en face : le bien c'est le bien-être de chacun, et rien de plus, vous protesteriez avec énergie contre la morale de l'égoïsme, vous rappelleriez avec éloquence les droits de la générosité, la noblesse du dévouement, vous témoigneriez votre mépris pour les âmes vulgaires, incapables de s'élever au-dessus d'elles-mêmes, de dépasser la sphère étroite du sensible.

Aussi ne dit-on pas cela. On vous permet, on vous ordonne de garder toutes les grandes vertus, de vous oublier vous-même, de considérer le bien de l'espèce, d'employer toutes vos forces à procurer l'utilité commune. La morale est là tout entière : on n'enlève rien à sa beauté, on se borne à en élargir la base, à en assurer le fondement. Tyndall, après avoir rejeté la religion de ses jeunes années, assure « qu'il n'est aucune des expériences spirituelles qu'il connaissait alors, aucun accomplissement du devoir, aucune œuvre de miséricorde, pas un acte d'abnégation, pas une pensée solennelle, qu'il ne veuille garder encore. » De même, Mill déclare « qu'il faut proposer à l'homme un autre objet que son propre bonheur : le bonheur du genre humain. »

Et cependant, même ainsi amendé, le système soulève les objections les plus graves.

Je dois procurer le plus grand bien de tous, n'avoir en vue que les intérêts de ma famille, de ma patrie, du genre humain. Voilà, certes, une bien noble tâche, mais comment la remplir? Quoi! souvent j'ignore quel est mon plus grand intérêt dans le moment présent, et l'on veut que je connaisse encore celui de l'avenir, celui de mon pays, celui de tout le monde ! La morale est à ce prix! Mais alors qui donc sera sûr de remplir son devoir?

Cousin l'a remarqué : « Si le bien est cela seul qui doit être le plus utile au plus grand nombre, où trouver le bien et qui peut le discerner? Pour savoir si telle action que je me propose de faire est bonne ou mauvaise, il faut que je m'assure si, malgré son utilité visible et directe dans le temps présent, elle ne deviendra pas nuisible dans un avenir que je ne connais pas encore. Je dois rechercher si, utile aux miens et à ceux qui m'entourent, elle n'aura pas des contre coups fâcheux pour le genre humain, auquel je dois songer avant tout. Il importe que je sache si l'argent que je suis tenté de donner à cet infortuné qui en a besoin, ne serait pas plus utile autrement employé. En effet, la règle est ici le plus grand bien du plus grand nombre. Pour la suivre, quels calculs me sont imposés! Dans les ténèbres de l'avenir, dans l'incertitude des conséquences un peu éloignées de toute action, le plus sûr est de ne rien faire qui ne se rapporte à moi, et le dernier résultat d'une prudence si raffinée est l'indifférence de l'égoïsme (1). »

Ensuite, vous ordonnez à l'individu de n'avoir d'autre souci que celui du bien général. Au nom de qui? En vertu de quelle raison? Est-ce parce que le bonheur général ne peut manquer de tourner au bonheur individuel? Mais alors nous retombons dans l'égoïsme. Et pourquoi ne serais-je pas libre de chercher mon intérêt comme je l'entends?

Voulez-vous que l'individu sacrifie absolument son intérêt à l'intérêt de la communauté? Mais en vertu de quel droit pouvez-vous l'y contraindre? Oui le bien général est plus noble que le bien particulier, oui, en certaines circonstances, il faut que le second soit sacrifié au premier. Cependant l'individu est une fin et non un simple moyen, une personne et non une chose ; il a droit de s'occuper de son bien propre et de chercher les meilleurs moyens de l'atteindre, il n'appartient pas tout entier à la communauté ou à l'Etat, comme l'observe fort justement le Docteur Angélique : « *Homo non ordinatur ad communitatem secundum se totum, et secundum omnia sua* (2). » Au nom du droit de propriété et de la dignité personnelle, nous repoussons de toutes nos forces cette doctrine renouvelée du paganisme, et qu'on appelle la *Statolatrie*, l'idolâtrie de l'Etat.

Remarquez une autre conséquence de cette opinion.

---

(1) *Le vrai, le beau et le bien*, XIII° leçon.
(2) 1ª 2æ, q. XXI, a. 4, ad 3.

Si le bien est le plus grand intérêt de la communauté, la morale privée disparaît, il ne reste plus que la morale publique ou sociale. Que deviennent dans cette hypothèse les devoirs de l'homme envers Dieu et envers soi-même, c'est-à-dire les devoirs les plus sacrés et les plus nombreux ? Que faites-vous de toutes les vertus solitaires et intimes connues de Dieu seul et de la conscience ?

Vous supposez encore que l'utilité sociale s'accorde toujours avec l'honnêteté, mais cette supposition est-elle absolument légitime si l'utilité doit s'entendre de l'utilité temporelle et matérielle ? Non, assurément, car il pourrait arriver que certains moyens eussent une efficacité plus directe pour augmenter la puissance ou la fortune d'un Etat, et ne fussent pourtant pas absolument justifiables (1). Les Etats et les individus qui s'enrichissent le plus vite ne sont pas toujours les plus honnêtes.

Enfin, et c'est là notre dernier grief contre le système que nous combattons, générale ou privée, l'utilité ne change pas pour cela de nature ; elle reste ce qu'elle est par définition, un *moyen* et non pas un

---

(1) « Thémistocle propose aux Athéniens de brûler la flotte des alliés qui se trouvait dans le port d'Athènes et de s'assurer ainsi la suprématie. « Le projet est utile, dit Aristide, mais il est injuste, » et sur cette simple parole les Athéniens renoncent à un avantage qu'il faut acheter par une injustice. Remarquez que Thémistocle n'avait là aucun intérêt particulier ; il ne pensait qu'à l'intérêt de sa patrie. Mais eût-il hasardé ou donné sa vie pour arracher aux Athéniens un tel acte, il n'aurait fait que consacrer, ce qui s'est vu trop souvent, un dévouement admirable à une cause immorale en elle-même. » (Cousin, *Le vrai, le beau et le bien*, XIIIe leçon.

but, tandis que le bien est une *fin* qui se suffit à elle-même. *L'utile ne servant à rien,* c'est une contradiction dans les termes, toute sa valeur lui vient de la fin à laquelle il conduit. Mais la vertu inutile, au point de vue matériel, se conçoit parfaitement. C'est la gloire du bien comme du beau de renfermer son éclat en lui-même, de porter avec lui son prix et sa valeur, et de s'imposer à l'admiration de tous, dût-il n'entraîner aucun avantage, dût-il imposer de pénibles sacrifices.

« *Honestum id intelligimus,* dit Cicéron, *quod tale est, ut detracta omni utilitate, sine ullis præmiis fructibusve, per seipsum possit jure laudari* (1). »

Épicure avait loué la vertu comme un des moyens d'arriver au plaisir, mais l'orateur romain réplique en ces termes : « La raison regarde les vertus comme maîtresses de toutes choses, et vous en faites les satellites et les servantes de la volupté (2). »

(1) *De Fin. bon. et mal.*, l. II, c. 14.
(2) Ibid., c. 12. — S. Thomas a très bien saisi la ressemblance de l'honnête avec le beau, et sa différence d'avec l'utile : « Honestum est idem spirituali decori. Unde Augustinus dicit (quæst. lib. LXXXIII, quæst. 30) : Honestum voco intelligibilem pulchritudinem, quam spiritualem nos proprie dicimus » (2a 2æ, q. CXLV, a. 2, c.) — « Honestum dicitur, secundum quod aliquid habet quamdam excellentiam dignam honore, propter spiritualem pulchritudinem; delectabile autem, in quantum quietat appetitum; utile autem, in quantum refertur ad aliud. » (Ibid., a. 3, c.) — « Honestum dicitur quod propter se appetitur appetitu rationali, qui tendit in id quod est conveniens rationi. » (Ibid., ad 1.) — « Id quod appetitur ut ultimum terminans totaliter motum appetitus, sicut quædam res in quam per se appetitus tendit, vocatur honestum; quia honestum dicitur quod per se desideratur. » (1a, q. v, a. 6, c.) — « Utilia dicuntur quæ non habent in se unde desiderentur, sed desiderantur

En résumé, le bien comme le beau peut n'être pas utile, et réciproquement; et quand il est utile, c'est sous un rapport différent. Ce sont là des notions que la philosophie comme le sens commun doit continuer à distinguer avec soin.

Et l'Ecole a eu parfaitement raison quand, à la suite de S. Thomas, envisageant le bien dans son acception la plus générale, en tant qu'objet de l'appétit, elle l'a divisé en trois espèces différentes : l'*utile*, le *délectable* et l'*honnête* (1). L'honnête est quelquefois délectable et utile, mais assez souvent il n'est ni l'un ni l'autre.

Quand la Providence, pour gagner plus aisément notre cœur et pour condescendre dans une certaine mesure à notre faiblesse, réunit dans un seul et même objet ces trois propriétés, il faut lui en témoigner toute notre reconnaissance, en prenant garde toutefois de nous attacher plus à l'accessoire qu'au principal. Mais lorsqu'il lui plaît de séparer ces trois biens d'inégale valeur pour nous apprendre à les mieux distinguer, et qu'elle nous présente l'honnête dépouillé de tout avantage extérieur, sachons apprécier son austère beauté et l'embrasser avec amour.

VI.

La morale du sentiment et la morale de l'intérêt s'accordent sur un point; elles enlèvent à l'idée du

solum ut sunt ducentia in alterum, sicut sumptio medicinæ amaræ. » (Ibid., ad 2.)

(1) 1ª, q. v, a. 6, c.

bien tout caractère *absolu* pour en faire quelque chose de *relatif* et de mobile.

Une autre école est arrivée à la même conclusion avec des principes différents. Occam, Duns Scot, Gerson, Puffendorf et quelques autres philosophes ont fait dépendre le bien du seul bon plaisir de Dieu et l'ont rattaché à la *volonté* seule au lieu de le rapporter à la raison et à l'essence des choses. « La puissance divine, dit Scot, s'élève au-dessus de toutes les lois, et ces lois dépendent de la volonté divine, non pas même de l'entendement divin. Lorsque l'intelligence de Dieu présente à sa volonté une règle, cette règle est droite, juste et bonne, s'il plaît à sa volonté qu'elle le soit. Lui convient-il de changer la loi qu'il a établie ? il communique à la loi nouvelle, *par son seul décret*, toute la rectitude de la première. *La justice, la loi, c'est ce qui plaît à Dieu* (1). » — Gerson tient absolument le même langage : « Dieu ne veut pas certaines actions parce qu'elles sont bonnes, mais elles sont bonnes parce qu'il les veut, de même que d'autres sont mauvaises parce qu'il les défend » (2).

Descartes devait généraliser plus tard cette doctrine funeste, et faire dépendre toutes choses, sans exception, de la seule volonté de Dieu (3).

---

(1) *In I Sent.*, dist. 44, q. 1. — Scot excepte cependant (*in III Sent.* dist 37, q. 1) les deux premiers préceptes du Décalogue dont il veut bien reconnaître le caractère de nécessité.

(2) Opp. t. III, p. 13 et 26 ; édit. d'Anvers 1706 ; et opp. t. I, p. 147.

(3) « Vous me demandez, in quo genere causæ Deus disposuit æternas veritates ; je vous réponds que c'est in eodem genere causæ qu'il a créé toutes choses, c'est-à-dire ut efficiens et totalis causa...

Sans rechercher précisément si la distinction du bien et du mal est absolue ou relative, les traditionalistes, Pascal à leur tête, ont nié qu'elle fût connue de l'homme, ce qui conduit à peu près au même résultat. « Certainement s'il la connaissait, il n'aurait pas établi cette maxime, la plus générale de toutes celles qui sont parmi les hommes, que chacun suive les mœurs de son pays. L'éclat de la véritable équité aurait assujetti tous les peuples, et les législateurs n'auraient pas pris pour modèle, au lieu de cette justice constante, les fantaisies et les caprices des Perses et des Allemands. On la verrait plantée dans tous les États du monde et dans tous les temps, au lieu qu'on ne voit presque rien d'injuste ou de juste qui ne change de qualité en changeant de climat. Trois degrés d'élévation du pôle renversent toute la jurisprudence. Un méridien décide de la vérité; en peu d'années de possession les lois fondamentales changent; le droit a ses époques (1). »

La théorie qu'on vient de lire porte également atteinte à la morale et à la raison humaine.

Elle renverse une distinction universellement reconnue et d'une haute importance : la distinction entre le droit *naturel* et le droit *positif*. Le premier repose sur l'essence des choses, le second dépend de

---

Vous me demandez aussi qui a nécessité Dieu à créer ces vérités, et je dis qu'il a été aussi libre qu'il ne fût pas vrai que toutes lignes tirées du centre de la circonférence fussent égales, comme de ne pas créer le monde. » (*Lettre* 45º, 48º, 71º. — Rép. aux 6ᵉˢ object. n. 2.)

(1) *Pensées*, ch. XVIII, art. 3, n. 13, édit. Frantin.

la libre volonté du législateur. Or dans le système de nos adversaires, il n'y a plus de droit naturel, il ne reste plus que le droit positif : « *Cum autem sit duplex jus*, dit S. Thomas, *scilicet naturale et positivum, naturali repugnat quod secundum se est malum, positivo autem repugnat quod est malum, quia prohibitum* (1). »

D'où cette conséquence, que rien n'étant bien, rien n'étant mal en soi, on pourrait, suivant les circonstances, se dispenser de n'importe quel principe de morale : tout dépendra des avantages et des inconvénients pratiques, et le fameux précepte : *Lex positiva non obligat cum tanto incommodo*, deviendra une maxime universelle, devant laquelle tout commandement cédera tour à tour.

D'ailleurs le relativisme s'appuie sur ce principe erroné que la volonté divine ou humaine, fait à elle seule toute la distinction du vrai et du faux, du bien et du mal.

Sans doute, dans nombre de cas, la volonté du législateur divin, ecclésiastique ou civil, suffit à porter un commandement, à déterminer une obligation. *Bona vel mala, quia præcepta vel prohibita*. Et cependant, même alors, on désire que la volonté s'inspire de la raison, repose sur un motif suffisant, intrinsèque ou extrinsèque.

Mais, en thèse générale, le vrai et le faux, le bien le mal ne dépendent pas du simple décret de la vo-

---

(1) *Comment. in 1am epist. ad Timoth.*, c. I, lect. 3ª.

lonté, ils reposent sur la nature des choses. S. Thomas regarde avec raison comme tout à fait fausse, l'opinion qui essaie de tout expliquer par la volonté divine (1).

Ma raison ne saurait attribuer un caractère relatif et provisoire aux principes de la métaphysique et des mathématiques; ils ont une valeur universelle et absolue, rien ne pourra jamais prévaloir contre eux; bien plus, leur contraire est *inconcevable*. Essayez de concevoir que le cercle ne soit pas rond, que le tout ne soit pas plus grand que chacune de ses parties, que ce qui commence n'ait point de cause, que ce qui est ne soit pas.

De même, ma conscience se révolte à cette pensée que le bien pourrait cesser d'être obligatoire et le mal être permis, qu'on pourrait se dispenser d'adorer et d'aimer Dieu, d'honorer ses parents, de respecter le prochain, etc. Et pour quelle raison en serait-il ainsi, sinon parce que cela est raisonnable, nécessaire, immuable?

Mais à la suite de S. Thomas, entrons davantage au fond de la question.

Et d'abord, observe le saint Docteur, il est nécessaire que l'homme soit subordonné à Dieu, et que dans l'homme tout soit subordonné à la raison. Car il est

---

(1) « Per prædicta excluditur error dicentium omnia procedere a Deo, secundum simplicem voluntatem, ut de nullo oporteat rationem reddere, nisi quia Deus vult. Quod etiam divinæ Scripturæ contrariatur, quæ Deum perhibet secundum ordinem sapientiæ suæ omnia fecisse, secundum illud Psalm. CIII : « Omnia in sapientia fecisti. » (*Sum. contra Gent.*, l. I, c LXXXVII; cf. l. II, c. 24.)

dans l'ordre que l'inférieur soit soumis au supérieur. Voilà une première catégorie de préceptes qui appartiennent à la loi naturelle.

Ensuite, il est naturel à l'homme de vivre en société, l'instinct social répond en lui à des besoins impérieux. Mais la société ne saurait subsister sans quelques bases indispensables à son être social : par exemple, une autorité légitime, le droit de propriété, le respect mutuel.

Seconde catégorie de préceptes *naturels, absolus*.

C'est encore la nature qui a fait le corps pour l'âme, la partie inférieure pour la partie supérieure, la sensibilité pour la raison. Tout acte contraire à cet ordre inviolable sera donc essentiellement désordonné, immoral.

Ajoutez que Dieu, en créant l'homme, n'a pu moins faire que de lui assigner une fin sortable à sa nature, et cette fin ne peut être que Dieu lui-même.

Donc tout ce qui sera nécessaire pour atteindre cette fin, comme connaître et aimer Dieu, sera par là-même naturellement bon; tout ce qui éloignerait l'homme de cette fin sera par là-même mauvais.

Autant de vérités morales qui appartiennent à l'essence des choses (1).

(1) « Ex præceptis legis divinæ, mens hominis ordinatur sub Deo, et omnia alia quæ sunt in homine, sub ratione. Hoc autem naturalis ordo requirit quod inferiora superioribus subdantur. Sunt igitur ea quæ lege divina præcipiuntur, secundum se *naturaliter* recta...
« Adhuc, cuicum que est aliquid naturale, oportet etiam esse naturale id sine quo illud haberi non potest... Est homini naturale quod sit animal sociale; quod ex hoc ostenditur quod unus homo solus

Le Docteur Angélique tient tellement à exclure l'arbitraire de la morale, à lui assurer pour base la raison, qu'il met celle-ci dans la définition de toutes les lois. D'après lui, la loi en général est un précepte de la raison : « *Quædam rationis ordinatio* » (1), la loi éternelle n'est pas autre chose que le plan de la sagesse divine suivant lequel elle dirige toutes les actions et tous les mouvements (2) ; « la loi naturelle est une

non sufficit ad omnia quæ sunt humanæ vitæ necessaria. Ea igitur sine quibus societas humana conservari non potest sunt homini naturaliter convenientia. Hujusmodi autem sunt : unicuique quod suum est conservare, et ab injuriis abstinere. Sunt igitur aliqua in humanis actibus *naturaliter* recta.

Item, secundum naturalem ordinem, corpus hominis est propter animam, et inferiores virtutes animæ propter rationem... Ex eo autem quod est ad aliud ordinatum, dicitur ei auxilium provenire, non autem aliquod impedimentum. Est igitur naturaliter rectum quod sic procuretur ab homine corpus et inferiores vires animæ, ut ex hoc et actus rationis et bonum ipsius minime impediatur, magis autem juvetur. Si autem secus accideret, erit naturaliter peccatum. Violentiæ igitur et comessationes et inordinatus venereorum usus, per quæ actus rationis impeditur, et subdi passionibus, quæ liberum judicium rationis esse non sinunt, sunt naturaliter mala.

Præterea, unicuique naturaliter conveniunt ea quibus tendit in suum finem naturalem ; quæ autem e contrario se habent sunt ei naturaliter inconvenientia. Ostensum est autem supra (c. 112) quod homo naturaliter ordinatur in Deum sicut in finem. Ea igitur quibus homo inducitur in cognitionem et amorem Dei sunt naturaliter recta ; quæcumque vero e contrario se habent sunt naturaliter homini mala. Patet igitur quod bonum et malum, in humanis actibus, non solum sunt secundum legis positionem, sed etiam secundum naturalem ordinem... Per hoc autem excluditur positio dicentium quod justa et recta sunt secundum legem posita. » (*Contra Gent.*, l. III, c. 129.)

(1) 1a 2æ, q. xc, a. 4, c.)
(2) « Sicut ratio divinæ sapientiæ, in quantum per ea cuncta sunt creata, rationem habet artis, vel exemplaris, vel ideæ, ita ratio divinæ sapientiæ moventis omnia ad debitum finem obtinet rationem

participation de la loi éternelle dans la créature raisonnable (1). »

La loi naturelle contient l'ensemble des prescriptions qui reposent sur l'essence des choses. Le *Décalogue* est le code éternel, immuable, où se trouvent écrites ces diverses prescriptions qui embrassent les principaux devoirs de l'homme envers Dieu et envers le prochain. De tels commandements sont nécessaires, absolus ; ils concernent le bien universel et la fin même du législateur ; il n'y a aucune raison légitime qui puisse permettre d'en obtenir la dispense, et Dieu lui-même ne saurait accorder à personne de se soustraire à ces devoirs essentiels de l'éternelle justice (2).

Pour connaître la loi naturelle, l'homme n'a nul besoin de sortir de lui-même et d'interroger les autres ;

---

legis. Et secundum hoc, lex æterna nihil aliud est quam ratio divinæ sapientiæ, secundum quod est directiva omnium actuum et motionum. » (Ibid., q. XCIII, a. 1, c.)

(1) « Participatio legis æternæ in rationali creatura lex naturalis dicitur » (Ibid., q. XCI, a. 2, c.)

(2) « Præcepta Decalogi continent ipsam intentionem legislatoris, scilicet Dei. Nam præcepta primæ tabulæ quæ ordinant ad Deum, continent ipsum ordinem ad bonum commune et finale, quod Deus est. Præcepta autem secundæ tabulæ continent ordinem justitiæ inter homines observandæ, ut scilicet nulli fiat indebitum, et cuilibet reddatur debitum ; secundum hanc enim rationem sunt intelligenda præcepta Decalogi. Et ideo præcepta Decalogi sunt omnino indispensabilia » (1ª 2æ, q. C, a. 8, c.) — « In hoc Deus dispensare non potest, ut homini liceat non ordinate se habere ad Deum, vel non subdi ordini justitiæ ejus, etiam in his secundum quæ homines ad invicem ordinantur. » (Ibid., ad 2.) — « Homicidium et falsitas sunt secundum se horribilia, quia proximus et veritas naturaliter amantur. » (Ibid., a. 5, ad 5.)

il la porte écrite au fond de son cœur en caractères ineffaçables ; elle est la même chez tous, chez l'ignorant comme chez le savant, au moins dans ses principales prescriptions. Plus ou moins clairement tous les hommes les comprennent : elles ne relèvent pas du raisonnement, la première vue de l'esprit les découvre sans effort.

Il en est autrement des conclusions éloignées qui découlent des premiers principes de la loi naturelle ; dans certains cas exceptionnels elles peuvent n'être pas applicables, et comme elles demandent une certaine pénétration pour être aperçues, elles peuvent être ignorées d'un certain nombre. D'ailleurs, les passions et une éducation vicieuse viennent plus d'une fois les obscurcir ou les effacer du cœur humain (1).

(1) « Omnis creatura rationalis ipsam (legem æternam) cognoscit secundum aliquam ejus irradiationem vel majorem, vel minorem. . Veritatem enim omnes aliqualiter cognoscunt, ad minus quantum ad principia communia legis naturalis ; in aliis vero quidam plus et quidam minus participant de cognitione veritatis. » (1ª 2æ, q. XCIII, a. 2, c.) — « Quia bonum habet rationem finis, malum autem rationem contrarii, inde est quod omnia illa ad quæ hanc habet naturalem inclinationem, ratio *naturaliter* apprehendit ut bona, et per consequens ut opere prosequenda, et contraria eorum ut mala et vitanda. » (Ibid., q. XCIV, a. 2, c.) — « Lex naturæ, quantum ad prima principia communia est eadem apud omnes et secundum rectitudinem, et secundum notitiam. Sed quantum ad quædam propria, quæ sunt quasi conclusiones principiorum communium, est eadem apud omnes ut in pluribus, et secundum rectitudinem et secundum notitiam ; sed ut in paucioribus potest deficere... propter hoc quod aliqui habent depravatam rationem ex passione, seu ex mala consuetudine, seu ex mala habitudine naturæ, sicut apud Germanos olim latrocinium non reputabatur iniquum » (quando extra fines civitatis fiebat, ait J. Cæsar.) » (Ibid., a. 4, c.) — « Quantum ad prima principia legis naturæ, lex naturæ est omnino *immutabilis*; quan-

CHAP. VIII. — LE BIEN.

S. Augustin remarque de son côté que c'est la main du Créateur qui a écrit au cœur de l'homme le précepte fameux : « *Quod tibi non vis fieri, ne facias alteri,* » avec plusieurs des applications qu'il comporte naturellement ; et que si une loi positive est venue le rappeler aux hommes, ce n'était pas qu'il ne fût écrit déjà au dedans de leur âme, mais bien que, trop enclins aux choses du dehors, ils étaient portés à ne pas faire assez attention aux choses du dedans (1).

tum autem ad secunda præcepta..., sic lex naturalis non immutatur quin ut in pluribus sit rectum semper quod lex naturalis habet, potest tamen mutari, et in aliquo particulari et in paucioribus, propter aliquas speciales causas impedientes observantiam talium præceptorum » (Ibid., a. 5, c.) — « Quantum ad illa principia communia, lex naturalis *nullo modo potest a cordibus hominum deleri in universali*; deletur tamen in particulari operabili, secundum quod ratio impeditur applicare commune principium ad particulare operabile, propter concupiscentiam, vel aliquam aliam passionem... quantum vero ad alia secundaria præcepta, potest lex naturalis deleri de cordibus hominum, vel propter malas persuasiones (eo modo quo etiam in speculativis errores contingunt circa conclusiones necessarias) vel etiam propter pravas consuetudines. » (Ibid., a. 6, c.)

(1) « Nam Formatoris nostri in ipsis cordibus nostris veritas scripsit : *quod tibi non vis fieri ne facias alteri*. Hoc et antequam lex daretur, *nemo ignorare permissus est*, ut esset unde judicarentur et quibus Lex non esset data. — Sed quia homines appetentes ea quæ foris sunt, etiam a seipsis exules facti sunt, data est etiam conscripta lex : non quia in cordibus scripta non erat, sed quia tu fugitivus eras cordis tui, ab Illo qui ubique est comprehenderis et ad te ipsum intro revocaris... Propterea scripta lex quid clamat eis qui deseruerunt legem scriptam in cordibus suis? *Redite, prævaricatores ad cor*. Quis enim te docuit nolle accedi ab altero ad conjugem tuam? quis te docuit nolle tibi furtum fieri? quis te docuit nolle injuriam pati? et quidquid aliud vel universaliter vel particulariter dici potest?... Age, si non vis pati ista, numquid solus es homo? Nonne in societate vivis generis humani?... Quod ergo tibi

On objecte certaines coutumes de plusieurs peuples anciens ou même modernes, et qui semblent en désaccord avec les préceptes du droit naturel. Mais lors même que quelques peuples auraient méconnu dans leur vie certains principes de la loi morale, il ne s'en suivrait pas qu'ils les eussent ignorés; n'arrive-t-il pas tous les jours que la pratique dément la croyance?

Au reste, les défaillances qu'on a relevées supposent le plus souvent une interprétation peu sûre des principes, dans certains cas difficiles; mais non pas l'ignorance des principes eux-mêmes. Deux exemples des plus frappants viennent à l'appui de notre explication.

« On cite, dit M. Ferraz, l'exemple des Lacédémoniens, chez lesquels il était permis aux jeunes gens de voler et qui étaient même sévèrement punis s'ils ne se montraient pas adroits voleurs... Mais, d'abord, les Lacédémoniens ne permettaient pas de voler toutes choses indistinctement, mais seulement des comestibles; ensuite, ils n'accordaient pas cette permission à tous les citoyens quels qu'ils fussent, mais seulement aux jeunes gens; enfin ils ne l'accordaient pas sans condition; ils tenaient à ce que le larcin fût commis avec beaucoup de finesse, et punissaient ceux

---

non vis fieri, noli alteri facere... Furtum bonum est? Non. Interrogo : adulterium bonum est? Omnes clamant : Non. Homicidium bonum est? Omnes clamant detestari se. *Concupiscere* rem proximi bonum est? Non, vox omnium est. Aut si adhuc non confiteris, accedit qui concupiscat rem tuam : placeat tibi et responde quod vis. Omnes ergo de his rebus interrogati, clamant hæc bona non esse. » (*Enarr. in Psalm.*, in Ps. LVII, enarr. 7.)

qui étaient assez maladroits pour se laisser surprendre. Cet usage singulier avait été imaginé dans cette république essentiellement belliqueuse, et qui formait comme un camp retranché au milieu de la Grèce, pour donner aux jeunes gens un esprit inventif, fécond en ressources, et les habituer aux ruses de la guerre. »

« On cite (encore) les Massagètes dans l'antiquité, d'autres peuplades dans les temps modernes, chez lesquelles les enfants tuaient leurs propres parents et croyaient, en agissant ainsi, non pas comme tre un crime, mais accomplir un devoir. Comment s'écrie-t-on, comment croire, après de telles énormités, à l'universalité des principes de la morale? — Si nous examinons les faits avec attention, nous verrons qu'ils ne portent pas à l'universalité de ces principes la moindre atteinte. Pourquoi les tribus dont on parle faisaient-elles périr les vieillards? Parce qu'elles soutenaient contre d'autres tribus une guerre d'extermination, et que ces vieillards ne pouvant suivre dans leur fuite les hommes valides, étaient sûrs de tomber entre les mains de leurs ennemis et de périr au milieu des supplices les plus raffinés et des tortures les plus atroces. C'était donc en s'inspirant du principe qui nous ordonne de procurer le plus grand bien de nos parents que les hommes dont il est question faisaient mourir les leurs. Par conséquent leur conduite, bien loin d'infirmer l'universalité de ce principe, en est l'éclatante confirmation (1). »

(1) *Philosophie du Devoir*, l. III, ch. v.

CHAPITRE IX

DIEU, PRINCIPE DU BIEN

I.

Si Dieu existe, il est manifeste que nous avons envers lui des devoirs. Il est l'Absolu et l'Infini ; il est notre créateur et notre père, notre maître et notre bienfaiteur, notre principe et notre fin. Sa main nous a tirés du néant, sa main nous conserve, son œil nous suit dans toutes nos démarches ; un jour sa justice nous demandera compte de notre conduite et de l'usage que nous aurons fait des talents que nous devons à sa bonté : *Redde rationem villicationis tuæ*.

Ainsi la morale même naturelle est essentiellement religieuse, puisque les premiers et les plus importants de nos devoirs sont des devoirs religieux. Adorer Dieu et l'aimer plus que toutes choses, lui soumettre notre être tout entier, l'âme aussi bien que le corps, l'esprit aussi bien que le cœur, les pensées aussi bien que les œuvres extérieures ; le remercier de ses bienfaits, le prier de nous secourir dans nos besoins, de nous préserver du mal et de la tentation, de nous affermir dans le bien et de soutenir nos pas sans cesse hésitants, la raison nous prescrit tout cela, au nom du droit naturel.

Kant a soutenu que l'homme ne saurait avoir de devoirs envers Dieu, puisque Dieu n'en a point envers l'homme (1).

Opinion indigne d'un philosophe ! comme s'il y avait parité entre le Créateur et la créature, entre l'Infini et le fini, entre Celui qui a tout donné sans rien recevoir, et celui qui a tout reçu sans rien donner !

Mais Dieu n'a pas besoin de nos hommages.

« Il est vrai. Mais la perfection de Dieu ne nous dispense pas de nos devoirs. Quand notre bienfaiteur est tellement au-dessus de nous que nous ne pouvons rien ni pour sa gloire ni pour son bonheur, nous n'en sommes pas moins tenus à exprimer notre reconnaissance. Dieu aime le monde, puisqu'il a voulu le faire ; et il aime les hommes d'un amour de prédilection, puisqu'il les a créés intelligents et libres...

» Affirmer qu'il est indifférent à notre culte et à notre amour, n'est-ce pas une témérité, quand nous savons qu'il se réjouit de nos vertus et qu'il nous aime à proportion de nos mérites. Dieu n'avait pas besoin non plus de créer le monde. C'est mal raisonner et mal faire que de chercher dans la perfection de sa nature un prétexte pour excuser nos vices. Nous ne pouvons parler qu'en tremblant de la nature

(1) *La Religion dans les limites de la raison.* Trad. Trillard, p. 172, 312 et suiv. Paris, 1841.

de Dieu ; mais nous devons parler avec certitude des obligations de l'homme (1). »

Au reste, si elle est inutile pour Dieu, la piété est souverainement utile pour l'homme. Elle nous rend meilleurs et plus saints, elle nous fortifie et nous élève. Nous faisons quelque chose pour la gloire de Dieu, et tout le profit nous en revient (2).

Il en est qui croiraient s'abaisser en rendant à Dieu le culte qui lui est dû. Ils ignorent ce que c'est qu'être religieux. La religion est un lien entre le Créateur et la créature, lien nécessaire qui nous rattache à la perfection suprême, chaîne d'or qui nous empêche de nous égarer à la poursuite des faux biens, de nous séparer de notre principe et de notre fin dernière.

Avant la création, nous étions en Dieu, nous ne faisions qu'une seule et même chose avec sa substance et les idées de son éternelle sagesse. Par la création il nous a distingués et séparés de lui, en nous donnant un être propre et borné; par la religion il nous rattache à lui et nous unit de nouveau à sa perfection immuable. La religion, c'est l'ordre absolu, mais c'est aussi le plus grand bonheur dont puisse jouir ici-bas la créature raisonnable, car c'est la réunion anticipée, quoique imparfaite, avec celui

---

(1) Jules Simon, *La Religion naturelle*, 4ᵉ part., ch. 1.
(2) « Ex hoc quod Eum colimus, dit S. Thomas, nihil Ei accrescit sed nobis; et ideo meremur aliquid a Deo, non quasi ex nostris operibus aliquid accrescat, sed in quantum propter ejus gloriam operamur. » (1ᵃ 2ᵃᵉ, q. CXIV, a. 1, ad 2.)

dont la possession éternelle fait les délices de l'autre vie (1).

Que Dieu soit béni de nous permettre de lever vers lui notre faible regard, de placer en lui notre ferme espérance (où trouver un appui sur cette terre, séjour de l'instabilité?), de lui révéler nos misères, quand nous souffrons, et surtout de nous unir à lui par l'amour, fin suprême de la religion. « *Non colitur nisi amando* (2) ! »

II.

La morale naturelle doit-elle aller au-delà des vérités que nous venons d'établir? Est-elle assez *religieuse* en faisant à Dieu la première et la plus large part dans les devoirs de l'homme, ou faut-il dire encore qu'elle repose tout entière sur l'idée de Dieu, et que, sans cette idée, il n'y ait plus ni droits ni devoirs?

Depuis Kant, les philosophes se sont partagés sur la solution de ce problème. Un grand nombre d'entre eux ont pris parti pour la morale *indépendante*.

---

(1) « Illud proprie ligari dicitur, quod ita uni adstringitur, quod ei ad alia divertendi libertas tollatur. Sed *religatio*, iteratam ligationem importans, ostendit ad illud aliquem ligari, cui primo conjunctus fuerat, et ab eo distare incœpit. Et quia omnis creatura prius in Deo extitit quam in seipsa, et a Deo processit, quodammodo distare incipiens secundum essentiam, per creationem, ideo rationalis creatura ad ipsum Deum debet *religari* cui primo conjuncta fuerat, antequam esset, ut sic ad locum unde exeunt, flumina revertantur. » (S. Thomas, *Opusc. contra impugnantes Dei cultum et religionem*, c. 1.)

(2) S. Augustin, *Epist.* CXL, *ad Honorat.*, c. XVIII, n. 45.

Mais il y a plusieurs manières d'entendre l'indépendance de la morale.

Les plus modérés estiment que la raison toute seule, par ses propres forces et sans le secours d'aucune révélation, peut établir une morale véritable, une morale suffisante, si même elle n'égale pas celle de l'Evangile. Pour fonder cette morale naturelle, que faut-il, après tout : l'existence de Dieu, la Providence, l'immortalité de l'âme, le culte? Or, tous ces dogmes n'appartiennent-ils pas à la philosophie? Ainsi raisonnent Cousin, Saisset, J. Simon (1), et généralement les tenants du rationalisme spiritualiste.

Les philosophes dont nous venons d'exposer l'opinion placent l'idée de Dieu non seulement au *sommet*, mais encore à la *base* de la morale.

Kant a fait un pas de plus. D'après lui, la notion de Dieu n'intervient pas dans la doctrine des mœurs, qui relève de la seule raison, de la seule volonté humaine, mais elle est nécessaire au sommet de l'édifice, afin de donner à la morale une *sanction* suffisante... « Il ne faut pas entendre qu'il est nécessaire d'admettre l'existence de Dieu comme le fondement de toute obligation, car ce fondement n'est autre que l'*autonomie* de la raison même (2). » — « L'autonomie de la volonté est cette propriété qu'a la volonté d'être à

---

(1) « Ces esprits religieux, mais qui ne reconnaissent d'autre autorité que la raison, ne trouveront-ils pas en elle ce qu'ils lui demandent? L'humanité est-elle placée sans autre ressource entre la révélation et le scepticisme? N'y a-t-il rien en dehors de la foi révélée, qui puisse attacher la terre au ciel? » (*Relig. natur.*, préf., p. 2.)

(2) *Crit. de la raison prat.*, 1º part., l. II, c. II, § 6.

elle-même sa loi, indépendamment des objets du vouloir.

..... La seule chose qu'on puisse établir, par la simple analyse des concepts de la moralité, c'est que le principe de l'autonomie est l'unique principe de la morale... « Ce n'est point en tant qu'elle est soumise (la personne) à la loi morale qu'elle a de la sublimité, *mais en tant qu'elle se donne cette loi à elle-même et qu'elle n'y est soumise qu'à ce titre* (1). »

Toutefois, dans notre esprit, l'idée du bonheur semble indissolublement attachée à l'idée du bien, c'est-à-dire que celui qui fait le bien semble avoir droit à une récompense, qui n'est autre que le bonheur. Or Dieu seul peut, dans une autre vie, assurer ou mieux rétablir l'harmonie entre ces deux concepts, harmonie presque toujours brisée dans la vie présente.

La raison spéculative avait banni Dieu de la philosophie, ou du moins elle n'avait pas réussi à s'en faire une idée, à en démontrer l'existence; la raison pratique l'y ramène, mais, retenez bien ce mot, à titre de simple *postulat* (2).

(1) *Fondements de la métaph. des mœurs*, 1º part., 2º sect., n. 2.
Le même auteur dit encore : « Les écoles grecques n'avaient pas tort d'établir le principe des mœurs en lui-même, indépendamment de ce postulat (de l'existence de Dieu), en le déduisant uniquement du rapport de la raison à la volonté. » (*Crit. de la raison prat.*, 1º part., l. II, c. 11, § 6.)

(2) « Dans le problème pratique que nous prescrit la raison pure, c'est-à-dire dans la poursuite nécessaire du souverain bien, cet accord (entre la moralité et le bonheur) est *postulé* comme nécessaire : nous devons chercher à réaliser le souverain bien, qui, par consé-

Jouffroy s'est rangé à l'avis de Kant. Il réduit la morale à l'idée de *fin* ou d'*ordre*, il convient que l'ordre conduit naturellement l'esprit à l'auteur de l'ordre, mais il assure que la raison se sent liée par la seule vertu de l'ordre, sans qu'il soit nécessaire de poser la question de Dieu. « Il n'était pas nécessaire qu'elle le montrât, pour qu'elle fût obligatoire (la morale). Au-delà de l'ordre, notre raison n'aurait pas vu Dieu, que l'ordre n'en serait pas moins sacré pour elle, car le rapport qu'il y a entre notre raison et l'idée d'ordre subsiste indépendamment de toute pensée religieuse (1). »

Cette manière de voir est partagée, de nos jours, par un certain nombre de philosophes, appartenant d'ailleurs à l'école spiritualiste.

Suivant le mot bien connu d'un auteur contemporain : « On ne fait pas au scepticisme sa part; » si on ouvre seulement une porte il s'empare bientôt de toutes les positions. Il en est de même de la guerre que nous avons vu engagée contre l'idée de Dieu : d'abord on a eu soin de la restreindre dans des limites assez étroites, on l'étend aujourd'hui dans toutes les directions à la fois.

quent, doit être possible. Or, puisque c'est un devoir pour nous de travailler à la réalisation du souverain bien, ce n'est pas seulement un droit, mais une nécessité ou un besoin qui dérive de ce devoir, de supposer la possibilité de ce souverain bien, lequel n'étant possible que sous la condition de l'existence de Dieu, lie inséparablement au devoir la supposition de cette existence, c'est-à-dire qu'il est *moralement* nécessaire d'admettre l'existence de Dieu. » (*Crit. de la raison prat.*, 1º part., l. II, c. II, § 5.)

(1) *Cours de droit naturel*, 2º leçon, p. 50.

Proudhon est un de ceux qui ont montré le plus de violence dans ces attaques contre toute idée religieuse. « Les sociétés, dit-il, sous cette influence, sont destinées à pourrir vivantes, comme l'enfant scrofuleux... » — « Dieu, c'est l'arbitraire, c'est le mal. Le principe de la justice est dans l'homme, uniquement en lui. Voilà déjà que sur la poussière des croyances passées, l'humanité jure par elle-même. Elle s'écrie, la main gauche sur le cœur, la main droite étendue vers l'infini : c'est moi qui suis la reine de l'univers. Tout ce qui est hors de moi est inférieur à moi, et je ne relève d'aucune majesté (1). »

Les *positivistes* se sont appliqués à répandre la doctrine de Proudhon. Il faut donner à la morale une base solide ; or l'idée de Dieu, absolument anti-scientifique, d'après les uns, est au moins problématique, suivant les autres. Stuart Mill ose avancer que « jamais une personne d'une intelligence exercée n'arrivera à posséder la foi au Dieu de la nature ou au Dieu de l'Evangile que par une sophistication, ou une perversion de l'esprit ou de la conscience. » — Laissons donc de côté toutes les questions oiseuses et creuses de la métaphysique sur l'origne des choses, la nature de l'homme, l'immortalité et l'autre vie. Traitons la morale comme les autres sciences de la nature, à la lumière de l'expérience : la dignité humaine, la liberté et l'utilité, en voilà plus qu'il ne faut pour expliquer l'origine du droit et du devoir.

(1) *De la Justice dans la Révolution et dans l'Eglise*, II° vol. p. 419, 427, 488, 528.

« On a déjà séparé la morale de l'Evangile et de l'idée de Dieu... ce n'est pas assez ; il faut encore la séparer de la philosophie elle-même... Aux utopies de la métaphysique platonicienne et des théories scolastiques nous devons substituer la morale effective et pratique, uniquement fondée sur les intérêts et les besoins de l'humanité (1). »

M. Renan, dont on sait le goût marqué pour l'école positive, a dit de même : « La morale a son fondement, sa raison d'être non dans un culte, mais dans l'homme... L'homme fait la sainteté de ses actes, comme la beauté de ce qu'il aime (2). »

L'éthique nouvelle aura, s'il faut en croire ses partisans, trois avantages inappréciables : débarrassée de tout élément surnaturel ou mystique, libre de toute attache avec les diverses écoles qui se partagent la philosophie et divisent les meilleurs esprits, exacte, rigoureuse autant que les sciences de la nature, elle attirera à elle les hommes de tous les partis. Malgré les dissidences qui les séparent, le juif, le chrétien, le musulman, le spiritualiste, le positiviste, l'athée, se rencontreront sur un territoire neutre, accessible à tous, et parleront par tous pays la même langue, celle de l'honnête homme.

---

(1) *Revue positiviste*, n° de mai, 1872. « La morale, dit M. Sarcey, est une science comme la physique ou la biologie... Dieu est aussi inutile au moraliste pour établir la notion du devoir, qu'il l'est au physicien pour constater les lois de la pesanteur. » (Journal *le XIX° siècle*, n° du 24 décembre 1872. — Cf. *La Morale indépendante*, 1865-1869.)

(2) *Etudes d'histoire religieuse.*

III.

Nous examinerons dans notre chapitre sur le surnaturel la théorie rationaliste qui essaie de donner l'idée de Dieu pour base à la morale, mais en dehors de toute religion révélée.

Nous ne voulons étudier ici que la morale indépendante de toute religion, même naturelle (1).

Elle se présente à nous avec deux caractères qui sont de nature à frapper tout esprit quelque peu observateur : d'une part, elle rompt violemment avec toutes les idées reçues jusqu'à ce jour, et, de l'autre, elle n'offre que des moyens manifestement insuffisants pour diriger et retenir les hommes dans la voie pénible du devoir.

S'il est un fait acquis à l'histoire, c'est que la morale, la véritable morale ne s'est jamais séparée de la religion. L'Inde, la Perse, l'Égypte, la Grèce et Rome regardaient la loi comme l'expression de la volonté divine, comme la manifestation d'une puissance céleste ordonnant le bien et défendant le mal, récompensant l'un et punissant l'autre. M. Fustel de Coulanges a démontré que la *cité antique* reposait tout entière sur la religion. La famille était une petite société groupée autour des pénates et des ancêtres divinisés; le mariage était pour la nouvelle épouse

(1) Lire sur ce grave sujet le récent ouvrage de M. l'abbé de Broglie : *La morale athée : ses principes et ses conséquences.*

un changement de religion, elle abandonnait les dieux de son père pour commencer à invoquer ceux de son époux. L'héritier était chargé de continuer le culte domestique : il était père et prêtre tout ensemble.
— Toutes les relations des citoyens étaient fondées sur l'idée religieuse ; il en était de même des relations des différents peuples entre eux, la guere et la paix se faisaient au nom des dieux qui remplissaient tout de leur majesté.

Plus tard, il est vrai, ces liens entre les dieux et les hommes ne demeurèrent plus si étroits, l'influence religieuse se fit moins universellement et moins profondément sentir; mais toujours, chez tous les peuples, la morale n'en resta pas moins indissolublement liée à la religion, comme à son unique appui et à son plus ferme soutien.

Sur ce point, les philosophes ont pensé et agi comme les peuples. Sans doute, plusieurs d'entre eux s'élevaient, à certaines époques, contre ce qu'il y avait de trop ouvertement ridicule ou superstitieux dans certaines pratiques religieuses, mais jamais on ne les vit séparer la loi morale de la justice et de la volonté des dieux.

Pour ne point multiplier outre mesure le nombre des citations, pourtant assez utiles en un pareil sujet, nous nous bornerons à reproduire ici la pensée de trois illustres représentants de la sagesse antique : Platon, Aristote et Cicéron.

Le premier s'exprime ainsi : « Selon nous, la vraie manière de procéder, en fait de lois, est de débuter par la vertu (1). » — « Nous donnerons pour fondement à nos lois l'existence des dieux (2). » — « Il faut obéir aux lois dans la persuasion que c'est obéir aux dieux mêmes (3). »

Aristote fait appel à la croyance de l'humanité tout entière : — « Une antique tradition, répandue par nos pères dans toute l'humanité, nous apprend que toute chose vient de Dieu et par Dieu, qu'aucune nature ne se suffit et ne subsiste que par son secours... Dieu est notre loi immuable, la plus sainte et meilleure que les lois écrites sur nos tables, gouvernant tout par une activité incessante et une infaillible harmonie..., montrant à toute chose la voie droite, toujours suivie de la justice vengeresse des transgresseurs de cette ligne divine, justice que doit posséder quiconque veut arriver dans l'avenir à la béatitude, et quiconque veut être heureux dès maintenant (4). »

Mais personne ne s'est exprimé avec plus de vigueur et d'éloquence que Cicéron sur la loi naturelle et sur ses rapports avec la loi divine.

« La saine raison est une loi véritable qui est d'accord avec notre nature... On ne peut rien changer à cette loi, ni en la modifiant dans ses détails, ni en la restreignant dans sa portée, ni en l'abolissant dans

---

(1) *Lois*, X, p. 20. Trad. Cousin.
(2) Ibid., p. 217.
(3) *Lois*, VI, p. 328.
(4) *De Mundo*, VI, VII. — L'authenticité de cet ouvrage est rejetée par certains auteurs, mais plusieurs autres l'admettent sans hésiter.

son ensemble. Ni le sénat ni le peuple ne peuvent nous affranchir de ses prescriptions...; elle n'est pas autre à Rome, autre à Athènes, autre aujourd'hui et autre demain. Tous les peuples et tous les temps sont liés par cette loi éternelle et immuable. Elle n'a qu'un législateur et un ordonnateur suprême, Dieu, qui en est l'auteur, le juge et le conservateur. Quiconque refuse de lui obéir se renie lui-même, et, méprisant la nature humaine, se soumet aux peines les plus graves dans l'avenir, en supposant qu'il échappe aux maux présents, qu'on peut déjà considérer comme un châtiment (1). »

Et ailleurs : « Les hommes les plus sages sont d'avis que cette loi n'a pas été inventée par la pensée humaine, qu'elle n'est pas le résultat d'une convention populaire ; mais qu'elle est quelque chose d'éternel qui gouverne le monde par la sagesse de ses commandements et de ses défenses. Cette loi souveraine émane de Dieu, qui ordonne toutes choses avec intelligence... La loi naturelle n'est pas seulement plus ancienne que tous les peuples ; elle est contemporaine de la divinité qui régit le ciel et la terre (2). »

L'éthique de la nouvelle école est donc en désaccord avec la croyance unanime des peuples et l'enseignement des plus célèbres penseurs de toutes les écoles (3).

---

(1) *De Republica*, III, 12.
(2) *De Legibus*, II, 10.
(3) On pourrait adresser à ses partisans les graves paroles de Guizot : « Vous tournez en dérision, vous blasphémez ce que les

Mais c'est là son moindre défaut. Nous cherchons en vain ce qu'elle a mis à la place de ce qu'elle a renversé. Le respect de soi-même ou l'honneur, l'intérêt général, la patrie ?

Le respect de soi-même ! Mais d'abord il suppose la dignité personnelle, et celle-ci suppose l'intelligence, la liberté, tout ce qui élève l'homme au-dessus de l'animal et en fait un être à part dans la nature. Mais que devient ma dignité, si, comme le veut l'école positive, je ne suis qu'un animal perfectionné, tiré de la matière et destiné à périr avec elle ? Dans ce cas, peut-il y avoir pour moi d'autre morale que celle du plaisir ? « *Coronemus nos rosis antequam marcescant* (1). » — « *Comedamus et bibamus, cras enim moriemur* (2). » Cette conclusion se présentera avec une logique invincible à la pensée de l'immense majorité des hommes, et petit sera le nombre de ceux qu'une pudeur naturelle empêchera d'aller jusque-là.

L'honneur ! Mais c'est un mot bien vague aux yeux de la multitude, tout le monde ne l'entend pas de la même manière. Il y a le faux honneur, comme il y a l'honneur véritable. Tel mettra son honneur à surpasser les autres en bravoure militaire, tel autre à exceller au jeu, à la danse peut-être,

plus grands génies et les plus nobles cœurs ont cru, admiré et aimé : vous n'avez donc rien de commun avec eux !... Vous prétendez aux titres d'esprits élevés et d'hommes de bien ; mais alors pourquoi vous séparer de tout ce qui a fait l'honneur de l'humanité depuis deux mille ans ? » (*Méditations chrétiennes.*)

(1) *Sap.*, II, 8.
(2) *Isaï.*, XXII, 13.

celui-ci le fera consister dans une grande fortune, celui-là le croirait compromis s'il ne tirait une vengeance éclatante pour la plus légère injure. Qui décidera entre l'honneur véritable et le faux honneur?

L'intérêt général! Voilà qui vaut mieux, mais c'est trop peu encore. Et si tel acte qui me plaît, bien que la conscience le réprouve, ne doit pas avoir de grandes conséquences au point de vue social! Ce qui me fait plaisir dans la proportion de *cent mille francs* ne nuira peut-être au bien commun que dans la proportion d'*un centime* par tête... Dans ce cas et dans vingt autres semblables quelle influence aura, en pratique, la considération de ce bonheur vague et indéterminé, pour imposer silence à la voix de la passion?

Pourquoi, d'ailleurs, faut-il que le bonheur individuel le cède toujours au bonheur général? « De quel côté est le droit? Est-ce du côté de la société, parce qu'elle est plus forte? Mais cette force n'est point un droit véritable; car si l'individu réussissait à être plus fort que la société, le droit passerait de son côté. Le droit appartient-il à la société, parce qu'elle est le nombre? Mais le nombre, considéré seul, n'est qu'une force : et la force, encore une fois, ne constitue pas par elle-même le droit (1). »

Le patriotisme! On a osé renfermer la morale, chose de tous les temps et de tous les pays, dans ce mot qui, précisément, divise les hommes entre eux

---

(1) M. Fouillée, *La liberté et le déterminisme*, Revue des Deux-Mondes, 1er août 1873, p. 554.

et souvent les arme les uns contre les autres. Sans doute le nom auguste de la patrie peut faire battre les cœurs généreux, mais il n'exerce pas un bien grand empire sur les âmes communes qui forment après tout la plus grande partie de l'humanité. « Mais, répond un auteur peu suspect, qu'est-ce que l'idée de patrie sans l'idée de Dieu? Une abstraction, un mot sans portée, si ce n'est pour quelques intelligences d'élite... Vous figurez-vous une société de libres-penseurs formant une nation fière, énergique, prête à verser ses trésors et son sang pour défendre son sol ou pour venger son drapeau? Ce phénomène ne s'est pas encore vu, et l'on a quelque peine à se le représenter. Ce qui s'est vu souvent, en revanche, c'est la perversion simultanée, parallèle, si je puis dire, du sentiment national et du sentiment religieux chez un peuple. Témoin le Paris de Voltaire et de Diderot, se consolant de Rosbach, en rimant des vers à la gloire du grand Frédéric (1). »

Au reste, quoique née d'hier, la morale indépendante, sous toutes ses formes, a déjà porté ses fruits, et ces fruits permettent de juger de la valeur de l'arbre. Le rationalisme a engendré la libre pensée, et la libre pensée a engendré le scepticisme : le nihilisme n'est pas loin.

Un des coryphées des idées nouvelles, M. Schérer, en faisait naguère le mélancolique aveu et poussait un véritable cri d'alarme. Le mal, « c'est le désarroi

---

(1) Albert Duruy, *Revue des Deux-Mondes*, 15 juin 1882.

des consciences dans la société moderne, » « la destruction agissant par en haut et d'abord sur une élite, puis s'infiltrant peu à peu et gagnant la multitude, » c'est « l'idée morale entamée, » et « le monde menacé d'une révolution spirituelle. » — M. Schérer passe ensuite en revue tous les systèmes proposés pour servir de fondement à la morale indépendante ; il les démontre tous impuissants ou faux. Nulle part il ne trouve « la règle applicable à tous, l'autorité souveraine qui permet de dire à chacun : *tu dois, il faut.* Il arrive alors à cette conclusion : « Sachons voir les choses comme elles sont : *la morale, la bonne, la vraie, l'ancienne, l'impérative, a besoin de l'absolu; elle aspire à la transcendance; elle ne trouve son point d'appui qu'en Dieu.* »

« La conscience est comme le cœur : il lui faut un au delà. Le devoir n'est rien s'il n'est sublime, et la vie devient chose frivole si elle n'implique des relations éternelles...

« On a donné bien des définitions de la religion... Ma définition à moi est plus simple : la religion, c'est le surnaturel. Et j'ajoute : la morale de même, car la *morale n'est rien si elle n'est religieuse.* Je l'écrivais il y a plus de vingt-cinq ans : « *Le surnaturel est la sphère naturelle de l'âme,* » et je ne vois pas de raison pour changer d'idée...

« Je vois aujourd'hui disparaître une grande partie de ce que l'humanité tenait jadis pour ses titres de noblesse ; ce mouvement me paraît inévitable, les tentatives faites pour l'arrêter me semblent vaines, mais la fatalité avec laquelle il s'accomplit ne fait pas que j'en éprouve plus de satisfaction....

« On croit trop facilement aujourd'hui que tout changement est une amélioration ; on confond l'évolution et le progrès ; mais le déclin, la sénilité, la mort même, c'est encore de l'évolution...

« Après Rome, Byzance. De sorte que la question est de savoir si la *crise morale*, dont il a été question dans ces pages, n'est pas précisément l'un des éléments ou des agents d'une transformation générale dans le sens de la médiocrité et de la vulgarité....: une morale à la Confucius, une littérature de mandarinat, l'art tournant au japonisme, point de ciel au-dessus des têtes, point d'héroïsme dans les cœurs, mais un certain niveau de bien-être, de savoir-faire et d'instruction, l'égalité et l'uniformité d'un monde où les forces, en s'usant, se sont équilibrées. « Toute vallée sera comblée, » annonçaient déjà les prophètes d'Israël, et « toute montagne sera abaissée. » Ainsi soit-il. Le monde, de ce train, ressemblera un jour à la plaine de Saint-Denis. Et dire ce qu'il en aura coûté de cris et d'écrits, d'encre et de sang, d'enthousiasme et de sacrifices pour réaliser cet idéal (1)! »

IV.

La morale indépendante a contre elle le sens commun, l'expérience et l'histoire.

(1) N° du journal *le Temps*, 3 et 4 septembre 1884.

Elle a pareillement contre elle les arguments les plus incontestables de la raison. Pas de morale sans l'idée de Dieu, telle est la thèse que nous entreprenons d'établir par des preuves directes, tirées de la nature même du sujet.

En effet, sur quoi repose l'éthique naturelle? Sur la raison, sur l'idée du bien, qui donne naissance à l'obligation, et qui, comme toute loi, réclame une sanction convenable. Or, ces divers appuis de la loi morale supposent tous la notion de Dieu. On peut, croyons-nous, faire ressortir avec éclat la vérité de cette proposition par la simple analyse des concepts.

Et d'abord, prenons la raison. Elle est, à nos yeux, la faculté maîtresse de l'homme. En vertu de sa force native, elle peut découvrir le vrai, soit dans l'ordre spéculatif, soit dans l'ordre pratique. Les premiers principes des choses ont tant d'affinité avec sa nature qu'elle les découvre par une sorte d'intuition heureuse, soudainement et sans effort.

Il n'est même pas nécessaire d'appuyer, comme a fait Descartes, la légitimité de la raison humaine sur la véracité divine. Nous faisons usage de notre esprit et nous croyons à notre jugement avant de savoir s'il y a un Dieu. D'ailleurs, il le faut bien, puisque c'est à l'aide de notre raison que nous devons établir l'existence de la cause première. Sur ce point, Descartes et les traditionalistes se sont également exposés à tomber dans un cercle vicieux.

Les rationalistes enseignent une erreur contraire,

mais pour le moins aussi dangereuse. Ils admettent Dieu, ils reconnaissent en lui le créateur de la raison humaine, aussi bien que du monde matériel. Mais ils n'aperçoivent pas les conséquences qu'entraîne nécessairement la création. En réalité, ils font de la raison de l'homme une puissance indépendante et complète, une lumière qui brille de son propre éclat et qui se suffit à elle-même.

N'est-ce point méconnaître ouvertement sa nature et son origine ? Comment l'effet pourrait-il être indépendant de sa cause ? Comment un être créé ne relèverait-il pas du Créateur ? Et si la raison humaine a été tirée du néant, comme tout ce qui a l'être et la vie, d'où lui viendrait la force de subsister et d'agir par elle-même ?

Oui, elle est une lumière, mais une lumière empruntée, comme dit S. Thomas, et qui a besoin, à chaque instant, de s'éclairer à une lumière plus haute. « *Lumen rationis naturalis nihil est aliud quam impressio luminis divini in nobis* (1). »

Oui, elle est capable de nous donner la certitude et de nous révéler une foule de vérités importantes, mais ce pouvoir auguste, elle l'a reçu de l'auteur de toute vérité et de toute certitude, qui continue à chaque heure de lui faire entendre la parole de la vérité. « *Quod aliquid per certitudinem sciatur, est ex lumine rationis, divinitus interiùs indito, quo in nobis loquitur Deus* (2). »

(1) 1ª 2æ, q. XCI, a. 2, c.
(2) *Qq. disp. de Verit.*, q. XI, *de Magistro*, a. 1, ad 13.

Que peut devenir le ruisseau, séparé de la source ? que peut devenir le rayon, séparé du foyer ?

S. Thomas, défenseur résolu de la raison humaine, professe qu'elle a sur la moralité des actes humains une influence bien moins grande que la loi éternelle, c'est-à-dire la raison de Dieu. Car « dans toutes les causes ordonnées et qui se rapportent au même objet, l'effet dépend bien plus de la cause première que de la cause seconde, la cause seconde n'agissant que par la vertu de la cause première. Or, que la raison humaine soit la règle de la volonté et la mesure de sa bonté, elle ne tient pas d'elle-même un si haut pouvoir, mais seulement de la raison divine. Aussi, le Psalmiste ayant rapporté cette question, posée en forme d'objection : « Qui nous montrera le bien? » fait aussitôt cette réponse : « *Seigneur, vous avez imprimé en nous la lumière même de votre face,* » comme s'il voulait dire : La lumière de la raison qui est en nous n'a de force pour nous découvrir le bien, que parce qu'elle brille de votre lumière, comme un rayon échappé de votre face (1). »

---

(1) « Multo magis dependet bonitas voluntatis humanæ a lege æterna quam a ratione humana; in omnibus enim causis ordinatis, effectus plus dependet a causa prima quam a causa secunda, quia causa secunda non agit nisi in virtute causæ primæ. Quod autem ratio humana sit regula voluntatis humanæ, ex qua ejus bonitas mensuratur, habet ex lege æterna, quæ est ratio divina; unde dicitur (*Ps.* iv, 6) : « Multi dicunt : Quis ostendit nobis bona? Signatum est super nos lumen vultus tui, Domine; quasi diceret : Lumen rationis, quod in nobis est, in tantum potest nobis ostendere bona, in quantum est lumen vultus tui, id est, a vultu tuo derivatum. » (1ª 2æ, q. XIX, a. 4, c.)

De son côté, S. Augustin enseigne, avec un rare bonheur d'expression, qu'il y a deux lumières : « La lumière illuminante et la lumière illuminée, *lumen illuminans* et *lumen illuminatum*. » La raison est cette dernière lumière. Si elle cesse de se tourner vers « la lumière illuminante », c'est-à-dire vers Dieu, elle se voit bientôt envahie par les ombres de la nuit, car elle tourne le dos à la lumière (1).

Cette vérité bien comprise rendrait compte d'un fait qui se reproduit fréquemment et qui, au premier abord, a quelque chose d'étrange. On rencontre des hommes, bien doués au point de vue intellectuel, et qui n'aperçoivent pas ce que saisissent du premier regard des esprits moins cultivés, mais plus modestes. On les voit même tomber dans des erreurs si graves, qu'elles étonnent le simple bon sens. Qu'est devenue leur perspicacité naturelle et cette souplesse d'esprit qui le rend si habile à distinguer les moindres nuances ? « *Oculos habent et non videbunt*. » Comment verraient-ils ? ils ne croient qu'à leurs propres lumières, leurs yeux ne reçoivent plus les rayons du soleil de justice. La sagesse humaine est sage, dit S. Thomas, aussi longtemps qu'elle demeure unie et soumise à la sagesse de Dieu ; quand elle s'en détourne, elle tombe dans l'égarement et la folie (2).

---

(1) « Et gaudebam in eis, et nesciebam unde esset quidquid ibi verum et certum esset. Dorsum enim habebam ad lumen et ad ea quæ illuminant faciem ; unde ipsa facies mea quæ illuminata cernebat, ipsa non illuminabatur. » (*Confess.*, l. IV, c. XVI, n. 30 et 31.)

(2) « Humana sapientia tamdiu est sapientia, quamdiu est subjecta divinæ sapientiæ ; sed quando recedit a Deo, tunc vertitur in

La raison nous présente l'idée du *bien*, sur laquelle repose toute la morale. Cette idée, nous l'avons déjà vu, est universelle et absolue, comme l'idée du beau, comme l'idée du vrai.

Mais d'où lui vient ce caractère de nécessité et d'immutabilité? De l'esprit humain? Non, certes. Notre esprit ne fait pas son objet, il le découvre seulement : mon œil ne crée pas la couleur, ni mon ouïe le son, ni mon toucher l'étendue, ni ma raison le vrai, ni ma volonté le bien. Que l'homme soit ou ne soit pas, peu importe, la vérité, la beauté et la bonté demeurent ce qu'elles sont en elles-mêmes. Elles s'imposent à lui et le subjuguent, elles commandent et il se soumet. La raison humaine n'est point la mesure des choses, dit S. Thomas; au contraire, les principes dont elle a une connaissance naturelle se présentent à elle comme la règle et la mesure générale à laquelle l'homme doit se plier dans toutes ses actions (1).

Ainsi la vérité morale comme la vérité spéculative ne trouve point dans l'esprit humain sa raison d'être; où la chercher, sinon dans la seule intelligence qui la contienne et en qui elle subsiste, l'intelligence infinie?

Plusieurs philosophes rationalistes sont arrivés à

insipientiam. » (*Comment. in epist* 1am *S. Pauli ad Corint.*, c. XV, lect. 5ª.)

(1) « Humana sapientia secundum se non est regula rerum; sed principia ei naturaliter indita sunt regulæ quædam generales et mensuræ omnium eorum quæ sunt per hominum agenda. » (1a 2æ, q. XXXI, ad 2.)

cette conclusion, à la suite de Cousin, qui l'a ainsi formulée : « La vérité morale, comme toute autre vérité universelle, ne peut demeurer à l'état d'abstraction. Dans nous, elle n'est que *conçue*. Il faut qu'il y ait quelque part un être qui non seulement la conçoive, mais qui la constitue.

« De même que toutes les choses belles et toutes les choses vraies se rapportent, celles-ci, à une unité qui est la vérité absolue, et celles-là, à une autre unité qui est la beauté absolue, de même tous les principes moraux participent d'un même principe, qui est le bien. Nous nous élevons ainsi à la conception du bien en soi, du bien absolu, supérieur à tous les devoirs particuliers, et qui se détermine dans tous ces devoirs. Or, ce bien absolu peut-il être autre chose qu'un attribut de celui qui est, à proprement parler, l'être absolu (1) ? »

Supprimez l'idée de Dieu, au même moment la loi morale cesse d'être autre chose qu'une pure abstraction ; elle demeure sans appui dans le vide infini, perdue dans le ciel désert des êtres intelligibles. Or,

---

(1) *Le vrai, le beau et le bien*, XVIe leçon. Voir aussi Jouffroy : *Cours de droit naturel*, 2e leçon, p. 50. — S. Thomas avait dit bien avant Cousin : « Invenitur in rebus aliquid magis et minus *bonum*, et verum, et nobile ; et sic de aliis hujusmodi. Sed magis et minus dicuntur de diversis secundum quod appropinquant diversimode ad aliquid quod maxime est. Est igitur aliquid quod est verissimum, et optimum, et nobilissimum, et per consequens maxime ens..... quod autem dicitur maxime tale, in aliquo genere, est causa omnium quæ sunt illius generis... Est ergo aliquid quod omnibus entibus est causa esse, et bonitatis, et cujuslibet perfectionis ; et hoc dicimus Deum. » (1^a, q. II, a. 3, c.)

je vous le demande, quelle pourra bien être la valeur et surtout l'influence d'une telle idée sur l'esprit humain? Que sera-ce, lorsqu'un partisan de l'école critique, généralisant le système de Kant, aura réduit cette idée à la condition de toutes les autres c'est-à-dire à l'état de forme régulatrice de l'entendement? lorsqu'un autre, inspiré de Renan, la présentera comme l'œuvre de l'homme, comme une production de l'esprit individuel qui se fait son idéal de bonté et de sainteté, comme il se fait, dans la mesure de ses forces ou de ses goûts, son idéal de vérité et de beauté? Le moyen de s'enflammer pour une abstraction, ou de tomber à genoux devant l'œuvre de ses mains !

En troisième lieu, la loi morale est *obligatoire*. Kant, on s'en souvient, déclare que le fondement de l'obligation n'est autre que l'*autonomie* de la raison elle-même, « la propriété qu'a la volonté d'être à elle-même sa loi, » et que si « la personne a de la sublimité, ce n'est point en tant qu'elle est soumise à la loi morale, mais en tant qu'elle se donne cette loi à elle-même et qu'elle n'y est soumise qu'à ce titre. »

Et Proudhon reproduit le Philosophe allemand, quand il dit « que le principe de la justice est en l'homme, uniquement en lui, que l'homme ne peut être lié que par l'homme, que la seule loi qui n'humilie pas l'homme et ne le dégrade pas, c'est le commandement de soi vis-à-vis de soi. »

Nous voyons bien dans toutes ces paroles l'expression de l'orgueil révolté, mais rien absolument qui ressemble à une preuve. Pourquoi l'homme serait-il humilié en obéissant à l'auteur de la loi morale ? C'est donc un déshonneur de se soumettre à l'ordre et à la raison ? Et n'est-il pas dans l'ordre que la créature, raisonnable ou privée de raison, petite ou grande, reconnaisse l'autorité du Créateur et du souverain Maître ? Si, comme on l'a montré, la loi naturelle n'est qu'une émanation de la loi éternelle, et si celle-ci n'est pas autre chose que la raison divine, où est l'esclavage, où est l'humiliation qu'entraîne l'obéissance ? Est-il plus noble d'obéir à la volonté humaine, si facilement influencée par la passion, à la raison individuelle si courte et si portée à l'erreur, que d'obéir à la volonté du Dieu trois fois saint, et à la sagesse infaillible et impeccable ?

La seule humiliation pour l'homme, c'est de se soustraire à la loi éternelle, de subir des tyrannies contraires à sa nature, à sa dignité, de se faire l'esclave de l'égoïsme et des sens. L'obéissance à la loi de Dieu nous délivre de cette servitude, elle nous élève au-dessus de nous-mêmes, sans nous imposer d'autre obligation que celle d'être raisonnable. Servir dans ces conditions, c'est régner : *Servire Deo regnare est.*

D'ailleurs, l'opinion de nos adversaires est en contradiction avec le témoignage de la conscience. Nous sentons que la loi morale ne vient pas de nous-mêmes, mais du dehors et de plus haut que nous. Nous sentons que nous ne sommes point « en même temps législateurs et sujets » comme Kant l'a prétendu; la loi nous commande en souveraine, elle nous inspire un respect religieux; si nous la violons, elle nous fait, par le moyen de la conscience, sentir ses reproches au fond de l'âme; enfin, si dans certaines circonstances nous éprouvons vivement que nous avons diminué et flétri notre dignité personnelle, nous comprenons, dans toutes, que nous avons contrevenu aux prescriptions d'une autorité auguste, indépendante, et supérieure à nous-mêmes. Or, ces divers sentiments n'auraient aucun sens, si la loi morale était une création humaine, si nous étions vraiment législateurs avant d'être sujets, si nous ne nous soumettions à elle qu'en tant que nous avons trouvé bon de nous l'imposer.

Ajoutez que la raison humaine est absolument incapable de tirer d'elle-même et de son fond la loi naturelle. Celle-ci est universelle, absolue, immuable, infaillible : ses décrets valent pour les hommes de tous les temps et de tous les pays, ce qu'elle commande est toujours le bien, ce qu'elle défend est toujours le mal.

Trouvez-vous quelqu'un de ces caractères dans la raison individuelle, qui « se teint de toutes les couleurs » de l'espace et du temps, qui hésite, chancelle, avance, recule, se trompe, se corrige, sauf à se jeter dans de nouvelles témérités et à retomber dans de nouvelles erreurs?

L'inférieur ne peut être lié et jugé que par un supérieur; et ici nous aurions le même lié, jugé par le même, ou plutôt le plus découlerait du moins, l'immuable serait produit par le mobile, l'impersonnel par l'individuel, l'infaillible par ce qui est sujet à l'erreur, le saint par ce qui est susceptible de tous les entraînements du vice!

Venons enfin au dernier caractère de toute loi bien faite : la *sanction*.

Telle est la faiblesse des hommes, qu'une loi privée de sanction ou accompagnée d'une sanction inefficace n'a presque aucune prise sur eux. Il ne suffit point d'ordonner ou de défendre, on doit encore charger quelqu'un de l'exécution du décret, et il faut pour cela lui mettre en main une force suffisante, en d'autres termes, il faut qu'il puisse récompenser ou punir. Faute de cette condition, la loi se confond avec le simple conseil, disons mieux, c'est une lettre morte.

La loi morale ne saurait être assimilée à un simple conseil, elle est formelle, absolue, catégorique. D'un autre côté, elle a pour ennemies non seulement la faiblesse de la nature, mais encore la passion, qui tantôt se porte avec impétuosité vers le plaisir défendu, et tantôt recule avec effroi devant l'effort qu'exige le bien. Et pourtant la loi morale n'a point de force armée pour se faire respecter, elle laisse le *gendarme* à la loi civile. Sera-t-elle donc réduite à élever la voix dans le désert, ou à la sentir étouffée par les clameurs bien autrement puissantes de la violence et des passions ?

Cependant, elle est juste, elle est nécessaire, elle est absolument indispensable. Les destinées de l'honneur reposent sur elle, sur elle repose le salut de l'individu et de la société.

Que disent les partisans de la morale indépendante ? Les uns lui assurent pour toute sanction l'approbation ou la désapprobation de l'opinion publique, les autres, la joie et les remords de la conscience. Quelles puissantes digues pour contenir le fleuve tumultueux des passions !

L'opinion publique ! Mais elle se fait et se défait tous les jours. Ce qu'elle approuvait hier, elle le désapprouve aujourd'hui ; ce qu'elle exalte aujourd'hui, elle le brisera demain. Que de fois ne se trouve-t-elle pas en opposition ouverte avec la justice ! Hélas ! elle s'accommode bien davantage du succès que du droit, de la force insolente que de la faiblesse opprimée.

Reste la conscience. Ecoutez un de ses plus récents panégyristes : « Conscience ! conscience ! instinct divin, immortelle et céleste voix ! Guide assuré d'un être ignorant et borné, mais intelligent et libre ; juge infaillible du bien et du mal, qui rends l'homme semblable à Dieu. C'est toi qui fais l'excellence de sa nature et la moralité de ses actions ; sans toi je ne sens rien en moi qui m'élève au-dessus des bêtes, que le triste privilège de m'égarer d'erreurs en erreurs à l'aide d'un entendement sans règle et d'une raison sans principes (1). »

D'après la nouvelle école, la conscience ne saurait se tromper, « elle est le juge infaillible du bien et du

---

(1) J.-J. Rousseau, *Emile*, l. v.

mal; » elle prodigue ses consolations à qui a fait son devoir, et fait sentir la douleur cuisante du remords à qui a blessé la dignité humaine en lui-même ou dans les autres. Cette sanction interne est seule en rapport avec la nature de la loi morale, toute autre sanction venue de dehors, rémunération ou châtiment, reste étrangère à l'acte humain et ne peut entrer en ligne de compte avec le devoir.

Nul doute qu'il n'y ait une part de vérité dans la doctrine qu'on vient d'exposer. La conscience est bien, en effet, la lumière intérieure qui éclaire tout homme sur la loi qui l'oblige, ou plutôt sur les applications ou prescriptions particulières de cette loi, dans les circonstances diverses et parfois si difficiles de la vie morale. D'un autre côté, la conscience n'est point une lumière froide et insensible qui se borne à éclairer la route à suivre. Si l'on fait bien, elle approuve hautement, dût l'opinion publique tout entière ignorer ou méconnaître le véritable mérite ; si l'on agit mal, au contraire, elle fait entendre au-dedans de l'âme sa voix accusatrice que les applaudissements d'une foule aveugle et ignorante ne peuvent jamais étouffer.

Voilà un commencement de sanction, un *acompte* sérieux sur la récompense totale qui attend l'homme de bien et sur la peine réservée au méchant.

Néanmoins, à cette théorie on peut opposer nombre de critiques.

D'abord, la conscience n'est pas « ce juge infaillible du bien et du mal » qu'exalte Rousseau, non sans quelque emphase. La conscience est une faculté humaine tout comme la raison, dont, à vrai dire, elle ne se distingue pas ; par suite, elle est comme celle-ci susceptible d'ignorance et d'erreur.

Qu'arrivera-t-il si vous l'en séparez? comme c'est la raison qui lui dicte ses principes, et que Dieu seul peut éclairer la raison, pourrez-vous encore appeler cette conscience amoindrie et privée de tout secours supérieur « un instinct divin, une immortelle et céleste voix » ?

La paix ou l'inquiétude de la conscience ne doivent pas davantage être considérées, l'une comme la récompense suffisante du bien réalisé, l'autre comme la punition efficace du mal accompli. Que d'hommes obéissent au devoir, s'imposent les plus durs sacrifices, sans que des joies bien vives viennent encourager leurs efforts! que d'autres chez qui le remords a peu de vertu, parce que la nature est grossière et la sensibilité émoussée ou engourdie! L'appréhension du remords suppose que le remords lui-même a été éprouvé, c'est-à-dire que des fautes graves ont déjà été commises. Il ne se trouve pas chez tous avec la même énergie, il est en proportion de la délicatesse de l'âme; tel éprouvera plus de chagrin pour une faute légère que tel autre pour un grand crime. Enfin, chez l'homme adonné au vice, il s'affaiblit de plus en plus précisément alors qu'il devrait au contraire grandir pour suivre et châtier le coupable, peut-être même pour le retenir sur la voie malheureuse où il s'engage.

Aux yeux d'un grand nombre, la joie pure qui résulte d'une action vertueuse est un plaisir trop subtil, pour dédommager du sacrifice des passions, et le remords une douleur trop douce pour comprimer la pensée du mal et empêcher le crime.

D'ailleurs, mettons-nous en présence de l'hypothèse de nos adversaires. Leur opinion est qu'il n'y a pas de Dieu, qu'il n'y a pas d'autre vie, que personne ne remarque le pécheur, ou que si quelqu'un le voit, il gardera le silence, passera outre ou ne parlera pas bien haut.

Dans de telles conditions, il n'y a qu'une nature exceptionnellement douée, une conscience exquise, qui se sente prise d'effroi à la seule pensée du mal ou qui se décide à faire le bien pour le bien, non pas une fois, mais toujours.

Lamartine l'a dit avec beaucoup de raison : « Otez l'idée de Dieu dans la conscience et il fait nuit dans l'homme : la conscience sans Dieu, c'est un tribunal sans juge. »

Le faible, le pauvre ne peut plus attendre le secours d'en haut, il ne peut plus lever les mains ni les yeux vers le ciel, tout horizon est fermé devant lui, toute espérance lui est interdite, personne ne le voit ni ne l'entend. Personne pour lui dire : courage et patience, je te vois, je t'aime, je te récompenserai un jour.

Quant au riche et au puissant, qu'il jouisse en paix de ses trésors et qu'il abuse de sa force à son gré, il ne sera point appelé à comparaître devant les juges de la terre; s'il l'est, il saura les fléchir : l'or et la force font taire bien des scrupules.

Voilà les conséquences naturelles, inévitables de la morale indépendante. Et maintenant, osez dire qu'elle sauvegarde les droits de l'honnête, qu'elle encourage la vertu, et qu'elle détourne efficacement du crime.

Laissez-nous donc le nom de Dieu, puisque vous ne savez rien mettre à sa place. Laissez au juste et au faible l'image bénie du Père qui est au ciel : ils en ont besoin pour ne pas défaillir dans le rude sentier du devoir.

Cette pensée les aidera à vaincre le mal ou à le supporter et à demeurer fidèles au parti de la vertu. « Ce nom amène avec soi le cortège de tout ce qui est grand et noble. Il signifie la vérité et la vertu. C'est une lumière qui montre la pourriture des passions honteuses sous son aspect véritable. Quelque abattue que soit une âme, il y a quelque part en elle tout un ensemble de souvenirs touchants et vivifiants que ce grand nom de Dieu réveille (1). »

Laissez à l'âme portée au mal la pensée du juge incorruptible. Rien ne saurait plus efficacement l'empêcher de s'abandonner sans résistance au torrent de la passion qui l'entraîne. Rappelez ce souvenir salutaire à celui qui est tombé, faites luire à ses yeux un rayon d'espérance, dites-lui d'adresser une prière au Dieu qui charma sa jeunesse et soutint son enfance :

(1) Jules Simon, *Relig. naturelle*, 4° part., ch. 1.

la guérison est possible dès que le malade à consenti à prier.

Toute vie d'homme a ses ombres, ses combats et ses dangers ; l'idée de Dieu est l'étoile qui brille au ciel et montre le chemin, elle est la flamme qui échauffe le cœur et la force qui soutient le bras quand il faiblit.

V.

Les partisans de la morale indépendante font plusieurs objections tendant à établir que le devoir possède une force intrinsèque, absolue, qui rend inutile le recours à la théodicée. Il importe de les examiner ici avec soin : ce sera donner la démonstration indirecte de notre thèse.

Voici la première, telle qu'elle est proposée par l'un d'entre eux : « Avons-nous besoin de savoir que Dieu est et ce qu'il est pour nous prononcer sur la distinction du bien et du mal ? Non, pas plus que pour nous prononcer sur la distinction du beau et du laid, du vrai et du faux. Il en est des concepts fondamentaux de la morale comme de ceux de l'esthétique et de la logique, ils n'en supposent pas d'autres. — Avons-nous besoin de connaître l'existence de Dieu et sa nature pour savoir que le bien doit être fait et le mal évité ? Pas davantage. L'idée du devoir est inséparable de l'idée du bien, et il est impossible d'avoir l'une sans avoir l'autre (1).

(1) Ferraz, *Philosophie du devoir*, l. I, ch. 1.

L'objection repose sur une équivoque et sur une parité seulement apparente entre la morale, la logique et l'esthétique.

Sans doute, je puis avoir l'idée du vrai, du beau et du bien sans avoir encore l'idée de Dieu : il me suffit de voir des choses vraies, belles et bonnes. Je puis connaître et admirer l'immensité de la mer, la fécondité de la terre et la splendeur des cieux sans savoir si toutes ces choses se soutiennent par leur propre vertu, ou grâce au secours invisible d'un être créateur. Mais cela fait-il que le vrai, le beau et le bien ne relèvent nullement de Dieu et n'aient pas en lui leur unique et naturel fondement? Cela fait-il que le ciel, la terre et la mer et le monde tout entier ne dépendent pas de la cause première? Supprime-t-on l'origine et le principe des choses, pour n'y point penser? Or nous avons dit que si le bien peut-être connu avant que Dieu le soit, il ne peut être connu comme ayant en lui sa raison dernière, comme indépendant du bien absolu, source de tout bien : ce qui suffit à renverser l'opinion de nos adversaires.

De même, si je saisis le sens des mots, je comprends que le bien doit être fait et le mal évité ; car le bien, c'est l'ordre, le mal, c'est le désordre, et ma raison éprouve une sympathie irrésistible pour le premier, une invincible répulsion pour le second. Mais l'ordre ne suppose-t-il pas un ordonnateur? et sans lui aurait-il commencé? Durerait-il encore? Et si cela est vrai de l'ordre du monde matériel, cela ne le sera-t-il pas également de l'orde du monde moral?

D'ailleurs, la parité que l'on suppose entre la morale, d'une part, et la logique, l'esthétique et les autres sciences, d'autre part, n'a rien d'absolu. Les sciences n'imposent à l'homme aucune obligation, elles demeurent étrangères aux faiblesses et aux passions de notre nature. Dès que le vrai ou le beau se présente, il enlève l'adhésion et ne rencontre dans nos penchants aucune résistance, aucun obstacle.

Il en va tout autrement de la morale. Le bien n'est pas comme le vrai et le beau un objet de contemplation, d'admiration platonique, il se rapporte à la partie la plus intime de notre être, il s'adresse au cœur, il est une règle de conduite, une loi inflexible, absolue, devant laquelle doivent plier les passions et les secrets instincts de la sensibilité.

On le voit, la question change entièrement de face, il ne s'agit plus de connaissance, il s'agit d'amour, d'action et de sacrifice. Or, il faut le dire encore une fois, l'obligation suppose un maître qui a le droit de commander, et le seul maître légitime de l'homme, c'est Dieu. Et fût-il établi, ce que nous n'admettons nullement, que la raison toute seule peut, sans l'idée de Dieu, connaître et déterminer tous les devoirs de l'homme, on n'en serait pas plus avancé pour cela. Car, en morale, il ne suffit pas de connaître le devoir, il faut encore avoir la volonté et la force de l'accomplir, et nous avons prouvé que seule, l'idée de Dieu peut inspirer ce dessein et le courage de l'exécuter.

On insiste. Ce qui fonde la distinction du bien et du mal, ce qui donne naissance à l'obligation, ce n'est pas précisément la raison individuelle, c'est la raison impersonnelle, la raison générale, et ce qui oblige, c'est l'idéal que cette raison nous propose. On a donc ici tout ce qu'on demande : un supérieur et un inférieur, puis l'idéal ou le but.

Mais d'abord, comment saurai-je que la raison impersonnelle ou générale a parlé, qu'elle m'impose tel ou tel devoir, qu'elle défend ceci, commande cela? Faudra-t-il consulter le genre humain tout entier, ou pourra-t-on s'en tenir à l'avis de la majorité? Dans ce dernier cas, on retombe dans l'erreur qui fait de l'opinion publique la base de la morale.

Au surplus, la raison impersonnelle a le même défaut que la raison personnelle : elle est humaine et finie, elle n'est pas une *lumière illuminante*, mais une *lumière illuminée*, « *lumen illuminatum*, » et par là même, elle n'est point la raison dernière du droit.

Quand nous obéissons à la loi morale, nous avons le sentiment intime d'obéir à quelque chose d'infiniment supérieur à la raison générale, nous nous soumettons à la raison souveraine, à l'intelligence infinie. La conscience ne nous parle ni en son nom ni au nom des hommes, elle est, suivant une magnifique expression de S. Bonaventure, le porte-voix de Dieu : « *Conscientia est sicut præco Dei et nuntius. Et quod dicit, non mandat ex se, sed mandat quasi ex Deo; sicut præco, cum divulgat edictum regis* (1). »

---

(1) In *lib. II Sent.*, dist. 83, n. 1, q. 3, ad *argum*.

Ne nous parlez pas non plus de l'idéal, comme de la loi suprême de la moralité. Rien de plus séduisant que l'idéal dans la spéculation, rien de plus capable de faire les délices des âmes généreuses, la nourriture des esprits contemplatifs. Mais, en dehors de toute intelligence, l'idéal n'est qu'une abstraction, et si vous supprimez l'intelligence divine, il ne reste plus que l'idéal humain, produit d'une raison faillible et bornée. C'est trop peu pour fonder le devoir et pour enfanter la vertu.

Au point de vue qui nous occupe, il n'y a que l'idéal de la justice, l'idéal de la charité, l'idéal de la sainteté, qui puisse agir efficacement sur nos âmes. Or, un tel idéal est irréalisable, inconcevable même sans la pensée et l'amour de Dieu (1). De la philanthropie sans Dieu, cela se conçoit, cela s'est vu et pourra se voir encore ; mais la philanthropie n'est pas la charité, elle n'en a ni la flamme ni la force. Donnons à la morale universelle un point d'appui moins chancelant.

Une dernière objection a été faite en faveur de la morale indépendante, objection spécieuse et embarrassante au premier abord. M. Paul Janet la formule en ces termes : « On ne voit pas qu'il y ait une liaison nécessaire entre les doctrines et les mœurs : Épicure,

---

(1) « C'est par le seul amour de Dieu que l'homme est capable de poésie et d'enthousiasme ; ce que nous appelons, en tout, l'idéal, c'est à notre insu, un abandon de la terre, une aspiration vers Dieu. Plus d'un s'est endormi athée et réveillé mystique. » (Jules Simon, *Relig. natur.*, 2º part., ch. I.)

Spinoza, Condillac, Helvétius et Kant étaient les plus honnêtes gens du monde ; cependant l'un était athée, l'autre panthéiste, l'autre sensualiste et le dernier sceptique (1). »

Une première remarque à faire, au sujet de cette difficulté, c'est que tous les philosophes dont parle M. Janet, sauf Helvétius, admettaient Dieu tout en altérant plus ou moins sa notion. Plus ou moins aussi ils rattachaient à cette idée la vie humaine et la science des mœurs, ce que ne font à aucun degré les partisans de la morale indépendante.

On nous dit encore que ces auteurs « étaient les plus honnêtes gens du monde. » Mais il faudrait s'entendre sur le sens du mot *honnête homme*. Qu'on nous permette le langage de l'Ecole, il a, aux yeux de plusieurs, une extension fort grande, mais une compréhension fort étroite. Suffit-il pour mériter le titre d'honnête homme de mener une vie réglée, laborieuse, de respecter le bien du prochain et même de faire preuve de philanthropie? Nous ne pensons pas qu'un tel programme contienne tous les devoirs de l'honnête homme, ni même qu'il impose de bien grands sacrifices à certaines natures.

Pour être vraiment honnête homme, selon nous, même en faisant abstraction de tous les devoirs fondés sur la religion révélée, il faudrait laisser à *l'honestum* des latins toute sa vigueur étymologique, en d'autres termes, suivre la loi naturelle sans restric-

(1) *De l'Eclectisme, Revue des Deux-Mondes,* n° du 15 janvier 1866, p. 520.

tion. Or cela conduirait peut-être assez loin, en tout cas, beaucoup plus loin qu'on ne l'entend d'ordinaire, dans le sens mondain du mot. Par exemple, l'humilité, la chasteté, une certaine tempérance qui règlent l'esprit et le cœur, les pensées et les affections les plus intimes aussi bien que les actes extérieurs, feraient essentiellement partie des devoirs de l'honnête homme.

Nous ajouterions aussi la religion, c'est-à-dire tous les devoirs envers Dieu, basés sur la raison naturelle : adoration, amour, dépendance, prière. Car il nous répugnerait de donner le titre, souvent profané, d'honnête homme, à quiconque négligerait les premiers et les plus essentiels devoirs de tout homme, les devoirs envers la divinité.

Ces devoirs comprendraient encore la disposition à s'élever plus haut, si telle était la volonté connue de Dieu; comme serait la disposition à admettre la religion surnaturelle, si son existence venait à être clairement établie.

On ne dit pas si Epicure, Spinoza, Helvétius et Kant « étaient les plus honnêtes gens du monde » dans le sens précis que nous venons d'indiquer. L'eussent-ils été, et quelques autres à leur exemple, cela ne prouverait encore rien en faveur de la morale indépendante. Il resterait à démontrer que les athées, ou, plus généralement, ceux qui font abstraction de Dieu dans leur conduite, observent leurs autres devoirs en vertu de leurs principes, plutôt que par une heureuse inconséquence, et grâce à un bon naturel.

Il est des hommes religieux et qui ne remplissent pas toutes les prescriptions de la morale. Est-ce à dire que la religion n'est pas bonne, ou qu'elle est indifférente à la conduite? Ou serait-ce seulement qu'ils sont moins bons que leurs principes et qu'ils ne font pas tout ce que leur commande la religion?

De même, quand des hommes, comme on en voit parfois, pratiquent certaines vertus naturelles, sans être religieux, il ne faut point en conclure aussitôt « qu'il n'y ait aucune liaison nécessaire entre les doctrines et les mœurs, » et que l'athéisme ait autant d'avantages que le théisme au point de vue de la morale. On dit que Pyrrhon oubliait dans la pratique son scepticisme et se conduisait à peu près comme tout le monde. Voudriez-vous conclure de là que le scepticisme appliqué serait absolument inoffensif?

Nous pensons la même chose de l'athéisme. Appliqué, il est subversif de toute morale, parce qu'il renverse le principe même du bien et du devoir. Si maintenant il se rencontre des hommes qui se disent athées et demeurent néanmoins fidèles à quelques vertus (leur nombre est toujours forcément très restreint), nous louons l'heureux naturel qui leur permet de demeurer relativement honnêtes en dépit de leurs principes, et nous continuons à tenir leurs croyances pour mauvaises et funestes à la morale. Nous soutenons que si elles venaient à être partagées par le grand nombre, elles ne tarderaient pas à faire disparaître de parmi les hommes l'honnêteté même naturelle.

S. Augustin a dit qu'on vit mal si l'on ne pense

pas bien de Dieu : « *Male vivitur si de Deo non bene sentitur* (1). » Il ne suffit pas d'admettre l'existence de l'Etre suprême pour bien vivre, il faut encore ne pas se faire des idées trop fausses sur sa nature et ses attributs. Une erreur notable sur Dieu peut entraîner des écarts sensibles dans la conduite. Supposez, par exemple, que Dieu est bon sans être juste, ou réciproquement; qu'il existe, mais qu'il n'est pas le créateur du monde, ou que, s'il l'a créé, il s'en désintéresse, qu'il ne nous voit pas, ne nous entend pas, ou que s'il nous voit et nous entend, il n'est pas disposé à bénir nos prières, à nous soutenir et à nous diriger, à nous récompenser ou à nous punir; que l'homme peut se suffire à lui-même et qu'il n'a nul besoin de recourir à l'Etre suprême, l'idée de Dieu perdra beaucoup de son efficacité naturelle, et la conduite ne pourra moins faire que de refléter ces graves erreurs de la pensée.

On a observé que « de la conception qu'un peuple a de Dieu dépend le niveau de son organisation sociale » (2). « Plus son affirmation est nette et précise, plus elle dégage la cause suprême, l'infini, l'éternel, l'absolu, le maître, le type et la fin de toutes choses,

---

(1) *De Civit. Dei*, l. V, c. x.
Platon avait dit dans le même sens : « Qui connaît Dieu est véritablement sage; qui ne le connaît pas est évidemment ignorant et méchant. » (Théétète, p. 183, trad. Cousin, t. II.) — Et ailleurs : « Ce que tu regardes maintenant comme de nulle conséquence est en effet ce qu'il y a de plus important pour l'homme, je veux dire avoir sur la divinité des idées justes, d'où dépend sa bonne ou mauvaise conduite. » (*Lois*, l. X, n. 20.)
(2) Frank, *Etudes Orientales*.

plus aussi on voit s'élever la nature et la civilisation resplendir. (1) » Et ici nous entendons par civilisation le progrès dans sa partie la meilleure, les grandes idées, les nobles sentiments, les fortes vertus, l'intelligence la plus haute des destinées de l'homme, le sens le plus exquis de l'idéal, les institutions les plus équitables, les rapports de l'autorité et de la liberté les mieux établis, les mœurs les plus intègres, l'humanité, la bienveillance, la générosité, l'esprit de sacrifice, le dévouement à la patrie le mieux pratiqués (2).

(1) Le P. Monsabré, *Conf. de N.-D.*, Carême de 1873, 3º conf.
(2) M. Jules Simon a fait sur le sujet qui nous occupe des remarques d'une grande justesse et d'une réelle élévation. « Nous ne rechercherons pas, comme les philosophes du XVIIe siècle, si un peuple d'athées pourrait subsister ; nous nous bornerons à dire que le sentiment religieux est peut-être le plus puissant de tous les liens sociaux. Il ne faut pas dire que la famille est plus puissante encore, car la piété filiale n'est qu'une forme de la piété. C'est la pensée de Dieu qui achève de sanctifier le foyer domestique, ce centre béni de toutes les affections douces et sociables. Otez cette pensée du milieu d'un peuple, il n'est plus réuni en corps de nation que par l'intérêt et par la crainte. La loi civile n'est plus, pour lui, qu'un contrat social où il donne à condition de recevoir ; s'il donne toujours et ne reçoit jamais, il devient une dupe à ses propres yeux. Ce qu'on appelle pompeusement le sentiment de la fraternité, ou la religion de la patrie, n'a pour lui aucune signification. Les citoyens ne sont que des associés et non des frères. Jamais le dévouement et le sacrifice n'auront de place dans un Etat ainsi conçu ; jamais ce lien, fondé sur de telles bases, ne sera regardé comme indissoluble par celui qui en souffre. Si l'on veut créer une grande famille qui ait son unité morale, ses traditions, son honneur ; dont tous les membres se reconnaissent solidaires les uns des autres ; dont la loi soit comprise et aimée, même lorsqu'elle frappe, il faut que le nom de la patrie réveille des idées religieuses, que chaque citoyen se croie attaché à elle par une volonté divine..., que les lois s'appuient non sur la balance des intérêts, mais sur l'éternel idéal de la justice, et qu'en signe de cette origine

Cependant une religion imparfaite vaut mieux que l'absence de toute religion, et une idée fausse sur Dieu vaut mieux que la négation de Dieu.

La pire des erreurs en dogme et en morale, c'est l'athéisme, car l'athéisme tarit du même coup la source du vrai, du beau et du bien.

Mais faisons l'hypothèse contraire. Accordons à nos adversaires qu'on peut, absolument parlant, concevoir ou même fonder la science des mœurs sans recourir à l'idée de Dieu. Ils devront convenir avec nous, car la chose n'est que trop évidente, qu'une telle science sera laborieusement édifiée, qu'elle n'aura que fort peu de prise sur le plus grand nombre, qu'aux yeux de tous elle manquera d'élévation et de prestige.

D'un autre côté, il n'est pas moins certain que l'homme est faible et la vertu difficile.

Si l'on trouve quelque moyen propre à rendre l'homme plus fort et la vertu plus facile, pourquoi le repousser, pourquoi le dédaigner? Or, ce moyen existe, nous l'avons sous la main, c'est la pensée de Dieu. Cette pensée ne suffit pas à empêcher tous les crimes, ni à faire naître toutes les vertus. Mais elle empêche beaucoup de mal, et elle est la source des plus grands biens. Au cœur du méchant elle inspire une crainte salutaire, dans celui qui a de bons instincts elle allume la flamme sacrée de l'amour. Elle détourne les uns de l'abîme, elle élève les autres aux sommets les plus hauts. La vertu est plus noble si

elles soient promulguées au nom de Dieu. (*Relig. naturelle*, 4ᵉ part., c. I.)

elle doit nous unir à l'Auteur de toute perfection, le vice est plus odieux s'il offense une majesté infinie.

Que penser des sages de la nouvelle école, qui se posent en prédicateurs de la morale et qui la présentent à nos regards dépouillée de toute auréole?

Ils disent que l'idée de Dieu est une hypothèse, et qu'ils veulent asseoir la morale sur des bases indiscutables. Double illusion! Dieu, une hypothèse! Mais il est au contraire la plus haute certitude. Et comment peut-on regarder comme une simple hypothèse l'être bienfaisant dont la pensée a jusqu'à ce jour soutenu et nourri l'humanité tout entière?

D'ailleurs nos adversaires se trompent dans leurs espérances. Ils prétendent établir la morale sur un terrain neutre, la mettre à l'abri des disputes métaphysiques, et par là même réunir tous les suffrages. Ils ne remarquent pas que les hommes qui prennent l'idée du bien au sérieux n'ont aucune foi en cette morale « positive. » Ils ne s'aperçoivent pas non plus qu'ils sont eux-mêmes profondément divisés et que, sous ce rapport, ils n'ont pas le droit de jeter la première pierre dans le champ de la métaphysique.

Au surplus, il n'est pas en leur pouvoir de fonder la science des mœurs en dehors de toute conception transcendante. D'abord, ils doivent se prononcer sur la nature du bien, et cette question suppose résolue la question de la nature de l'homme. Car le bien d'un être dépend de son essence, et le bien de l'homme est entendu très différemment dans l'école sensualiste et dans l'école spiritualiste. Ensuite, ils doivent être absolument fixés sur la fin de l'homme, puisque la fin commande les moyens, et que tous les actes de l'être moral doivent se rapporter au but suprême de la vie (1). Voilà donc trois problèmes de l'ordre métaphysique à résoudre : la nature du bien, la nature de l'homme, l'immortalité de l'âme et la vie future. Tant il est vrai qu'on ne peut faire de morale sans dogme, et qu'on ne peut en même temps renverser la doctrine et conserver les mœurs!

(1) « Tota humana vita oportet quod ordinetur in optimum et ultimum finem humanæ vitæ. » (S. Thomas, *in I Ethicor*., lect. 2ª.)

CHAPITRE X

LE PROGRÈS

I.

La question du progrès se rattache à notre étude par des liens très étroits. Vu l'importance qu'elle a prise dans l'école de l'*évolution*, l'idée de progrès ne tend à rien moins qu'à renverser l'idée de l'*absolu* en morale comme en métaphysique et en général dans toute science.

Nous avons défendu l'absolu de toutes nos forces, mais ce n'est pas une raison de déclarer la guerre au progrès, pourvu qu'on donne à ce mot un sens modéré et raisonnable.

D'ailleurs, on se tromperait beaucoup si l'on rangeait cette idée au nombre des découvertes modernes. Les anciens, bien loin de l'avoir ignorée ou méconnue, en ont au contraire parlé en excellents termes. Nous nous bornerons à rappeler ici deux témoignages, empruntés, l'un au ve, l'autre au xiiie siècle.

Le premier nous est fourni par Vincent de Lérins qui définit très heureusement la nature du progrès, on proclame la légitimité, on démontre la possibilité, la nécessité même au sein de la religion de Jésus-Christ, que plusieurs se représentent comme enchaînée et figée dans une immobilité systématique.

« Quelqu'un dira peut-être : N'y aura-t-il aucun progrès de la religion dans l'Eglise de Jésus-Christ ? Il y en a un au contraire et un très grand. En effet, qui est celui qui serait assez jaloux des hommes et assez haï de Dieu pour essayer d'empêcher ce progrès ? Mais il faut que ce soit un progrès de la foi et non un changement. Le progrès consiste en ce qu'une chose s'accroît en restant la même ; le changement a lieu quand une chose se transforme en une autre. Qu'ainsi donc croisse et se développe avec abondance, d'âge en âge et de siècle en siècle, chez les individus comme dans le corps entier de l'Eglise, la sagesse, la science, l'intelligence, mais que ce soit dans la même pensée, dans le même sens et dans la même croyance. Que la religion des âmes suive la loi qui régit les corps, qui, bien qu'ils se développent dans le cours des années, restent cependant toujours les mêmes. Il y a une grande différence entre la fleur de la jeunesse et la maturité de la vieillesse, mais ce sont les mêmes personnes avec leur même nature qui passent par ces différents âges. Les membres vigoureux de l'adulte sont les mêmes qui étaient tendres et faibles chez l'enfant. Les organes même qui ne se développent qu'assez tard existent à l'état rudimentaire dans l'embryon, et il n'y a rien dans le corps du vieillard qui ne soit déjà dans celui du petit enfant. »

Ecoutons maintenant S. Thomas d'Aquin. « Il appartient à la nature de l'homme de se servir de la raison pour la recherche de la vérité. Par suite, l'homme doit avancer lentement et progressivement dans la découverte de la vérité... et le temps seul permet de faire les grandes découvertes et d'arriver aux dernières précisions. Non que le temps coopère réellement et par lui-même à cette œuvre difficile ; mais plutôt parce qu'elle s'accomplit dans le temps. Car si quelqu'un s'applique à la recherche de la vérité, le temps ne peut manquer de lui apporter un précieux concours, en lui permettant de voir dans la suite ce qu'il n'avait pas vu tout d'abord. La même chose arrivera pour ceux qui viendront après : s'inspirant des découvertes de leurs devanciers ils en feront à leur tour de nouvelles. C'est ainsi que les sciences et les arts ont progressé ; ce qu'on en savait au commencement était fort imparfait, ce qui a été ajouté à ces premières découvertes est très considérable, chacun ajoutant sa pierre à l'édifice intellectuel commencé par ses prédécesseurs.

« Toutefois le phénomène contraire pourrait également se produire. Si l'on venait à négliger l'étude et les recherches, le temps, suivant la remarque d'Aristote, serait plutôt une cause d'oubli et de décadence, soit pour tel homme en particulier, soit pour tous les hommes en général. Et c'est là ce qui explique comment plusieurs sciences assez florissantes chez les anciens sont peu à peu tombées, faute d'être cultivées par leurs successeurs (1). »

Ce n'est point là, comme on pourrait être tenté de le croire, une doctrine isolée au moyen âge : elle est également professée par Guillaume d'Auvergne (2), Albert le Grand (3), Vincent de Beauvais (4) et Roger Bacon (5).

Dans des temps plus rapprochés du nôtre l'idée de progrès a préoccupé un grand nombre d'esprits. Bacon y revient plusieurs fois dans le *De dignitate et augmento scientiarum*, et dans le *Novum organum*.

---

(1) « Ad hominis naturam pertinet ratione uti ad veritatis investigationem. Et ideo ad hominem pertinet paulatim in cognitione veritatis proficere... Eorum quæ bene se habent ad aliquid circumscribendum videtur tempus esse quasi *adinventor* vel bonus *cooperator*; non quidem quod tempus per se ad hoc aliquid operetur, sed secundum ea quæ in tempore aguntur. Si enim aliquis tempore præcedente, det operam investigandæ veritati, juvatur ex tempore ad inveniendam veritatem, et quantum ad unum eumdemque hominem, qui postea videbit quod prius non viderat, et etiam quantum ad diversos, utpote cum aliquis intuetur ea quæ sunt a prædecessoribus inventa, et ipse superaddit. — Et per hunc modum facta sunt additamenta in artibus, quarum, in principio, aliquid modicum fuit adinventum, et postmodum per diversos paulatim profecit in magna quantitate, quia ad quemlibet pertinet superaddere id quod deficit in consideratione prædecessorum. »

« Si autem e contrario exercitium studii prætermittatur, tempus est magis causa oblivionis, ut dicitur *IV Physicorum*, et quantum ad unum hominem, et quantum ad diversos. Unde videmus multas scientias quæ apud antiquos viguerunt, paulatim cessantibus studiis, in oblivionem abiisse. » (*In I Ethicor.*, lect. XI, et *in III Politicor.*, lect. 8ᵃ ; cf. 1ᵃ 2ᵃᵉ, q. XCVII, a. 1, c.)

(2) *De anima*, capitul. VI, part. 3ᵃ.
(3) *De Elenchis*, l. II, tr. 5, c. I, l. 1.
(4) *Speculum doctrinale*, l. I, c. XXXVI.
(5) *Opus majus*, 1ᵃ pars, c. III, VII, et *Compend. philos.*, 1ᵃ pars.

Pascal, plus explicite encore, nous trace une belle peinture « de cet homme universel..., un même homme qui subsiste toujours et qui apprend continuellement. » — « Comme l'homme conserve ses connaissances une fois acquises, il peut aussi les augmenter facilement, de sorte que les hommes se trouvent aujourd'hui dans le même état où se trouveraient les anciens philosophes s'ils pouvaient avoir vieilli jusqu'à présent, en ajoutant aux connaissances qu'ils avaient celles que leurs études auraient pu leur acquérir à la faveur de tant de siècles (1). »

D'après l'Auteur des *Pensées*, ce qui caractérise l'homme, c'est précisément cette faculté de progresser mise en lui par la nature, tandis que la part de l'animal est l'immobilité. « La nature les instruit (les animaux) à mesure que la nécessité les presse ; mais cette science fragile se perd avec les besoins qu'ils en ont; comme ils la reçoivent sans étude, ils n'ont pas le bonheur de la conserver, et, toutes les fois qu'elle leur est donnée, elle leur est nouvelle, puisque, la nature n'ayant pour objet que de maintenir les animaux dans un cercle de perfection bornée, elle leur inspire cette science simplement nécessaire toujours égale, de peur qu'ils ne tombent dans le dépérissement, et ne permet pas qu'ils y ajoutent, de peur qu'ils ne passent les limites qu'elle leur a prescrites. *Il n'en est pas de même de l'homme, qui n'est produit que pour l'infinité* (2). »

(1) *Pensées, De l'autorité en matière de philosophie.*
(2) Ibid.

CHAP. X. — LE PROGRÈS.

Chez Bacon et chez Pascal la théorie du progrès est restreinte « aux sujets qui tombent sous le sens et le raisonnement. »

C'est dans le même sens que Fontenelle explique fort spirituellement la supériorité des modernes sur les anciens. « Nous autres modernes, nous sommes supérieurs aux anciens, car étant montés sur leurs épaules, nous voyons plus loin qu'eux. »

Oubliée, négligée, quelquefois obscurcie dans les écrits de Voltaire, de Rousseau, de Diderot, de Montesquieu, la théorie du progrès est adoptée et défendue avec chaleur par Turgot qui en fait une application particulière aux questions sociales (1).

Avec d'Alembert et Condorcet (2) elle prend un caractère ouvertement irréligieux et révolutionnaire, et s'égare dans le vague d'un rêve orgueilleux.

Rappelons seulement les théories de Saint-Simon, de Pierre Leroux et de Charles Fourier qui n'envisagent le progrès que comme un moyen de remédier aux misères du peuple, et abordons immédiatement l'opinion fameuse qui ne voit en lui que le résultat d'une *évolution* (3), évolution nécessaire, fatale et et continue.

(1) « L'univers envisagé en grand, dans tout l'enchaînement, dans toute l'étendue de ses progrès, est le spectacle le plus glorieux à la sagesse qui y préside. » Cette idée fait l'objet de deux célèbres discours que Turgot prononça en 1749.

(2) *Esquisse d'un tableau historique de l'esprit humain.*

(3) M. Caro rapporte ainsi l'origine de ce mot destiné de nos jours à une fortune inouïe.

« J'en ai trouvé l'origine inattendue et comme l'annonce prophétique au chapitre cent-soixante-et-unième de *Tristram Shandy*. Le

L'école nouvelle place à l'origine de toutes choses la matière ou l'atome ; l'atome aspire à la vie et l'engendre, et celle-ci, attirée par l'idéal et transformée par le temps, donne naissance à la sensibilité et enfin à la pensée. Voilà en peu de mots toute la genèse de l'univers et de l'homme. La biologie est une simple dépendance de la physique, et la sociologie une dépendance de la biologie. Et comme la fatalité règne en souveraine dans les provinces inférieures de la matière et de la vie, il doit en être de même dans les régions supérieures de l'esprit et de la société humaine. Le système prétendu scientifique est donc un mélange bizarre de darwinisme et d'hégélianisme.

Donnons la parole à ses plus illustres défenseurs et laissons-les nous livrer eux-mêmes le secret de leur pensée.

M. Taine s'exprime ainsi : « Au sommet des choses se prononce l'axiome éternel, et le retentissement prolongé de cette formule créatrice compose, par ses ondulations inépuisables, l'immensité de l'univers. Toute forme, tout changement, tout mouvement est un de ses actes... La matière et la pensée, la planète

mot naquit d'un hasard un jour que le père Shandy était particulièrement en veine d'éloquence. « Les royaumes et les nations, disait-il, n'ont-ils pas leurs périodes? et ne viennent-ils pas eux-mêmes à décliner quand les principes et les pouvoirs qui au commencement les formèrent ont achevé leur évolution? — Frère Shandy, s'écria mon oncle Tobie, *évolution*, qu'est-ce ce mot? — Révolution, j'ai voulu dire, reprit mon père. Par le ciel, j'ai voulu dire révolution. Evolution n'a pas de sens. — Il a plus de sens que vous ne croyez, repartit mon oncle Tobie. » (*Problèmes de morale sociale*, ch. XII.)

et l'homme, les entassements de soleils et les palpitations d'un insecte, la vie et la mort, la douleur et la joie, il n'est rien qui l'exprime tout entière... Toute vie est un de ses moments, tout être est une de ses formes, et les séries des choses dépendent d'elle selon des *nécessités indestructibles,* repliées par les divins anneaux de sa chaîne d'or (1). »

Et ailleurs : « Si quelqu'un découvrait entre ces trois termes la quantité *pure,* la quantité *déterminée* et la quantité *supprimée,* un ordre tel que la première appelât la seconde et la seconde la troisième ; s'il établissait ainsi que la quantité pure est le commencement nécessaire de la nature et que la pensée en est le terme extrême, auquel la nature tout entière est suspendue ; si, ensuite, isolant les éléments de ces données, il montrait qu'ils doivent se combiner comme ils sont combinés, et non autrement ; s'il prouvait enfin qu'il n'y a point d'autres éléments et qu'il ne peut y en avoir d'autres, il aurait esquissé une métaphysique sans empiéter sur les sciences positives (2). »

Avec Spencer, qu'on a surnommé « le dernier des métaphysiciens anglais », l'idée d'évolution atteint les dernières limites de son empire possible et s'élève à la plus haute synthèse. Tout le développement cosmique, depuis l'atome jusqu'à l'homme, procède d'une seule loi : *la persistance de la force.* Il n'y a qu'une loi parce qu'il n'y a qu'une vie, il n'y

(1) Dans Caro, *L'Idée de Dieu,* ch. IV.
(2) *La philosophie anglaise contemporaine.*

a qu'une vie parce qu'il n'y a qu'une force persistante diversifiée par l'infinité des mouvements dont elle remplit le temps et l'espace. Sous l'empire de cette loi, toutes les variétés de mouvements se transforment les unes dans les autres, et partent de l'indéterminé pour arriver au *déterminé* et à l'individuel, d'un état *diffus* à un état *cohérent*, d'un état *homogène* à un état *hétérogène*, de *l'indéfini* au *défini*.

Arrivé à ce terme suprême, l'être s'établit dans *l'équilibre* et voit aussitôt commencer le mouvement inverse de son évolution, c'est-à-dire la *désagrégation*, la dissolution, non moins fatale que l'évolution elle-même.

On l'aura remarqué, dans cette vaste synthèse de l'univers, le progrès humain disparaît comme une goutte d'eau dans l'océan, et l'humanité n'est qu'un accident insignifiant que produit et retire le jeu des forces éternelles.

Les sociétés meurent comme elles sont nées, comme meurt toute chose sensible, comme meurt un ciron, comme mourra le monde, renversé par une *désintégration* complète (1).

Littré, qui s'est particulièrement appliqué à promulguer les lois de la société telles qu'elles dérivent des principes du positivisme, résume ainsi toutes ses recherches sur ce sujet : « De quelque façon qu'on envisage les sociétés, soit dans leur groupement

---

(1) Nous avons dû résumer ici la *Statique sociale* et les *Principes*; les citations nous auraient conduit à l'infini si nous avions voulu faire connaître dans son entier un système si étendu.

actuel sur la face du globe, soit dans leur enchaînement le long du passé, on y reconnaît un mouvement intérieur et spontané qui les porte d'un état inférieur à un état supérieur. Cela est vrai pour l'ensemble, quels que soient les accidents qui surviennent à des peuples particuliers, et quelques pertubations que subisse la trajectoire de la civilisation (1). »

Ce *déterminisme* appliqué à la société se trouve pareillement dans un opuscule curieux de Kant : *L'idée d'une histoire universelle.*

Deux écrivains français, d'ordinaire mieux inspirés, Cousin et Jouffroy, ont professé aussi le déterminisme historique. Dans son *Introduction à l'histoire de la philosophie*, Cousin enseigne que la civilisation progresse toujours et que le parti qui l'emporte est toujours le meilleur.

Jouffroy a écrit ces lignes qu'on dirait empruntées à Littré : « C'est par une loi nécessaire qu'une doctrine se produit, c'est par une loi nécessaire qu'elle règne, c'est par une loi nécessaire qu'elle passe quand sa mission est terminée (2). »

---

(1) *La science au point de vue philosophique.* On sait que d'après Comte et la plupart des positivistes français, l'évolution spéciale se trouve comprise dans trois étapes : l'étape *théologique*, l'étape *métaphysique* et l'étape *scientifique*. Les évolutionistes modernes ont supprimé la période métaphysique et mis au commencement une période d'ignorance presque absolue.

(2) *Mélanges philosophiques, du Problème de la destinée humaine*, p. 377.

II.

Il est aisé de voir que la théorie nouvelle entraîne une foule de conséquences qui n'ont rien de commun avec le progrès véritable.

Et d'abord, d'après les principes exposés plus haut, le progrès est nécessaire, fatal, il n'est point l'œuvre de l'homme, de son travail et du bon emploi de ses facultés; il s'accomplit sans lui, en dehors de lui, malgré lui. L'homme n'a pas besoin d'agir ni de lutter, il peut, selon l'expression de Jouffroy, « se croiser les bras » et contempler avec sérénité le cours du fleuve dont les vagues irrésistibles sont poussées par une divinité mystérieuse et cachée.

« Du point de vue, oserai-je dire élevé, où les lumières de mon siècle m'ont conduit, il n'est plus en moi (et je ne sais si je dois m'en féliciter) de sentir ni enthousiasme ni haine pour les opinions et les partis qui se disputent la scène du monde. Les événements sont si absolument déterminés par les idées et les idées se succèdent et s'enchaînent d'une manière si fatale, que la seule chose dont le philosophe doive être tenté, c'est de se croiser les bras et de regarder s'accomplir les révolutions auxquelles les hommes peuvent si peu (1). »

Ainsi le dernier mot de la sagesse serait un état de torpeur, d'impassibilité semblable à celle des musul-

---

(1) *Mélanges philosophiques, du problème de la destinée humaine.*

mans ou des stoïciens, et qui n'aurait pas même le mérite d'être réglée par la Providence d'un Dieu libre et moral.

D'après l'explication positiviste, la croissance du corps social est un effet de cette force *évolutive* qui émane de toutes les vies individuelles, et le progrès n'est au fond que la résultante des forces organiques et des conditions extérieures au milieu desquelles il faut qu'elles se développent.

De cette première conséquence en découle une autre, également déplorable, également nécessaire. Du moment que l'homme n'est plus réellement un acteur, ou du moins un acteur libre, sur la scène de ce monde, l'histoire devient chose assez indifférente, l'on ne retrouve plus rien de ce qui en fait l'intérêt dramatique et passionné, c'est-à-dire « le jeu des spontanéités libres, l'intervention des énergies héroïques et des inspirations sublimes, l'essor inattendu des initiatives qui coupent la série des phénomènes, et surtout l'action profonde, incessante, de la moralité publique ou privée sur le développement de la vie des peuples, le mérite humain de ces grands phénomènes du travail, de la discipline, de l'obéissance aux lois, qui sont bien, quoi qu'on dise, des phénomènes libres, et par lesquels chacun de nous prend une part directe aux destinées de l'humanité (1). »

Dans une telle hypothèse, Jouffroy a dit vrai, « il n'est plus en nous de sentir ni enthousiasme ni haine

---

(1) Caro, *Problèmes de morale sociale*, ch. XII.

pour les opinions et les partis qui se disputent la scène du monde. » Personne ne met plus rien de soi dans la balance, chacun remplit son rôle sous les regards et sous l'impulsion de la fatalité : dès lors, qui pourrait-on admirer ou haïr ?

Les partisans de ce nouveau fatalisme progressiste n'ont eu garde de s'arrêter en un si beau chemin : ils ont eu à cœur de tirer explicitement, minutieusement, toutes les conséquences de leur système. Ils ont donc conclu, avec Cousin et Littré, qu'on ne saurait découvrir aucun crime proprement dit dans toute l'histoire des peuples ; sans doute l'événement précédent était moins bon, moins parfait que l'événement qui l'a suivi, mais il a été bon et bienfaisant à son heure et à sa manière, il résultait nécessairement du choc des idées qui se trouvaient en présence, des circonstances fortuites de temps et de lieu, des faits antérieurs, et il a rendu possible l'événement suivant qui devait être meilleur et plus heureux.

Ecoutez cette déclaration tranchante de Cousin : « J'ai absous la victoire comme nécessaire et utile; j'entreprends maintenant de l'absoudre comme juste dans le sens le plus étroit du mot, j'entreprends de *démontrer la moralité du succès*... J'espère avoir démontré que puisqu'il faut bien qu'il y ait toujours un vaincu, et que le vaincu est *toujours* celui qui doit l'être, accuser le vainqueur et prendre le parti contre la victoire, c'est prendre parti contre l'humanité et se plaindre du progrès de la civilisation. Il faut aller plus loin : il faut prouver que le vaincu doit être vaincu et a mérité de l'être ; il faut prouver non seulement que le vainqueur sert la civilisation, mais qu'il est meilleur, plus moral, et que c'est pour cela qu'il est vainqueur. S'il n'en était pas ainsi, il y aurait contradiction entre la moralité et la civilisation, ce qui est impossible (1). »

A son tour, Littré représente tout pouvoir comme destiné à parcourir successivement trois phases contraires : d'abord *révolutionnaire* (c'est le moment où il s'efforce de renverser le pouvoir existant), ensuite *conservateur* (de lui-même et de l'idée qui l'a fait triompher), il devient enfin *réactionnaire* lorsqu'il résiste aux idées nouvelles, au pouvoir nouveau, amené par le temps et la force des choses (2). Par exemple : Julien et Napoléon Ier ont également été des réactionnaires, l'un, pour avoir résisté au christianisme, l'autre, pour avoir résisté à la révolution.

En deux mots, négation du mal et déification du succès, voilà le résumé de la doctrine nouvelle.

Ce n'est point par ce seul côté que nos adversaires rendent impossible tout progrès véritable. Le progrès est un mouvement, un avancement, une ascension vers un terme fixe et arrêté. Mais le mouvement suppose un point de *départ* et un point *d'appui*. S'il n'y a point d'absolu, il n'y a point non plus de relatif,

---

(1) *Introd. génér. à l'hist. de la philos.*, leçon 9º.
(2) *Application de la philosophie positive au gouvernement des sociétés*, ch. II. Cet ouvrage, un des plus curieux de l'auteur, résout d'après le *credo* positiviste toutes les grandes questions sociales, politiques et religieuses.

car le relatif se rapporte à l'absolu et repose sur lui. Et s'il n'y a rien d'immuable, le mouvement lui-même devient impossible, faute de pouvoir s'appuyer sur quelque chose de solide et de stable. Peut-on raisonner, si l'on ne part de principes certains et évidents ? Peut-on se déterminer librement, choisir tel ou tel bien particulier de préférence à tel autre et de préférence au mal, si la volonté n'est attachée au bonheur ou au bien universel par un amour nécessaire, immuable ?

C'est ce que n'ont pas compris les penseurs de ce siècle. Ils révoquent en doute les premiers principes, ils n'admettent pas qu'il y ait une vérité, une beauté, une bonté absolue, ils ne peuvent souffrir ou du moins ils ne rencontrent nulle part rien d'immuable, par là même ils ne peuvent faire aucun pas, aucun mouvement, parce qu'ils ne trouvent jamais la terre ferme. Au lieu de commencer par des principes reconnus évidents, ils rejettent l'évidence et débutent par la discussion et le doute : mais alors, nul moyen de sortir du doute, il faut discuter éternellement et sur toutes choses.

Pour faire mieux que les anciens, il faut se servir de ce qu'ils ont dit et à leurs découvertes en ajouter de nouvelles. Mais comment ajouter lorsqu'on n'a pas d'avoir, lorsqu'on ignore tout ou qu'on renverse tout ? Et comment la génération présente serait-elle meilleure ou plus riche que celle qui l'a précédée, si elle la méprisait au point de ne vouloir rien recevoir de ses mains ? Ou il n'y a point de passé, le présent est toujours au début; n'ayant rien trouvé, il a tout à faire par lui-même. Et l'avenir ne sera pas mieux partagé que le présent, puisqu'il devra, comme lui, commencer son œuvre et la faire de toutes pièces, sans aide ni appui d'aucune sorte.

C'est le cas de redire encore une fois le mot de Fontenelle : « Nous autres modernes, nous sommes supérieurs aux anciens, car, étant montés sur leurs épaules, nous voyons plus loin qu'eux. » Si l'on ne monte sur les épaules des anciens, comment verrait-on plus loin qu'eux?

S'il est nécessaire d'avoir un point de départ, il ne l'est pas moins d'avoir un *but* ou un *terme*. Si l'on marche, c'est pour arriver un jour quelque part : marcher pour marcher, toujours marcher sans savoir où l'on va ni si l'on arrivera, ou plutôt avec la certitude de ne jamais arriver, est-ce progresser?

« Quel est (donc) le terme final du progrès humain? Telle est la question supérieure qui se pose inévitablement devant l'intelligence qui veut fonder sur une base solide la doctrine du progrès, car ici, plus que partout ailleurs, il faut dire à l'homme : « En toute chose regarde la fin... »

« A cette question souveraine : Où est le terme final du progrès humain? la philosophie contemporaine, des sommets de sa métaphysique, sourit et répond : Hommes simples que vous êtes, vous demandez où est le terme du progrès? mais *le terme n'existe pas*. Pour constituer le second élément doctrinal du progrès, elle fait exactement l'opposé de ce que nous faisons : au lieu de montrer la fin, elle la supprime. Elle nous dérobe le but, et, nous montrant du doigt devant nous des ouvertures infinies, elle dit à tout homme comme à l'humanité entière : « Va de siècle en siècle, de transformation en transformation, poursuivre dans le lointain de ton avenir les marches éternelles de ton progrès infini. *L'indéfini*, pris dans son sens le plus rigoureux et le plus métaphysique, tel est, dans cette théorie nouvelle du progrès, le mot sacramentel (1). »

Voilà bien en effet les deux idoles du jour, en tout ordre d'idées : le progrès, l'indéfini. Selon une autre parole du P. Félix : « La grande donnée de cette philosophie (contemporaine) peut se résumer dans ces mots : *L'indéfini en tout sens et dans toutes les directions.* »

Seulement le mot indéfini n'explique rien ; il est le synonyme d'indéterminé. En d'autres termes, il n'a rien de commun avec la science qui aspire au contraire à déterminer, à définir son objet, lequel reste toujours vague et confus pour la connaissance vulgaire.

Si, en toutes choses, l'indéfini est le signe certain de l'ignorance, le progrès indéfini est la négation même du progrès, car il supprime un de ses éléments les plus essentiels, le *terme*, la *fin*, après avoir supprimé déjà le point d'appui et la liberté.

---

(1) Le P. Félix, *Le Progrès par le Christianisme*, 3ᵉ confér.

III.

L'école évolutionniste veut que le progrès soit nécessaire, universel, continu et indéfini, c'est-à-dire illimité.

Une première remarque à faire, c'est qu'elle a contre elle les faits les plus faciles à constater.

La nature sans doute est soumise à des lois dont elle ne saurait dévier, tant qu'elle est laissée à elle-même; abstraction faite de l'intervention d'un agent supérieur, elle ne peut moins faire d'aller toujours d'un pas régulier dans les mêmes voies. Si donc on la croit capable de quelque progrès, ce progrès devra être irrésistible et continu.

Mais qui oblige de supposer que l'activité humaine doit s'exercer fatalement comme celle de l'animal, de la plante ou de l'atome? quelles raisons a-t-on su découvrir pour faire de la psychologie une dépendance de la physiologie, et de celle-ci une application de la physique et de la mécanique? L'homme se croit libre, il a conscience de sa liberté, il sent en lui une volonté supérieure au destin « *fatis avolsa voluntas.* »

Par suite, s'il est vrai qu'il y ait progrès dans l'homme moyennant le bon usage de ses facultés, ce progrès devra être parfaitement volontaire. Ce n'est pas le progrès qui pousse fatalement l'humanité, c'est l'humanité qui produit le progrès suivant les lois de sa nature.

Voilà bien ce que nous apprend l'histoire des individus et des peuples sans exception. On voit des individus, on voit des peuples qui avancent, qui s'élèvent à des hauteurs admirables, on en voit qui reculent, on en voit enfin qui demeurent stationnaires.

De plus, la faculté d'avancer ne se trouve pas chez tous au même degré. Les peuplades sauvages de l'Afrique et de l'Amérique semblent bien déshéritées sous ce rapport; les nègres du centre de l'Afrique, les indiens du nord de l'Amérique en particulier, sont demeurés à peu près dans l'état où les ont trouvés les premiers voyageurs qui les ont décrits.

Un degré plus élevé de civilisation, de quelque manière qu'il se soit produit, n'est pas non plus une garantie nécessaire de la continuation du progrès : l'Inde et la Chine en fournissent un incontestable témoignage. Ces deux peuples d'ailleurs bien doués et qui, en des temps fort reculés, possédèrent une littérature brillante, semblent, depuis de longs siècles, frappés d'immobilité et d'une sorte de torpeur.

Enfin, des pays très nombreux, l'Asie mineure, la Mésopotamie, la Syrie, l'Egypte, et d'autres qu'il est inutile de citer, nous montrent que la civilisation la plus brillante n'est point un don permanent qu'assure à certaines nations une sorte de monopole perpétuel.

En résumé, pour quiconque voit les faits sans prévention, la loi du progrès universel, continu et fatal, telle que les positivistes l'ont imaginée, ne se trouve vérifiée nulle part. Tout au contraire, elle reçoit un

CHAP. X. — LE PROGRÈS.

démenti formel de l'histoire aussi bien que de la nature humaine.

D'ailleurs, elle repose sur une conception absolument fausse, la conception de l'*évolution universelle*. Nous l'avons dit, ses partisans mettent à l'origine la matière pure, dont ils tirent, par une série de métamorphoses, bien plus extraordinaires que celles de la fable, la vie d'abord, la sensibilité ensuite, et enfin la pensée et la volonté.

Nous demandons en premier lieu, si Spencer, Stuart Mill ou M. Taine ont jamais sérieusement entrepris de démontrer qu'il n'y avait au commencement que la matière et le chaos. Ovide et Lucrèce l'ont affirmé, mais ils ont parlé en poètes, et non pas en philosophes ou en savants. Lorsqu'on rejette avec un superbe dédain la théologie et la métaphysique, sous prétexte que ces sciences n'ont pas de procédés sérieux et de critériums infaillibles, on devrait procéder soi-même avec une rigueur vraiment scientifique, ne rien supposer *a priori* et ne jamais rien avancer sans le contrôle préalable de l'expérience.

On affirme encore que la vie vient de la matière, la sensation de la vie, et la pensée de la sensation. Est-ce la science qui établit cette généalogie merveilleuse, ce transformisme continu et universel ? Elle dit précisément le contraire. Impuissante à formuler une définition de la matière, de la vie, de la sensibilité et de l'esprit, elle constate que ces quatre termes sont absolument *irréductibles* et que jamais, jusqu'à ce jour (et il y a bien longtemps que le monde existe), la nature n'a su passer de l'un à l'autre. Un abîme profond les sépare : aucun pont n'a pu être jeté entre ces rives mystérieuses.

D'ailleurs, la métaphysique (si le mot fait peur, disons : la raison) vient en aide à la science et donne comme un dogme absolu ce que celle-ci présente seulement comme un fait universel. Quelle que soit la nature intime de la pensée, de la sensibilité, de la vie et de la matière, la pensée dit quelque chose de plus que la sensibilité, la sensibilité quelque chose de plus que la vie, et la vie, à son tour, a quelque chose que ne possède pas la matière.

Je trouve la vie dans toutes les plantes, et la sensation dans tous les animaux, petits ou grands, ici plus obscure et plus rudimentaire, là plus riche et plus débordante, mais enfin toutes les plantes vivent et tous les animaux sentent. Or le degré ne change pas l'espèce, comme dit l'Ecole, « *magis et minus non mutat speciem.* »

Si donc la philosophie évolutionniste se bornait à tirer les différentes formes de la vie végétative d'un seul organisme animé et primitif, et les différentes manifestations de la sensibilité d'un type animal commun, qui se serait ensuite développé et diversifié, en revêtant des variétés de nuances innombrables, elle aurait bien contre elle les faits, ce qui est assurément fort grave dans une théorie scientifique dont l'expérience est l'unique critérium, mais elle n'aurait pas nécessairement contre elle la métaphysique. La puissance de Dieu est admirable, et sa sagesse non moins étonnante se plaît d'ordinaire à choisir les voies les plus simples pour arriver à ses fins, à employer des moyens peu nombreux, petits en apparence, pour produire des effets sans nombre et de grande importance. Pour cette raison, et dans cette mesure, le système évolutionniste n'aurait rien eu de contradictoire dans son énoncé, on aurait pu le concilier sans trop de peine avec l'idée de Dieu et lui donner quelque chose de plausible et de spécieux.

Mais dans la doctrine positiviste tout change. On supprime la sagesse et l'esprit à l'origine des choses, on ne met que la matière pure et on la fait éternelle, nécessaire et indépendante, ce qui déjà se trouve opposé à l'idée qu'on doit s'en faire d'après la raison et l'expérience. Car, s'il est au monde quelque chose d'imparfait, de dépendant et de changeant, par suite de contingent et de relatif, c'est à coup sûr la matière, l'indéterminée, l'indifférente, l'inerte matière.

Avec cette matière *pure*, où tout est mécanique, diffus et instable, on veut faire la vie, la vie où se montre la spontanéité, où éclate la finalité, où tout s'enchaîne et se coordonne vers un but commun, où il y a évolution, développement, suivant une idée directrice et un type invariable, où, d'après Claude Bernard, la physique et la chimie se voient subordonnées à une force supérieure qui les emploie à son usage, comme ferait un chimiste dans son laboratoire.

Cependant la plante ne connaît pas, elle ne connaît à aucun degré, et l'âme végétative, monade silencieuse et solitaire, enfermée tout entière dans l'organisme qu'elle informe, n'entretient aucun commerce avec le monde extérieur. On la charge de donner le jour à l'animal, doué de la faculté de sentir, et partant de connaître, d'éprouver des inclinations et des passions, d'aller, à son gré, d'un lieu à un autre, de pourvoir à ses besoins, de rechercher ce qui lui est utile et d'éviter, de repousser même ce qui serait nuisible à son bien.

Mais l'animal n'a que des connaissances particulières et de l'ordre physique; il n'a pas même le soupçon de l'immatériel et de l'universel; il ignore ce que c'est que généraliser et réfléchir, il suit ses instincts et ses passions sans pouvoir les dominer jamais; tout en lui est soumis à l'organisme, asservi à la matière, enfermé dans le temps et l'espace.

N'importe, il faudra que l'animal enfante l'homme, que la sensibilité se transforme en intelligence, que la pensée soit la résultante de la sensation et la liberté de la passion aveugle.

La nouvelle école va jusque là. Elle trouve absurde que l'infini ait pu créer le fini, que la sagesse suprême puisse rendre compte de la matière et lui donner des lois. Mais elle trouve raisonnable de tirer l'ordre du chaos, le déterminé de l'indéterminé, les lois du hasard, la liberté de la nécessité, la pensée de la matière (1).

---

(1) Mot de Faust méditant sur le texte sacré : « Au commencement était le Verbe... Est-ce bien cela? Non; lisons l'intelligence... Pèse la première ligne et que ta plume ne se hâte pas trop... Est-

Nous prétendons, au contraire, que c'est tirer le *plus* du *moins*, le *divers* de l'*identique*, l'harmonie de la confusion, et que cela est contradictoire et par conséquent impossible.

L'étendue est néant par rapport à la vie, la vie néant par rapport à la sensation, et la sensation néant par rapport à la pensée : tout cela est d'un autre ordre et le premier attribut n'a aucune relation avec le second. Or le néant ne peut rien produire, bien plus, il ne saurait pas trouver les premiers matériaux pour une œuvre quelconque.

M. Renan invoque le *temps* et l'*idéal*, d'autres en appellent à l'influence du *milieu*; le temps, nous assure-t-on, possède une fécondité merveilleuse, chaque être est poussé vers le mieux, vers l'idéal, par une irrésistible sympathie, et le milieu, grâce à une vertu magique, complète l'œuvre de l'idéal et du temps.

C'est bien le cas de rappeler le mot du poète :

Sunt verba et voces prœtereaque nihil.

Le temps, il est vrai, seconde l'activité des êtres, en lui donnant la durée, mais, cette activité, il la suppose, il ne la crée pas, il n'en change pas la nature ou l'espèce. Il ne fait pas que la vile matière devienne

ce l'intelligence qui fait et produit tout? Il faudrait lire la force... Non, je me suis éclairé et j'écris avec confiance l'action. »

Les positivistes tiennent le même langage. Ils chargent l'action, non pas l'action d'un sujet intelligent et libre, mais l'action aveugle, de produire l'univers avec toutes ses merveilles.

une rose, la rose un oiseau, l'oiseau un lion. A proprement parler, le temps ne possède aucune activité, n'exerce aucune influence; il n'apporte donc aucun élément nouveau dans la question.

L'idéal, dites-vous, attire la nature et la pousse à s'élever toujours plus haut. L'idéal! Et comment attirerait-il la nature, puisqu'il suppose l'esprit, et que l'esprit, d'après vous, est le produit de la nature et de la matière? Je conçois l'idéal dans la doctrine spiritualiste qui place Dieu à l'origine des choses, car alors l'idéal représente la pensée de l'éternelle sagesse qui préside à tout ce qui *devient* et dirige le mouvement de tout ce qui se meut. Mais l'idéal, en l'absence de tout esprit, n'est qu'une abstraction, et une abstraction ne donne ni le mouvement, ni la vie, ni rien de réel.

Il n'y a point d'aspiration dans la matière, ni dans la plante, ni même, à proprement parler, dans l'animal : en conséquence ces êtres divers demeurent parfaitement étrangers à l'action et aux sollicitations de l'idéal.

Quant au milieu, nous devons lui reconnaître une vertu plus réelle et plus générale qu'à l'idéal et même qu'au temps. Le milieu, c'est l'espace avec l'ensemble des êtres qui entourent chaque chose et lui font sentir leur action bienfaisante ou nuisible, rarement indifférente. Nul être créé n'a le pouvoir de se soustraire entièrement à l'influence du milieu; bonne ou mauvaise, légère ou profonde, il la subit toujours.

Néanmoins, l'expérience nous apprend que l'action

du milieu ne va pas jusqu'à l'essence, jusqu'au fond intime des choses. Elle modifie, mais ne transforme pas, elle produit des nuances et non pas des espèces. Combien d'êtres différents, hommes, plantes, animaux, qui se trouvent dans le même milieu ! Combien d'êtres semblables qui subsistent en des milieux divers ! Combien qui, par leur énergie propre, *résistent* avec succès à toute action extérieure (1) !

D'ailleurs, cette action, pour être efficace, suppose toujours une certaine prédisposition dans le sujet qui la reçoit, autrement elle glisse sur lui et l'effleure à peine. — Rappelons-nous aussi que la théorie évolutionniste n'admet à l'origine des choses que la matière pure ; or il se trouve que le milieu a sur la matière pure une influence tout-à-fait restreinte, pour ne pas dire absolument nulle.

Il demeure donc établi que les divers *facteurs* invoqués par nos adversaires, en faveur du progrès indéfini, n'ont ni ne sauraient avoir l'influence qu'ils leur attribuent avec tant de complaisance.

(1) « Autant la diversité des animaux et des plantes qui vivent dans des circonstances physiques identiques démontre l'indépendance où sont, quant à leur origine, les êtres organisés du milieu dans lequel ils résident, autant cette même indépendance devient de nouveau évidente quand on considère que des types identiques se rencontrent partout sur la terre, dans les circonstances les plus variées... Il y aurait à écrire un volume sur l'indépendance où sont les êtres organisés des agents physiques. » (Agassiz, Leçon publiée dans la *Revue des cours scientifiques*, 2 mai 1868.

IV.

Pour suivre notre marche ordinaire, nous devons donner ici la définition véritable du progrès; elle est d'autant plus nécessaire que la question est plus complexe et le mot plus équivoque.

Progrès, *progredi*, veut dire marcher, avancer. Un être qui progresse est un être qui s'agrandit, se développe, s'élève et se fortifie. Il devient ou plus *grand* ou *meilleur*; et s'il lui est donné d'atteindre toute la perfection que comporte sa nature, il arrive au faîte du progrès qui lui est dû.

Un être progressif est donc tout ensemble imparfait et capable de perfection : imparfait, puisqu'au point de départ il n'a pas la perfection qu'il doit acquérir, capable de perfection, puisqu'il l'acquiert par ses efforts et le rayonnement de son activité. Placé plus haut dans l'échelle des êtres, il n'aurait pas besoin de se développer et de s'agrandir; il serait, dès le principe, en vertu même de la richesse de sa nature, tout ce qu'il peut et tout ce qu'il doit être. Dieu et l'ange ne progressent pas, non plus que les bienheureux, parvenus au terme et fixés pour toujours dans la perfection et la félicité.

L'homme, nous le verrons plus loin, est la créature progressive par excellence. Il part de très bas et il peut, il doit même s'élever très haut.

Dans le progrès il y a changement, mais non pas changement complet; car c'est un seul et même être qui part d'abord, marche ensuite et enfin arrive au terme. Le progrès suppose donc un élément stable et un élément mobile, quelque chose qui était déjà et qui demeure, quelque chose qui n'était pas et qui devient. Une révolution qui fait table rase du passé n'est pas un progrès, l'immobilité non plus.

Ainsi, qui dit progrès dit *évolution* et non pas *révolution*, c'est-à-dire changement accidentel et non pas substantiel, changement de l'imparfait au parfait et du bien au mieux. Du gland obscur au chêne majestueux la distance est grande ; et cependant le chêne était renfermé tout entier dans son germe ; le germe s'est développé, il a produit au dehors toute sa vertu, le gland est devenu chêne.

L'homme parvenu à sa maturité, en pleine possession de toutes ses puissances et de toutes les ressources de sa nature, est bien grand si on le compare à l'enfant qui vient de naître, et cependant son essence n'a pas changé, c'est un seul et même individu. L'homme n'est qu'un enfant qui a grandi. L'enfant, c'est un homme en puissance, comme le disciple qui est capable de devenir maître à son tour.

Les partisans du transformisme se sont trompés dans leurs raisonnements. Ils croyaient pouvoir étayer leur système sur les découvertes récentes de *l'embryologie*. Mais l'embryologie s'est tournée contre eux, car elle est venue déposer en faveur de la stabilité des espèces. A l'origine tous les germes se ressemblent, et l'œuf ne laisse pas deviner l'animal qu'il recèle. Eh bien ! cet œuf, en qui vous ne voyez encore aucune forme arrêtée, a cependant une essence propre et immuable ; c'est d'après un type invariable qu'il se développera, et une idée directrice à la fois originale et constante présidera à la série tout entière de ses évolutions.

Le vivant est engendré par un vivant, et le *même engendre le même*. Pouvait-on espérer un argument plus fort contre l'opinion transformiste et le progrès indéfini ?

Vainement a-t-on tenté les croisements les plus divers et la sélection la plus savante. On a multiplié, à force de soins, les nuances et les variétés, on n'a pu produire aucune espèce nouvelle, ou du moins aucune espèce durable et capable de se reproduire.

Voilà ce que nous entendons quand nous parlons de progrès. Il nous reste à voir ses conditions et les facultés auxquelles il s'applique.

Nous avons fait consister le progrès dans un développement, dans un épanouissement de l'individu qui en est le théâtre. Tout être capable de grandir, de devenir plus fort ou meilleur, sera par là même capable de progrès. En ce sens, on peut dire que la plante est progressive, que l'animal est progressif ; l'un et l'autre se développent en vertu d'une énergie propre et interne.

Mais ce progrès nécessaire est suivi, après un temps plus ou moins long, d'une décadence fatale, inévitable. La plante, l'animal naissent, grandissent, puis demeurent un instant stationnaires, déclinent bientôt et ne tardent pas à mourir.

De plus ici le progrès appartient à *l'individu*, mais non pas à *l'espèce*. Les animaux d'aujourd'hui ne sont pas plus habiles que ceux d'autrefois, nos hirondelles font leurs nids comme les anciennes et les araignées disposent toujours leur toile de la même manière (1).

C'est que l'animal est privé de réflexion et de liberté, il ne sait faire ni observations ni expériences, il ignore l'art de s'élever à des conceptions générales, à des principes qu'il puisse ensuite appliquer aux mille circonstances de la vie. Comme la nature, « il va toujours un même train, » il ne peut élever sa condition, il ne devient ni meilleur ni plus mauvais, et c'est là un des caractères les plus propres à montrer qu'il possède une nature absolument différente de celle de l'homme (2).

De même, chez l'homme, la sensibilité ne se montre point par elle-même susceptible de progrès ; sous ce rapport, l'espèce humaine n'est pas aujourd'hui meilleure qu'elle n'a été. C'est que la sensibilité ne se

---

(1) « Omnis aranea facit similiter telam, quod non esset si ex seipsis per artem operantes opera sua disponerent, et propter hoc non est in eis liberum arbitrium. » (S. Thomas, *in II Sent.*, dist. XXV, q. 1, a. 2, 7.)

(2) « Qui verra seulement que les animaux n'ont rien inventé de nouveau depuis l'origine du monde et qui considérera d'ailleurs tant d'inventions, tant d'arts et de machines, par lesquelles la nature humaine a changé la face de la terre, verra aisément par là combien il y a de grossièreté d'un côté, et combien de génie de l'autre... Qui ne sait que la moindre invention est d'un ordre supérieur à ce qui ne fait que suivre ? » (Bossuet, *Conn. de Dieu et de soi-même*, c. 5e, § 7 et 8.)

débarrasse jamais des notions particulières et concrètes, et la source du progrès, nous le disions tout à l'heure, est tout entière dans les principes généraux qui contiennent en eux-mêmes toute une moisson de conséquences applicables à tous les temps et à tous les lieux.

Voilà pourquoi, suivant la belle doctrine de S. Thomas, la raison humaine, qui est par excellence la faculté de la comparaison et de la généralisation, peut se prêter à toutes sortes de progrès. Et cela est également vrai de la raison spéculative et de la raison pratique, des sciences abstraites et des sciences morales.

En effet, la raison humaine s'enrichit par l'observation et par l'expérience, par l'abstraction et la comparaison ; c'est par de tels procédés qu'elle arrive ensuite à des lois de plus en plus générales et d'autant plus fécondes, qu'en vertu même de leur universalité, elles s'appliquent à un plus grand nombre de cas. Le Docteur Angélique en appelle à l'histoire pour établir les progrès réalisés dans le temps par la raison pure et par la raison appliquée (1).

(1) « Humanæ rationi naturale esse videtur ut gradatim ab imperfecto ad perfectum perveniat. Unde videmus in scientiis speculativis, quod qui primo philosophati sunt, quædam imperfecta tradiderunt, quæ postmodum per posteriores sunt tradita magis perfecte. Ita etiam et in operabilibus; nam primi qui intenderunt invenire aliquid utile communitati hominum, non valentes omnia ex seipsis considerare, instituerunt quædam imperfecta, in multis deficientia, quæ posteriores mutaverunt, instituentes aliqua quæ in paucioribus deficere possunt a communi utilitate. » (1ª 2ᵐ, q. XCVII, a. 1, c.)

La volonté, faculté immatérielle comme la raison, et qui reçoit d'elle la lumière, est pareillement une faculté progressive.

Mais il nous faut entrer davantage dans le détail, et de peur de tomber dans une confusion inévitable, faire plusieurs distinctions nécessaires.

Posons d'abord ce principe, que le progrès (de l'espèce) suppose des trésors amassés par les ancêtres, transmis par eux à leurs descendants, augmentés encore par ceux-là, qui les transmettront à leur tour avec les nouveaux accroissements qu'ils auront réussi à leur donner. Pour qu'il y ait progrès, il faut qu'un héritage quelconque ait été recueilli et donné par les uns, qu'il ait été accepté, religieusement conservé et plus ou moins augmenté par les autres. Ne supprimez aucune de ces conditions, car il n'y a pas de raison pour supposer que le fils fera mieux que son père, s'il n'a rien reçu de lui, et rien ne prouve que les hommes de ce temps aient plus de génie que ceux qui les ont précédés. La moyenne des hommes demeure sans doute à peu près stationnaire aux différentes périodes de l'histoire.

Quant au génie, il ne se dévoile que dans des apparitions rares et passagères, et il serait difficile d'établir si les hommes illustres des premiers temps l'emportent sur ceux des temps modernes, ou réciproquement, si César était un plus grand capitaine que Napoléon, Dante un plus grand poëte que Virgile, Corneille un plus grand tragique que Sophocle, Bossuet un plus grand orateur que Démosthènes.

Non, rien ne prouve que la Providence doit avec le temps créer des hommes et des génies supérieurs, et ce n'est pas en ce sens que l'on peut soutenir victorieusement la thèse du progrès.

Mais si nous supposons un héritage transmis par les anciens et augmenté, fécondé par le travail des modernes, le trésor ne pourra moins faire que de s'accroître avec les années. Or, le patrimoine de l'humanité, comme la richesse de l'homme, peut appartenir à trois ordres divers, l'ordre matériel, l'ordre intellectuel et l'ordre moral.

Quel est celui de ces trois ordres qu'on doit considérer *a priori* comme se prêtant davantage à la cause du progrès ? C'est le dernier en importance et en dignité, mais le mieux adapté à la condition et aux forces de l'homme, nous voulons dire l'ordre matériel. D'une part, c'est dans le domaine de la matière que l'observation et l'expérience peuvent s'exercer avec le plus de facilité et de succès, que les découvertes peuvent se multiplier en plus grand nombre. D'autre part, c'est dans ce domaine aussi que l'homme jouit de toute la supériorité de sa nature ; étroitement unie au corps qu'elle anime, l'âme se porte avec plaisir, avec force, vers les choses sensibles, tandis qu'elle ne s'élève qu'avec beaucoup de peine vers l'intelligible et l'immatériel.

Ajoutez que l'homme n'a aucune raison de refuser la succession de ses ancêtres, pour tout ce qui regarde les biens du corps et du temps. Au contraire, son intérêt actuel, son intérêt pressant le porte à la recevoir avec empressement et à l'augmenter de toutes ses forces.

D'ailleurs, les découvertes scientifiques et naturelles sont définitives, les démonstrations mathématiques sont sans réplique et se peuvent établir par des faits constants, tangibles, ou par des preuves rigoureuses, à la portée de l'esprit le plus vulgaire.

Si des sciences de la matière on s'élève aux sciences de l'esprit et du cœur, si de la spéculation on passe à la morale, il en va tout autrement. La métaphysique a des procédés aussi certains, des démonstrations aussi rigoureuses que la physique et les mathématiques elles-mêmes, mais ses preuves sont bien moins accessibles à la majorité des hommes, son objet est transcendant, elle n'a aucun rapport avec l'utile et le bien-être.

C'est en vain qu'Aristote ou S. Thomas ont à force de génie créé la science de l'être et du bien, si les Cartésiens ou les Ecossais doivent la négliger comme problématique ou mal faite, et les positivistes la rejeter comme surannée et frivole.

Pour la pratique de la vertu, que de difficultés nouvelles viennent s'ajouter aux obscurités possibles de l'esprit! Ici, comprendre ne suffit pas, comprendre est peu de chose, il faut agir, il faut éviter le mal et faire le bien, il faut surmonter les obstacles et vaincre les passions. Or, tout cela est individuel, et, sous ce rapport, les hommes de nos jours ne semblent pas mieux doués que ceux d'autrefois. Les passions sont de tous les temps et partout identiques, parce que la

21.

nature humaine ne change pas, et que, à travers tous les âges, on la retrouve semblable à elle-même, faible, mobile, inconstante et portée au mal.

Je suppose que Kant (plusieurs le croient à tort) ait fondé la *canonique* de la raison pratique et donné à la science des mœurs une base inébranlable. Au point de vue de la vertu, en serai-je beaucoup plus avancé ? D'abord, il faudra que j'étudie et que je comprenne Kant, et ce premier travail sera peut-être au-dessus de mes forces.

Mais si j'ai le bonheur de comprendre le Philosophe de Kœnigsberg, il me restera encore à remplir la partie la plus difficile de ma tâche, c'est-à-dire à suivre ses préceptes et ses conseils, à établir ou à réformer ma vie dans le sens de l'*impératif catégorique*. Pour une œuvre de ce genre, les préceptes ont bien peu d'efficacité, il me faudrait de la force et les livres n'en donnent point.

Peut-être ai-je eu l'insigne bonheur de recevoir de mon père, de mes amis, de tous ceux qui m'entourent, d'excellents exemples : cela, c'est l'enseignement le plus clair, le plus éloquent et le plus fort. Mais si j'ai une mauvaise nature, que je sois emporté ou indolent, tout de feu pour le plaisir, tout de glace pour le bien et les sacrifices qu'il demande; que je n'aie point assez de courage pour me vaincre moi-même, je retirerai peu de fruit de la vertu de mon père et de mes amis.

Ainsi donc, en morale, les difficultés ne changent pas, l'héritage des anciens n'est pas nécessairement accueilli, et, par suite, le progrès doit être relatif et intermittent.

Jusqu'ici nous avons seulement invoqué la philosophie et raisonné d'après la nature même des choses. Si maintenant nous voulions étudier l'histoire, elle apporterait, croyons-nous, une éclatante confirmation à nos théories.

Les sciences de la matière et de la nature ont fait, de nos jours surtout, des progrès considérables. La physique, la chimie, les mathématiques, pour ne citer qu'elles, nous ont révélé des merveilles que nos pères auraient jugées incroyables. De la théorie on est passé à la pratique, toutes ces découvertes ont été exploitées de mille manières pour l'utilité, la commodité et le bien-être de l'homme.

Dieu avait dit à nos premiers parents, après leur avoir donné sa bénédiction : « Croissez et multipliez-vous ; remplissez la terre et vous l'assujettissez, et dominez sur les poissons de la mer, sur les oiseaux du ciel et sur tous les animaux qui se meuvent sur la terre (1). » Sur ce point Dieu a été obéi des hommes : la matière leur est soumise ou à peu près.

Malheureusement la science des premiers principes et de l'esprit, la philosophie n'a point suivi la même marche ascendante. Peut-être les Écossais ont-ils fait faire quelques progrès à la partie descriptive de la psychologie ; peut-être a-t-on, dans les temps modernes, appelé davantage l'attention sur certains

---

(1) *Genèse*, I, 28.

phénomènes de l'âme et les conditions physiologiques qui les accompagnent ; peut-être encore les connaissances nouvelles obtenues sur les propriétés de la matière seront-elles de quelque secours pour la cosmologie ; mais par contre, que de lacunes, que d'erreurs dans la logique, l'anthropologie, la métaphysique, la morale elle-même, et quel abîme infranchissable entre Descartes, Kant, Spencer, d'une part, et de l'autre, Aristote, S. Augustin et S. Thomas !

Ce serait, d'ailleurs, se méprendre sur le caractère de la philosophie, que de la tenir pour une science progressive à la manière des sciences inférieures. Elle n'emprunte au temps ni méthodes ni procédés, ni instruments nouveaux ; elle a, nous le reconnaissons, l'expérience et l'observation pour point de départ, mais une expérience sommaire, générale ; elle s'appuie ensuite sur les faits de l'âme, sur les données du sens intime, puis elle demande à la comparaison, à l'abstraction, à la généralisation la connaissance des premiers principes. Arrivée là, elle est au centre de son domaine ; aidée de la synthèse, qui est son principal organe, elle raisonne, elle déduit, et tire d'un petit nombre de principes une infinité de conséquences nécessaires, rigoureuses, plus vastes que l'homme et l'univers lui-même.

Or, qui ne le voit, l'analyse est ici au second rang, la synthèse occupe la première place. Pour réussir, il ne faut point s'enfermer dans un laboratoire, multiplier les expériences, soumettre les éléments des corps à de nouvelles combinaisons, s'arrêter avec une complaisance minutieuse aux moindres phénomènes de la nature; il faut, après un rapide regard jeté sur le monde et les êtres divers qui le composent, descendre jusqu'à l'essence des choses, les embrasser dans leur ensemble, s'élever ensuite sur les sommets de l'intelligible, et parvenir enfin jusqu'à l'Etre des êtres, jusqu'à la cause première, universelle. Ce n'est point en se penchant sur la matière et en fixant sa vue sur elle qu'on peut espérer devenir philosophe, c'est, au contraire, en se dégageant d'elle le plus possible, pour concentrer les forces de l'esprit sur l'immatériel, sur le général et l'absolu.

Pour une œuvre de ce genre, Aristote était aussi bien doué que Bacon, et S. Thomas que Spencer; le temps ne peut pas ajouter beaucoup au génie.

Nous dirons la même chose de l'*art*. Sans doute, nous avons vu de nos jours bien des essais de vulgarisation. Les procédés sont peut-être mieux étudiés, mieux connus. Mais l'art, considéré en lui-même, a-t-il réellement gagné, n'a-t-il même rien perdu en élévation et en grandeur? Les poètes, les artistes modernes ont-ils une conception plus pure de l'idéal, en ont-ils vraiment reculé les limites? Ont-ils fait pâlir l'étoile de Dante, de Phidias, de Raphaël, de Virgile et d'Homère? qui l'oserait dire?

« La loi du progrès, dit fort justement M. Caro, n'atteint que les données matérielles et scientifiques, les instruments et les méthodes, cette partie extérieure de l'art qui peut s'enseigner et se transmettre; elle laisse en dehors l'art lui-même dans sa pure et libre essence, dans ses conditions intérieures, qui sont la sincérité de l'émotion et l'invention. Or, il n'y a ni recette empirique, ni formule savante qui contienne ce secret, qui puisse l'expliquer et le transmettre à d'autres. Dans la sphère de l'art, passé un certain degré nécessaire, plus de science ne fera pas plus d'invention, plus de lumière ne fera pas plus de génie. Le moindre élève du Conservatoire sait mieux orchestrer un opéra que ne l'eût fait Haendel ou Pergolèse. Qu'importe? Cela donnera-t-il la seule chose qui compte, l'idée? Les moyens de l'art font des progrès, le génie de l'art n'en fait pas. Pourquoi cela?... C'est que, tandis que la science est le résultat du calcul et de l'expérience, qui multiplient sans fin leurs sommes, l'art est le résultat du sentiment et de l'imagination, *qui ne s'accumulent pas et qui ne se transmettent pas;* en ce sens, il est quelque chose d'absolu, de non perfectible par conséquent. En tous lieux, en tout temps où les données premières ne font pas défaut, l'art a pu atteindre sa perfection intrinsèque, et n'est-ce pas pour l'artiste une magnifique grandeur que d'appartenir à cette race où chacun fait sa noblesse soi-même, sans espoir de dépasser ses aïeux, mais avec la certitude de n'être pas dépassé par ses descendants?

A cette hauteur de vues, comme la trop fameuse question des anciens et des modernes paraît insignifiante, médiocre, mal engagée!... Ce qui est au savant est aux autres, il donne tout ce qu'il a. Le poète garde tout pour lui seul, il ne peut rien communiquer de sa force ; mais aussi on n'y peut rien ajouter, tandis que toutes les générations antérieures ont travaillé pour augmenter celle du savant. Isaïe, Eschyle, Homère, Dante, Shakspeare, sont de grands solitaires dont nous relevons tous, mais qui ne relèvent de personne. Ils sont nos souverains ; les savants sont nos frères. Ceux-ci peuvent nous rendre savants comme eux-mêmes, il ne s'agit que de les étudier ; vous étudierez en vain les grands artistes, vous pourrez les copier, vous ne leur prendrez rien pour cela... Le savant représente l'humanité au point où l'humanité peut s'élever sur ses traces ; l'artiste la représente à un point où seul il a pu s'élever (1). »

Que conclure de toutes ces considérations ?

Le progrès, avons-nous dit, c'est une marche vers le mieux, une ascension du bien imparfait au bien meilleur et plus grand. Dans l'homme, il y a le corps et l'âme, la matière, l'intelligence et la volonté. Un progrès véritablement humain devrait embrasser ces trois sortes de biens, sous peine de rompre l'équilibre et l'harmonie.

Mais dans l'homme, de même que le corps est pour l'âme, la connaissance est pour l'amour, c'est-à-dire pour la vertu. En conséquence, il faudra que le progrès matériel soit subordonné au progrès intellectuel, et celui-ci au progrès moral. Augmenter la fortune, le bien-être et la somme des plaisirs, ce n'est pas élever l'homme ni le rendre plus heureux. Ce ne sont

---

(1) *Problèmes de morale sociale*, ch. XIV.

pas les biens du corps qui font le bonheur, avant tout ce sont les biens de l'âme.

« Nous aurions beau, dirons-nous avec un auteur moderne déjà cité, nous aurions beau avoir moitié plus de chemins de fer et de télégraphes électriques, cela n'empêcherait pas qu'il n'y eût dans l'existence de l'humanité une irrécusable décadence, si par hasard le niveau de la dignité humaine avait baissé. »

Or, « il est démontré par la nature des choses et les leçons de l'histoire (de l'histoire contemporaine surtout) que l'homme peut, en perfectionnant la matière, se dégrader lui-même ; sa royauté peut devenir une servitude ; et il n'est pas impossible de voir ces deux phénomènes se rencontrant ensemble dans un même peuple et à un même point de la durée, le progrès matériel et la décadence humaine ; *l'homme régnant sur la matière, et la matière régnant sur l'homme* (1). »

Donc le progrès matériel est le progrès inférieur, le progrès le moins humain, le moins social : il n'a pour l'homme qu'une importance secondaire, qu'une valeur relative.

Ainsi, il faut prendre garde que le développement de l'industrie, au lieu de suivre le progrès des esprits,

---

(1) Le P. Félix, *Le progrès par le Christianisme*, 4ᵉ conf. de N.-D.
« Les améliorations introduites de nos jours dans l'ordre matériel ont conduit des esprits ardents ou inattentifs à penser que de pareils succès leur étaient réservés dans l'ordre moral... *Cette assimilation est une des erreurs de notre époque* ; et il est d'abord facile de constater qu'elle n'est nullement justifiée par les faits. » (Le Play, *La Réforme sociale*, t. I, Introd., § 3, 2 et 4.)

ne le dépasse, ne l'entrave et ne repousse les nations vers la décadence.

Quand il s'attache aux biens du corps, l'homme s'abaisse et se ravale ; son cœur s'endurcit, se resserre, car, par son corps, l'homme est égoïste, il attire à lui, bien loin de se donner aux autres.

La fortune n'est pas davantage la force. Ces sociétés couvertes de soie et ruisselantes d'or trahissent, à l'heure des grands dangers, une faiblesse lamentable ; pendant qu'elles développaient à l'excès la puissance matérielle, elles diminuaient en elles la source de la puissance véritable, la force morale ; leur progrès tout à l'extérieur n'avait aucun appui dans les âmes, en face de l'ennemi les armes leur tombent des mains, et rien n'égale la profondeur de leur chute soudaine que la hauteur de leur élévation de la veille (1).

Le progrès de l'esprit est bien supérieur au progrès du corps. C'est l'intelligence qui conçoit l'idéal vers lequel il faut nous élever ; appliquée à son objet propre, c'est-à-dire à l'immatériel, elle tend à détacher l'homme des choses terrestres, elle le grandit.

Néanmoins ce n'est pas l'esprit qui donne à l'homme sa vraie valeur, c'est la volonté. On peut abuser de l'esprit aussi bien que de la richesse ; seule, la bonne volonté consacre les autres biens et en fait des biens absolus. Elle est le ressort principal de la force et du caractère.

(1) « La richesse et la vertu ne sont-elles pas comme deux poids mis dans une balance, dont l'un ne peut monter que l'autre ne baisse ? » (Platon, *Républ.*, l. VIII.)

En fait, on voit que les peuples comme les individus grandissent moins par l'intelligence que par le caractère et la force morale. Jamais peut-être l'intelligence n'a été plus vive et plus riche en Italie qu'au xvi° siècle, et c'est de cette époque que date le commencement de sa décadence.

Il ne faut point bannir de l'esprit humain l'idée du progrès. C'est une idée légitime, bienfaisante, fortifiante. Quand le présent est triste, elle montre aux regards l'espérance ; elle donne des ailes aux âmes généreuses.

Mais il ne faut pas exagérer la portée de cette idée, encore moins en dénaturer le caractère. La liberté n'est pas la licence, et tout changement n'est pas un progrès, toute nouveauté n'est pas une amélioration.

Aller de l'avant n'est pas toujours progresser, revenir en arrière n'est pas toujours être rétrograde, dans le sens qu'on attache aujourd'hui à ce mot. Guizot l'a dit avec un grand bon sens : « Le progrès, quand on s'est écarté du chemin, consiste à y rentrer. »

Les principes qui régissent les individus et les sociétés sont en petit nombre, comme les lois qui régissent l'univers ; les lois de l'ordre moral ne changent pas plus que celles de l'ordre physique. Ce n'est point en les rejetant qu'on peut espérer de faire mieux, c'est en les appliquant avec discernement.

On doit faire une très grande part, la plus grande part à la stabilité et à la tradition. Mais à côté des besoins primordiaux et universels, il en est de particuliers et de contingents, que peuvent faire naître les différentes phases de la vie de l'humanité. Ils demandent, eux aussi, à être satisfaits, et c'est là, dans cette sphère mobile, que le progrès peut espérer de trouver ses meilleures applications.

D'un autre côté, rien ne tourne à bien, rien ne réussit sans la bonne volonté, et tous les autres progrès peuvent devenir un danger sans un progrès corrélatif dans l'ordre moral. Mais la seule éducatrice véritablement efficace de la volonté, c'est la *religion*.

La religion catholique ouvre à l'esprit et au cœur de l'homme des horizons infinis. En même temps qu'elle fait briller à nos regards un idéal divin et humain tout ensemble, le Dieu-Homme, elle en inspire l'amour et donne la force nécessaire pour s'élever jusqu'à lui. Dans ce champ, le progrès n'a pas de limites.

Jésus a dit à tous les hommes : « *Estote perfecti sicut pater vester cœlestis perfectus est* (1). » Et S. Paul ajoutait, en leur montrant Jésus : « *Crescamus in illo per omnia, qui est caput Christus* (2). »

Jésus-Christ, c'est le dernier mot du progrès, comme de toutes choses.

(1) *Matth.*, v, 48.
(2) *Ephes.*, iv, 13, 15.

CHAPITRE XI

LE SURNATUREL

I.

Tout être a reçu en partage un certain nombre de facultés actives qui lui permettent d'atteindre sa fin et de jouer son rôle dans l'univers.

Mais il ne peut rien en dehors de la sphère qui lui est propre, sa nature lui fixe des bornes étroites qu'il ne doit pas franchir.

Le progrès lui-même que nous venons de reconnaître chez les créatures supérieures s'arrête devant des limites immuables, il n'est ni universel ni indéfini.

Mais ce qui est impossible à la nature doit-il être également impossible à l'auteur de la nature? Ne pourra-t-il rien ajouter à l'œuvre de ses mains? Ou connaîtra-t-il, au contraire, le secret d'élargir et d'agrandir cette œuvre, de la perfectionner, de lui donner de nouvelles forces, en vue d'une fin plus élevée?

Si cela est, le surnaturel est possible. Plus que cela, il convient même qu'il existe, car loin de bouleverser la nature, il viendra seulement se surajouter à elle et l'établir dans un ordre supérieur.

En lui encore nous trouverions un *progrès* et peut-être que ce progrès aurait quelque chose de l'*infinitude* que nous avons vainement cherchée dans la nature inférieure et dans l'homme lui-même.

Par définition, le surnaturel est ce qui est au-dessus de la nature, ce qui la dépasse, ce à quoi elle n'a aucun droit de prétendre ni aucun moyen de parvenir. Trois caractères essentiels le distinguent : il est supérieur à la puissance créée, il vient du dehors et non du dedans, enfin, il est absolument gratuit : c'est un don et point une dette.

Il y a dans l'univers des corps, des esprits et des volontés, et par conséquent une nature physique, une nature intellectuelle et une nature morale. Le surnaturel pourra, lui aussi, revêtir ces trois formes, et se manifester dans ces trois ordres différents.

Sans prétendre ici à une rigueur de termes mathématique, nous donnerons le nom de *miracle* au surnaturel qui a pour théâtre le monde des corps, celui de *révélation* au surnaturel qui s'adresse à l'intelligence, et celui de *grâce* au surnaturel qui s'accomplit dans la volonté.

Le miracle proprement dit est une œuvre divine, supérieure aux pouvoirs de tous les êtres créés, et qui entraîne une dérogation aux lois de la nature. C'est une *intervention spéciale*, soudaine, admirable de la puissance divine, et qui va contre le cours ordinaire des choses (1) ; par exemple, la guérison subite d'un malade qui est dans un état absolument désespéré, la résurrection d'un mort, etc....

On appelle révélation la manifestation d'une vérité faite à l'homme par Dieu, en dehors de toutes les voies de la nature. La vérité révélée peut, en raison de sa sublimité intrinsèque, surpasser les forces de tout esprit créé, et elle prend alors le nom de *mystère*, ou n'être point surnaturelle en elle-même, mais seulement dans la manière dont elle est découverte à l'homme. Le don des langues que reçurent les apôtres au jour de la Pentecôte est une révélation de second ordre. Mais dans l'un et l'autre cas, la vérité révélée doit être crue sur la seule autorité de Dieu.

Quant à la *grâce*, elle est un bienfait, un secours absolument surnaturel, que Dieu donne à l'homme pour l'élever à un état supérieur ou lui permettre de persévérer dans cet état et d'agir conformément à ses exigences. Elle projette son influence salutaire sur les facultés principales de l'âme, l'intelligence et la volonté. Elle éclaire l'esprit d'une lumière céleste, qui le dispose à donner son assentiment aux vérités révélées, elle inspire à la volonté l'amour des biens éternels, et la remplit d'un courage merveilleux

---

(1) « Nomen miraculi ab admiratione sumitur... Miraculum dicitur quasi admiratione plenum, quod scilicet habet causam simpliciter et omnibus occultam. Hæc autem est Deus. Unde illa quæ a Deo fiunt præter causas nobis notas, miracula dicuntur... » — « Ex hoc aliquid dicitur esse miraculum, quod fit præter ordinem totius naturæ creatæ. Hoc autem non potest facere nisi Deus. » (S. Thomas, 1ᵃ, q. cv, a. 7, c. et ad 2, et q. cx, a. 4, c.)

pour se détacher des sens et monter vers les hautes régions. Elle ne change rien à notre substance, mais elle ajoute à l'âme une qualité suréminente qui tout ensemble l'embellit de la beauté même de Dieu et lui fait porter des fruits nouveaux.

Miraturque novas frondes et non sua poma.

Ces notions, si sommaires soient-elles, nous aideront à résoudre la question de la *possibilité* et de la *convenance* du surnaturel, la seule qui intéresse directement le philosophe et qui ait avec notre étude une connexion étroite.

II.

L'erreur opposée au surnaturel sous toutes ses formes s'appelle *naturalisme* (1). C'est l'erreur moderne par excellence. Jusqu'au xix° siècle, on s'était sans doute, à plusieurs reprises, efforcé de restreindre la sphère du surnaturel, mais on n'avait pas songé à le nier radicalement, ou si quelques écrivains isolés avaient eu cette témérité, leur négation était restée sans écho.

Aujourd'hui le naturalisme ou le rationalisme, comme on voudra, déborde de toutes parts et envahit tout : les arts, les lettres, les sciences et la philosophie. Les rangs des kantistes et des positivistes que nous avons combattus jusqu'ici se grossissent d'une foule d'autres adversaires, venus du camp des

---

(1) Cf. Mgr Pie, *Instruction synodale sur les principales erreurs du temps présent*.

spiritualistes eux-mêmes, quand il s'agit d'attaquer et de détruire le surnaturel.

Laissons-les, selon notre méthode habituelle, nous exposer sans détour ni ménagements leurs différents griefs.

Pour nous borner aux plus célèbres, il nous suffira de citer Kant, Cousin, Saisset, MM. J. Simon, Renan, Littré et Paul Janet.

Kant a consacré un volume entier : *La religion dans les limites de la raison* (1), à défendre la thèse du rationalisme et de la libre-pensée. A l'entendre, « la religion *positive* n'est qu'une enveloppe et qu'un véhicule (2); » il appartient « à chacun de se faire sa religion et même son Dieu (3); » « la conscience ne veut pas de directeur, il nous suffit d'elle seule (4), » et le miracle, le mystère et la grâce représentent trois formes de la superstition. » Il peut y avoir trois sortes de superstition, c'est-à-dire trois manières de franchir les bornes de la raison humaine, relativement au *suprasensible* qui, selon les lois rationnelles, n'est un objet ni de l'usage théorétique, ni de l'usage pratique. Il y a premièrement la croyance à la connaissance empirique de quelque chose que nous ne pouvons pourtant pas admettre comme phénomène conforme aux lois expérimentales objectives : c'est la croyance aux miracles;

---

(1) Trad. Trullard, chez Ladrange, Paris, 1841 (épuisé).
(2) III° part. 1re sect. c. VII.
(3) IV° part., c. V.
(4) Ibid., c. VIII.

deuxièmement, l'adoption, parmi nos conceptions rationnelles, de ce dont nous ne pouvons nous faire par la raison aucune idée, comme nécessaire à notre amélioration morale : c'est la croyance aux mystères ; troisièmement, la présomption de produire, en se servant de purs moyens naturels, un effet qui est pour nous un mystère, c'est-à-dire de déterminer l'influence de Dieu sur notre moralité : c'est la croyance aux moyens d'attirer la grâce (1). »

Cousin trouve le fondement du rationalisme dans ces paroles de Descartes : « Le premier principe (de ma logique) était de ne recevoir jamais aucune chose pour vraie, que je ne la connusse évidemment être telle (2). »

Et il ajoute ce commentaire : « Rendez-vous compte de la nature de ce précepte ; mesurez-en la portée, et vous verrez que dans sa simplicité profonde il contient toute une révolution ; d'abord il s'applique à tous les emplois de la pensée, ensuite il émancipe l'esprit et le pousse à une juste indépendance... Par là tombent d'un seul coup *toutes* les autorités...., même les dominations religieuses...., à moins que ces autorités ne prennent la peine ou ne trouvent le secret de nous rendre évidente, et d'une évidence irrésistible, la vérité qu'elles nous apportent (3). »

« La philosophie, dit Saisset, n'a pas de parti pris..., ou plutôt elle en a un, celui de ne rien admettre

---

(1) IVe part., c. VIII, p. 358.
(2) *Disc. sur la Méth.*, 2° part.
(3) *Hist. génér. de la philos.*, 8° leçon.

au monde que sur la foi de l'évidence et de la raison (1). » — Et ailleurs : « La philosophie suffit à ceux qui veulent voir clair en toutes choses, qui ne veulent pas être dupes, ainsi qu'aux volontés fortement trempées, capables de se déterminer par les seuls conseils de la raison (2). »

M. J. Simon estime qu'un bon chrétien sacrifie forcément la raison à la foi, ce à quoi ne saurait consentir un bon philosophe. « Être chrétien, ce n'est pas seulement accepter pour aujourd'hui les vérités du christianisme, c'est promettre de les accepter toujours ; un philosophe qui veut rester réellement chrétien doit se tenir prêt à renoncer à la raison, le jour où la raison lui paraîtrait s'éloigner de l'orthodoxie (3). »

D'un autre côté, le mystère est un non-sens aux yeux de la raison : « Admettre un mystère, c'est nier l'autorité de la raison... Cette nouvelle doctrine (du mystère) n'est pas seulement incompréhensible ; par-dessus ce caractère elle en a trois autres : elle est affirmée sans être démontrée ; elle n'est pas intelligible dans son énoncé ; elle contient une contradiction formelle. De ces trois caractères, le premier et le second font qu'elle est un pur non-être en philosophie ; le troisième fait qu'elle est la négation même de la philosophie, puisqu'elle est la négation de la raison (4). »

---

(1) *La Philosophie du clergé*, p. 9.
(2) Cité par de Cossoles, *La certit. philos.*, ch. I.
(3) *La Religion naturelle*, p. 3.
(4) *Relig. nat.*, II⁰ part., ch. III, p. 236.

M. Paul Janet, éprouve une telle répugnance pour l'autorité divine, qu'il n'a pas craint d'écrire ces étranges paroles : « Nous aimons mieux l'erreur librement adoptée, que la vérité servilement acceptée (1). »

Le divorce de la philosophie avec la théologie lui paraît urgent : « Nous croyons que dans l'état actuel des opinions, le spiritualisme doit à la vérité et se doit à lui-même de se *séparer aussi nettement de la théologie que de l'athéisme* (2). » — « Le mariage équivoque de la théologie et de la philosophie, qui a été recommandé pendant longtemps, n'a servi en rien la cause de la religion et a *gravement* compromis la cause du spiritualisme (3). »

Ainsi la révélation et la grâce ne s'accordent pas avec la raison moderne.

Il en est de même du miracle. « La loi de l'histoire, c'est qu'il n'y a pas de miracle... La loi de la philosophie, c'est qu'il n'y a pas de mystère... La loi de toute science, c'est qu'il n'y a pas de surnaturel (4). »

« Le grand dogme du monde nouveau, disait M. Littré, élimine définitivement comme *inutiles* toutes les volontés surnaturelles ; il nous montre clairement que tout obéit à des lois immuables, que nous

---

(1) *Revue des Deux Mondes*, 15 mai 1860.
(2) Ibid.
(3) Ibid.
(4) M. Renan, *Études d'histoire religieuse*, p. 209. Et ailleurs : « De là cette règle inflexible, base de toute critique... qu'un événement donné pour miraculeux est nécessairement légendaire. » (La chaire d'hébreu ; explications à mes collègues, p. 24.)

appellerons, si l'on veut, les propriétés *immanentes* des choses. C'est là tout notre catéchisme (1). »

Non seulement le surnaturel est inutile, non seulement l'histoire ne l'a jamais rencontré, il est encore absolument impossible. « Ce qui nous guide dans les difficiles sentiers de la critique, c'est le principe, pour nous *incontestable*, que le surnaturel est impossible... Nous ne discutons pas sur le surnaturel, parce qu'on ne discute pas sur l'impossible. Par cela seul qu'on admet le surnaturel, on se met en dehors de la raison et de la science (2). »

III.

Avant d'établir la possibilité et la haute convenance du miracle, de la révélation et de la grâce, établissons rapidement que l'idée du surnaturel en général n'offre rien dans son concept qui se trouve en opposition avec la raison humaine.

Selon nous, toute la question se ramène à ces termes : Dieu peut-il concevoir et réaliser un ordre supérieur à celui qui se manifeste dans la nature? Un tel ordre devrait-il nécessairement renverser ou du moins troubler l'ordre naturel? Car, à supposer que le premier de ces deux points soit certain et que le second soit affirmé sans raison légitime par nos adversaires, il n'y a pas lieu à discuter davantage.

Or, à moins de tomber dans l'erreur de l'optimisme

---

(1) *Conservation, révolution et positivisme*, p. 26.
(2) Renan, *Vie de Jésus*, préf. de la 13ᵉ édit.

absolu ou du fatalisme universel, peut-on raisonnablement douter du caractère fini de l'univers et de la liberté de la cause première? Qu'on fasse le monde aussi parfait que l'on voudra, et nous sommes des premiers à le trouver excellent, encore faut-il convenir qu'il ne possède pas toutes les perfections possibles et imaginables. Et si l'on vient à le mettre en regard d'une intelligence infinie, d'une puissance sans bornes et d'une volonté souveraine, l'idée d'un monde différent du nôtre et d'un ordre différent de celui qui nous gouverne, devient l'idée la plus légitime et la plus naturelle.

Lorsque Dieu a créé la vie, il a produit une œuvre merveilleuse, incomparablement supérieure à la matière. Mais cela ne l'a pas empêché de créer la sensibilité qui est plus belle que la vie, et la raison qui est plus belle que la sensibilité. De même, gardons-nous bien de croire sa puissance épuisée par tout ce qu'il a fait et ne mettons pas en question si l'artiste suprême pourrait faire mieux encore.

D'un autre côté, pourquoi le surnaturel serait-il le renversement, la négation du naturel? Ne peut-on le concevoir supérieur à la nature, sans supposer du même coup qu'il lui soit contraire? La vie supprime-t-elle les forces physiques et mécaniques, la sensibilité trouble-t-elle les fonctions vitales, et la raison ne s'allie-t-elle pas avec la sensibilité? Un seul et même être, l'homme, n'est-il pas en même temps matière, vie, sensibilité, intelligence, et ces facultés diverses ne remplissent-elles pas les fonctions qui leur sont

22.

propres avec une admirable harmonie? Bien loin de se faire obstacle, ne voit-on pas que les unes servent aux autres de point d'appui, et que les plus parfaites communiquent à celles qui le sont moins quelque chose de leur perfection? Si donc, au lieu d'être simplement un animal raisonnable, l'homme était encore un chrétien, pourquoi cette nouvelle qualité, en s'ajoutant aux autres, devrait-elle en troubler le concert?

Allons plus loin, et de la théorie passons à l'étude des faits. Le genre humain n'a jamais, à aucune époque, mis en doute la possibilité et même l'existence du surnaturel. Toujours, au contraire, il a cru aux miracles, aux mystères, à la grâce, et ces trois idées lui ont en tout temps paru étroitement liées avec l'idée même de Dieu.

Les rationalistes nous diront-ils que le genre humain tout entier s'est trompé jusqu'à ce jour et se trompe encore misérablement? Ce serait une affirmation dénuée de preuve. Sans doute bien des hommes ont pu admettre de faux miracles et de fausses révélations; bien souvent ils ont cru que Dieu avait parlé, lorsque, dans le fait, il n'avait pas parlé; mais c'est que tous ils étaient intimement persuadés que Dieu peut parler aux hommes et qu'il leur parle quelquefois. L'abus d'une chose suppose l'existence de cette chose, comme les fausses applications d'un principe supposent le principe. Et c'est le cas de rappeler ici dans un sens différent l'axiome si connu : *Abusus non tollit usum.*

IV.

On sait que Rousseau trouvait si évidente la possibilité du miracle, qu'il n'admettait pas la discussion sur ce sujet ; il aurait voulu qu'on *enfermât celui qui se serait permis d'en douter* (1).

Au contraire, les rationalistes, et M. Renan à leur tête, « ne discutent pas sur le surnaturel, parce qu'on ne discute pas sur l'impossible. »

Il nous sera facile d'être à l'égard de M. Renan plus condescendant que ne le serait peut-être Rousseau... Essayons au moins d'établir contre les adversaires du surnaturel que le miracle peut se soutenir par de solides raisons, entièrement valables, croyons-nous, aux yeux d'une saine critique.

Tous les êtres qui nous entourent ont une activité qui leur est propre, et cette activité produit ses effets d'une façon régulière, constante et uniforme. Cette régularité et cette constance dans l'activité des agents du monde physique ne sont pas autre chose que ce qu'on appelle les lois de la nature.

Pour qui admet un Dieu créateur, ces lois, comme les agents dont elles dirigent l'activité, viennent toutes de l'auteur de la nature. Sa sagesse lui faisait

(1) « Dieu peut-il faire des miracles, c'est-à-dire peut-il déroger aux lois qu'il a établies ? Cette question, sérieusement traitée, serait impie, si elle n'était absurde ; ce serait faire trop d'honneur à celui qui la résoudrait négativement, que de le punir ; il suffirait de l'enfermer : mais aussi quel homme a jamais nié que Dieu pût faire des miracles ? » (*Troisième lettre de la Montagne.*)

un devoir de régler l'ensemble des œuvres sorties de ses mains, mais sa souveraine indépendance le laissait libre de choisir parmi les différentes lois également possibles celles qu'il emploierait. Dieu a donc créé librement, il a choisi librement tel ordre de préférence à tel autre, et en le choisissant il ne s'y est point assujetti, il demeure le maître d'apporter au cours ordinaire des choses telle modification que pourront demander les circonstances.

« Si Dieu, dit éloquemment Bossuet, après S. Thomas, a astreint la nature à certaines lois, il ne s'y astreint lui-même qu'autant qu'il lui plaît, se réservant le pouvoir suprême de détacher les effets qu'il voudra des causes qu'il leur a données dans l'ordre commun, et de produire ces ouvrages extraordinaires que nous appelons miracles, selon qu'il plaira à sa sagesse éternelle de les dispenser (1). »

Ainsi la possibilité du miracle est une conséquence logique, rigoureuse du fait d'ailleurs incontestable et incontestablement libre de la création. L'être créé vient tout entier, dans son fond aussi bien que dans sa forme, du Créateur, par conséquent il est et sera toujours entre ses mains souveraines.

Il y a plus. A bien prendre les choses, la création elle-même est déjà une espèce de miracle, non pas

---

(1) *Élévations sur les mystères*, 5ᵉ élév., 5ᵉ semaine.
« Ordini causarum secundarum ipse (Deus) non est subjectus, sed talis ordo ei subjicitur, quasi ab eo procedens non per necessitatem naturæ, sed per arbitrium voluntatis. » (S. Thomas, 1ᵃ, q. cv, a. 6, c.)

sans doute dans le sens précis du mot, en tant que renfermant une dérogation aux lois de la nature, mais en tant que supérieure à la nature et ne pouvant s'expliquer par ses lois. Plusieurs auteurs contemporains, opposés d'ailleurs à la plupart de nos doctrines, en ont fait l'aveu et n'ont pas craint de reconnaître le surnaturel à l'origine des choses. « La création de l'ordre actuel de la nature et de ses lois, dit M. Guizot, est un fait aussi certain que cet ordre même. Et qu'est-ce que la création, sinon un fait surnaturel, l'acte d'une puissance supérieure aux lois actuelles de la nature et qui peut les modifier comme elle a pu les établir (1) ? »

M. Paul Janet n'est pas moins explicite. « Non seulement on n'a rien dit contre la création, en objectant qu'elle serait un acte surnaturel; mais quiconque possède les premiers éléments de la métaphysique, devra accorder que l'acte, quel qu'il soit, par lequel la nature existe, ne peut être, rigoureusement parlant, qu'un acte surnaturel. Le naturel, c'est ce qui découle de la nature, c'est ce qui s'explique, la nature étant une fois posée par les propriétés de la nature : mais l'existence même de la nature ne peut pas résulter de ces propriétés, car ces propriétés supposent son existence (2). »

---

(1) *Méditations sur la religion chrétienne*, 3ᵉ médit.
(2) *Le Matérialisme contemporain*, ch. VIII.
Un partisan de la doctrine positive, Stuart Mill, fait une déclaration semblable. « Si l'univers eut un commencement, ce commencement, par les conditions mêmes du cas, fut surnaturel; les lois de

Ce qu'on devrait le plus admirer, ce n'est pas une modification accidentelle apportée à la nature par son auteur, mais la production même de la nature, tirée du néant par la puissance infinie. Car faire que ce qui n'est pas soit, et le produire avec rien, semble bien plus surprenant que modifier ce qui est déjà. Sous ce point de vue, S. Thomas regarde la création non seulement comme un miracle, mais comme le plus grand des miracles : « *Opus aliquod potest dici magnum dupliciter : uno modo, ex parte modi agendi : et sic maximum opus est opus creationis, in quo ex nihilo fit aliquid* (1). »

Cessez d'invoquer les exigences de la physique et de la mécanique, car « vous êtes vous-même le vivant témoignage qu'un inflexible mécanisme ne règle pas tout ici-bas. Que faites-vous, en effet, pendant que vous défendez au grand ordonnateur des choses le moindre écart aux lois qu'il a créées? Ne les violez-vous pas, ces lois, chaque jour, à toute heure et de toute façon? Cet arbre, cette plante que l'ordre naturel fait fleurir en été, vous les couvrez de fleurs en hiver; vous changez la saveur, la forme de ces fruits, la couleur de ces fleurs; vous contournez ces

---

la nature ne peuvent rendre compte de leur propre origine. » (*Aug. Comte et le positivisme*, Londres, 1865.)

(1) « In operibus miraculosis tria consueverunt inveniri; quorum unum est ex parte potentiæ agentis, quia sola divina virtute fieri possunt; et ideo sunt simpliciter mira, quasi habentia causam occultam, ut dictum est (part. I, quæst. cv, a. 7); et secundum hoc tam justificatio impii quam creatio mundi, et universaliter omne opus quod a solo Deo fieri potest, miraculum dici potest. » (1a 2æ, q. CXIII, a. 10, c. et 1a, q. cv, a. 7, ad 1.

branches, ces rameaux ; vous les faites pousser, grandir contre nature... Ce ne sont là, sans doute, que de petits miracles. Mais, proportion gardée, les plus grands se font-ils autrement? Les uns comme les autres sont des infractions volontaires à l'ordre apparent de la nature, des actes libres en dehors des lois générales.

« L'ordre en est-il altéré? L'enchaînement des effets et des causes est-il interrompu, parce que nos jardiniers font certaines boutures, inventent et composent d'innombrables variétés? Non! pourquoi dès lors ne pas admettre que, dans un étage au-dessus, dans un ordre plus général, d'autres germes de perturbation, des guérisons subites, des transformations physiques ou morales, des actes de volonté ou d'intuition sans exemple, se puissent accomplir sans que l'ordre universel soit menacé ou compromis (1)? »

Pour mieux comprendre cette doctrine, il faut se rappeler qu'il y a des lois de plusieurs sortes. Il en est qui ne sauraient souffrir aucune exception : ce sont celles qui s'appliquent à l'ordre idéal ou qui expriment de simples rapports, mais des rapports absolument nécessaires. A ce genre de lois appartiennent les principes des mathématiques, de la logique et de la métaphysique.

Mais il en est d'autres qui s'appliquent à l'ordre réel et qui gouvernent les êtres contingents et muables. De telles lois n'ont rien d'absolu, et leur con-

---

(1) Vitet, *Revue des Deux-Mondes*, 1ᵉʳ juin 1868, p. 693-694.

traire est parfaitement concevable. Par suite, elles peuvent comporter certaines exceptions, subir certaines dérogations, sans que l'essence des choses reçoive la plus légère atteinte. Dieu aurait pu ne pas les établir, ou même en établir de contraires. Il a donc le pouvoir d'en suspendre le cours dans telle circonstance déterminée. De ce nombre sont les lois physiques, sujet assez ordinaire du miracle.

Néanmoins, elles méritent le nom de lois, parce qu'elles règlent le cours ordinaire des choses, et qu'en dépit de certaines dérogations elles possèdent une universalité morale et une constance visible. Une loi ne cesse pas d'avoir sa raison d'être parce qu'elle souffre quelques exceptions accidentelles, parce qu'il plaît à l'auteur des choses d'en suspendre l'action dans tel ou tel cas particulier.

La pesanteur ou l'attraction ne cessera pas de gouverner le monde des corps, si un jour, dans un seul point de l'espace, un corps vient à être soustrait à son influence.

Les savants peuvent se tenir tranquilles et continuer à se livrer sans crainte à l'étude des lois de la nature. Le miracle est un fait extraordinaire, qu'il est toujours bon de faire entrer dans ses calculs lorsqu'on raisonne sur des choses contingentes, mais qui surprend l'ordre naturel en plein exercice, bien loin de le détruire ou de le troubler en quelque façon.

Il ne suppose pas davantage que les lois naturelles ont été, dès l'origine, mal conçues, et que Dieu éprouve le besoin de s'amender dans la suite des temps. Il en ainsi des législateurs humains dont la vue ne peut embrasser tous les temps, dont la sagesse, « toujours courte par quelque endroit, » ne peut découvrir tous les obstacles que feront naître les circonstances imprévues et les conflits des causes diverses qui s'agitent au sein des sociétés.

Le regard du Créateur atteint les horizons les plus reculés, et pour lui l'avenir n'a pas plus de mystères que le présent. De toute éternité il a tout prévu et tout arrêté par un seul et même acte, la dérogation à la loi en même temps que la loi. Et lorsqu'il fait un miracle, il ne change rien à ses premiers desseins, il se borne à produire au dehors ce qu'il a résolu dans les secrets conseils de son éternelle sagesse.

Mais, dit-on, pourquoi Dieu ferait-il des miracles et pourquoi viendrait-il déroger à un ordre qu'il a lui-même établi et qu'il a, par là même, trouvé digne de sa sagesse et de sa puissance ?

Cette nouvelle objection nous amène à envisager un autre aspect très intéressant de cette question : nous voulons parler de la *convenance* du miracle.

Les rationalistes supposent presque toujours que toute intervention extraordinaire du Créateur dans les événements de ce monde ne saurait qu'être arbitraire, capricieuse, à tout le moins sans raison suffisante. Cette supposition est non seulement gratuite, mais absolument fausse, car le miracle s'appuie sur les motifs les plus puissants et de l'ordre le plus élevé.

Si la nature « allait toujours du même train » et que les lois de l'univers ne subissent jamais aucune infraction, combien peu d'hommes, combien peu de philosophes peut-être croiraient encore à la Providence? On dirait que la fatalité gouverne le monde, que tout, dans la nature, est inflexible, immuable, que les lois des choses sont « immanentes, » et que si Dieu existe, il mène, suivant le mot d'Epicure et d'Horace, une existence retirée et fort tranquille, sans nul souci de ce qui se passe ici-bas :

> Namque Deos didici securum agere œvum,
> Nec, si quid miri faciat natura, Deos id
> Curare (1).

Si cette pensée venait à s'emparer de l'esprit des hommes, on peut, sans être prophète, assurer que bientôt la religion et la prière disparaîtraient à la fois.

Nous n'avons pas seulement besoin de savoir qu'il y a un Dieu, nous avons avant tout besoin de savoir qu'il s'occupe de nous et des choses, qu'il est le maître

---

(1) Dans un passage célèbre, S. Augustin a observé combien vite les hommes cessent de remarquer les merveilles qui frappent tous les jours leurs regards, et comment Dieu s'est vu pour ainsi dire obligé de faire paraître, dans la suite des temps, à une heure propice, des merveilles nouvelles, non pas plus admirables, mais plus sensibles, parce qu'elles trancheraient avec le cours ordinaire des choses. « Quia enim ille non est talis substantia quæ videri oculis possit, et miracula ejus quibus totum mundum regit universamque creaturam administrat, *assiduitate viluerunt*, ita ut pene nemo dignetur attendere opera Dei mira et stupenda in quolibet seminis grano ; secundum ipsam suam misericordiam servavit sibi quædam quæ faceret opportuno tempore, præter usitatum cursum ordinemque naturæ, ut non majora sed insolita videndo stuperent, quibus quotidiana viluerant. » (*Tract.* XXIV *in Joan.*, init.)

et le père qu'il faut tout ensemble craindre et aimer, invoquer et remercier.

Voilà ce que dit le miracle (1).

En agissant sur la nature à son gré, Dieu montre clairement qu'il en est l'auteur et qu'il la tient à chaque instant entre ses mains souveraines. S'il en suspend le cours, c'est qu'il l'a produite, si elle lui obéit aveuglément, c'est qu'il est bien réellement le gouverneur et le maître. On peut donc lever vers lui des mains suppliantes dans la détresse ; il faut lui rendre grâces quand il a exaucé notre prière et détourné de nous le malheur qui allait nous frapper.

Un observateur attentif des choses de ce temps et peu suspect d'exagération religieuse, écrivait les lignes suivantes il y a quelques années : « Nous ne croyons plus au miracle ; je pourrais ajouter que nous ne croyons guère en Dieu, non plus ; les deux choses se tiennent... Quand je sens vaciller en moi la foi au miracle, je vois aussi l'image de mon Dieu s'affaiblir à mes regards ; il cesse peu à peu d'être pour moi le Dieu libre et vivant, le Dieu personnel, le Dieu avec lequel l'âme converse, comme avec un

---

(1) « Quand un roi se déplace pour visiter ses sujets, les mouvements accoutumés de la vie publique sont suspendus, les édifices se pavoisent et s'illuminent, les cloches s'ébranlent, le canon tonne, la foule s'empresse, et ses mille voix éclatent en joyeux *vivat*. Ainsi, quand le Roi des rois daigne nous rappeler d'une manière sensible son *invisible* présence, la nature s'émeut ; le miracle est l'oriflamme dont elle se pare, le feu dont elle s'illumine, la salve triomphale qu'elle fait entendre, la voix inaccoutumée qui provoque nos applaudissements et nous invite à crier : *Ecce Deus ! Vivat Rex !* » (Le P. Monsabré, *Carême* 1876, 9ᵉ conf. p. 44.)

maître et un ami. Et ce saint dialogue interrompu, que nous reste-t-il? Combien la vie paraît triste alors et désenchantée! Réduits à manger, dormir et gagner de l'argent, privés de tout horizon, combien notre âge mûr paraît puéril, combien notre vieillesse triste, combien nos agitations insensées! Plus de mystère, c'est-à-dire plus d'innocence, plus d'infini, plus de ciel au-dessus de nos têtes, plus de poésie! Ah! soyez-en sûr, l'incrédulité qui rejette les miracles tend à dépeupler le ciel et à désenchanter la terre...

« *Le surnaturel est la sphère naturelle de l'âme,* c'est l'essence de sa foi, de son espérance, de son amour. Je sais bien que la critique est spécieuse, que ses arguments paraissent souvent victorieux; mais je sais une chose encore, et peut-être pourrais-je en appeler à votre propre témoignage : en cessant de croire au miracle, l'âme se trouve avoir perdu le secret de la vie divine; elle est désormais sollicitée par l'abîme..., bientôt elle gît à terre, oui, et parfois dans la boue (1). »

V.

La *révélation* est dans l'ordre intellectuel ce que le miracle est dans l'ordre physique, une dérogation aux lois ordinaires de la connaissance. Elle est donc tout aussi admissible que le miracle.

Dieu parle à chacun de nous par la raison et par la

---

(1) Schérer, cité par Guizot, *Revue des Deux-Mondes,* 1ᵉʳ juillet 1864, p. 175.

conscience; car nous l'avons déjà vu (1), la raison humaine est une étincelle de l'intelligence suprême, la voix de la conscience est la voix même de Dieu se faisant entendre au plus intime de l'âme : « *Lumen rationis naturalis nihil est aliud quam quædam impressio luminis divini in nobis* (2). » — « *Quod aliquid per certitudinem sciatur, est ex lumine rationis, divinitus interius indito, quo in nobis loquitur Deus* (3). »

Voilà un premier commerce intellectuel de Dieu avec l'homme, voilà une révélation que doit admettre quiconque croit à Dieu. Et de fait, la plupart des rationalistes la reconnaissent sans peine.

Dira-t-on que cette première communication est le dernier mot des rapports entre le Créateur et la créature? Que l'homme ne peut plus rien recevoir, ou que Dieu ne peut plus rien lui donner? Qu'il n'y a qu'une manière pour Dieu de parler à l'homme, la voie de la raison naturelle? Que l'intelligence infinie ne connaît rien de plus que l'intelligence créée, ou que, si elle recèle un trésor de vérités admirables, elle n'a pas le moyen de nous en distribuer la plus petite partie?

Si Dieu, qui réside au dedans de moi par son immensité, daignait m'adresser la parole ou m'éclairer tout-à-coup d'une lumière surnaturelle, aurais-je le droit d'imposer silence à sa voix ou de fermer les yeux?

Et s'il lui plaisait de s'adresser de préférence à un

---

(1) Supra, ch. IX.
(2) S. Thomas, 1ᵃ 2ᵃᵉ, q. XCI, a. 2, c.
(3) *Qq. dispp. de Verit.*, q. XI, *de Magistro*, a. 1, ad 13

pur esprit ou à quelque mortel privilégié et de le charger de m'instruire en son nom, devrais-je repousser dédaigneusement l'envoyé céleste, alors même qu'il ferait des miracles pour me prouver sa mission?

Tout cela est tellement sensible, qu'il semble inutile d'insister davantage, de peur d'abuser de l'évidence.

Comment se fait-il que certains ne comprennent pas ou feignent de ne pas comprendre?

Voici d'ailleurs ce qui les empêche de croire à la révélation : ou bien, disent-ils, elle a pour objet des vérités supérieures à la raison, des mystères, ou bien elle ne dépasse pas la sphère de l'ordre naturel. Dans le premier cas, elle se heurte à l'impossible, dans le second, elle est inutile, car elle se borne à nous apprendre ce que nous savons déjà par les lumières de la raison.

Pourquoi le mystère serait-il impossible? serait-ce que l'esprit humain est trop éclairé et que rien ne le dépasse? Serait-ce qu'il n'y a point d'énigme pour lui, et qu'il peut tout comprendre, tout interpréter, tout éclaircir? Poser une telle question, c'est la résoudre. Dans la nature elle-même, il est une infinité de choses qui se dérobent à notre regard. Les unes sont trop profondes, les autres trop élevées, nous ne pouvons ni pénétrer à la racine, ni monter au sommet.

« *Cunctæ res difficiles*, disait le Sage, *non potest homo eas explicare sermone* (1). »

___
(1) *Eccl.*, I, 8.

Ne nous faisons pas plus grands que nous ne sommes, ayons assez d'humilité pour reconnaître que le monde des corps aussi bien que le monde des esprits renferme un très grand nombre de mystères insondables (1). La science moderne a dissipé certaines obscurités de la nature inférieure, dévoilé certaines propriétés de la matière, inconnues jusque là, mais, d'un autre côté, combien de problèmes n'a-t-elle pas soulevés sans les résoudre? Peut-elle seulement se vanter de savoir la nature intime de la vie ou seulement de la matière? Dès qu'elle abandonne le terrain de l'expérience, et elle le fait plus souvent peut-être qu'elle ne croit, ne se heurte-t-elle pas aux probabilités, aux obscurités, parfois même aux contradictions formelles (2)?

Il n'y a donc pas de bonne raison de rejeter le mystère parce qu'il est incompréhensible.

Les rationalistes tombent généralement d'accord sur ce point. Mais, entre l'incompréhensible et le mystère, ils trouvent deux grandes différences, l'une et l'autre au désavantage du mystère.

Ils disent que l'incompréhensible est démontré par la raison, tandis que le mystère est affirmé sans être démontré.

(1) « La dernière démarche de la raison, c'est de connaître qu'il y a une infinité de choses qui la surpassent : elle est bien faible si elle ne va jusque-là. » (Pascal, *Pensées*, ch. II, n. 1.)

(2) Voir un excellent article de M. de Lapparent : *La certitude dans les sciences*, Paris, 1886, qui montre jusqu'à l'évidence quelle part considérable est encore laissée aux conjectures dans les différentes théories modernes relatives aux sciences de la nature.

Ils ajoutent que l'incompréhensible surpasse la raison, mais ne la contredit pas, tandis que le mystère contient une contradiction formelle. Ainsi parle M. Jules Simon.

A la première difficulté nous répondrons que le mot *démonstration*, dans le langage de nos adversaires, cache une équivoque facile à dissiper. Si l'on veut dire que la raison ne démontre pas le mystère, l'objection dit vrai ; la raison, par exemple, ne démontre pas la Trinité, ni l'Incarnation, ni l'Eucharistie, ni aucun autre mystère semblable.

Mais si l'on veut donner à entendre que le mystère est affirmé sans aucune preuve, on se trompe ou l'on veut tromper. Vous affirmez l'existence, dans les temps passés, de César, de Cicéron, de Clovis, de Charlemagne, etc... Est-ce la raison qui vous prouve que ces personnages ont réellement existé, et qu'ils ne sont pas, comme certains autres, des personnages imaginaires? Non, la raison ne dit rien là-dessus ; mais vous en appelez à l'histoire et au témoignage.

Nous faisons précisément de même pour les mystères. L'Eglise catholique n'en impose aucun à la foi de ses enfants sans l'appuyer sur des preuves historiques qui défient toute critique, sans montrer qu'il a son fondement dans l'Ecriture ou dans la tradition.

Nous n'admettons pas davantage l'autre différence qu'on a imaginée entre l'incompréhensible et le mystère. Le mystère est au-dessus de la raison, il ne lui est pas contraire, non plus que l'incompréhensible.

Obscur à la faible lumière de notre esprit, il se trouve plein de clartés aux yeux de la sagesse infinie. Que de choses incompréhensibles pour l'ignorant, démontrées pour le savant, objet d'intuition pour le génie ! L'ignorant accepte volontiers le témoignage du savant, alors même qu'il ne comprend pas, qu'il ne peut pas comprendre. Et le savant refuse le témoignage de Dieu, sous prétexte qu'il ne comprend pas ! Le disciple en croit plutôt au jugement du maître qu'à son propre jugement, et le maître préfère son jugement à celui du Maître des maîtres (1) !

M. Jules Simon suppose que le mystère est « inintelligible dans son énoncé. » C'est une erreur manifeste. Le mystère se compose de deux éléments, l'un parfaitement intelligible, l'autre incompréhensible. Lorsque nous disons qu'il y a trois personnes en Dieu, nous savons très bien le sens de tous les mots de la proposition : *trois, personnes, être, en, Dieu*. Voilà l'élément rationnel. Mais comment trois personnes peuvent-elles exister dans une seule et même essence ? Voilà ce que nous ne saurions entendre, c'est l'élément incompréhensible du mystère.

Lorsque l'Eglise nous enseigne que le Fils de Dieu s'est fait homme, elle affirme de la seconde personne

---

(1) « Si ille a quo auditur, multum excedit visum videntis, sic certior est auditus quam visus ; sicut aliquis parvæ scientiæ magis certificatur de eo quod audit ab aliquo scientifico homine, quam de eo quod sibi secundum rationem suam videtur, et multo magis certior est homo de eo quod audit a Deo qui falli non potest, quam de eo quod videt propria ratione quæ falli potest. » (S. Th., 2a 2æ, q. IV, a. 8, ad 2.)

de l'adorable Trinité un fait analogue à celui qui se produit en chacun de nous, l'union hypostatique de deux natures dissemblables en une seule personne. Le Verbe s'est uni à la nature humaine à peu près comme notre âme est unie à notre corps, voilà l'élément rationnel. Comment la nature divine et la nature humaine ont-elles pu s'unir d'une façon si étroite, qu'elles ne formassent ensemble qu'une seule personne? C'est l'élément incompréhensible.

On trouve ce double élément dans tous les mystères chrétiens, comme il serait aisé de le démontrer. Il est donc faux, absolument faux que le mystère soit « un non-sens, » ou que son énoncé soit inintelligible. Il contient une part de lumière et une part d'obscurité, comme, proportion gardée, la plupart des connaissances humaines.

C'est ce que Leibnitz a relevé avec un parfait bon sens, et l'on ne saurait trop méditer les paroles de l'illustre philosophe.

« Il ne faut pas demander toujours ce que j'appelle des notions *adéquates* et qui n'enveloppent rien qui ne soit expliqué, puisque même les qualités sensibles, comme la lumière, la chaleur, ne sauraient donner de telles notions. Ainsi nous convenons que les mystères reçoivent une explication, mais cette explication est imparfaite. Il suffit que nous ayons quelque intelligence analogique d'un mystère, tel que la Trinité et l'Incarnation, afin qu'en les recevant nous ne prononcions pas des paroles entièrement destituées de sens, mais il n'est pas nécessaire que l'explication aille aussi loin qu'il serait à souhaiter, c'est-à-dire jusqu'à la compréhension et au comment. Quand nous parlons de l'union du Verbe de Dieu avec la nature humaine, nous devons nous contenter d'une connaissance analogique, telle que la comparaison de l'union de l'âme avec le corps est capable de nous donner.... Il en est de même des autres mystères, où les esprits modérés trouveront toujours une explication suffisante pour croire, et jamais autant qu'il en faut pour comprendre (1). »

M. J. Simon tient pour insoluble l'objection suivante : « Etre chrétien, ce n'est pas seulement accepter pour aujourd'hui les vérités du christianisme, c'est promettre de les accepter toujours : un philosophe qui veut rester chrétien doit se tenir prêt à renoncer à la raison le jour où la raison lui paraîtrait s'éloigner de l'orthodoxie. »

Que dirait l'auteur si un partisan du scepticisme ou du progrès indéfini lui faisait cette difficulté : un *dogmatique*, qui veut rester réellement dogmatique, doit se tenir prêt à donner toujours son adhésion aux vérités une fois reconnues par lui, alors même que, par le progrès des temps, elles lui sembleraient ne plus s'accorder avec la raison? Il répondrait sans doute avec Bossuet, que la vérité ne change pas ; que, par suite, la vérité d'aujourd'hui ne saurait devenir l'erreur de demain ; et qu'ainsi le philosophe peut, sans crainte de se tromper, lier sa foi pour toujours à

---

(1) *Théodicée, Disc. de la conformité de la foi avec la raison*, n. 54-56.

ce que la raison d'aujourd'hui lui montre clairement être la vérité (1).

Or le chrétien fait la même réponse que le philosophe. De même qu'il est légitime de s'engager à recevoir toujours pour vrai le principe de contradiction et de causalité, ainsi il est légitime d'admettre pour toujours la Trinité, l'Incarnation et les autres dogmes du christianisme. Si, par hypothèse, ces dogmes sont vrais aujourd'hui tout comme les vérités les plus certaines de la philosophie, ils seront vrais demain, après demain, toujours, et il n'y aura jamais un temps où « le philosophe qui veut rester réellement chrétien devra se tenir prêt à renoncer à la raison, » pas plus que l'orthodoxie ne sera jamais en opposition avec la raison.

Le mystère n'a donc absolument rien dont puisse s'offusquer la raison la plus jalouse de ses droits, puisqu'il n'est pas chose contradictoire, et qu'on n'est en fin de compte obligé de l'admettre, que s'il a en sa faveur des preuves tout à fait convaincantes.

Dès lors, pourquoi l'homme se plaindrait-il si Dieu exige de lui son adhésion à quelques mystères *certainement* révélés? Le philosophe, le savant se plaint-il d'être contraint d'adhérer aux vérités de l'ordre naturel? Allègue-t-il que la liberté de penser ne s'accorde

(1) M. Schérer n'ose aller jusque-là. D'après lui, « il n'est pas de proposition si certaine qu'elle n'ait quelque chose de provisoire. » *Conversations théologiques,* dans ses Mélanges de critique religieuse. — Une telle réserve sauvegarde à merveille la liberté de penser, mais sauvegarde-t-elle pareillement la pensée elle-même, et la certitude « *provisoire* » mérite-t-elle bien le nom de certitude?

pas avec l'obligation de croire? Et si le mystère est aussi certain, aussi légitimement établi que les vérités rationnelles, pourquoi ne pas l'admettre avec la même assurance et le même bonheur?

S. Thomas trouve éminemment rationnel et très utile que Dieu propose à la foi de l'homme des vérités supérieures à la raison. Cela nous aide à nous faire de Dieu une idée plus juste; car on ne connaît véritablement Dieu tel qu'il est que lorsqu'on se le représente comme infiniment supérieur à tout ce que la pensée peut concevoir de lui. Mais si l'homme doit croire sur la divinité des vérités qui surpassent la raison, il s'affermit aussitôt dans la conviction que Dieu est en effet bien au-dessus de tout ce qu'on peut connaître de sa nature.

D'un autre côté, la présomption, « qui est la mère de l'erreur, » reçoit par là une leçon des plus salutaires. Il est des hommes qui ont une si bonne idée de leur esprit, qu'ils croient pouvoir mesurer au compas de leur génie la nature divine tout entière. Tout ce qu'ils déclarent vrai est vrai, tout ce qu'ils ne comprennent pas est faux. Il était donc nécessaire, pour guérir la raison humaine de sa présomption native et la porter à rechercher la vérité avec modestie, de proposer à sa foi des vérités qui ne lui fussent pas facilement accessibles (1).

(1) « Est necessarium hujusmodi veritatem hominibus ad credendum proponi, ad Dei cognitionem veriorem habendam. Tunc enim solum vere Deum cognoscimus, quando ipsum esse credimus supra omne id quod de Deo cogitari ab homine possibile est, eo quod naturalem hominis cogitationem divina substantia excedit. Per hoc autem quod homini de Deo proponuntur quæ rationem excedunt,

Mais du moins la révélation n'est-elle pas inutile quand il s'agit de vérités qui ne sortent pas du domaine de l'intelligence de l'homme? Et quel profit peut retirer le genre humain à apprendre de la théologie les notions que la philosophie lui a déjà dévoilées?

A cette objection, le Docteur Angélique a donné une réponse victorieuse et demeurée célèbre.

Il est, dit-il, nécessaire à l'homme de recevoir de la révélation non seulement les vérités qui dépassent la raison, mais celles-là même qu'elle peut atteindre. Il y a à cela trois avantages considérables. Et d'abord, par ce moyen, l'homme arrive beaucoup plus tôt à la connaissance de la vérité, surtout en ce qui regarde la science des choses de Dieu, la plus indispensable de toutes. En effet, cette science en suppose plusieurs autres et, par suite, on ne peut l'étudier que bien tard. Que l'homme donc soit réduit à la seule raison, et il n'aura la connaissance de Dieu qu'après de longues années.

La révélation fait encore que la connaissance de

---

firmatur in homine opinio, quod Deus sit aliquid supra id quod cogitari potest.

« Alia etiam utilitas inde provenit, scilicet præsumptionis repressio, quæ est mater erroris. Sunt enim quidam tantum de ingenio suo præsumentes, ut totam naturam divinam se reputent suo intellectu posse metiri, æstimantes scilicet totum esse verum quod eis videtur, et falsum quod eis non videtur. Ut ergo ab hac præsumptione humanus intellectus liberatus, ad modestam inquisitionem veritatis perveniat, necessarium fuit homini proponi quædam divinitus quæ omnino intellectum ejus excederent. » (*S. Cont. Gent.*, 1, 5.)

l'Etre suprême est plus répandue parmi les hommes. Car il en est un grand nombre qui se voient, pour diverses causes, éloignés des abords de la science ; les uns ont trop peu de ressources dans leur esprit, d'autres, absorbés par les occupations et les soucis de la vie matérielle, manquent absolument des loisirs nécessaires ; d'autres, enfin, sont retenus par la paresse et la négligence. Tous ces hommes se trouveraient privés de la connaissance de Dieu, si une autorité surnaturelle ne prenait soin de les en instruire.

En troisième lieu, la révélation est nécessaire pour donner à la théodicée toute la certitude dont elle a besoin. Personne ne peut ignorer combien faible est la raison humaine dans les choses qui touchent la divinité. Les philosophes eux-mêmes en fournissent une preuve des plus frappantes. Ceux d'entre eux, et ils sont nombreux, qui ont voulu enseigner la science de Dieu, en s'appuyant sur les seules lumières de la raison, ont commis de nombreuses erreurs et se sont partagés en opinions contraires (1).

(1) « Necessarium est homini accipere per modum fidei non solum ea quæ sunt supra rationem, sed etiam ea quæ per rationem cognosci possunt, et hoc propter tria. Primo quidem, ut *citius* homo ad veritatis divinæ cognitionem perveniat. Scientia enim ad quam pertinet probare Deum esse, et alia hujusmodi de Deo, ultimo hominibus addiscenda proponitur, præsuppositis multis aliis scientiis ; et sic nonnisi post multum tempus vitæ suæ homo ad Dei cognitionem perveniret.

« Secundo, ut cognitio Dei sit *communior*. Multi enim in studio scientiæ proficere non possunt, vel propter hebetudinem ingenii, vel propter occupationes alias et necessitates temporalis vitæ, vel

Pour se convaincre de la vérité de chacune des observations de S. Thomas, il suffit de jeter un regard sur la condition faite, ici-bas, à l'humanité. Même après le péché, l'homme a gardé assez de raison pour atteindre un certain nombre de vérités plus accessibles, et les traditionalistes ont certainement exagéré notre faiblesse en prétendant que, par nos propres forces, nous ne pouvons plus dépasser la sphère des choses sensibles. Non, la raison humaine n'est pas diminuée à ce point.

Néanmoins, l'histoire et l'expérience ne le montrent que trop, la majorité des hommes éprouve une très grande difficulté à s'élever jusqu'aux vérités de l'ordre suprasensible, et cette difficulté se change en une sorte d'impuissance morale quand il s'agit des choses qui touchent à Dieu et à la religion. Non qu'ils ne puissent absolument rien connaître dans cet ordre d'idées (1), mais ce qu'ils en saisissent par eux-mêmes leur demande de trop grands efforts et les conduit à

---

etiam propter torporem addiscendi; qui omnino Dei cognitione fraudarentur, nisi proponerentur eis divina per modum fidei.

« Tertio, propter *certitudinem*. Ratio enim humana in rebus divinis est multum deficiens; cujus signum est quia philosophi de rebus divinis naturali investigatione perscrutantes, in multis erraverunt et sibi ipsis contraria senserunt. » (2ª 2ᵃᵉ, q. II, a. 4, c. Cf. De Tocqueville, *De la Démocratie en Amérique*, t. III, 1ʳᵉ part. c. v.)

(1) « Intellectus humanus habet aliquam formam, scilicet ipsum intelligibile lumen, quod est de se sufficiens ad quædam intelligibilia cognoscenda, ad ea scilicet in quorum notitiam per sensibilia possumus devenire... Non (ergo) indiget ad cognoscendam veritatem in omnibus nova illustratione superaddita naturali illustrationi; sed in quibusdam quæ excedunt naturalem cognitionem. » (S. Thomas, 1ª 2ᵃᵉ, q. cIX, a. 1, c.)

CHAP. XI. — LE SURNATUREL.   413

des résultats manifestement insuffisants. Dans cet état, ils seraient incapables d'orienter leur vie, de voir la vérité avec une pleine évidence et de puiser, dans cette évidence, la force nécessaire pour résister à la violence de leurs passions.

N'en appelez pas aux philosophes pour faire l'éducation religieuse et morale du genre humain. Les philosophes n'ont pour cela ni des connaissances assez sûres, ni assez d'autorité, ni une méthode d'enseignement proportionnée aux besoins du peuple. D'ailleurs, ils ne s'accordent pas entre eux, et si les masses étaient obligées de faire leur choix, parmi ce conflit d'opinions contraires, elles seraient dans le plus grand embarras.

Les rationalistes reconnaissent volontiers leur impuissance à instruire le peuple, et plusieurs d'entre eux abandonnent ce soin à l'Eglise catholique.

« Nous, philosophes, dit V. Cousin, nous naviguons au hasard, sujets à l'égarement, exposés au naufrage. La philosophie, c'est un voyage d'exploration hardi et aventureux, à la recherche de l'inconnu, à la recherche de l'infini, mais dans lequel nous ne savons où prendre terre... Vous, catholiques, vous avez la boussole, vous avez la carte du pays, les étoiles, le pilote, le port (1). »

(1) Cité dans Mgr Baunard, *Le doute et ses victimes*, p. 139. — A méditer aussi les paroles de Bossuet : « Dans une telle variété d'opinions, que l'on me mette au milieu d'une assemblée de philosophes un homme ignorant de ce qu'il aurait à faire en ce monde ; qu'on ramasse, s'il se peut, en un même lieu, tous ceux qui ont jamais eu la réputation de sagesse ; quand est-ce que ce

« Quelle n'eût pas été, je vous le demande, la joie d'un Socrate et d'un Platon, s'ils eussent trouvé le genre humain entre les bras du christianisme ! Combien Platon, si visiblement embarrassé entre ses belles doctrines et la religion de son temps, qui garde envers elle tant de ménagements..., combien n'eût-il pas été heureux d'avoir affaire à une religion qui présente à l'homme, comme son auteur à la fois et son modèle, ce sublime et doux crucifié dont il a eu un pressentiment extraordinaire..., une religion qui est venue annoncer ou du moins consacrer et répandre l'idée de l'unité de Dieu et celle de l'unité de la race humaine, qui proclame l'égalité de toutes les âmes devant la loi divine, qui, par là, a préparé et soutient l'égalité civile, qui prescrit la charité encore plus que la justice, qui enseigne à l'homme qu'il ne vit pas seulement de pain, qu'il n'est pas renfermé tout entier dans ses sens et dans son corps, qu'il a une âme, une âme libre, qui est d'un prix infini et mille fois au-dessus des innombrables mondes semés dans l'espace ; que la vie est une épreuve, que son objet véritable n'est pas le plaisir, la fortune, le rang, toutes choses qui ne sont point à notre portée et nous sont bien souvent plus dangereuses qu'utiles, mais cela seul qui est toujours en notre puissance dans toutes les situations et dans toutes les conditions, d'un bout de la terre à l'autre, à savoir l'amélioration de l'âme par

pauvre homme se résoudra, s'il attend que, de leurs conférences, il en résulte enfin quelque conclusion arrêtée ? » (*Sermon sur la loi de Dieu.*)

elle-même, dans la sainte espérance de devenir de jour en jour moins indigne des regards du père des hommes, de ses exemples et de ses promesses. Ah! si le plus grand moraliste qui fut jamais avait pu voir ces enseignements admirables... consacrés, maintenus, sans cesse rappelés au cœur et à l'imagination des hommes par des institutions sublimes et touchantes, quelle n'eût pas été sa tendre et reconnaissante sympathie pour une pareille religion!...

« N'hésitons pas à le dire : sans la religion, la philosophie réduite à ce qu'elle peut tirer *laborieusement de la raison naturelle perfectionnée, s'adresse à un bien petit nombre, et court risque de rester sans grande efficacité sur les mœurs et sur la vie* (1). »

Ils seraient donc bien peu nombreux ceux qui pourraient justifier l'orgueilleuse parole de Saisset : « La philosophie suffit à ceux qui veulent voir clair en toutes choses, ainsi qu'aux volontés fortement trempées, capables de se déterminer par les seuls conseils de la raison. »

On le voit, quoi qu'en ait dit M. Janet, le mariage de la théologie et de la philosophie n'est pas

---

(1) *Le vrai, le beau et le bien*, XVIᵉ leçon.
Un autre écrivain de la même école a fait une semblable déclaration : « Cette admirable philosophie chrétienne peut aisément se passer de la nôtre; elle donne aisément ce qui nous coûte tant de peine, et avec elle on a ce que la philosophie ne donnera jamais, la sécurité et la paix de l'âme. » (*Notice sur Maine de Biran, Revue des Deux-Mondes*, t. XXVIII, p. 650. Cf. Saisset, *Essais sur la Philosophie et la Religion*, p. 282.)

plus « équivoque » que celui de l'âme et du corps.

Il est vrai, la théologie n'a pas un besoin absolu de la philosophie. Cependant, S. Thomas professe que la première peut recevoir de la seconde de nombreux et importants services. Il appartient à la philosophie d'enseigner les vérités préliminaires que suppose la théologie, comme l'existence et les attributs de Dieu et plusieurs autres vérités rationnelles. Il lui appartient encore d'appuyer les vérités de la foi par des analogies empruntées aux choses du monde sensible et de réfuter les objections proposées au nom d'une fausse science (1).

Mais si la théologie a une dette de reconnaissance envers la philosophie, elle l'acquitte généreusement et rend beaucoup plus qu'elle ne reçoit. Les aveux de Cousin en contiennent la preuve. Parmi les vérités que démontre la philosophie, il en est plusieurs qu'elle n'a pas trouvées elle-même, et que le christianisme a révélées au monde. C'est à cette source que les ignorants les ont puisées, et il n'est pas prouvé que les savants eux-mêmes ne les aient pas reçues d'elle

---

(1) « In sacra doctrina, philosophia possumus tripliciter uti. Primo, ad demonstrandum ea quæ sunt præambula Fidei, quæ necessaria sunt in Fidei scientia, ut ea quæ naturalibus rationibus de Deo probantur, ut Deum esse, Deum esse unum, et hujusmodi de Deo, vel de creaturis, in philosophia probata quæ Fides supponit. — Secundo, ad notificandum per aliquas similitudines ea quæ sunt Fidei, sicut Augustinus in libris de *Trinitate* utitur multis similitudinibus ex doctrinis philosophicis sumptis ad manifestandam Trinitatem. — Tertio, ad resistendum his quæ contra Fidem dicuntur, sive ostendendo ea esse falsa, sive ostendendo non esse necessaria. » (Super Boëtium, *de Trinitate*, q. II, a. 3, c.).

avant de les transcrire dans leurs livres et de s'en faire les défenseurs.

Et, d'ailleurs, les philosophes modernes qui ont rejeté la révélation n'ont pas tardé à perdre la foi en plusieurs vérités métaphysiques et morales de l'ordre naturel. Et nous savons aussi que la philosophie faisait assez bonne figure quand elle ne rougissait pas de s'unir à la théologie et de contracter avec elle l'union étroite qui a fait sa gloire pendant plusieurs siècles. Albert le Grand, S. Thomas d'Aquin, S. Bonaventure et Duns Scot s'adonnaient avec ardeur à la théologie, et il nous semble qu'ils pourraient être cités, sans trop de désavantage, à côté des philosophes modernes qui ne croient qu'à la raison séparée.

Non, le spiritualisme n'a rien à perdre en demeurant uni à la théologie ; peut-être même n'en sera-t-il que plus fort pour repousser le choc des positivistes et conserver l'adhésion du genre humain.

VI.

C'est trop peu de connaître le bien, il faut avoir la volonté de l'accomplir et la force de résister aux suggestions de la passion et du mal.

L'école rationaliste commet à ce sujet une véritable pétition de principe. Elle commence par supposer que la raison humaine, livrée à ses propres ressources, possède assez de lumières pour se créer un système complet de religion et de morale. Elle déclare ensuite que la volonté est assez droite, assez éprise du bien pour se porter vers lui avec amour et persévérance.

La connaissance des hommes la plus élémentaire vient démentir cet optimisme tout spéculatif.

Nous le reconnaissons avec bonheur, la volonté aussi bien que la raison humaine a gardé un certain pouvoir; elle n'est point entièrement corrompue, comme l'ont dit Luther, Calvin et leurs disciples; même sans le secours de la grâce, elle est capable de quelque vertu (1).

Mais on l'a déjà vu, l'homme réel, l'homme qui vit sous nos yeux et qu'il nous est donné d'étudier aux prises avec ses besoins, ses faiblesses et ses passions, cet homme a trop peu de pénétration et de loisirs pour découvrir un ensemble suffisant de vérités religieuses et morales, pour s'en rendre maître et le défendre contre les attaques du dedans et du dehors. Il faudrait pour cela trop de vertus qu'il ne possède pas.

Fénelon l'a montré dans une fine analyse : « Il est vrai que les hommes, comme un auteur de notre temps l'a très bien remarqué, n'ont point assez de force pour suivre *toute* leur raison. Aussi suis-je très persuadé que *nul homme*, sans la grâce, n'aurait pas, par ses seules forces naturelles, toute la constance, toute la règle, toute la modération, toute la défiance

---

(1) « Quia natura humana per peccatum non est totaliter corrupta, ut scilicet homo toto bono naturæ privetur, potest quidem, in statu naturæ corruptæ, per virtutem suæ naturæ, aliquod bonum particulare agere, sicut ædificare domos, plantare vineas, et alia hujusmodi. » (S. Thomas, 1ᵃ 2ᵃᵉ, q. CIX, a. 2, c.)

de lui-même qu'il faudrait pour la découverte des vérités même qui n'ont pas besoin de la lumière supérieure de la foi ; en un mot, cette philosophie naturelle qui irait sans préjugé, sans impatience, sans orgueil jusqu'au bout de la raison humaine, *est un roman de philosophie.* Je ne compte que sur la grâce pour diriger la raison, même dans les bornes étroites de la raison, pour la découverte de la religion (1). »

Mais il est un autre fait non moins facile à constater et plus humiliant encore pour l'espèce humaine. Nous avons moins de force que de lumière, la volonté n'a pas le courage de faire le bien que lui montre la raison. S. Paul l'a dit dans un mot célèbre et qui renferme le résumé saisissant de toutes nos faiblesses : « Je ne fais pas le bien que je veux, et je fais le mal que je ne veux pas (2). »

On pourrait aussi entendre dans le même sens la parole de Notre Seigneur : « L'esprit est prompt, mais la chair est faible (3). »

Les biens immatériels ont à nos yeux un prestige tout de spéculation, ils plaisent à la raison supérieure, mais sans pouvoir donner le branle à la volonté et entraîner l'action ; les biens sensibles, au contraire, exercent sur nous une fascination étrange, « *fascinatio nugacitatis obscurat bona* (4), » les passions parlent

---

(1) *Lettres sur la métaphysique*, lettre 6º.
(2) « Non enim quod volo bonum, hoc facio, sed quod nolo malum, hoc ago. » (*Epist. ad Rom.*, VII, 19.)
(3) *S. Matt.*, XXVI, 41.
(4) *Sap.*, IV, 12.

un langage impérieux, la volonté, molle et languissante, n'ose pas, ne sait pas soutenir la lutte pour le devoir. Pour un observateur attentif et impartial, la nature humaine paraît manquer d'équilibre.

La religion catholique attribue au péché *originel* cette impuissance de l'homme pour la vertu. L'homme avait été créé droit et bon. Il tenait sa force de son union étroite avec Dieu. Mais il se sépara de son auteur par orgueil, et, en punition, sa sensibilité se révolta contre sa raison.

C'est l'état dans lequel nous sommes encore, un état d'infirmité et de maladie, où la volonté s'épuise en désirs impuissants et stériles. Cette maladie de l'âme est évidente, et il n'est pas nécessaire d'avoir lu S. Paul pour s'en rendre compte. « D'où vient, s'écrie Bossuet, avec sa forte éloquence, d'où vient donc une si étrange disproportion? Faut-il, chrétiens, que je vous le dise, et ces mesures mal assorties, avec ces fondements si magnifiques, ne crient-elles pas assez haut que l'ouvrage n'est pas en son entier? Contemplez cet édifice, vous y verrez des marques d'une main divine; mais l'inégalité de l'ouvrage vous fera bientôt remarquer ce que le péché a mêlé du sien. O Dieu! quel est ce mélange? J'ai peine à me reconnaître... Est-ce là cet homme fait à l'image de Dieu, le miracle de sa sagesse et le chef-d'œuvre de ses mains? C'est lui-même, n'en doutez pas. D'où vient cette discordance, et pourquoi vois-je ces parties si mal rapportées? C'est que l'homme a voulu bâtir à sa mode sur l'ouvrage de son créateur, et il s'est éloigné

CHAP. XI. — LE SURNATUREL.

du plan; ainsi, contre la régularité du premier dessein, l'immortel et le corruptible, le spirituel et le charnel, l'ange et la bête, en un mot, se sont trouvés tout-à-coup unis. Voilà le mot de l'énigme (1). »

Mais si l'homme est malade, il a besoin d'un médecin, et il ne saurait être lui-même ce médecin indispensable; il faut remonter plus haut et appeler celui-là seul qui est capable de panser les plaies de l'âme. « *Nemo recreat*, dit S. Augustin, *nisi qui creat, nemo reficit, nisi qui fecit.* »

Nous voilà donc obligés de recourir à la *grâce*, pour relever la nature et la guérir de ses propres maux. Sans cela, la nature se verrait incapable d'observer toute la loi morale.

Supposez maintenant qu'il plaise à Dieu d'élever l'homme à un état surnaturel, d'imposer à sa volonté des devoirs supérieurs, de la même façon qu'il a pu ouvrir à son intelligence des horizons nouveaux, la grâce nous sera doublement nécessaire, et pour atteindre notre fin surnaturelle, et pour accomplir la loi naturelle dans son intégrité (2).

Dira-t-on que la grâce annihile inévitablement la nature, ou tout au moins la trouble dans ses actes? Pas plus qu'on ne pourrait affirmer que la foi dé-

---

(1) *Sermon sur la mort*, 2º point.
(2) « Sic igitur virtute gratuita, superaddita virtuti naturæ indiget homo, in statu naturæ integræ, quantum ad unum, scilicet ad operandum et volendum bonum supernaturale; sed in statu naturæ corruptæ, quantum ad duo, scilicet ut sanetur, et ulterius, ut bonum supernaturalis virtutis operetur, quod est meritorium. » (S. Thomas, 1ª 2æ, q. CIX, a. 2, c.)

truit la raison, et que la raison dérange la sensibilité.

La philosophie enseigne que nulle créature, spirituelle ou corporelle, de condition basse ou élevée, ne saurait agir sans un concours réel, efficace, actuel du Créateur. Ainsi l'homme ne comprend rien, ne veut rien, ne fait rien, sans un secours prochain, immédiat de Dieu. Ce concours est naturel, parce que les actes dont nous parlons sont pareillement de l'ordre naturel. Mais en son genre, il est complet, il est efficace.

Or la philosophie prouve encore que ce concours de Dieu ne supprime en aucune manière l'activité de la nature. Il la laisse subsister tout entière, parce qu'*il ne fait pas son ouvrage*, et qu'il se borne à l'aider en lui prêtant l'appui que réclame sa faiblesse.

De même, la Providence, par des lois générales et particulières, gouverne toutes les créatures sans aucune exception. Et cependant ce souci que la bonté et la sagesse divines prennent des choses de ce monde ne dispense nullement les hommes de s'occuper, eux aussi, de leurs affaires, et de remplir avec diligence les diverses fonctions dont ils ont la charge.

Pourquoi n'en serait-il pas ainsi de la grâce et pourquoi dérangerait-elle quelque chose au jeu de la nature ? Que le secours divin soit de l'ordre naturel ou de l'ordre surnaturel, peu importe, il se joint à l'activité de la créature avec la même aisance et la même délicatesse. Dans l'un et l'autre cas, l'homme garde l'entière responsabilité de ses actes, il comprend, délibère, se détermine et exécute ses desseins sous le regard et la main du Maître et du Père du ciel.

VII.

Le surnaturel, quelque forme qu'il revête, est un don de Dieu absolument gratuit. Le Créateur doit à la créature tout ce qui découle de la nature et des facultés qu'il lui a données, mais il ne lui doit rien au delà. Au delà, c'est la grâce.

Mais ce qui est un don, du côté de Dieu, peut être un devoir, du côté de l'homme. Repousser la main qui s'ouvre pour répandre des bienfaits, est à tout le moins un manque de respect, une sorte de mépris. Quand celui qui tend la main est un Dieu, et que celui qui la repousse est un homme, le mépris se change en injure grossière. Et l'injure est d'autant plus grande, que le bien offert est plus magnifique.

L'ordre naturel n'est point facultatif ; l'homme n'est pas libre de s'y soumettre ou de s'y soustraire à son gré. Il en est de même de l'ordre surnaturel (1). S'il a plu à Dieu de l'établir, c'est un devoir pour l'homme de s'en enquérir et d'en tenir compte : il doit en accepter les charges, en même temps qu'il en recueille les bénéfices.

Comme on l'a vu, le monde surnaturel est un monde rempli de merveilles. L'esprit et le cœur y trouvent également de quoi admirer. La foi n'est pas une vision,

---

(1) Cf. Mgr Pie, *Instruction synodale sur les principales erreurs du temps présent*, ch. XVIII.

mais une révélation, une révélation qui découvre les secrets les plus intimes, les mystères les plus sublimes de la divinité. La grâce est une force qui non seulement permet d'accomplir toute la loi naturelle, mais qui donne à l'âme une énergie surhumaine, capable d'opérer des œuvres divines. Dans ce qu'elle a de plus élevé, elle est une participation à la vie même de Dieu.

La révélation et la grâce nous imposent, il est vrai, de nouveaux devoirs. Si Dieu nous parle, il ne nous est pas permis de fermer l'oreille à sa voix, et s'il veut nous élever à un état supérieur, il ne nous est pas permis de rester dans une condition inférieure, car nous n'avons pas le droit de choisir nous-mêmes notre place, sans consulter celui dont nous relevons en toutes choses. Quelques vérités qu'il propose à notre foi, il faut les croire, quelques sacrifices qu'il demande à notre volonté ou à notre cœur, il faut les lui offrir. Il faut faire fructifier la grâce qu'il nous accorde, il faut aller aussi loin qu'il lui plaît de nous conduire.

Quelle admirable religion que celle qui, en nous dévoilant notre faiblesse et nos maladies, nous donne la force qui relève, les remèdes qui guérissent infailliblement, et qui, non contente de guérir, infuse un sang nouveau, fait couler une vie céleste dans l'âme des enfants de Dieu !

Si nous recevons la foi et la grâce, notre esprit, si borné qu'on le suppose, apercevra des vérités sublimes, cachées aux plus savants génies, et notre volonté, quelles que soient les langueurs de sa nature, se verra enflammée d'une ardeur incroyable pour le bien.

On nous dit que si un Socrate ou un Platon « avaient trouvé le genre humain entre les bras du christianisme, » que « s'ils avaient eu affaire à une religion qui présente à l'homme, comme son auteur à la fois et comme son modèle, ce sublime et doux crucifié ; qui prescrit la charité plus encore que la justice, qui enseigne à l'homme qu'il ne vit pas seulement de pain, qu'il a une âme libre et d'un prix infini, qu'il doit l'améliorer dans la sainte espérance de devenir de jour en jour moins indigne des regards du Père des hommes, de ses exemples et de ses promesses, » ils auraient eu, pour une pareille religion, « une tendre et reconnaissante sympathie. »

Nous sommes plus heureux que Socrate et que Platon, puisque nous voyons ce qu'ils n'ont point vu, c'est-à-dire « ces enseignements admirables, consacrés, maintenus, sans cesse rappelés au cœur et à l'imagination des hommes par des institutions sublimes et touchantes. »

Montrons-nous au moins aussi raisonnables et aussi reconnaissants qu'ils l'eussent été à notre place, et après avoir voué à cette sainte religion « une tendre et reconnaissante sympathie, » faisons quelque chose de plus, écoutons-la et suivons ses commandements. Ne nous flattons pas de plaire à Dieu si nous nous bornons à une admiration stérile pour son Eglise.

Un jour, en montrant Jésus aux hommes, Dieu leur a dit : « Celui-là est mon Fils bien-aimé ; *écoutez-le.* » L'Eglise a reçu à son tour les enseignements de Jésus, avec la charge de les faire connaître à tous les hommes : c'est elle que nous devons écouter, si nous voulons écouter le Fils de Dieu.

FIN.

TABLE DES MATIÈRES

PRÉFACE

Affaiblissement des convictions et des caractères; ses causes; causes sociales; esprit révolutionnaire; causes philosophiques; subjectivisme kantiste et positivisme; relativisme universel atteignant les fondements de la connaissance humaine; nécessité pressante de rétablir ces fondements; questions à résoudre; plan de ce livre; son unité; réponse à une objection. . .   v

CHAPITRE PREMIER

La certitude et le sens commun

L'homme croit à la vérité et à la possibilité de l'atteindre; il interroge d'abord le monde extérieur; il se replie ensuite sur lui-même; de la considération du monde et de lui-même il s'élève jusqu'à Dieu. — L'homme croit à la légitimité de toutes ses facultés indistinctement; nature, objet, valeur et origine du *sens commun*; remarques de Fénelon et de Tertullien; formation du sens commun d'après M. Caro; réponse à deux objections; le consentement des hommes sur certaines vérités est unanime; il n'est pas aveugle; supériorité relative du simple bon sens sur la raison cultivée, mais systématique; lacunes du sens commun; unir le bon sens et la science. .   1

CHAPITRE II

Le moi

La connaissance de l'objet antérieure à celle du sujet; erreur de Descartes et des modernes sur ce point; pourquoi nous com-

428 TABLE DES MATIÈRES.

mençons cette étude par le moi; erreur de Descartes sur la nature du moi; erreur de Malebranche sur la psychologie; avons-nous une idée claire de l'âme; Kant; le moi *phénoménique* et le moi *nouménique*; le second inaccessible à la pensée; conséquences tirées par les positivistes; paroles de M. Taine; le moi est essentiellement complexe, matériel et spirituel tout ensemble; il est un et identique sous la diversité des phénomènes et du temps; il est substance. — Genèse de l'idée du moi; distinction entre les phénomènes, la substance et l'essence du moi; comment nous connaissons ces trois choses; multiplicité et diversité des puissances de l'âme; l'âme forme du corps. — La psychologie est vraiment une science; sa méthode . . .   18

CHAPITRE III

Le non-moi ou le monde extérieur

Témoignage du sens commun sur l'existence du monde extérieur et la possibilité de le connaître. — Doute élevé par Fichte et Jouffroy sur l'objectivité des choses. — Certitude reconnue des mathématiques; conséquences qu'on en peut tirer en faveur des autres vérités; le dehors souvent aussi clair que le dedans. — Nécessité de soumettre à une analyse sévère la double connaissance sensible et intellectuelle; caractères de la connaissance; importance des connaissances sensibles. — Subjectivisme kantiste; l'espace et le temps, double moule de la sensation; caractère purement subjectif de l'un et de l'autre; preuves de l'objectivité de l'étendue; réfutation du monadisme; fécondité scientifique de l'étendue; remarques de Balmès; objectivité de l'espace et du temps; réponse aux objections de Kant. — Analyse physique et psychologique de la sensation; ses divers éléments; part de l'élément subjectif et de l'élément objectif; rapport entre l'un et l'autre; comment nous connaissons les différentes propriétés des corps; que sont-elles dans les choses et dans le sujet sentant. — Nature et excellence de la *pensée*; est-elle aussi objective que la sensation; importance de la question; difficulté spéciale. — Subjectivisme de Locke et de M. Taine. Subjectivisme de Kant et des positivistes; hypothèse innéiste; son caractère anti-scientifique; ses conséquences. — Origine de nos idées d'après S. Thomas; part des sens et part de l'esprit; observation, comparaison et généralisation; impor-

tance de la faculté abstractive; Bossuet, commentateur de
S. Thomas. — La doctrine exposée est éminemment scientifique;
elle se tient à égale distance de l'idéalisme et du sensualisme;
excellent résumé de la doctrine thomiste par saint François de
Sales; l'intelligence ne crée pas son objet, elle le découvre;
grandeur de son rôle; si ses débuts sont modestes, elle grandit
avec le temps et s'élève très haut. — Comment elle reçoit la
lumière divine; nouvelle preuve en faveur de l'objectivité de
la pensée 33

CHAPITRE IV

L'absolu

Passage de l'objectif à l'absolu; importance de la question; notion de l'absolu; ses trois espèces. — Relativisme universel de Kant et des positivistes; Hamilton, MM. Renouvier, Schérer et Renan; antécédents de la théorie relativiste; Héraclite, Protagoras et Cicéron; le relativisme universel, caractère propre de notre époque. — Réfutation *indirecte* du relativisme; ses conséquences; scepticisme universel; négation de la morale; égoïsme et indifférentisme; paroles de M. Caro; le sens commun et le relativisme; paroles de M. Vacherot. — Preuves *directes* en faveur de l'absolu sous ses trois formes; preuves spéciales en faveur des vérités nécessaires; l'absolu dans la nature et dans la science; mathématiques, logique et métaphysique; explications de Bossuet sur les vérités nécessaires. — Preuves spéciales en faveur de l'infini; le mouvement suppose l'immuable; Dieu principe et directeur du mouvement; Dieu fondement des vérités nécessaires; argument de Leibnitz. — Réponse aux objections des adversaires; première objection générale tirée du caractère relatif du sujet connaissant; doctrine thomiste; la légitimité de nos facultés a-t-elle besoin d'être prouvée; notre esprit aurait-il pu être organisé autrement; Réponse de saint Thomas. — Deuxième objection : l'absolu est-il ennuyeux; l'originalité; dans quelle mesure l'originalité scientifique est-elle un bien; mot de J. Simon; en quoi consiste la grandeur véritable de l'écrivain, de l'artiste, du philosophe. — Objections spéciales contre l'infini; une raison contingente peut-elle s'élever jusqu'à l'infini; l'absolu peut-il avoir quelques rapports avec la créature; l'être déterminé est-il essentiellement limité; preuves de la vérité contraire : *Omnis negatio indeterminatio est*; la perfection croît avec la détermination. — L'absolu est-il une pure négation; avons-nous une idée réelle et précise de l'absolu; si l'absolu est purement négatif toute conception du relatif disparaît; observations importantes de Spencer 70

CHAPITRE V

La substance

Acharnement de la philosophie moderne contre l'idée de substance. — Système kantiste; phénomènes et noumènes; les seconds inconnaissables; doctrine semblable des positivistes; Littré, Spencer et M. Taine. — Preuves *indirectes* en faveur de la réalité des substances; foi du sens commun; conséquences du système de nos adversaires; leurs objections; réponse à ces objections; l'expérience est-elle la seule méthode scientifique; réponse de M. Pasteur; son appréciation du positivisme envisagé au point de vue scientifique; les lois abstraites, les derniers principes auxquels arrive l'analyse sont-ils inconcevables; la science moderne a-t-elle prouvé qu'il n'y a de réel que les faits et leurs lois ou conditions. — S'aventurer dans le domaine de la métaphysique est-ce tomber dans une forêt de systèmes contradictoires, et la doctrine positiviste fait-elle cesser toute dispute. — Une distinction importante faite par S. Thomas; la substance et l'essence; nous les connaissons par des procédés différents. — Caractères de la substance; le moi se saisit-il lui-même comme une substance réelle et distincte; pouvons-nous saisir des substances dans le monde extérieur; l'ordre de la coexistence des parties et l'ordre de la succession des phénomènes peuvent-ils s'expliquer sans un centre immobile et un fond substantiel; étrangetés de la métaphysique positiviste; en fait, elle multiplie prodigieusement les substances. — Peut-on appliquer à Dieu le concept de substance; notion plus épurée de la substance; caractères positifs de la substance. — Passage de la substance à *l'essence*; divers caractères de l'essence; définition complète; difficulté de connaître l'essence même dans les êtres corporels; est-elle inaccessible à l'expérience; paroles du P. Monsabré. — Croyance du sens commun à l'essence; poursuites des savants; paroles de Kant; l'essence est l'objet de l'intelligence; doctrine de S. Thomas. — Passage des phénomènes aux noumènes, des accidents à l'essence; principe de causalité; l'effet conduit à la cause; l'agent révèle sa nature dans ses œuvres; divers exemples; doctrine de Buffon et de Cuvier sur la réalité des espèces. — Notre connaissance des essences est incomplète et discursive; nous connaissons mieux l'essence des êtres matériels que celle des êtres spirituels; conclusion : distinction réelle entre l'essence, la faculté et l'action; comment ces trois choses se complètent et s'expliquent mutuellement; leur genèse dans l'ordre objectif et dans l'ordre subjectif 417

CHAPITRE VI

La cause.

Clarté et importance de l'idée de cause; questions à étudier. — Théorie de l'acte et de la puissance; différentes sortes de puissances; la puissance passive et la puissance active; leur réalité; objection de M. Taine; réponse; la variété qu'on remarque dans les propriétés des êtres est inexplicable s'il n'y a pas des puissances actives; raisonnement de S. Thomas; on connaît la nature de la puissance par l'acte auquel elle se rapporte. — Théorie de la cause; la cause et le principe; diverses espèces de causes; cause efficiente, cause matérielle, cause formelle, cause finale; on ne retient ici que la cause efficiente. — Différence entre l'activité en général et la causalité; nature de l'action; l'agent, l'effet et l'acte; la cause occasionnelle et la cause efficiente proprement dite; influence des occasions; condition *sine qua non*; cause partielle; cause principale et cause instrumentale; double action de l'instrument d'après S. Thomas; les causes secondes employées par Dieu comme causes instrumentales; biens qui en résultent; cause prochaine et cause éloignée; importance de cette distinction; exemples. — Nature de l'action; action *immanente* et action *ad extra*; notion et réalité de cette double action; objections contre l'action ad extra; implique-t-elle l'action à distance; suppose-t-elle que l'agent se dépouille d'un de ses modes pour le communiquer au patient; doctrine de S. Thomas; l'agent se borne à exciter l'activité du patient; action du professeur; le soleil; union de l'agent et du patient dans un acte commun. — Comment la cause contient la perfection de l'effet; comment de l'effet on peut remonter à la cause ; cas où l'effet ne donne qu'une connaissance très imparfaite de la cause. — Objections diverses contre l'idée de cause; objection d'Œnésidème; réponse; en quel sens la cause doit exister avant l'effet, ou en même temps que lui. — Kant et les positivistes. — Réfutation *indirecte*; foi profonde du sens commun aux causes; belles paroles de S. Thomas; la science et les causes; la démonstration proprement dite supprimée par l'école nouvelle; la science réduite à la preuve *quia*; la négation de la cause entraîne la ruine des sciences naturelles et de l'ordre du monde; raisonnement de S. Thomas; tout ce qui est doit agir; l'activité des créatures relève leur perfection et fait honneur à leur auteur. — Preuves *directes* et expérimentales de l'activité des créatures; activité *interne*: sensation, pensée, désir, volition, mouvement; activité *externe*: sensation du toucher, action des objets sur nos sens, pesanteur, impénétrabilité, résistance, etc... Nous distinguons très bien la simple succession de la causalité. — Principe de causalité : ses formules; principe de raison suffisante; démonstration de sa vérité; le principe de causalité contenu dans le principe de raison suffisante; démonstration directe de sa vérité; le principe de causalité, jugement analytique; comment il se rattache au principe de contradiction; l'hypothèse positiviste de la connexion invariable et nécessaire de l'antécédent et du conséquent sans aucun lien de causalité entre le premier et le second renferme une double contradiction; raisonnement de M. Rabier. 158

CHAPITRE VII

La fin

Notion de la fin; ses divers sens; paroles de S. Augustin et du P. Lépidi; la cause finale complément de la cause efficiente; explication de l'axiome : *Finis prior in intentione, posterior in executione;* est-il essentiel à la finalité d'être connue de l'agent; la fin commande les moyens; est-elle la cause des causes; remarques de S. Thomas; explications de Paul Janet; pluralité des fins dans un même acte. — Importance de la cause finale dans la nature et dans la science. — Adversaires de la cause finale; Lucrèce, Bacon, Descartes, Kant, Littré, Spencer et Taine; leur différents griefs; en quel sens nous pouvons reconnaître la finalité dans la nature; réponse à l'objection de Descartes. — Existence de la finalité; considérations générales; nous avons une idée précise de la fin; tout homme poursuit une fin quelconque; divers exemples; l'architecte type de la cause finale prévoyante et organisatrice; ordre et finalité de la nature; paroles de Cicéron; paroles de Bossuet; l'art humain dérivé de l'art de la nature et de l'art divin. — Analyse plus détaillée du concept de la finalité; à quels traits on peut la reconnaître; règle donnée par S. Thomas; constance des lois de la nature, et optimisme relatif; cette constance et cet optimisme ne peuvent venir du hasard, ni des forces mécaniques; objection de Lucrèce reprise par Spencer; parfaitement réfutée par Aristote; ce qui arrive toujours ou le plus souvent ne saurait être fortuit ni accidentel; analogie entre les œuvres de l'art et celles de la nature; finalité dans les deux cas. — Seconde règle donnée par Bossuet pour reconnaître la finalité; *proportions* bien prises; elles supposent une fin et une intelligence; y a-t-il dans la nature des proportions bien prises; preuves fournies par l'instinct des animaux; divers exemples; l'hérédité ne suffit pas à expliquer l'instinct; finalité dans l'organisme; *appropriation* entre les organes et leur fonction; *corrélation* des organes entre eux; belles lois de Cuvier; finalité dans la *plante*; le germe et son évolution; idée directrice; la force vitale supérieure aux forces physico-chimiques; elle les emploie et les dirige; paroles de Cl. Bernard; l'idée directrice est-elle réelle ou seulement métaphysique et subjective. — Finalité dans la nature *inanimée*; moins éclatante mais incontestable; ordre qui éclate dans la nature inanimée; doctrine de S. Thomas; l'harmonie et la constance des lois de la nature ne peut résulter de la matière; raisonnement de M. Lachelier; réponse à une objection; la nature inanimée peut-elle agir en vue d'une fin sans la connaître; comment; la flèche et le but; la nécessité de la nature n'exclut pas la finalité; preuve de S. Thomas. — La finalité de la nature, preuve de l'existence de Dieu; l'ordre de la nature admiré de Kant et regardé par lui comme l'argument le plus clair; cet ordre est contingent; il ne peut venir de la matière; il suppose une cause unique, intelligente, créatrice, infinie; objection de Muller; les lois de la mécanique sont-elles violées dans la locomotion; objection de Helmholtz; l'œil est-il mal fait; réponse; le désordre apparent cache un ordre réel; ne blâmons pas l'artiste suprême quand nous ne comprenons pas ses œuvres; paroles de S. Augustin. — Énoncé du principe de finalité; ce principe a-t-il son fondement dans l'expérience; est-il nécessaire et absolu; se ramène-t-il au principe de raison suffisante; *Nihil frustra in operibus sapientis;* un agent imparfait peut-il parfois ne se proposer aucun but ou manquer le but qu'il s'est proposé; le principe de finalité est-il moins universel que le principe de causalité et de contradiction. — Utilité de la recherche des causes finales dans la science; cette recherche jugée nuisible par Bacon; pourquoi; réponse de Leibnitz; instinct de l'esprit qui nous pousse à rechercher en toutes choses le *pourquoi* aussi bien que le *comment;* paroles de M. Janet; utilité de la connaissance de la fin en physiologie et généralement dans les sciences de la nature; belle doctrine de Leibnitz; découvertes de Cuvier dues à la cause finale 203

CHAPITRE VIII

Le bien

Excellence de l'idée du bien d'après Kant; le ciel étoilé et la loi morale; parallèle; excellence de l'idée du bien reconnue par plusieurs positivistes. — Différence entre Kant et les positivistes sur la nature du bien; doctrine kantienne; théorie du devoir; le devoir pour le devoir; exclusion de tout motif intéressé même partiel; doctrine positiviste : première nuance : le bien consiste dans le sentiment; Bain et Spencer; sentiments égoïstes, égo-altruistes et simplement altruistes; caractères et valeur respective des uns et des autres; les sentiments altruistes constituent le sentiment moral; la justice; hérédité et évolution. — Deuxième nuance : le bien, c'est l'utilité commune; Huxley, Mill, Littré, Taine. — Critique de l'opinion de Kant; il sépare la raison spéculative de la raison pratique; il refuse la science à la raison pratique, et ne lui accorde qu'une foi aveugle; les vérités morales subjectivement et non objectivement certaines; l'ordre moral enveloppé de ténèbres; cette obscurité nécessaire à la pureté d'intention; réponse; légitimité des motifs intéressés et du sentiment; paroles de Schiller; l'espérance et la crainte d'après la sainte Écriture; doctrine de S. Thomas sur le plaisir et sur la vertu; la vertu doit être recherchée pour elle-même, mais peut être rapportée au bonheur; on ne doit pas séparer l'*éthique du droit.* — Réfutation de la morale du sentiment; faiblesse d'esprit que suppose ce système; il est la ruine de la morale en tant que science; il favorise l'ignorance et les passions, et introduit le relativisme dans l'idée du bien; paroles de Royer-Collard; sentimentalisme positiviste; le sens moral n'est qu'une évolution des sens internes; Littré et M. Taine; le transformisme appliqué à la vertu; la moralité confondue avec le plus haut degré de la socialité; Spencer; réfutation de ce système par l'histoire, la conscience et la raison; l'école empirique ne saurait passer du fait au droit et au devoir; l'histoire n'est pas la morale. — Belle doctrine de S. Thomas sur la nature du bien; le bien dépend de la nature intrinsèque de l'objet en conformité avec la raison; théorie de la loi; toute loi divine ou humaine est une émanation de la raison; caractère absolu et élevé de la raison. — Réfutation de l'utilité commune comme base de la morale; comment les utilitaires s'efforcent d'écarter l'égoïsme, et de sauvegarder la grandeur de la vertu; Tyndall et Mill; impossibilité de discerner avec certitude le plus grand intérêt de l'humanité; raisonnement de Cousin; on retombe dans l'égoïsme; l'individu n'est pas obligé de se sacrifier entièrement à la communauté; il a une fin propre et n'est pas un simple moyen; paroles de S. Thomas; la Statolatrie; la morale privée disparaît; l'utilité sociale est-elle essentiellement liée avec le bien moral; Thémistocle et Aristide; — Autre vice du système; générale ou individuelle, l'utilité n'est qu'un moyen et l'honnêteté est une fin; le bien indépendant de l'utile; paroles de Cicéron et de S. Thomas; rapports entre le bien et le beau; l'utile, le délectable et l'honnête. — Autre opinion qui enlève au bien tout caractère absolu et le fait dépendre de la seule volonté divine; Ockam, Scot, Gerson et Descartes; opinion *traditionaliste*; l'homme connaît-il la loi naturelle par la raison; objection de Pascal. — Réfutation de ce système; il détruit la distinction entre le droit naturel et le droit positif; conséquences ; comment S. Thomas démontre que le bien ne dépend pas absolument de la volonté, mais qu'il est absolu; différents préceptes fondés sur l'essence des choses; devoirs de l'homme envers Dieu, envers lui-même, envers le prochain et la société; Dieu lui-même ne pourrait dispenser de ces devoirs; le *décalogue*; sa nature et ses diverses prescriptions; tous les hommes connaissent naturellement les premiers principes de la morale; ils peuvent ignorer les principes secondaires et les conclusions; accord de S. Thomas avec S. Augustin; paroles remarquables de ces deux docteurs. — Objection; coutumes de certains peuples, qui semblent contraires au caractère absolu et universel de la loi naturelle; le vol chez les Lacédémoniens; le meurtre des parents chez les Massagètes; réponse générale; explication des coutumes alléguées. 247

CHAPITRE IX

Dieu, principe du bien

Notion, existence, étendue de la religion naturelle; objection de Kant; réponse; Dieu n'a pas besoin de nos hommages; réponse; la religion nous rend meilleurs; origine et signification du mot religion; l'homme élevé jusqu'à Dieu et réuni à son auteur; l'amour fin suprême de la religion; paroles de S. Augustin et de S. Thomas. — La morale peut-elle être établie en dehors de toute idée de Dieu; la morale indépendante; ses partisans; différentes formes; première nuance : rationalisme; la morale repose sur Dieu, mais est indépendante de toute révélation; Cousin, J. Simon, etc...; deuxième nuance : l'idée de Dieu au *sommet* de la morale, comme *sanction*, mais non à la *base*, comme *fondement*; Kant et Jouffroy; troisième nuance : l'idée de Dieu nuisible ou du moins tout à fait inutile à la morale : Proudhon; positivistes : Mill, Renan, Sarcey, etc...; fondement et avantages prétendus de cette nouvelle morale. — Réfutation *indirecte* de la morale qui rejette toute idée de Dieu; elle est contraire à l'histoire de tous les peuples et au sens commun; contraire à la doctrine de toutes les écoles philosophiques païennes; témoignage de Platon, d'Aristote et de Cicéron. — Principes de la morale indépendante; le respect de soi-même, l'honneur, l'intérêt général, le patriotisme; inanité ou insuffisance manifeste de ces principes; fruits portés par la morale indépendante; cri d'alarme poussé par M. Schérer; la crise actuelle; médiocrité et vulgarité; mort de l'héroïsme; bien-être et savoir faire; la morale aspire à la transcendance; elle n'est rien si elle n'est religieuse. — Preuves *directes* et rationnelles contre la morale indépendante; la raison humaine ne saurait être indépendante de la raison divine, non plus que l'effet de sa cause et le ruisseau de sa source; la sagesse éternelle première règle de la moralité; aveuglement de la raison qui tourne le dos à la lumière d'en haut; pourquoi certains esprits ne voient pas; paroles de S. Augustin et de S. Thomas; caractères de l'idée du bien; nécessité et immutabilité; la raison humaine ne peut en rendre compte; elle dépend des choses loin d'en être la mesure; aveux de plusieurs philosophes rationalistes; Cousin et Jouffroy; le bien relatif conduit au bien absolu; raisonnement de S. Thomas; séparée de la raison divine, l'idée du bien n'est plus qu'une vaine abstraction; — la morale est obligatoire; l'obligation ne peut venir de l'homme; paroles orgueilleuses de Kant et de Proudhon; obéir à la sagesse éternelle, est-ce une humiliation; nous avons conscience que la loi morale est extrinsèque et supérieure à notre volonté; qu'elle est l'ordre d'une majesté souveraine; la raison humaine ne peut produire l'absolu et l'immuable, l'inférieur ne peut être lié que par un supérieur; la loi morale a-t-elle besoin d'une sanction; cette sanction peut-elle résider dans l'opinion publique, la joie et les remords de la conscience; elle n'a de force que si elle parle au nom de Dieu; la conscience sans Dieu, c'est un tribunal sans juge; le faible, le puissant et le méchant ont besoin de savoir que Dieu les regarde; efficacité de la pensée de Dieu; lumière pour l'esprit et flamme pour le cœur. — Objections des adversaires; première objection : on peut connaître le bien comme le vrai et le beau sans Dieu; réponse : on peut connaître le bien, le vrai et le beau, mais non établir leur fondement sans recourir à Dieu; l'ordre moral comme l'ordre physique suppose un ordonnateur; défaut de parité entre l'éthique, l'esthétique et la logique; ces dernières n'imposent aucune obligation et sont étrangères aux passions; le bien objet d'action et de sacrifice. — Deuxième objection : c'est la raison impersonnelle ou générale qui établit l'obligation; réponse : la raison générale est humaine et ne peut obliger l'homme; paroles de S. Bonaventure. — Troisième objection : L'idéal, règle suprême de la morale; réponse : insuffisance de l'idéal; en dehors de Dieu, l'idéal est une abstraction ou un produit de la raison humaine. — Quatrième objection : l'expérience prouve qu'il n'y a pas de liaison entre la doctrine et les mœurs; Spinoza, Helvétius, Condillac et Kant étaient les plus honnêtes gens du monde; réponse: tous ces auteurs sauf Helvétius rattachaient la morale à l'idée de Dieu; ce que c'est qu'un honnête homme; sens mondain trop restreint; peut-on appeler honnête un homme sans religion; les athées inconséquents et meilleurs que leurs principes prouvent-ils quelque chose en faveur de l'athéisme; mot de S. Augustin; *Malè vivitur si de Deo non benè sentitur;* preuve; doctrine de Platon; le niveau de l'organisation sociale d'un peuple dépend de l'idée qu'il se fait de Dieu; la religion seul lien social efficace; doctrine de J. Simon; une religion imparfaite, meilleure que l'absence de toute religion; quand bien même l'idée de Dieu ne serait pas absolument nécessaire, elle serait au moins très utile à la morale; faiblesse de l'homme; est-il raisonnable de l'affaiblir davantage et de dépouiller l'idée du bien de son prestige; Dieu est-il une hypothèse; illusion de nos adversaires; ils ne peuvent fonder la science des mœurs sans recourir à la métaphysique; le bien suppose la nature de l'homme, son origine et sa fin . . . 290

CHAPITRE X

Le progrès

Comment l'idée du progrès se rattache à notre étude; peut-on en même temps défendre l'absolu et le progrès; l'idée du progrès connue des anciens; témoignage de Vincent de Lérins et de S. Thomas; le progrès et les philosophes du moyen âge; l'idée du progrès dans les temps modernes : Bacon, Pascal, Fontenelle, Voltaire, Rousseau, Diderot, Montesquieu et Turgot; d'Alembert et Condorcet; Saint-Simon et Ch. Fourier; le progrès et l'école évolutionniste; origine du mot évolution; l'atome, la vie, la sensation et la pensée; théorie de M. Taine, de Spencer et de Littré; progrès universel, continu, fatal et indéfini; application à l'histoire; opinion singulière de Jouffroy et de Cousin. — Réfutation *indirecte* de l'opinion évolutionniste et déterministe; l'homme n'est plus rien dans l'œuvre du progrès; fatalité des événements et des idées; l'histoire devient chose indifférente; ni enthousiasme ni haine; il n'y a plus ni vice ni vertu; la victoire est toujours morale et le succès a toujours raison; paroles étranges de Cousin; théorie de Littré; tout pouvoir successivement *révolutionnaire, conservateur* et *réactionnaire;* autres conséquences; nos adversaires rendent tout progrès impossible; ils suppriment le point de départ, le point d'appui et le terme ou le but; l'indéfini, idole du jour : il est le contraire de la science. — Réfutation *directe;* le progrès nécessaire, universel et continu est contraire à l'histoire; peuples rétrogrades ou stationnaires; divers exemples; l'évolution universelle, système gratuit; l'expérience prouve que la matière, la vie, la sensation et la pensée sont irréductibles; les différentes formes de la vie végétative pourraient-elles venir d'un seul organisme animé et primitif, et les différentes formes de la sensibilité d'un type animal commun; la raison démontre que la matière a été créée, que la vie ne peut venir de la matière, ni la sensibilité de la vie, ni la raison de la sensibilité; M. Renan invoque le temps et l'idéal; ces deux facteurs ne sauraient produire ni transformer les êtres; en dehors de l'esprit il n'y a point d'idéal; on invoque encore l'influence du milieu; réalité mais insuffisance manifeste de cette influence prouvée par l'expérience; remarques d'Agassiz. — Notion véritable du progrès; élévation et agrandissement; un être progressif est tout ensemble imparfait et capable de perfection; Dieu, l'ange et l'homme; le progrès suppose un élément stable et un élément mobile; l'être demeure substantiellement identique; exemples; l'embryologie invoquée par les transformistes; comment elle se tourne contre eux; évolution de l'œuf d'après un type immuable; le même engendre le même; trouve-t-on du progrès dans la plante et dans l'animal; causes qui lui font obstacle; progrès dans l'homme; dans la sensibilité, ou dans la raison et la volonté; doctrine de S. Thomas. — Conditions que suppose le progrès; héritage transmis, accepté et augmenté; les modernes doivent-ils nécessairement être supérieurs aux anciens; la moyenne des hommes; le génie; c'est dans la science de la matière, *a priori*, que l'homme a le plus de chance d'étendre ses progrès; pourquoi; difficultés que rencontre le progrès dans la science de l'esprit et des mœurs; l'héritage transmis est-il nécessairement accepté; difficultés sans cesse renaissantes, en morale surtout; l'histoire vient à l'appui de la raison; progrès considérables réalisés dans les sciences de la matière; à peu près nuls dans la science des premiers principes et de l'esprit; philosophie et morale; pourquoi, en vertu même de leur nature, ces deux sciences ne sont-elles pas progressives à la manière des sciences inférieures; du progrès dans l'art; raisons semblables; le progrès ne peut y être et n'y est que très secondaire; l'art, œuvre du génie; le génie ne se transmet pas; très justes remarques de M. Caro; la science se communique, non pas la puissance créatrice; supériorité relative de l'artiste sur le savant; les savants sont nos frères, les poètes et les artistes nos souverains. — Conclusion : que doit être le progrès humain; le progrès moral est le progrès par excellence; tous les autres lui sont subordonnés; sans lui le progrès matériel et le progrès intellectuel peuvent devenir pour l'homme une cause de faiblesse et de décadence; leçons de l'histoire; la richesse, la fortune et la science elle-même ne sont pas la force; ce n'est pas l'esprit qui fait la valeur de l'homme; les peuples comme les individus grandissent principalement par la volonté; conserver mais ne point exagérer l'idée du progrès; aller de l'avant n'est pas toujours progresser, revenir en arrière n'est pas toujours rétrograder; mot de Guizot; part de la tradition dans le progrès; la bonne volonté; la religion catholique et le progrès; Jésus-Christ, dernier mot du progrès. 336

CHAPITRE XI

Le surnaturel

Le naturel et le surnaturel; le second limite du premier; est-il un progrès par rapport à lui; nature du surnaturel; ses trois formes : notion du miracle, de la révélation et de la grâce. — Le naturalisme ou rationalisme; sa nature, son origine; il est l'erreur dominante aujourd'hui; partisans du naturalisme; fondement du rationalisme dans un principe de Descartes; interprétation donnée par Cousin; Saisset; rationalisme de Kant; J. Simon, P. Janet, Renan. — Possibilité du surnaturel en général; Dieu peut-il concevoir et réaliser un ordre supérieur à l'ordre naturel; le surnaturel est-il le renversement de l'ordre naturel ou peut-il s'accorder avec lui; exemples divers; le genre humain croit au surnaturel; importance de ce témoignage. — *Possibilité* du miracle; Rousseau et Renan; la création est-elle un fait surnaturel; est-elle un miracle; dans quel sens; divers témoignages; si Dieu a créé librement le monde et lui a donné ses lois, peut-il déroger à ces lois; lois nécessaires et lois contingentes; ces dernières, sujet du miracle; l'homme lui-même peut apporter certaines modifications à l'ordre de la nature; nombreux exemples. — Réponse aux objections; les lois conservent leur caractère malgré les dérogations accidentelles qu'elles peuvent subir; le miracle, fait extraordinaire; l'objet de la science demeure l'universel; l'immutabilité de Dieu ne reçoit aucune atteinte. — *Pourquoi* le miracle; raisons nombreuses et de haute convenance; le miracle montre que Dieu est le maître de la nature, que tout lui est soumis, qu'on peut l'invoquer et le prier; le miracle fête pour la nature; sans la foi au miracle, l'image d'un Dieu personnel et vivant s'affaiblit; preuves d'expérience; témoignage important de M. Schérer; le surnaturel est la sphère naturelle de l'âme. — Possibilité de la révélation; Dieu nous parle déjà par la raison; peut-il nous parler autrement et d'une manière extraordinaire; connaît-il des vérités inconnues de l'homme; peut-il nous en faire part; objections des rationalistes. Première objection; le mystère se heurte à l'impossible; réponse; nombreux mystères de la nature, même après les découvertes de la science moderne; bornes étroites de cette science; le mystère peut-il être démontré; différentes manières de prouver une chose; la preuve historique; le mystère est-il inintelligible; ce que nous comprenons et ce que nous ne comprenons pas dans le mystère; paroles remarquables de Leibnitz; le philosophe chrétien doit-il se tenir prêt à renoncer à sa raison; la raison peut-elle se trouver en opposition avec l'orthodoxie; le chrétien peut-il s'engager à croire toujours certaines vérités; le philosophe donne-t-il son adhésion à certaines vérités pour l'avenir comme pour le présent; la vérité reconnue d'aujourd'hui peut-elle être l'erreur de demain. — Utilité de la révélation de vérités supérieures à la raison; elle nous donne une idée plus juste de Dieu et nous met à notre véritable place. — Utilité de la révélation de certaines vérités naturelles surtout dans l'ordre métaphysique et moral; raisonnement de S. Thomas; la connaissance de ces vérités plus prompte, plus générale et plus certaine; preuves d'expérience; faiblesse intellectuelle de la majorité des hommes par rapport aux vérités suprasensibles; autres obstacles; graves erreurs des philosophes rationalistes dans le domaine de la théodicée; les philosophes ne peuvent faire l'éducation religieuse du genre humain; pourquoi; paroles de Bossuet; aveux de Cousin; éloge de la religion catholique par le même auteur; excellence de l'enseignement religieux et moral de l'Eglise; ce que peut la philosophie livrée à elle-même; nécessité de l'union de la théologie et de la philosophie; services mutuels que peuvent se rendre ces deux sciences; exemples. — Possibilité et convenance de la grâce; pouvoir naturel de la volonté; sa faiblesse plus grande encore que celle de l'esprit; remarques de Fénelon; l'homme n'a pas assez de force pour faire tout le bien qu'il connaît et pour suivre toute la raison; les passions; paroles profondes de S. Paul; fascination des biens sensibles; la nature humaine est-elle dans un état anormal; le péché originel; doctrine de Bossuet; nécessité d'un médecin; nécessité de la grâce pour relever l'homme et pour lui permettre de faire un bien supérieur, s'il plaît à Dieu de nous élever à un état surnaturel; la grâce doit-elle renverser ou troubler la nature; concours naturel et providence; ces deux forces n'ôtent rien à l'homme de son activité et de sa liberté; il en est même de la grâce. — La grâce est un don gratuit et une faveur insigne; beauté du monde surnaturel; l'homme a-t-il le droit de le repousser ou de le négliger; est-il raisonnable de rejeter les secours de la foi et de la grâce; la religion catholique et nos besoins; Dieu a chargé l'Eglise de nous instruire et de nous diriger en son nom 380

FIN DE LA TABLE DES MATIÈRES.

Besançon. — Imp. Outhenin-Chalandre fils et Cie.

EXTRAIT DES PUBLICATIONS CLASSIQUES DE ROGER ET CHERNOVIZ, ÉDITEURS.

DERNIÈRES PUBLICATIONS.

Acta Leonis Papæ XIII ad annum usque 1886. 1 in-32 diamant . . .	1 40
Histoire et littérature de l'Eglise, par M. l'abbé BRUGÈRE, 4 cahiers in-4°.	15 »
Casus conscientiæ, auctore P. V., soc. Jes., 1° *De Liberalismo*. 1 in-8.	6 »
2° *De Consectariis liberalismi*. 1 in-8	6 »
Theologia dogmatica et moralis ad mentem S. Thomæ et S. Ligorii, auctore VINCENT, 4ᵉ editio penitus recognita et retractata, curantibus prof. sem. Claromontensis S. S., 6 forts in-12 . . .	18 »
Prælectiones philosophicæ ad mentem S. Thomæ, auctore VALLET in S. Sulpitii seminario professor. 2 vol. in-12. 4ᵉ édit. . . .	7 »
(*Ouvrage spécialement recommandé par Sa Sainteté Léon XIII*.)	
La tête et le cœur, par le même (*vient de paraître*). 1 in-12 . .	2 50
L'Idée du beau dans la philosophie de S. Thomas, par le même. 1 vol.	2 50
Histoire de la Philosophie, par le même. 2ᵉ édit. 1 fort in-12 . .	4 »
Instructions et Méditations à l'usage des ordinands, par M. l'abbé BACUEZ. I. *Tonsure*. II. *Ordres mineurs*. 2 vol. in-32 . . .	3 »
Falise (Abbé) Cours de liturgie pratique. 6ᵉ édit. Augmentée de 2 suppl. et mise en rapport avec les récents décrets de la S. C. des rites.	5 »
Scavini, Theologia moralis, 13ᵉ édit. 4 in-8°. Milan	30 »
Hurter, Theologia dogmatica. 3 in-8°, 4ᵉ édit. Net	20 »
Manuel Biblique ou nouveau cours d'Ecriture Sainte, par MM. les abbés BACUEZ et VIGOUROUX, prof. à St-Sulpice, 4ᵉ édition . . .	14 »
Carte de la Palestine, par M. l'abbé VIGOUROUX, 1 feuille 0,32 sur 0,48.	1 »
Preces e Sacris Scripturis excerptæ. 1 vol. in-18, 1885 . . .	2 50

Abrégé d'Introduction de l'Ecriture sainte, par M. GLAIRE. 6ᵉ édit. . .	5 50
Bible (Sainte), de GLAIRE, approuvée par la Commission d'examen nommée par le Souverain-Pontife. 4 vol. in-18. . . .	10 »
Bible (Sainte), par le R. P. DE CARRIÈRE, avec les Commentaires de MENOCHIUS. 8 forts in-8 . . .	24 »
Biblia sacra Vulgatæ editionis. Parisiis. 1 in-8 (avec imprimatur). .	6 »
Biblia hebraica, accurante ROSENMULLER, 1 in-12. . . .	9 »
Bouix, Jus canonicum, 15 in-8, chaque volume . . .	7 »
Catéchisme du Concile de Trente. Traduction avec notes, par M. l'abbé DASSANCE. 2 vol. in-8 . . .	8 »
Cæremoniale Episcoporum. 1 vol. in-12 . . .	2 25
Cérémonial romain, par Mgr de CONNY. 1 vol. in-8. . . .	6 »
Cérémonies de la messe basse, par M. CANON. In-12 . . .	1 30
Compendium rubricarum Brev. et Miss. rom. 1 vol. in-12 . .	» 80
— De Matrimonio, auct. CARRIÈRE. 1 in-12 . . .	2 50
— De Justitia et Jure. — 1 in-12 . . .	2 50
— De Contractibus. — 1 in-12 . . .	2 50
Concordance des Epîtres de saint Paul, par l'abbé DE LA HOUSSAYE. 1 in-12.	3 »
De Ecclesia Christi, auct. BRUGÈRE. 1 vol. in-12. 2ᵉ édit. . .	2 50
De Vera Religione, auct. BRUGÈRE. In-12. 2ᵉ édit. . . .	2 50
Decreta authentica, auctore J.-B. FALISE. 1 vol. in-8 . . .	4 50
Directeur spirituel, par le R. P. PINAMONTI. 1 In-12 . . .	1 50
Dissertatio in sextum, auctore J.-B. BOUVIER. In-12. . . .	1 50
Ecriture Sainte (Questions sur l'), par M. l'abbé BACUEZ. 2 in-8. .	8 »
Elementa juris canonici, auctore CRAISSON. 2 in-12, 6ᵉ édit. App. à Rome.	5 50
Epistolarum B. Pauli triplex expositio, auctore R. P. PICONIO. 3 vol. in-8 .	10 »
Etudes bibliques, par M. l'abbé LEHIR. Job, 1 beau vol. in-8 . .	6 »
Examens particuliers, par TRONSON. 1 vol. in-12. Seule édit. complète.	2 75
Franzelin (J.-B.) S. J., *Opera*. 7 in-8., Rome . . .	62 75
Gardellini, Decreta authentica. 4 vol. in-4. Avec suppl. jusqu'à 1878 .	64 »
Gonzalez, Philosophia elementaria. Madrid, 3 in-8. 8ᵉ édit. 1881. Net	15 »
Gury cum notis Ballerini, Theologia. 2 gros in-8. Net . . .	20 »
Herdt (de), Sac. praxis liturgicæ. 8 vol. in-8 . . .	11 »
Herdt (de), **Praxis pontificalis**. 3 vol. in-8. . . .	15 »
Hermeneutica sacra, auctore J.-H. JANSENS. In-8 . . .	4 »

EXTRAIT DES PUBLICATIONS CLASSIQUES DE ROGER ET CHERNOVIZ, ÉDITEURS.

Institutiones philosophicæ, auctore J.-B. BOUVIER. 1 in-12	4 »
Institutiones philosophicæ, auctore A. NOGET-LACOUDRE. 3 vol. in-12	7 »
Juris cultor theologus, auctore R. P. Josepho VOGLER. In-12	1 50
Juris naturalis universa summa. A. BENSA. 2 vol. in-8	12 »
Knoll. Institutiones theologicæ, 7 vol. in-8	40 »
Leopold. Lexicon hebraicum	3 »
— Lexicon græco-latinum	6 »
Lexicon hebraïcum. J.-B. GLAIRE. 1 in-8	6 »
Liber psalmorum, studio Bellanger. 1 in-12	3 »
Liberatore (S. J.). Institutiones philosophicæ. 3 vol. in-8. Net	13 »
Manuale ordinandorum. 1 in-18	1 80
Manuale totius juris canonici, auctore CRAISSON. 4 in-12	18 »
Manuale sacerdotum, Jos. SCHNEIDER. 1 in-18. Nouv. édit.	7 »
Manuale clericorum, par le même. 1 in-18	6 »
Manuel de l'hébraïsant, par l'abbé J.-B. GLAIRE. Nouv. édit. augmentée des paradigmes des verbes	3 75
Manuel de l'office divin. 1 vol. in-12	3 »
Manuel de logique, par l'abbé BENSA. 1 vol. in-12	3 »
Œuvres de Bourdaloue. 6 vol. in-8	18 »
Œuvres de Massillon. 3 forts vol. in-8	13 »
Palma, Prælectiones historicæ. 2 vol. in-8	9 »
Philosophiæ speculativæ summarium, autore A. M. BENSA. 1878. 2 in-8	8 »
Pieux séminariste (le). 1 vol. in-12	2 50
Pontificale Romanum. 1 vol. in-12. nouv. édit. 1878	3 »
Prælectiones theolog. maj. De Justitia; De Contractibus; CARRIÈRE. 6 in-8	32 »
Prælectiones theologicæ. J. PERRONE. Avec Index rerum. 4 vol. in-8. 1883	20 »
Compendium ejusdem operis. 2 in-8	8 »
San-Severino. — Philosophia christiana. 7 in-8	35 »
— Compendium (Edit. classique). 2 in-12	7 »
— Philosophia moralis. 2 in-12	5 50
— Elementa philosophiæ. 4 in-8	20 »
Saint François de Sales, modèle du prêtre et du pasteur. 1 in-12	2 50
Signoriello. Lexicon peripateticum. 1 in-12	4 50
Theologia Cenomanensis, auctore BOUVIER. 6 in-12. 14ᵉ édit.	16 »
Theologicæ Institutiones, Petr. COLLET. 7 forts vol. in-8	16 »
Thomæ (S.) Aquinatis Summa theologica, C.-J. DRIOUX. 8 vol. in-8. Net	20 »
— Edition de Parme. 15 in-8	75 »
Traité des dispenses, par COLLET. 2 in-8°	10 »
Traité des saints ordres, par M. OLIER. Grand in-32	1 50
Traité des saints mystères, par le P. COLLET. 1 vol. in-8	2 »
Varceno. Compendium theologiæ moralis. 2 in-8	12 50
Vecchiotti et Soglia. Jus canonicum. 3 in-8	12 »
Wouters. Historiæ ecclesiasticæ Comp. 3 vol. in-8	15 »
Novum Jesu Christi Testamentum, cui adjungitur libellus *de Imitatione Christi* et *Officium parvum*. Parisiis. Editio nitidissima et sola cum indicibus et concordantiis. 1 in-32. Nouv. éd., texte encadré rouge	3 »
Augustini (S.) Confessiones	1 »
Augustini (S.) Meditationes	1 »
Catechismus Concilii Tridentini	1 60
Gregorii (S.) de Cura pastorali	» 90
Officium parvum B. M. V.	» 30
Memoriale vitæ sacerdotalis	1 10
Chrysostomi (S.) de Sacerdotio	» 60
Concilii Tridentini canones et decreta	1 50
Manuel de piété de Saint-Sulpice	1 »
Manuel du séminariste en vacance	1 60
Expositio litteralis et mystica totius missæ. 1 in-32	1 »
Bernardi (S.) de Consideratione	1 »
Bona, Summa Summæ S. Thomæ	3 »

VIENT DE PARAITRE

CHEZ A. ROGER ET F. CHERNOVIZ

7, rue des Grands-Augustins, Paris

UNE
THÉOLOGIE NOUVELLE*

EXTRAIT

DE L'**Univers** (*Revue littéraire*, septembre 1886)

Les professeurs du grand séminaire de Clermont donnaient, il y a deux ans, une troisième édition de la *Théologie* de M. Vincent.

Cette édition avait été entreprise en vue de mettre aux mains des élèves un Manuel plus conforme aux doctrines recommandées par Léon XIII.

Ce fut une œuvre toute nouvelle, reproduisant les idées de saint Thomas pour le dogme, celles de saint Liguori pour la morale, et mettant à profit les actes récents du Saint-Siège.

Les savants auteurs avaient été préparés de loin à leur tâche par l'enseignement des principes thomistes en philosophie. Ils n'ont point eu à se défaire d'idées préconçues : ils avaient vécu dans les doctrines qui font l'âme de leur travail.

Sollicitée par l'évêque de Clermont, encouragée à plusieurs reprises par le Souverain Pontife, qui en suivait avec un pater-

---

* **Theologia dogmatica et moralis**, ad mentem S. Thomæ Aquinatis et S. Alphonsi de Ligorio, necnon juxta recentiora Sedis apostolicæ documenta, accurate explanata, auctoribus professoribus theologiæ seminarii Claromontensis e Societate Sancti Sulpitii, promovente et approbante Illustrissimo ac Reverendissimo DD. Joanne Petro Boyer, episcopo Claromontensi. Editio quarta. Parisiis, 1886. 6 forts vol. in-12, caractères neufs, papier glacé. Prix : **18 fr.**

nel intérêt les progrès et la marche, l'édition ne pouvait paraître sous de plus heureux auspices.

Elle venait à son heure et était comme une réponse immédiate des séminaires de France à l'appel du Pape, qui demeurera, aux yeux de la postérité, le grand restaurateur des études ecclésiastiques.

Elle eut un plein succès. A peine était-elle terminée qu'il fallut songer à en préparer une nouvelle.

Cette quatrième édition a paru, à son tour, et nous venons en dire un mot.

I.

Un ouvrage dont on reconnaît la haute valeur et qu'on voudrait voir parfait, appelle naturellement les observations des hommes compétents.

Quelques observations avaient été faites, en effet, sur la troisième édition. Les auteurs les ont reçues avec reconnaissance et en ont tenu compte.

La *Théologie* de Clermont se recommande actuellement par des qualités de premier ordre, et l'on ne saurait, croyons-nous, y signaler aucun défaut de quelque gravité.

Les deux saints docteurs dont elle porte les noms inscrits à son frontispice en ont été les inspirateurs non moins que les régulateurs. Elle n'est point seulement conforme à leurs sentiments : *ad mentem*, elle est animée de leur souffle, elle vit de leur esprit, elle est *ex mente*.

La religion catholique seule a une théologie. Seule, elle possède un corps de doctrine où tout s'unit et s'enchaîne, de manière à former un ensemble sans solution de continuité et sans lacune.

Les autres religions n'ayant que des parcelles de vérité, leurs doctrines ne sauraient former corps. Il y a, dans toutes et en chacune, disparate, vide et absence de cette unité et de cette harmonie qui sont le caractère propre de la vérité divine.

Or, n'est-ce pas dans un cours de moyenne étendue, et néanmoins complet, n'est-ce pas dans un travail d'un plan unique et d'une seule vue, exécuté avec intelligence, patience et amour, comme celui-ci, qu'on peut voir la théologie dans sa beauté et sa grandeur et la reconnaître pour la plus excellente et la plus sublime des sciences ?

Mais que de conditions suppose la réalisation d'un pareil idéal!

Un ouvrage de ce genre sera consulté, fouillé, scruté en tous sens. Après avoir fourni la matière des leçons en classe, il devra servir dans l'exercice du saint ministère, dans les conférences ecclésiastiques, dans les instructions aux fidèles. Pour un grand nombre, il sera le guide, non pas simplement ordinaire mais unique. Il devra donc inspirer à tous une légitime confiance et faire autorité.

Les auteurs de la *Théologie* de Clermont ont admirablement compris, dès le début, ces diverses exigences, et ils y ont répondu avec un succès digne de leur talent et de leur courage.

Disons tout d'abord qu'ils n'ont point voulu être de simples casuistes. Une théologie élémentaire doit avoir un côté essentiellement métaphysique. Quelle question apparaîtra complète et lumineuse si on ne la considère dans ses principes les plus élevés? De là, dans la *Théologie* de Clermont, une réelle profondeur. Elle pourra, sous ce rapport, fournir le thème le plus varié à de hautes études. Elle réunit tous les éléments de la grande théologie.

Les conclusions pratiques tirées de chaque proposition une fois établies sont souvent nombreuses et plus ou moins éloignées, mais elles sont toujours des conséquences rigoureuses. Elles ne sont jamais de simples énoncés, vrais peut-être en eux-mêmes, mais sans liaison avec le principe, comme on le voit dans quelque manuels anciens.

Pour obtenir un ordre plus logique et plus lucide, les auteurs n'ont pas craint de changer ou de modifier les plans généralement suivis jusqu'ici en certains traités. Nous en citerons des exemples.

Le plus souvent ils ont placé en tête du traité, comme un phare lumineux destiné à éclairer l'ensemble, ou un symbole de foi, ou une constitution apostolique, ou une lettre pontificale, ou les actes d'un concile, résumant et fixant la doctrine.

En chaque question ils ont vérifié et mieux choisi les témoignages. Ils se sont appliqués surtout à faire saisir la vraie valeur de chaque texte. Ils ont disposé les thèses et leurs preuves de manière qu'elles se préparent ou se complètent et se corroborent mutuellement.

L'élocution elle-même a été l'objet de soins particuliers. Rien n'a été négligé pour donner à chaque terme la plus parfaite exactitude. La phrase, devenue claire et coulante, est aisée à comprendre et à retenir. Elle reproduit, dans sa dignité et sa simplicité, le beau langage de la Sainte-Eglise.

Sur ces divers points, Mgr l'évêque de Clermont, l'ancien doyen de la Faculté de théologie d'Aix, a formulé dans son Approbation, un témoignage bien mérité :

In eo quippe eminent, tum accurata profundaque doctrina, tum sapiens quæstionum delectus et ordo, tum dilucida sententiarum explanatio, tum demum verborum proprietas ac facilitas sermonis.

Dans un manuel théologique d'un usage aussi universel, il faut, autant que cela est moralement possible, que tous les cas aient été prévus, que toute difficulté ait sa solution ; en un mot, il faut qu'on y trouve tout. C'est à quoi s'attend ordinairement le directeur des âmes.

Et c'est là un des points les plus frappants de la *Théologie* de Clermont. Nous partageons l'avis du prêtre studieux qui nous disait un jour : « Quelle quantité de choses en cette *Théologie !* En un passage ou l'autre, on y a réponse à tout. »

Mais cette qualité vraiment éminente de l'abondance et de l'universalité de la doctrine exposait à un danger : la longueur.

Parmi les observations faites sur la troisième édition, la principale, en effet, portait sur certains développements donnant trop d'étendue à un ouvrage destiné à demeurer élémentaire.

Ces développements ont été aussitôt diminués. Leur excès a disparu par une condensation nouvelle des idées.

Les auteurs n'ont eu garde néanmoins de se jeter dans l'excès opposé. Trop réduit, leur travail fût devenu incomplet et obscur, et eût perdu en partie ses qualités maîtresses.

Les dimensions auxquelles est maintenant ramené le compendium nous paraissent être la juste mesure. Elles permettront aux élèves de le parcourir en entier et sans trop d'efforts, dans le cycle restreint des années passées au grand séminaire.

La *Théologie* de Clermont a répondu si bien au vœu général, qu'elle a été introduite dans une vingtaine de séminaires, notamment au séminaire de Saint-Sulpice à Paris, au grand séminaire de Lyon, à celui de Boston,... et nous savons que plusieurs autres se disposent à l'adopter à la rentrée prochaine.

Nous n'entreprendrons point d'analyser et d'apprécier en détail cet important ouvrage : nous aurions trop à nous répéter. A la suite de chaque traité, nous aurions à écrire : Plan régulier, divisions naturelles, questions clairement exposées, définitions exactes, précises et nettement expliquées, thèses solidement établies, conséquences rigoureusement déduites, réfutations péremptoires, décision prudentes et sages, langage net et sobre, tableau complet, bien dessiné, satisfaisant l'esprit, montrant la beauté de la doctrine, la faisant aimer.

Nous nous contenterons de signaler brièvement les points sur lesquels il nous paraît se distinguer plus particulièrement des autres.

Quelques détails accessoires et de simple forme ayant produit sur nous une non moins favorable impression, on nous permettra de les noter au passage.

II.

Premier volume. — Prolégomènes, traités de la vraie religion, de la véritable Église, des lieux théologiques.

Dans les Prolégomènes, on est heureux de trouver le plan raisonné de tout l'ouvrage.

On comprend de quelle importance est aujourd'hui un bon traité de la religion. Nos auteurs ont voulu faire de celui-ci un arsenal réunissant toutes les armes propres à combattre les ennemis de la foi. Ils ont réussi.

La première partie comprend ce qui regarde la religion révélée en général : c'est la question de principe. La seconde démontre que cette religion existe et qu'elle est le christianisme : c'est la question de fait.

Cette seconde partie offre, dans la préparation, l'institution et la perpétuité de la religion chrétienne, un commentaire neuf et saisissant du texte de saint Paul : *Jesus Christus heri, et hodie : ipse et in sæcula.*

Dans le traité de l'Église, ils recherchent d'abord quelle est la véritable Église et démontrent que c'est l'Église romaine. Après cette démonstration seulement, ils étudient la constitution de la véritable Église déterminée et connue. Un ordre si logique et si naturel est cependant une innovation.

Dans le traité des lieux théologiques, nous mentionnerons comme très bien élucidée l'importante question des rapports de la raison et de la foi.

Deuxième volume. — Traités de la très Sainte-Trinité, du Dieu créateur, du Dieu rédempteur, de la grâce.

Le traité de la Trinité ne se borne point à prouver l'existence de ce mystère fondamental ; il en fait entrevoir la nature intime par de belles et hautes considérations qui, jamais que nous sachions, n'avaient encore passé des grandes théologies dans un manuel.

Le traité du Dieu créateur, ou plutôt des créatures intelligentes de Dieu, comprend les anges et l'homme.

Ce qui concerne les anges est un résumé clair et bien ordonné de la doctrine si élevée de saint Thomas.

Ce qui regarde l'homme, son origine, son élévation, sa chute, est heureusement complété par la question de ses destinées futures. Ce dernier point, ordinairement renvoyé ailleurs, nous semble ici mieux à sa place : il nous permet d'avoir, en un même cadre et dans un seul tableau, tout un traité de l'homme. Jamais la question du péché originel ne fut étudiée avec plus de sagacité et de profondeur qu'en ce traité.

Le traité du Dieu rédempteur comprend l'incarnation et la rédemption. Belle division et bel ensemble. Dans la première partie, théologie toute divine. Dans la seconde, savante et pieuse étude sur les titres et les fonctions du Christ rédempteur.

Suivent trois appendices, l'un sur la sainte Vierge, un autre sur les saints, le dernier sur les reliques et les images.

Pourquoi ne pas donner à tout ce beau travail un titre unique : Traité de la Bienheureuse Vierge et des Saints ? Les deux parties de ce traité ne seraient pas plus incompatibles que la question des anges et celle de l'homme.

Dans le traité suivant, la manière dont a été scrutée la question de la grâce actuelle et celle aussi de la grâce habituelle est des plus remarquables et a été, en effet, fort remarquée.

Troisième volume. — Traités des sacrements du Baptême, de la Confirmation, de l'Eucharistie.

Le traité de l'Eucharistie est, dans son ensemble, un travail très savant. Nous ne pouvons que féliciter les auteurs d'avoir consacré toute une partie de leur traité au mystère de la présence réelle, avant d'aborder les questions du sacrement et du sacrifice.

Sur la transsubstantiation, ils ont adopté toutes les belles idées de saint Thomas et les ont présentées avec toute la clarté dont elles sont susceptibles. Ils n'ont pas traité avec moins de perspicacité et de distinction tout ce qui se rapporte du saint sacrifice de la messe. Ils ont fini par un chapitre d'un ton bien différent, mais d'une grande utilité, sur les règles liturgiques à observer dans la célébration des divins mystères.

Quatrième volume. — Traités de la Pénitence, des Indulgences, de l'Extrême-Onction, de l'Ordre, du Mariage.

Le traité de la Pénitence s'ouvre par une excellente dissertation sur la pénitence considérée comme vertu. C'est une très heureuse innovation. Rien de plus propre à rendre intelligible et saisissable tout ce qui va être dit du sacrement.

Dans ce traité, le côté pratique est très développé. C'est particulièrement ici qu'on pourra juger de la morale de nos auteurs et se faire une idée de leur casuistique. Plus véritablement que jamais nous sommes devant une œuvre de main de maître.

Dans le traité du Mariage, le mariage est considéré successivement, au point de vue de la loi naturelle et divine et au point de vue de la loi ecclésiastique. De là deux parties seulement.

Ce qui concerne la loi civile est renvoyé à un appendice. C'est là qu'il est traité des empêchements civils, et c'est là que seront placées les décisions de Rome relatives à la question du divorce.

Cinquième volume. — Traités des Actes humains, de la Conscience, des Lois, des Vertus en général, des Vertus théologales, des préceptes de Dieu et de l'Église. Nous entrons ici dans la théologie morale proprement dite.

Ces traités sont précédés d'un aperçu d'ensemble qui nous fait connaître l'objet et les sources de la théologie morale et nous apprend quelle est l'autorité des casuistes, celle surtout de saint Liguori, et quel usage on doit faire de leurs décisions. Pages courtes, mais pleines de lumières.

Dans le traité de la Foi, les auteurs ont utilement réuni pour former un tout quelques questions ordinairement disséminées ailleurs.

Un traité sur les Vertus en général, un autre sur les Vertus théologales, puis un simple appendice sur les Vertus morales : cela ne nous semble pas une continuation régulière des titres qui précèdent et se suivent si logiquement.

Nous préférerions un traité unique des vertus, comprenant, en trois parties, les vertus en général, les vertus théologales et les vertus morales, ou plus philosophiquement, comprenant, en deux parties, les vertus théologales et les vertus morales, avec un chapitre préliminaire sur les vertus en général.

Dans le traité des Préceptes, à l'article des défenses faites par le premier commandement de Dieu, on trouvera nettement exposées les règles à suivre à l'égard du magnétisme, du somnambulisme, des tables tournantes et du spiritisme.

Sixième et dernier volume. — Traités de la Justice, des Contrats, des Obligations, des Censures et des Irrégularités.

Les traités de la justice et des contrats sont un résumé d'une rédaction parfaite des grands traités de M. Carrière. M. Carrière avait dans les matières juridiques une compétence reconnue de tous. On ne pouvait mieux faire ici que de le mettre largement à contribution.

On a conservé le plan général de chaque traité. Quelques modifications seulement ont été introduites, pour plus de clarté dans l'ordre de certaines questions. Quant à la doctrine, il a suffi, pour la rendre entièrement irréprochable, de reviser d'après saint Liguori quelques décisions particulières.

Dans ces deux traités, tout est vu et montré de haut sans préjudice pour la précision des détails. Les questions qui ont une importance actuelle, comme l'origine et la légitimité de la propriété, la faculté de tester, la succession *ab intestat*, etc., sont beaucoup plus développées que dans les autres théologies élémentaires.

Telles sont nos idées ou, si l'on veut, nos impressions sur la *Théologie* de Clermont.

Cette Théologie, due à de si intelligents et de si persévérants labeurs, nous apparaît aujourd'hui comme un magnifique monument élevé à la gloire de Dieu et au salut des âmes.

Les amis des nobles idées et de la grande science en admireront la solidité, la hauteur, l'ampleur, les harmonieuses proportions et le fini du travail.

Ils sauront gré, comme nous, aux auteurs d'avoir accompli avec tant de bonheur une œuvre si délicate et de si longue haleine, expression abrégée, mais fidèle de toutes les magnificences et de tous les trésors de la science divine.

Ils les féliciteront d'avoir mérité, eux aussi, de s'entendre dire chacun : *Bene scripsisti de me : quam mercedem accipies?* A quoi nous savons la réponse faite d'avance en leur cœur : *Non aliam, nisi te, Domine!* (Un Vicaire général.)

A. ROGER ET F. CHERNOVIZ
ÉDITEURS
7, rue des Grands-Augustins, PARIS

Vient de paraître

LE KANTISME

ET LE

POSITIVISME

ÉTUDE

SUR

LES FONDEMENTS DE LA CONNAISSANCE HUMAINE

PAR M. L'ABBÉ VALLET

PROFESSEUR DE PHILOSOPHIE AU SÉMINAIRE DE SAINT-SULPICE

Auteur des *Prælectiones philosophicæ*

SOMMAIRE. I. La Certitude aux yeux du genre humain. — II. Le moi. — III. Le monde extérieur. — IV. L'absolu. — V. La substance. — VI. La cause. — VII. La fin. — VIII. Le bien. — IX. Dieu, principe du bien. — X. Le progrès. — XI. Le surnaturel.

Un vol. in-12, 442 pages, papier glacé. — Prix : **2 fr. 50**

Deux erreurs capitales sont aujourd'hui universellement répandues et menacent à la fois tous les ordres de la pensée : le *Kantisme* et le *Positivisme*. La première de ces erreurs érige le subjectivisme en règle générale. Kant crut devoir faire une exception, bien insuffisante d'ailleurs, en faveur des vérités morales ; il consentit à leur reconnaître une valeur objective, mais il leur refusa nettement tout caractère scientifique et rationnel. Les disciples ont été plus logiques que le maître ; ils ont étendu le subjectivisme à la morale aussi bien qu'à la spéculation.

Le *Positivisme* est venu exploiter la doctrine kantienne et déclarer qu'il n'y a rien au monde de certain et de scientifique en dehors des *phénomènes* et de leurs conditions empiriques. Mais les phénomènes sont dans un perpétuel mouvement, la science humaine est donc essentiellement changeante et *relative*. Le relativisme universel, telle est la marque distinctive de notre temps.

La théorie de l'*évolution* généralise la doctrine du subjectivisme et du relativisme : elle ne voit partout que transformations successives et se croit autorisée à regarder le *surnaturel* comme le simple développement des forces de la nature.

Telles sont les erreurs dont M. l'abbé Vallet entreprend la réfutation dans son ouvrage sur *le Kantisme et le Positivisme.* Conformément au titre qu'il a choisi : *Etude sur les fondements de la connaissance humaine*, il passe en revue toutes les questions les plus vitales de la philosophie : *La certitude et le sens commun ; Le moi ; Le monde extérieur ; L'absolu ; La substance ; La cause ; La fin ; Le bien ; Dieu, principe du bien ; Le progrès ; Le surnaturel.*

M. Vallet expose d'abord avec soin l'opinion des adversaires qu'il combat ; et pour cela il puise à leurs ouvrages et emprunte les propres paroles des chefs de la nouvelle école : Kant, Aug. Comte, Stuart Mill, Spencer, Taine, etc...

Il montre ensuite les conséquences avouées ou nécessaires de l'opinion exposée ; il rapporte les diverses objections de ses partisans, répond à chacune, et démontre par des preuves *directes* la valeur objective et scientifique de toutes les notions qui servent de base à la connaissance humaine.

Suivant son habitude, M. l'abbé Vallet s'appuie sur la pure doctrine de S. Thomas d'Aquin, merveilleusement propre à la réfutation des erreurs contemporaines, comme le rappelait naguère le Pape Léon XIII : « Quam philosophandi rationem » cum in erroribus refutandis pariter adhibuerit, illud a se ipse » impetravit, ut et superiorum temporum errores omnes unus » debellârit et ad profligandos qui perpetuâ vice in posterum » exorituri sunt, arma invictissima suppeditârit. » (Encycl. *Æterni Patris.*)

Au reste, l'auteur montre, à l'occasion, l'accord de la philosophie thomiste avec les données de la science, et il cite le témoignage des savants les plus autorisés, de Cl. Bernard, de M. Pasteur et de plusieurs autres.

Chez les mêmes Éditeurs

OUVRAGES DE M. L'ABBÉ VALLET
Professeur de philosophie au séminaire de St-Sulpice

PRÆLECTIONES PHILOSOPHICÆ, ad mentem sancti Thomæ in Sancti Sulpitii seminario habitæ. 2 volumes in-12, beau papier, 4º édition. Prix : 7 fr.

Ouvrage spécialement recommandé par S. S. Léon XIII.

HISTOIRE DE LA PHILOSOPHIE. Un volume in-12, 3º édition. Prix : 4 fr.

DU BEAU DANS LA PHILOSOPHIE DE S. THOMAS. Un volume in-12, papier glacé. Prix : 2 fr. 50.

LA TÊTE ET LE COEUR, étude physiologique, psychologique et morale. Un volume in-12. Prix : 2 fr. 50.

Sous ce titre, l'abbé Vallet a entrepris une étude complète de l'homme, au triple point de vue physiologique, psychologique et moral. D'une part, l'homme est fait de connaissance et d'amour ; mais, d'autre part, il est un être physique et ressemble à la plante. Pour s'en faire une juste idée, il faut l'envisager sous tous ces aspects. Chez l'homme, tout se tient et s'enchaîne : fonctions physiologiques, sensations, passions, idées, sentiments, et tout vient de la tête et du cœur. — Dans son étude, l'abbé Vallet s'est inspiré des découvertes les plus récentes de la physiologie, et il a montré leur parfait accord avec les principes si sûrs de la psychologie thomiste. Des considérations morales et religieuses sur l'harmonie de la tête et du cœur, de l'idée et du sentiment, de la science et de la foi et sur la culture de l'esprit et de la volonté forment la troisième partie de l'ouvrage.

LE KANTISME ET LE POSITIVISME, étude sur les fondements de la connaissance humaine. Un volume in-12, 442 pages, papier glacé. Prix : 2 fr. 50.

Besançon. — Imp. Outhenin-Chalandre fils et Cie.